Victor von Gostomski,
* 1908, † 1992, war zuletzt Verleger des »Neuen Tag« in Weiden/Oberpfalz. 1940 wurde er zu acht Jahren Zuchthaus verurteilt. Seine Haft verbüßte er in Plötzensee. In seiner dortigen Eigenschaft als »Bibliothekar« und »Kirchenkalfaktor« gelang es ihm, Teile des Gefangenenbuches mit Hinrichtungslisten aus der Strafanstalt zu schmuggeln.

Dr. Walter Loch,
* 1923, ein Vetter von Gostomskis, war von 1959 bis 1987 Redakteur im Bundesministerium der Verteidigung. Er hat in über 20jähriger Recherchearbeit das Material für dieses Buch zusammengestellt.

Victor von Gostomski (†)
Walter Loch

Der Tod von Plötzensee

Victor von Gostomski (†)
Walter Loch

Der Tod von Plötzensee
Erinnerungen · Ereignisse · Dokumente
1942-1944

BLOCH

Für
Marieluise von Gostomski
und
Eva Loch

Die Deutsche Bibliothek – CIP-Einheitsaufnahme

Gostomski, Victor von:
Der Tod von Plötzensee : Erinnerungen, Ereignisse, Dokumente ;
1942 - 1944 / Victor von Gostomski ; Walter Loch. –
Frankfurt am Main : bLoch-Verl., 1993
ISBN 3-929686-00-7
NE: Loch, Walter:

Kasseler Straße 1a, 60486 Frankfurt am Main

Titelgestaltung: Christian Häussler, Frankfurt am Main
Titelfoto: Hendrik Klug, Frankfurt am Main
Gesetzt aus der New Baskerville
Druck: Druckhaus Oberpfalz, Amberg

Inhalt

Vergeßt die Toten nicht . . .

Wenige Wochen bevor Victor von Gostomski starb, äußerte er noch einmal den Wunsch, das Buch »Der Tod von Plötzensee« erneut aufzulegen. Er dachte an ein Reprint, in erster Linie wohl deshalb, weil die Zeit ihn drängte. Dieser Plan erwies sich aus mancherlei Gründen als undurchführbar. Zuviele neue Quellen waren seit dem Erscheinen der ersten Auflage im Jahre 1969 verfügbar geworden. Korrekturen waren dringlich. Das Argument, das er früher gelegentlich selbst gebraucht hatte, wer sich denn wohl heute noch für diese schreckliche Vergangenheit interessiere, ließ er nicht mehr gelten. Freunde hatten ihm immer wieder zu einer Neuauflage geraten. Die Gründe, die 1969 in der Einleitung formuliert worden waren, seien, so sagte er, nach wie vor stichhaltig. Es gelte, die Toten von damals auch heute nicht zu vergessen. Darum sei die Einleitung von damals wiederholt:

> »Der Tod, der im Zweiten Weltkrieg in Europa überreiche Ernte hielt, löschte mit dem Leben allzuoft auch den Namen aus. Das geschah auf den Schlachtfeldern, hinter den Fronten, in den Lagern, im Bombenhagel. Es geschah auch in den Strafanstalten.
>
> Niemals in der neueren Geschichte gab es in Europa eine größere Zahl von Verschollenen, Vermißten. Niemals war es schwieriger, Schicksale zu klären, die Spur wiederzufinden, die Menschen während ihrer Erdentage hinterlassen hatten.
>
> Der anonyme Tod war bisweilen von den Machthabern gewollt. Stauffenbergs, Goerdelers, Lebers, Wirmers Asche wurde in alle Winde verstreut. Himmler versicherte in seiner Racherede, die er am 3. August 1944 vor Gauleitern in Posen hielt, daß die Namen der Geächteten auch aus dem Gedächtnis der Mit- und Nachlebenden getilgt werden sollten. Bisweilen war der ›namenlose Tod‹ auch nur geduldet. Was kümmerte diejenigen, die Europa unter ihr Joch gespannt hatten, das Andenken an einen Menschen? Sie experimentierten, wie man weiß, in den Lagern mit Lebenden. Sie experimentierten auch mit den Toten. Wer in Plötzensee starb, dem war kein Grab zugedacht. Er kam in die Anatomie. Und wenn er dennoch begraben wurde, so war das dem Direktor der Berliner Anatomie zu danken, der sich über das ihm Verbotene hinwegsetzte.

Wenn Friedhöfe Zeugnis der Kultur und Humanität sind, dann ist es den Überlebenden aufgegeben, die Spuren der Verschollenen und Vermißten zu suchen. Das gilt für die Soldaten, für alle Soldaten. Es gilt für die Opfer der Lager und des Bombenkrieges. Es gilt auch für die Toten in den Strafanstalten. Es würde auch dann gelten, wenn in diesen Strafanstalten nur Verbrecher eingesessen hätten.

Die meisten derjenigen aber, die in Plötzensee eingekerkert waren, waren alles andere als Verbrecher. Zwar hatten sie vor Gericht gestanden. Zwar waren bei den Urteilen Paragraphen herangezogen worden. Doch waren diese Paragraphen längst nicht mehr ein wenngleich unvollkommener Spiegel der Gerechtigkeit und der Gesetzmäßigkeit. Freisler sprach schon zu Beginn des Krieges von der Strafrechtspflege als einem ›überlegen zu handhabenden Schwert in der Hand des Richters‹. Nicht Sühne für begangenes Unrecht waren für ihn Urteil und Strafe. Er hatte andere Vokabeln: ›beseitigen‹ – ›mit Stumpf und Stiel ausrotten‹ – ›vernichten‹. Der Jargon der Konzentrationslager hatte Eingang gefunden in die Gerichtsbarkeit. Die Urteile, die etwa vom Volksgerichtshof gefällt wurden, waren nicht hergeleitet vom Wohl des Volkes, obwohl sie im Namen des Volkes verkündet wurden. Sie hatten einzig der Partei zu dienen. Recht war zum Büttel der Macht degradiert, einer Macht, die keine angeborenen Menschenrechte anerkannte. Vor dem Volksgerichtshof war das Rad der Geschichte um 2000 Jahre zurückgedreht. Der Satz ›Pereat mundus, fiat justitia‹ war längst nicht mehr Leitbild. Ebensowenig andere eherne Grundsätze der Rechtsprechung, die seit den Tagen der Römer unbestritten waren. Sicherlich sind sie immer wieder im Verlauf der Geschichte verletzt, aber doch in ihrer Rechtmäßigkeit und Gültigkeit nicht in Frage gestellt worden. Sogar die damals so oft als ›germanisch‹ beschworene Tugend, die Treue, die auf den SS-Koppelschlössern als das ›Mark der Ehre‹ gepriesen wurde, war zu blindem, zu Kadaver-Gehorsam erstarrt. Keine Rede war mehr davon, daß Treue zwei Seiten hat. Als treulos galt damals jeder, der Hitler und dem Nationalsozialismus nicht vorbehaltlos zustimmte: ein Tscheche, der Kommunist war; ein Franzose, der den Londoner Rundfunk hörte; ein Pole, der die Wiederherstellung Polens erstrebte; ein Deutscher, der die fatale Gleichung, daß Hitler Deutschland sei, als widersinnig ablehnte.

Wo Hitler in Europa herrschte, hatte dieses Europa, wie Deutschland schon seit 1933, im Gleichschritt zu denken. Wer sich nicht fügte, wurde gefügig gemacht, notfalls ›ausgemerzt‹, wie Roland Freisler sagte.

Der Zweite Weltkrieg hatte viele Fronten zu Lande, zu Wasser und in der Luft. Er hatte wohl mehr Fronten und Kriegsschauplätze als je ein Krieg zuvor. Der Zweite Weltkrieg hatte auch eine Front, die in der Darstellung äußerer Ereignisse meist zu kurz kommt. Es ist die Front, die nicht Staaten und Völker voneinander schied, sondern oft genug Familien zerriß, den einen Teil eines Volkes wider den anderen stehen ließ. Der Zweite Weltkrieg war auch ein Teil des Kampfes, den Hitler gegen Deutsche, ja gegen Deutschland führte. Er hat von Anfang an dieses Volk düpiert, verführt, getäuscht. Er entlarvte sich mit erschreckender Deutlichkeit, als er kurz vor seinem feigen Tod dem Volk, dem er angeblich gedient hatte, das ›Lebensrecht‹ absprach, als er dieses Volk in seinem Testament schließlich in furchtbarer und doch logischer Konsequenz zum Tode verurteilte.

Der Tod in Plötzensee war nur ein geringer Teil des gewaltigen Mordens. Doch öffnet schon dieses ›begrenzte‹ Sterben den Blick für das maßlose Inferno des Zweiten Weltkrieges. Einigen hundert ›Gefallenen‹ ihre Namen zurückzugeben, das ist der erste Sinn dieses Buches. Und mit dem Namen mögen die Toten zweitens ihr Antlitz wiedergewinnen, das von Richtern, die sich selbst zu Henkern degradiert hatten, grausam verstümmelt worden war. Die Zahl der Toten von Plötzensee ist drittens groß genug, um die wahre Front des Krieges aufzuzeigen, um deutlich werden zu lassen, daß Hitler und seine Helfer, die nicht nur auf Deutschland beschränkt waren, ausgezogen waren gegen die Patrioten vieler Länder, auch Deutschlands. Das Buch soll viertens sichtbar machen, daß totale Macht, daß Macht ohne Moral die Menschlichkeit und die Menschheit zu töten imstande ist. Es will zeigen, daß Moral und Recht ihren Bezugspunkt im Überirdischen haben, einfach haben müssen, weil das Maß der Menschen nicht vom Menschen gesetzt, sondern allenfalls gefunden werden kann, wie Ewald von Kleist-Schmenzin einmal sagte.

Wir haben uns angewöhnt, den Widerstand gegen Hitler nach nationalen Gesichtspunkten zu parzellieren. Das ist immer nur ein Teilbild. Das Schafott von Plötzensee unterschied nicht nach Nationen oder Sprachen. Die Opfer waren immer zugleich Angehörige einer Nation und Widersacher Hitlers. Sie waren Tschechen und Franzosen, Polen und Deutsche und zugleich Europäer und Menschen. Der Tod von Plötzensee ist geeignet, uns die Wahrheit eines Satzes in Erinnerung zu rufen, den ein großer Mann, Montesquieu, lange vor Hitler formuliert hat, jener Montesquieu, dessen Lehre von der Gewaltenteilung zum Fundament der modernen Demokratie wurde:

›Wenn ich etwas wüßte, das meinem Vaterland nützlich wäre, aber Europa und dem Menschengeschlecht zum Schaden gereichte, würde ich es als ein Verbrechen betrachten.‹

Manche der Toten von Plötzensee kannten diese Abstufung politischer Verantwortung. Sie haben für sie gelebt. Sie sind ihretwegen gestorben. Ihrem Gedächtnis ist dieses Buch gewidmet.«

Die Neubearbeitung erwies sich als schwieriger als zunächst vermutet. Waren 1969 rund 500 Schicksale in groben Umrissen zu klären, so sind es heute mehr als doppelt so viel. Dank gebührt allen, die zur zweiten Auflage beigetragen haben: dem Kyrios-Verlag, der seine Rechte zurückgab, den Damen und Herren des Bundesarchivs in Koblenz, Potsdam und Dahlwitz-Hoppegarten, die die Quellen erschließen halfen, hier insbesondere Frau Kühne im Zwischenarchiv Dahlwitz-Hoppegarten, ohne deren Raten, Suchen und Finden die Neubearbeitung ein Torso geblieben wäre. Dank auch dem bLoch Verlag, Frankfurt/Main, der die Phasen der Entmutigung, die sich angesichts der Fülle des Materials nahezu zwangsläufig einstellten, zu überwinden half. Ebenso meiner lieben Frau, die sich in gleicher Weise bewährte. Dank gebührt allen Leserinnen und Lesern der ersten Auflage, die Fehler korrigierten, Hinweise gaben und Materialien zur Verfügung stellten; Dank auch Herrn Hans-Joachim Rünger, der einen Teil der Archivalien exzerpierte.

Die »Erinnerungen«, die Victor von Gostomski der ersten Auflage beisteuerte, sind, nur unwesentlich gekürzt, auch in dieser Auflage erhalten geblieben. Manches, was nach dem Krieg aus dem Gedächtnis niedergeschrieben wurde, hat sich jetzt durch Archivalien erhärten und belegen lassen. Nicht in diese Auflage übernommen wurde das Kapitel »Sonderaktionen« der ersten Auflage, die Erläuterung jener erstaunlichen Liste, die die Häftlinge Victor von Gostomski, Hans Rütting und Theodor Auer über die nach dem Attentat des 20. Juli 1944 erfolgten Hinrichtungen in Plötzensee niedergeschrieben hatten. Dieses Thema mag Gegenstand einer eigenen Veröffentlichung sein.

Stattdessen sind im Anhang Hinrichtungslisten veröffentlicht. Insbesondere bei der Schreibweise tschechischer Eigennamen mögen Fehler unterlaufen sein. In den Urteilen des Volksgerichtshofs sind die Akzente gesetzt, in anderen Quellen nicht. Handschriften sind gerade, was die Namen betrifft, schwer zu lesen. Die des Tschechischen kundigen Leserinnen und Leser mögen bitte für Mängel Verständnis aufbringen. Ähnliches gilt für polnische Namen.

Zum Schluß sei wiederum die Bitte an alle Leserinnen und Leser gerichtet, Lücken auszufüllen und Unrichtigkeiten geradezustellen.

Bonn, im April 1993

Die Blutnächte von Plötzensee

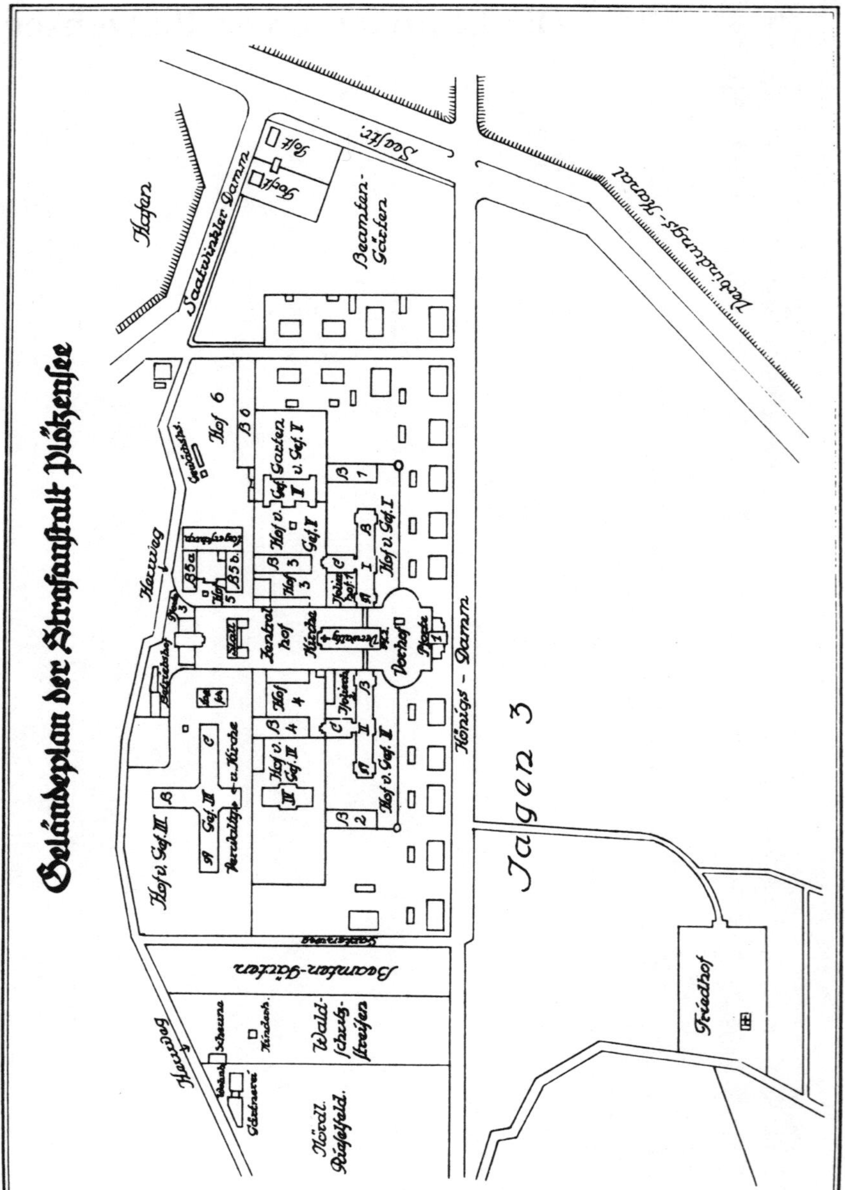

Plan der Strafanstalt Plötzensee von ca. 1935. Der Hinrichtungsschuppen findet sich in dem als Lagerschuppen bezeichneten Gebäude oberhalb des Hofes 4.

Bomben auf das Strafgefängnis

(3.-7. September 1943)

Am 10. Juni 1943 begann eine großangelegte Luftoffensive der Amerikaner und Briten gegen das Reich.[1] Am Tage bombardierten die Amerikaner, nachts die Briten. Hamburg wurde zwischen dem 24. und 30. Juli 1943 schwer getroffen, Mitte August Schweinfurt, Regensburg und die Raketenversuchsstation Peenemünde. Immer wieder wurde auch Berlin angegriffen, wenngleich noch nicht in solchem Ausmaß, wie es in Hamburg geschehen war. Die »Battle of Berlin« entbrannte erst Mitte November in voller Schärfe. Dennoch – in der Nacht zum 4. September griffen 295 Flugzeuge der Royal Air Force den Norden der Reichshauptstadt an.[2] Das Strafgefängnis Berlin-Plötzensee wurde dabei getroffen.

Plötzensee, nach dem Krieg Jugend- und Krankenstrafanstalt, liegt im Nordwesten Berlins, unweit des gleichnamigen Sees und des Westhafens. Der Komplex umfaßte mehrere voneinander getrennte Gefängnisbauten. Anfang September 1943 dürften in Haus III, dem Todeshaus, so genannt, weil die zum Tode Verurteilten hierher gebracht wurden, rund 250 Männer inhaftiert gewesen sein. Insgesamt saßen in Plötzensee am 31. August 1943 1201 Gefangene ein; davon waren genau 600 Untersuchungsgefangene.[3]

Plötzensee war nicht nur Strafgefängnis, sondern auch Hinrichtungs-

1 Der Luftkrieg über Deutschland 1939-1945. Nach den Dokumenten deutscher Kriegsschäden, hrsg. vom Bundesminister für Vertriebene, Flüchtlinge und Kriegsgeschädigte, zusammengestellt und eingeleitet von Eberhard Klöß, dtv-dokumente 160, München 1964, S. 30 f.

2 Manfred Overesch, Das III. Reich 1933-1945. Eine Tageschronik der Politik, Wirtschaft, Kultur, Band I, Düsseldorf 1983 und Augsburg 1991, S. 403. 905 Tonnen Bomben wurden abgeworfen.

3 »Nachweisung über den Bestand der Gefangenen am 31. August 1943« im Kammergerichtsbezirk Berlin, Az.: 4471-8.209 vom 9. September 1943; BA-Ko R 22/2921.

stätte. Wer in Berlin zum Tode verurteilt worden war, starb entweder in Brandenburg oder in Plötzensee.[4]

Bomben hatten in dieser Septembernacht sowohl das Todeshaus in Plötzensee als auch den alten Geräteschuppen, in dem das Fallbeil installiert war, getroffen.
Das Justizministerium versuchte, sich eine Übersicht über die entstandenen Schäden zu verschaffen. Es schickte eine Kommission nach Plötzensee. Diese legte am 6. September einen Bericht vor.[5] Darin heißt es:

> »Im Hinrichtungsraum war das Dach abgedeckt, der Fliesenfußboden teilweise zerstört und das Fallbeil vom Brand angegriffen, aus der Bettung ausgebrochen und lag am Boden. Wieweit es noch verwendungsfähig ist, muß eine nähere Untersuchung ergeben, mit der das Gefängnis Tegel bereits beauftragt ist ... Von der Vorrichtung zum Hängen ist die Querstange mit den verschiebbaren Haken noch vorhanden, fraglich ist aber, ob eine der Seitenwände sicher ist; das soll durch eine nähere Untersuchung durch Bausachverständige noch festgestellt werden. In dem an die Hinrichtungsstätte angrenzenden Bau, in dem die zum Tode verurteilten Gefangenen einsaßen, ist so viel zerstört, daß Räumung notwendig war. Durch den Luftdruck, Detonieren der Sprengbomben sind die Zellentüren teilweise aufgesprungen, der Verschluß wurde dabei aus der Wand gerissen. Ein Teil der Außentüren ist ebenfalls aufgesprungen.«

Die zum Tode verurteilten Gefangenen wurden in zwei Teilflügeln anderer Gebäude untergebracht, »und zwar zu Zweien oder Vieren gemeinsam«. Damit dies geschehen konnte, mußten andere Häftlinge in

4 Friedrich Zipfel/Eberhard Aleff, Berlin – Gedenkstätte Plötzensee, hrsg. von der Landeszentrale für politische Bildungsarbeit in Berlin, [9]1968, S. 12. – Zunächst war Plötzensee nur Hinrichtungsstätte für von Berliner Sondergerichten zum Tode Verurteilte. Todesurteile, die der Volksgerichtshof gefällt hatte, wurden bis 1940 in Brandenburg-Görden vollstreckt. Ab 1940 hatte die »Aufgabenteilung« keinen Bestand mehr. Im Gegenteil: Plötzensee wurde der Ort, an dem vor allem wegen politischer Delikte, also vom Volksgerichtshof Verurteilte starben. – Die neue Zuständigkeit der Vollstreckungsorte wurde festgelegt durch Rundverfügung des Reichsministers der Justiz, Az.: 4417 – IIIa4 647/40 vom 12. Juni 1940; BA-Ko R 22/1315.

5 Der Kommission gehörten zwei Beamte des Reichsjustizministeriums, Eggensberger und Vollmer, sowie ein Mitarbeiter der Generalstaatsanwaltschaft beim Kammergericht in Berlin, Hanssen, an. Der Bericht, von Vollmer diktiert, findet sich in den Akten des Juristenprozesses (Nürnberger Kriegsverbrecherprozesse), BA-Ko All.Proz. 1, XVII B 33, Dokument NG 213 (zit.: Kommissionsbericht); auch in »Hinrichtungen in Plötzensee«, BA-Ko R 22/5019, S. 147 f.

größerer Anzahl zusammengelegt werden. Bei weiteren Luftangriffen, so die Kommission, bestehe sehr wohl die Möglichkeit, »daß durch Sprengbomben ganze Mauerteile an den Außenmauern der Gebäude und an der Umwehrung zerstört werden, so daß die Gefangenen ins Freie stürmen könnten«.
Erschwert werde die Situation noch dadurch, daß viele Aufsichtsbeamte Hilfsaufseher und über 60 Jahre alt seien. Maschinenpistolen und Handgranaten seien in der Anstalt nicht vorhanden.
Victor von Gostomski, damals Häftling in Plötzensee und als solcher »Bibliothekar« des Todeshauses und zugleich »Kirchenkalfaktor«[6], erinnerte sich:

»Die Sirene heulte. Ich saß in der Strafanstalt Berlin-Plötzensee, Haus III, dritter Stock, Zelle 14. Ich wartete, daß die Zellentür geöffnet würde, um uns, die Gefangenen, zu fesseln. Die Henker fürchteten nämlich, wir könnten bei Alarm fliehen.
Es kam nicht so weit. Die ersten Bomben heulten nieder, zerbarsten krachend. Das Todeshaus, das Haus, in dem die zum Tode Verurteilten eingekerkert waren, wurde in seinen Fundamenten erschüttert.
Ich hörte Hilfeschreie aus den Nachbarzellen. Ich tastete mich in den Gang, konnte kaum atmen und nichts sehen. Die Schreie lenkten mich. Der Luftdruck hatte die dreifach verschlossenen Türen aus den Angeln gehoben, Häftlinge waren auf die Gänge geschleudert worden.
Diese Schreie! Ich legte in aller Hast die gefesselten Hände eines Schwerverletzten um meinen Hals und schleppte ihn in den Keller. Es war ein Tscheche. Er starb. Die Bombe hatte ihn vor dem Schafott bewahrt. Der Henker war um seinen Kopflohn gekommen.
Das Gefängnis brannte. Wachtmeister holten mich zum Löschen.
Das Todeshaus löschen – eine wahnwitzige Idee. Ein anderer Häftling, der auch zum Löschen befohlen war, rief mir zu, daß das Schafott zerstört sei. Gott sei Dank, dachte ich bei mir, es wird einige Wochen Ruhe geben.
Am nächsten Tag räumten wir Gefangenen auf. Immer wieder mußte ich daran denken, daß die Nazis keine Guillotine mehr hatten.
Die Bomben hatten den Platz erheblich eingeengt. Vier, fünf, sechs Gefangene hockten in einer Einmannzelle. Die Todeskandidaten, die bis-

6 Victor von Gostomski war ein zu einer Freiheitsstrafe verurteilter Häftling. Er verwaltete mit Hans Rütting und Theodor Auer die Bücherei (»Bibliothekar«). Zugleich war er Gehilfe des katholischen Anstaltsgeistlichen Pfarrer Buchholz (»Kirchenkalfaktor«); als Kalfaktoren (wörtlich: Einheizer) wurden alle bezeichnet, denen bestimmte Dienste im Gefängnis aufgegeben waren. Diese Dienste verschafften von Gostomski relative Bewegungsfreiheit.

her nur nachts und bei Fliegeralarm gefesselt wurden, lagen jetzt immer in Fesseln.«[7]

Der Kommission, die am Morgen des 6. September Plötzensee besichtigt hatte, ging es vor allem um die gesicherte Verwahrung der Gefangenen, insbesondere derjenigen, die zum Tode verurteilt waren und in der Strafanstalt auf die Hinrichtung warteten. Vier Gefangene waren trotz der Fesselung geflohen. Sie hatten aus den teilweise brennenden Gefängniswerkstätten Leitern an sich bringen und die Mauern überklettern können.[8] Zwei waren schon tags darauf in einem Lager französischer Arbeiter aufgespürt und festgenommen worden. Bei der Gefahr weiterer Luftangriffe jedoch schienen den Justizbehörden Mauern, Riegel und Ketten keine ausreichende Sicherung mehr.
Kurz zuvor, am 17. August 1943 hatte Reichsminister Lammers, der Chef der Reichskanzlei, den Justizminister auf Hitlers Weisung hin aufgefordert, für eine schnellere Vollstreckung der Todesurteile Sorge zu tragen.[9] Wie Lammers schrieb, drängte Hitler, die »Entscheidung über die Vollstreckung der Todesurteile beschleunigt zu treffen. Der Führer ist damit einverstanden, daß Sie für die Dauer der ... erhöhten Gefahr schwerer Luftangriffe von der Einholung des Einvernehmens oder der Stellungnahme anderer Dienststellen zur Gnadenfrage absehen und selbständig beeilt die Vollstreckung anordnen.« Reichsjustizminister Thierack wies die obersten Justizbehörden am 27. August[10] entsprechend an. Die Einschränkungen bei den Gnadenverfahren sollten der »Schlagkraft und Wucht der Strafrechtspflege« entsprechen.
Eine beschleunigte Hinrichtung schien in Plötzensee jedoch nicht möglich, weil das Fallbeil unbrauchbar geworden war. Ministerialdirigent Mettgenberg, der am Morgen des 7. September Plötzensee besichtigte, meldete, daß die Reparatur nach Meinung der Sachverständigen der Strafanstalt Tegel eine Woche in Anspruch nehme. Eine solche »Gna-

7 Diese Notiz ist, wie alle folgenden, nicht unmittelbar niedergeschrieben, vielmehr erst im September 1945. Veröffentlicht wurden diese Erinnerungen erstmals auszugsweise in »Der neue Tag«, Weiden/Oberpfalz (zit. Erinnerungen).

8 Kommissionsbericht, s. Anmerkung 5; Walter Strelow, damals bei einem Amtsgericht in Berlin, nach dem Krieg Direktor des Zellengefängnisses Lehrter Straße in Berlin, spricht von drei entwichenen Gefangenen, Aussage im Juristenprozeß, Dokument NG 435; s. Anmerkung 5.

9 Juristenprozeß, Dokument 302, BA-Ko, s. Anmerkung 5.

10 Juristenprozeß, Dokument 302, BA-Ko, s. Anmerkung 5.

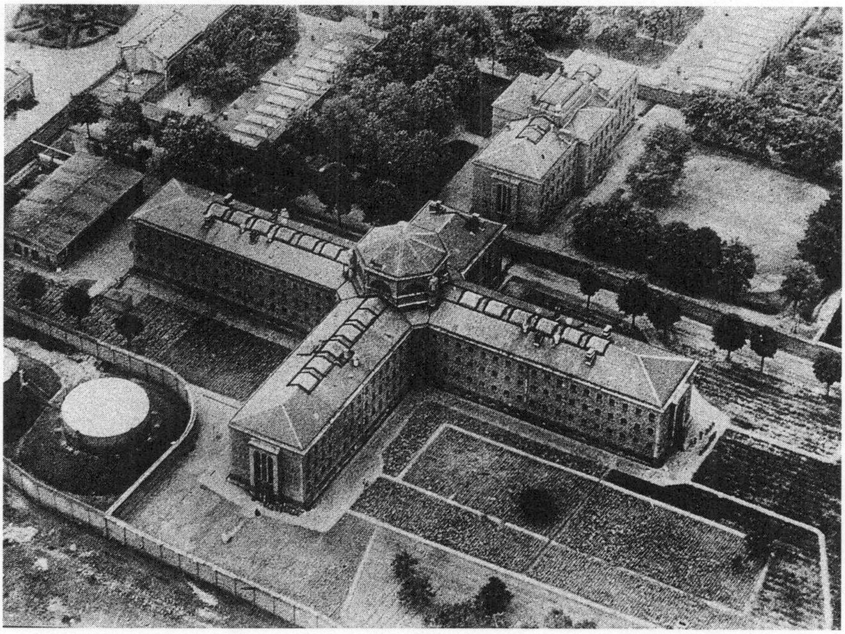

Luftbild der Strafanstalt Plötzensee. Der Hinrichtungsschuppen befindet sich links neben dem Gefangenenhaus III.

denfrist« schien den Beamten jedoch zu lang. Die Tatsache, daß die übergroße Zahl der Todesurteile noch nicht rechtskräftig war, hatte für ihn keinerlei Bedeutung: Sie veranlaßte ihn nur, wiederum Vorschläge für eine Verkürzung des »Gnadenverfahrens« zu machen:

»a) Die im Hause bereits vorgelegten Gnadenberichte werden von den Referenten sofort vorgetragen, und zwar auch diejenigen Sachen, in denen die Stellungnahme einer anderen Stelle angefordert, aber noch nicht eingegangen ist.
b) Soweit die Gnadenberichte noch nicht erstattet sind, trägt der Sachbearbeiter des Oberreichsanwalts die entscheidungsreifen Sachen vor. Die Entscheidungen ... werden in den nächsten Tagen durch Erschießen vollstreckt.«[11]

Mettgenberg schloß sich damit der Auffassung der Kommission – ihr hatte sein Abteilungsleiter, Ministerialdirektor Dr. Vollmer, angehört – an. Diese hatte tags zuvor ähnliche Überlegungen angestellt und vorgeschlagen:

»1. Für weiter anfallende Hinrichtungen wird bis zur Reparatur der Hinrichtungsstätte die Straf- und Sicherungsanstalt Brandenburg für zuständig erklärt.
2. Das Gnadenverfahren für die in Plötzensee noch einsitzenden zum Tode verurteilten Häftlinge wird so beschleunigt, daß diese in den nächsten Tagen hingerichtet werden können (Listensystem?). In Betracht kommen im wesentlichen Häftlinge des Volksgerichtshofs. Im übrigen sitzen nur Häftlinge ein, die vom hiesigen Sondergericht zum Tode verurteilt sind (nach meiner Schätzung etwa 30), für diese wird das Gnadenverfahren durch bereits erteilte Anordnung des Generalstaatsanwalts beim Kammergericht aufs äußerste beschleunigt. Die Vollstreckung könnte in der Jungfernheide auf Schießständen der Wehrmacht durch Polizei- oder Wehrmachtskommandos erfolgen. Der Transport zu den Schießständen (etwa 20 Minuten Fußweg) könnte durch geschlossene Gefangenenwagen der Strafanstalt Tegel vor sich gehen.«[12]

Die Abkürzung der Gnadenverfahren, zu der ihn Hitler ermächtigt und zu der die Beamten des Ministeriums gedrängt hatten, verfügte der Justizminister in einem Erlaß vom 8. September 1943 über die »Behandlung von Todesurteilssachen«:

11 Vermerk Mettgenberg vom 7. September 1943, »Hinrichtungen in Plötzensee«, BA-Ko R 22/5019, S. 149; auch Juristenprozeß, Dokument NG 213, s. Anmerkung 5.

12 Kommissionsbericht, BA-Ko R 22/5019 und Juristenprozeß, s. Anmerkung 5.

»Für die weitere Dauer der schweren Luftangriffe auf das Reich muß sichergestellt sein, daß Todesurteile unverzüglich vollstreckt werden. Unter Aufhebung der früher getroffenen Anordnungen bestimme ich daher:
1. Die Urteilsgründe müssen spätestens drei Tage nach dem Erlaß des Urteils zu den Akten gebracht werden.
2. Das Gericht leitet alsdann die Akten sofort der Vollstreckungsbehörde zu.
3. Die Vollstreckungsbehörde übersendet die Akten mit einer Abschrift des Urteils noch am Tage des Eingangs an den Reichsjustizminister.
4. Von der Beteiligung anderer Stellen wird abgesehen. Eine eigene Stellungnahme erwarte ich nur dann, wenn gegen die Vollstreckung Bedenken erhoben werden.«[13]

Die Begnadigungsmöglichkeit war damit erheblich eingeschränkt. Das verurteilende Gericht konnte »Bedenken« vorbringen. Das war unwahrscheinlich. Der Justizminister konnte dem Staatsoberhaupt die Begnadigung vorschlagen. Mit welchen Gründen sollte das geschehen, wenn außer den Urteilsgründen nichts vorlag?

Mettgenberg, der am Vormittag des 7. September 1943 Plötzensee besucht hatte, um Wege zu finden, wie etwa 300 Todesurteile, von denen ungefähr zehn Prozent Rechtskraft erlangt hatten, beschleunigt vollstreckt werden könnten, ahnte vermutlich nicht, daß es am Abend des gleichen Tages in Plötzensee zu einer schrecklichen Massenexekution kommen würde.

13 Der Reichsminister der Justiz, Az.: 4417-IVa 41363.43, vertraulich, vom 8. September 1943; Juristenprozeß, Dokument 302, BA-Ko, s. Anmerkung 5.

Eingang zum Hinrichtungsschuppen.

Die Massenexekution

(7.-13. September 1943)

Die Massenexekution im Gefängnis Berlin-Plötzensee begann am 7. September um 19.30 Uhr. Offensichtlich hatte die Untersuchung der Wände des Hinrichtungsraumes deren Stabilität erwiesen. Die Querstange mit den verschiebbaren Haken war benützbar. Die Todesurteile konnten durch Erhängen vollstreckt werden.

186 starben in der ersten Nacht

Die Gefängnisinsassen, die teilweise eingesetzt waren, um die durch die Bomben verursachten Schäden zu beseitigen, merkten am späten Nachmittag, daß Ungewöhnliches bevorstand.

> »Wir wurden plötzlich in die Zellen zurückbefohlen. Das konnte nur bedeuten, daß der Henker wieder da war.
> Pfarrer Buchholz, dessen Kirchenkalfaktor ich war, kam in höchster Erregung in meine Einzelzelle. ›Sie hängen alle auf.‹ Er stieß diesen Satz förmlich aus. Dann lief der Pfarrer davon. Der Wachtmeister verschloß und verriegelte die Zellentür.
> Wir waren alle wie gelähmt. Sie hängen alle auf, hatte der Pfarrer gesagt. Alle – was sollte das heißen? Waren damit die zum Tode Verurteilten gemeint? Oder auch die anderen, die nicht zum Tode verurteilt waren? Ich wußte seit langem, daß eine Zuchthausstrafe keine Garantie war zu überleben.
> Sie hängen alle auf. Und ich Narr hatte geglaubt, daß die Zerstörung des Schafotts eine Atempause im großen Sterben von Plötzensee mit sich bringen werde. Hatte ich denn nicht schon erlebt, daß gehenkt wurde! Ich kannte doch das Bild. Die Männer gingen mit nacktem Oberkörper zum Galgen. Ihre Jacke war lose über die Schultern geworfen, die Hände auf dem Rücken gefesselt, an den Füßen klappernde Holzpantinen. Ich dachte an Pfarrer Buchholz, wußte, daß er das Menschenmögliche, das Übermenschliche tun würde, um mit einem Wort, einer Geste die Todgeweihten zu erreichen. Und mit seinem Segen«.[1]

1 Victor von Gostomski, Erinnerungen.

Für 34 vom Volksgerichtshof zum Tode Verurteilte lag ein schriftlicher Vollstreckungsauftrag vor. Sie wurden, wie sich aus einem vom 25. September 1943 datierten Bericht des Generalstaatsanwalts beim Kammergericht Berlin ergibt, zuerst gehenkt.[2]
Währenddessen nahm der von der Berliner Staatsanwaltschaft nach Plötzensee entsandte Staatsanwalt Stoltz telefonisch aus dem Reichsjustizministerium die Namen weiterer Häftlinge auf, die – nachdem dort eine Begnadigung abgelehnt worden war – ebenfalls sofort hingerichtet werden sollten. Das ging, wie sich aus dem Bericht des Generalstaatsanwalts ergibt, folgendermaßen vor sich:

> »... Staatsanwalt Stoltz von der Staatsanwaltschaft Berlin (war) beauftragt, fernmündlich laufend vom Justizministerium Namen von zum Tode Verurteilten entgegenzunehmen, bei denen unverzüglich eine Vollstreckung erfolgen sollte. Staatsanwalt Stoltz trug die ihm vom Justizministerium mitgeteilten Namen fortlaufend handschriftlich in eine nur von ihm geführte Liste ein. Diese Tätigkeit übte er etwa bis 21 Uhr aus. Alsdann begann er aufgrund seiner Liste mit den Vollstreckungen. Zu diesem Zweck begab er sich in die Häuser, in denen sich die zum Tode Verurteilten befanden und las dort aus seiner Liste zunächst je acht, später auch mehr Namen vor. Die Vollstreckung erfolgte dergestalt, daß jeweils acht Verurteilte gehängt wurden. Die Strafanstaltsbeamten suchten aufgrund der Namensangaben durch Staatsanwalt Stoltz die Personalakten für diese Gefangenen heraus. Die Namen der Gefangenen wurden alsdann handschriftlich oder mit einer Schreibmaschine auf einen Zettel geschrieben. Dieser Zettel wurde von den den Gefangenentransport begleitenden Strafanstaltsbeamten mitgenommen und dem an der Richtstätte die Vollstreckung leitenden Staatsanwalt übergeben. Eine weitere Unterlage hatte der Vollstreckungsleiter nicht. Er konnte insbesondere nicht nachprüfen, ob tatsächlich hinsichtlich der ihm vorgeführten acht Gefangenen nun ein Vollstreckungsauftrag vorlag oder nicht.«

34 Todesurteile wurden also unter Bedingungen vollstreckt, die den Rest von Gesetzlichkeit wahrten, der in der NS-Justiz galt. Was dann geschah, spricht selbst dieser Gesetzlichkeit Hohn: abgekürzte Gnadenverfahren und Eilentscheidungen im Justizministerium, fernmündliche Aufträge an die Strafanstalt, überhastetes Zusammenstellen von Gruppen mit Häftlingen, die gehängt werden sollten, eine Zettelwirtschaft

2 Der Generalstaatsanwalt beim Kammergericht Berlin, Az.: 12 AR Heft 54/43 g, »Hinrichtungen in der Strafanstalt Plötzensee in der Nacht zum 8. September«, 25. September 1943; BA-Ko, Juristenprozeß, NG 653-PS, All. Proz. 1, XVII B, 33 (zit.: Bericht GStA).

bei den Strafanstaltsbeamten, keine Kontrollmöglichkeit bei den Vollstreckungsleitern.

Folgendes ist noch in Betracht zu ziehen: »Normalerweise« fanden in der Strafanstalt Plötzensee an einem Hinrichtungstag sechs bis sechzehn Vollstreckungen statt. Dazu wurden die Verurteilten tags oder abends zuvor in einen Zellentrakt des Hauses III, des »Todeshauses«, verlegt. Beamte der Reichs- oder Staatsanwaltschaft suchten den Todeskandidaten in der Zelle auf; sie waren begleitet von einem Vertreter des Gefängnisvorstandes, vom Anstaltsarzt, wenn nötig von einem Dolmetscher und gegebenenfalls von einem Anstaltsgeistlichen. Die Identität des Verurteilten wurde geprüft und festgestellt, der »entscheidende Teil des Urteils« vorgelesen, gegebenenfalls übersetzt. Langsam und deutlich verlesen werden sollte auch der jeweilige Erlaß des Reichsministers der Justiz, vom »Gnadenrecht keinen Gebrauch zu machen, sondern der Gerechtigkeit freien Lauf zu lassen«. Dann wurde dem Verurteilten der Hinrichtungstermin eröffnet. In einer Niederschrift über eine derartige Eröffnung heißt es beispielsweise: »Er (der Staatsanwalt) eröffnete dem Verurteilten ferner, daß die Vollstreckung des Urteils am 22. August, morgens um 4.36 Uhr, erfolgen werde, empfahl ihm, sich auf seine letzte Stunde vorzubereiten, und wies ihn darauf hin, daß er etwaige Wünsche bei den Gefängnisbeamten anbringen könne.«[3]

Eine derartige Niederschrift war vorgefertigt einschließlich des Schlußsatzes: »Während der Eröffnung blieb der Verurteilte völlig ruhig und gefaßt.« Man erkennt die Niederschrift als »Formular«, weil Namen, Daten, Zeiten in das vorgefertigte Schreiben eingefügt sind. Nimmt man zur Kenntnis, daß die Eröffnung gegenüber einem Polen, bei dem ein Dolmetscher eingeschaltet werden mußte, um 20.06 Uhr mit dem Betreten der Zelle begann und um 20.08 Uhr mit dem Verlassen der Zelle endete, dann kann wohl von sorgfältiger Überprüfung der Identität, langsamem und deutlichem Verlesen entscheidender Teile des Urteils und des Erlasses des Justizministers zum Abschluß des Gnadenverfahrens, vom Hinweisen auf die Möglichkeit, etwaige Wünsche zu äußern, kaum die Rede sein. Es dürfte sich eher um das schnelle Abfertigen eines Delinquenten gehandelt haben. Doch selbst diese zwei Minuten blieben für die Opfer des 7. September und der folgenden Tage nicht. Die 186 Todeskandidaten, die zwischen dem 7. September, 19.30 Uhr, und dem 8. September, 8.30 Uhr, hingerichtet wurden, saßen in verschiedenen Häusern der Strafanstalt ein, weil das »Todeshaus« beschä-

3 Niederschrift vom 21. August 1942, BA-Ko R 60 II 492.

digt war. Staatsanwalt Stoltz nahm nicht nur Namen auf und notierte sie in eine Liste, er eilte auch von Haus zu Haus und ließ Gruppen der Häftlinge zusammenstellen, die gemeinsam am Strick sterben sollten. Ein Zeuge berichtete später im Nürnberger Juristenprozeß:

> »Die Vollstreckung der Todesurteile fand ... durch Erhängen statt, und zwar wurden – wie mir von Augenzeugen in den folgenden Tagen mehrfach erzählt wurde – jeweils acht Verurteilte, die hintereinander gefesselt waren, über die Höfe zu der sogenannten Baracke 4, in der der Galgen eingebaut war, geführt und dort in Abständen von 20 Minuten – es wurden also alle 20 Minuten acht Leute hingerichtet – durch den Scharfrichter Roettger aus Hannover und seine drei Gehilfen erhängt. Das Erhängen erfolgte in der Weise, daß Roettger auf einem Schemel stand, dem Verurteilten, der von den drei Gehilfen gehalten wurde, eine Schlinge um den Hals legte und dann diese Schlinge, nachdem die Gehilfen den Verurteilten hochgehoben hatten, in einen Haken einhängte, und anschließend die Gehilfen den Körper des Verurteilten losließen. Die Bewußtlosigkeit soll in allen Fällen sofort eingetreten sein ... Die Verurteilten wurden, nachdem sie 20 Minuten gehangen hatten, in die daneben liegende Sargkammer geworfen ...[4]

Tatsächlich wurden in der Nacht vom 7. zum 8. September ab 19.30 Uhr 186 Häftlinge in 24 Gruppen erhängt. Das bedeutet, daß im Durchschnitt alle 30 bis 35 Minuten eine Gruppe zum Galgen geführt wurde. Am 8. September, 3.00 Uhr morgens, meldete Stoltz dem Ministerium, daß das Hängen bisher ohne Zwischenfälle verlaufen sei. »Jede halbe und jede volle Stunde wurden je acht Vu gehängt. Er hoffe, bis 8 Uhr morgens mit den Vuen, die von uns benannt oder hinsichtlich derer schon schriftlicher Vollstreckungsauftrag vorliege, fertig zu sein.«[5]
Auf drei Probleme wies Stoltz in dem nächtlichen Telefonat hin. Erstens seien ihm sieben Vollstreckungsaufträge erteilt worden, die er nicht habe ausführen können, weil sechs der Benannten nicht in Plötzensee einsäßen, der siebente aber, der Franzose Lucian Ruelle, seit dem Luftangriff flüchtig und noch nicht gefaßt sei. Zweitens sei ihm aufgetragen worden, das Urteil an sieben Frauen zu vollstrecken. Da diese aber ebenfalls nicht in Plötzensee, sondern vermutlich im Frauengefängnis in der Barnimstraße inhaftiert seien, halte er es für angebracht, »daß

4 Eidesstattliche Erklärung des Direktors des Zellengefängnisses Lehrter Straße, Berlin, Walter Strelow, im Juristenprozeß, Dokument NG 435, s. Anmerkung 2.

5 Handschriftlicher Vermerk eines Beamten im Justizministerium – Name unleserlich – vom 8. September 1943, 3 Uhr morgens, BA-Ko, »Hinrichtungen in Plötzensee«, R 22/5019; Vu = Verurteilter.

diese Frauen unmittelbar im Anschluß an die Männer hingerichtet werden, zumal es sich vorwiegend um Mittäterinnen von bereits Hingerichteten handele. Die Hinrichtung könne voraussichtlich gegen 8 Uhr morgens erfolgen. Es müsse dann Überstellung dieser Frauen veranlaßt werden. Die Kraftwagen müsse Gefängnis Tegel stellen ... Das Gefängnis Barnimstraße möge eine Liste mitschicken, in der Vor- und Nachname, ggf. der Geburtsname sowie Geburtstag und Geburtsort der Verurteilten verzeichnet seien. Dies sei erforderlich, damit in Plötzensee der Eingang ordnungsgemäß gebucht und die Totenscheine ausgestellt werden könnten.« Drittens säßen in Plötzensee drei Franzosen ein, »hinsichtlich derer Vollstreckungsauftrag vorliege. Einer von diesen Franzosen habe in einem Wiederaufnahmegesuch weitere Mittäter benannt. Die Vollstreckung sei mit Rücksicht darauf bei allen dreien aufgeschoben worden.«[6]

Wegen der Hinrichtung der Frauen entschied Ministerialdirigent Dr. Mettgenberg auf telefonische Rücksprache: »Es bestehen Bedenken, die Frauen auf dieselbe Weise wie die Männer hinzurichten. Von der Überstellung nach Plötzensee soll daher abgesehen werden.«[7] Die Frauen wurden später hingerichtet: Käthe Tucholla, die ein Treffen mit einem aus der Sowjetunion kommenden, mit dem Fallschirm abgesprungenen Agenten versucht hatte, am 28. September 1943.[8] In den gleichen Tagen starben Elisabeth Loof, die am 14. Juli 1943 wegen Anstiftung zum Mord verurteilt worden war[9], sowie die Inhaberin einer Berliner Speisegaststätte, Olga Brodianski, und die Französin Emilienne Flament, die am 13. Juli 1943 wegen Kriegswirtschaftsverbrechens das Todesurteil gehört hatten.[10]

Bei dem Franzosen, der einen Wiederaufnahmeantrag gestellt hatte, dürfte es sich um Roger Bracq gehandelt haben.[11]

6 Handschriftlicher Vermerk, s. Anmerkung 5.

7 Handschriftlicher Vermerk, s. Anmerkung 5.

8 VGH-Urteil vom 17. August 1943; BA-Ko R 60 I 279; Mordregister T 423, BA-Hoppegarten.

9 SG beim LG Berlin vom 14. Juli 1943, BA-Hoppegarten, Mordregister L 756.

10 SG beim LG Berlin vom 13. Juli 1943, BA-Hoppegarten, Mordregister B (ohne Nr.).

11 Für Roger Bracq ist kein Vollstreckungsdatum im September 1943 nachweisbar. Er war mit Auguste Collard und Stephan Ravé am 22. Juni 1943 als zum Tode Verurteilter nach Plötzensee gekommen (Bibliotheksbuch, S. 201). Collard und Ravé, für die das Gnadenverfahren abgeschlossen war, wurden nicht am 7. oder 8. September morgens, sondern erst am 8. September abends hingerichtet.

»Versehentlich« gehängt

Am 8. September 1943, 9.00 Uhr, gab Staatsanwalt Stoltz folgende Übersicht:

> »In 194 Fällen ist der Auftrag zur Vollstreckung erteilt worden.
> 154 Auftrag fernmündlich durchgegeben,
> 32 Auftrag lag beim Oberreichsanwalt bereits vor,
> 8 Auftrag lag beim Oberstaatsanwalt vor
> ...
> 194
> Von diesen 194 sind 180 vollstreckt.
> Nicht vollstreckt sind
> 7 Frauen
> 1 Flüchtiger
> 6 sitzen nicht in Plötzensee ein
> ...
> Außerdem ist in folgenden 6 Fällen vollstreckt worden, obwohl ein Vollstreckungsauftrag *nicht* vorlag:
> 1. Franz Vichorec
> 2. Willem Vreeswijk
> 3. Erich Perbandt
> 4. Richard Buchwald
> 5. Erich Buchin
> 6. Zdenek Pospisil
>
> Das Versehen ist auf folgende Weise entstanden: Auf Grund der fernmündlich durchgegebenen Vollstreckungsaufträge wurden die Personalakten der Anstalt herausgesucht, weil den Vollstreckungsleitern keine anderen Unterlagen zur Verfügung standen. Beim Heraussuchen der Personalakten sind versehentlich auch die Personalakten der 6 Obengenannten herausgegeben und den Vollstreckungsleitern übergeben worden, die daraufhin vollstreckt haben.«[12]

Am gleichen Tag wurden die beteiligten Justizbeamten in Plötzensee vernommen; die Vollstreckungsleiter hatten dienstliche Erklärungen abzugeben. Ehe jedoch die Untersuchungen abgeschlossen waren, »korrigierte« das Justizministerium den »Irrtum«, indem Staatssekretär Rothenberger die sofortige Vollstreckung der gegen die sechs Männer ergangenen Urteile nachträglich anordnete.[13]

Daß für Perbandt, Buchwald und Buchin die Hinrichtung nicht ange-

12 Bericht von Staatsanwalt Stoltz vom 8. September 1943, 9 Uhr, BA-Ko R 22/5019.

13 Weisung Staatssekretär Rothenberger vom 8. September 1943, BA-Ko R 22/5019.

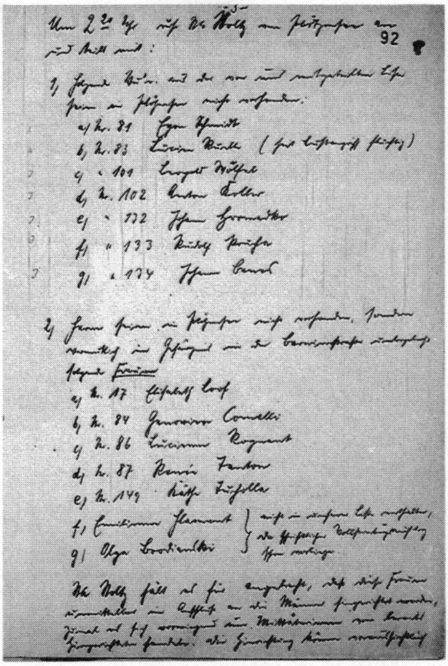

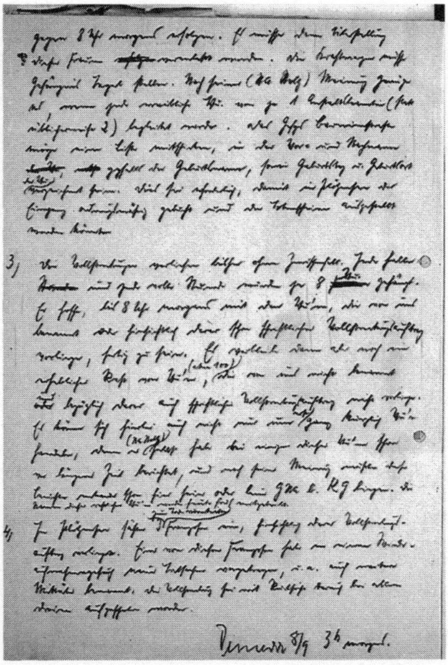

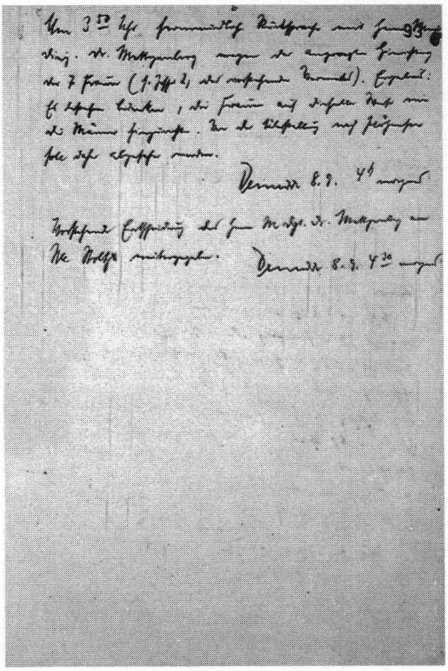

Handschriftlicher Vermerk über das Telefonat des Staatsanwalts Stoltz mit dem Justizministerium (8. September 1943, 2.20 Uhr).

ordnet war, erklärt sich daraus, daß sie erst am 3. bzw. 6. September vom Volksgerichtshof verurteilt worden waren und erst am 7. September in das Strafgefängnis eingeliefert worden sein dürften. Buchins »Straftat« bestand darin, daß er »deutschen Volksgenossen gegenüber defaitistische Reden geführt und dabei vor der Person des Führers nicht Halt gemacht« hatte.[14] Der Oberkellner Perbandt und der Kellner Buchwald, beide aus Königsberg, hatten, wie es im Urteilstenor des Volksgerichtshofs heißt, »in einem öffentlichen Lokal untereinander darüber gesprochen, daß es bei uns wie in Italien (das kapituliert hatte) kommen werde«.[15]

Warum für den Niederländer van Vreeswijk und den Tschechen Vichorec die Hinrichtung nicht angeordnet war, kann allenfalls vermutet werden. Die Todesurteile gegen beide lagen lange zurück. Van Vreeswijk gehörte zu der Gruppe von Seeleuten und Hafenarbeitern, die 1937 Sprengstoffanschläge auf Schiffe verübt hatte.[16] Zwar hatte er, wie es in einer Stellungnahme des Oberreichsanwalts zum Gnadenverfahren heißt, »offenbar keine nähere Vorstellung von der Art der geplanten Dynamitanschläge gehabt und die übrigen Bandenmitglieder nicht gekannt, ist auch zeitlich vor Beginn der eigentlichen Attentatsserie tätig gewesen und (...) nach dem ersten Eingreifen der holländischen Polizei von der Mitarbeit zurückgetreten«.[17] Dies hätte eine Begnadigung nahelegen können, aber Justizminister Dr. Thierack hatte am 25. August beschlossen, diese abzulehnen.[18] Warum die Vollstreckung gleichwohl am 7. September nicht angeordnet wurde, ist nicht zu ergründen.

Vichorec gehörte einer Gruppe tschechischer Kommunisten an, die am 18. Mai verurteilt worden war.[19] Warum bei ihm als einzigem Mitglied der Gruppe die Hinrichtung nicht angeordnet worden war, ließ sich ebensowenig ergründen, wie sich der Fall Zdenek Pospisil aufklären ließ.

14 VGH-Urteil vom 6. September 1943, Az.: 1 J 458/43 // 1 L 73/43; BA-Ko R 60 I 358.

15 VGH-Urteil vom 3. September 1943; BA-Ko R 60 I 359.

16 Siehe hierzu das Kapitel »Belgier, Niederländer, Franzosen«, S. 177 ff.

17 Der Oberreichsanwalt beim Volksgerichtshof, Az.: 9 J 292/41 g vom 13. Januar 1943; BA-Ko R 60 II 76.

18 Entscheidung des Reichsministers der Justiz im Gnadenverfahren, 25. August 1943; BA-Ko R 60 II 76.

19 BA-Hoppegarten, Mordregister M 1066.

»*Keine Pflichtverletzung*«

Die Hinrichtungen »aus Versehen« beunruhigten offensichtlich den Justizminister, wenn auch wohl nicht aus humanitären Erwägungen, eher, weil die bürokratische Zuverlässigkeit gefährdet schien. Er begnügte sich nicht mit den Vernehmungsprotokollen und dienstlichen Äußerungen vom 8. September, sondern forderte am 17. September von Generalstaatsanwalt Dr. Hanssen eine Untersuchung. Am 25. September legte dieser seinen Bericht vor, in dem er zu den Vorkommnissen in Haus I und in Haus II, in dem von den sechs Betroffenen nur Zdenek Pospisil inhaftiert war, Stellung nahm.

> »Zunächst hatte (in Haus I der Verwaltungsinspektor) Sander die einzelnen zur Hinrichtung bestimmten Gefangenen mit einem Zettel dem Beamten übergeben, der den Transport leitete. Etwa gegen 22.15 Uhr wurde Sander in dieser Tätigkeit durch (Verwaltungsinspektor) Schulz abgelöst, der nunmehr allein den Transport der Gefangenen veranlaßte. Schulz war von Sander erklärt worden, daß zuerst bei den vom Volksgerichtshof Verurteilten die Vollstreckung erfolgen sollte. Aus im einzelnen nicht näher erklärten Gründen nahm Schulz irrtümlich an, daß bei *allen* vom Volksgerichtshof Verurteilten eine Vollstreckung erfolgen sollte.
>
> Er nahm die Liste, in die der Strafanstalthauptwachtmeister Fichte handschriftlich die Namen derjenigen Gefangenen vermerkt hatte, die am Vormittag des 7. September hinzugekommen und aus diesem Grund in den Listen ursprünglich nicht aufgeführt waren, und versah die vom Volksgerichtshof Verurteilten mit einem roten V.g., so wie es vorher von Oberregierungsrat Vaccano (Leiter der Strafanstalt), jedoch auf Grund der Angaben des Amtsgerichtsrats Treppens, gehandhabt worden war.« (Treppens hatte am frühen Abend die Verurteilten benannt, über deren Vollstreckung bereits schriftlich entschieden war.) »Diese Verurteilten stellte dann Schulz von sich aus zu einem Transport mit anderen Verurteilten zusammen und ließ sie dem die Vollstreckung leitenden Beamten vorführen. Dieser – es handelte sich um einen Beamten des Oberreichsanwalts – ließ nun in der Annahme, es handele sich um Verurteilte, bei denen ein Vollstreckungsauftrag vorlag, die Vollstreckung vornehmen.«[20]

Ein Häftling, Jarolin Tesar, blieb zunächst durch einen Zufall am Leben. Er war bereits im Hinrichtungsraum. Als Beamter der Reichsanwaltschaft verlas Landgerichtsdirektor Dr. Lenhardt die Namen. Er erinnerte sich, daß er selbst den Fall Tesar nachmittags dem Staatssekretär

20 Bericht GStA, s. Anmerkung 2.

im Reichsjustizministerium Dr. Rothenberger vorgetragen hatte und daß eine Entscheidung nicht gefällt worden war. Dr. Lenhardt machte Staatsanwalt Stoltz, der die Vollstreckungsliste führte, auf den offensichtlichen Irrtum aufmerksam. Dieser stellte fest, daß Tesar nicht auf der Liste stand.[21] Aber auch dies war noch kein Anlaß zu überprüfen, ob für diejenigen Häftlinge, die zum Galgen geführt wurden, tatsächlich ein Vollstreckungsauftrag vorlag.

Im Untersuchungsbericht des Generalstaatsanwalts heißt es: »Eine weitere Aufklärung des Falles unterblieb zunächst.« Aber auch später unterblieb jede Folgerung. Der Generalstaatsanwalt meinte:

> »Eine Verhütung von Irrtümern wäre doch wohl nur vermieden worden (sic!), wenn die Vollstreckung nur auf Grund eines besonderen schriftlichen Auftrages des Staatsanwalts Stoltz, welcher die fernmündliche Anweisung vom Justizministerium erhalten hatte, für jeden einzelnen Gefangenen oder wenigstens jeweils für die acht von ihm benannten Verurteilten erfolgt wäre. Mit Rücksicht auf die große Eilbedürftigkeit der Gesamtvollstreckung und der sonstigen Begleitumstände ist jedoch offenbar von diesen Sicherungsmaßnahmen abgesehen worden.
> Aus der gegebenen Sachlage heraus möchte ich in dieser Unterlassung eine Pflichtverletzung nicht herleiten.
> Ich verkenne jedoch nicht, daß bei dem Verwaltungsoberinspektor Schulz ein erhebliches Verschulden vorliegt. Zum mindesten hätte er, bevor er die Verurteilten selbständig so bezeichnete, daß bei ihnen sofort vollstreckt werden sollte, Rückfrage bei dem Leiter der Strafanstalt oder Staatsanwalt Stoltz halten müssen ...
> Ich halte (aber) die Einleitung eines Dienststrafverfahrens gegen ihn nicht für erforderlich ...«[22]

Schulz wurde »ernstlich verwarnt«. Der alte Rechtsgrundsatz, daß es besser sei, einen Schuldigen straffrei zu lassen als einen Unschuldigen zu bestrafen, war in sein Gegenteil verkehrt. Das Leben eines Häftlings galt nichts.

Zum Fall Pospisil meldete der Generalstaatsanwalt:

> »In Haus II befand sich (außer Zdenek Pospisil) ein weiterer Verurteilter mit Namen Pospisil, jedoch mit dem Vornamen Jaroslav. Eine Vollstrek-

21 Für Jarolin Tesar, einen in Wien ansässigen Funktionär des illegalen kommunistischen Jugendverbandes, war dieser Aufschub lediglich eine »Gnadenfrist«. Er war am 3. September 1943 verurteilt worden und wurde am 7. September in die Strafanstalt Plötzensee überführt; er wurde später nach Brandenburg verlegt und dort im November 1943 hingerichtet, Vollstreckungsurkunde BA-Ko R 60 II 278.

22 Bericht GStA, s. Anmerkung 2.

kung ist an beiden Verurteilten erfolgt, und zwar wie sich aus den von Haus II ausgestellten (...) Zetteln ergibt, zu verschiedenen Zeiten. In der von Staatsanwalt Stoltz geführten Liste ist nur Jaroslav Pospisil aufgeführt (Nr. 65). Staatsanwalt Stoltz behauptet nun, er habe auch nur Jaroslav Pospisil als den bezeichnet, bei dem eine Vollstreckung stattfinden sollte. Er erinnerte sich, daß ihn ein Strafanstaltsbeamter – in Haus II waren der Verwaltungsinspektor Roesler und der Verwaltungsassistent Jendrich mit der Entgegennahme der von Staatsanwalt Stoltz genannten Namen befaßt – darauf hingewiesen habe, daß ein weiterer Verurteilter mit dem Namen Pospisil, Zdenek in Haus II einsitze. StA will daraufhin ausdrücklich hingewiesen haben, daß die Vollstreckung nur bei Pospisil, Jaroslav stattfinden dürfe. Der Verwaltungsinspektor Roesler habe daraufhin, als er in seiner Liste einen entsprechenden Vermerk bei diesem Verurteilten eintrug, ein Zeichen gegeben, aus dem Stoltz geschlossen habe, daß Roesler den Sachverhalt richtig verstanden hatte.
Verwaltungsassistent Jendrich hat angegeben, er erinnere sich, daß zu einem späteren Zeitpunkt der Name Pospisil von Staatsanwalt Stoltz noch einmal aufgerufen worden sei. Er habe daraufhin die Personalakten auch für diesen Verurteilten herausgesucht und denen für die Gefangenen hinzugefügt, bei denen Vollstreckung erfolgen sollte. In der von Verwaltungsinspektor Roesler geführten Liste sind beide Verurteilte Pospisil mit demselben Zeichen versehen, mit dem die Namen der Gefangenen angemerkt wurden, bei denen Vollstreckung erfolgt ist.
Bei den stark voneinander abweichenden Angaben läßt sich nicht mehr mit Sicherheit feststellen, wie der Irrtum hinsichtlich des Vollstreckungsauftrags bei dem Verurteilten Zdenek Pospisil zustande gekommen ist. Es kann sich um einen Hörfehler der Anstaltsbeamten handeln, es läßt sich auch die Möglichkeit nicht von der Hand weisen, daß Staatsanwalt Stoltz bei der Namensnennung ein Irrtum unterlaufen ist, zumal in derselben Nacht eine ganze Reihe tschechischer Verurteilter hingerichtet worden sind, deren Namen einen gewissen Gleichklang mit dem Namen Pospisil haben. Schließlich läßt sich auch nicht die von Staatsanwalt Stoltz geäußerte Vermutung übergehen, daß die Personalakte Zdenek Pospisil zunächst herausgenommen und dann irrtümlich später zu den Personalakten der Verurteilten gelangt ist, bei denen noch eine Vollstreckung erfolgen sollte.«

Die in dem Bericht beschriebene mehrfache Möglichkeit eines »Irrtums« macht den Sachverhalt umso erschreckender.

Die Vollstreckungen wurden am Abend des 8. September, ab 19.00 Uhr fortgesetzt und wiederum abends am 9. und 10. September. Am Samstag, 11. September, und Sonntag, 12. September, fanden keine Vollstreckungen statt, wohl aber wiederum am Montag, 13. September.[23] Vom 7. bis 13. September wurden mehr als 250 Männer gehängt. Der evangelische Gefängnispfarrer spricht von 300 Toten.[24] Im Sterberegister des Standesamts lassen sich für diesen Zeitraum 258 Vollstreckungen nachweisen.[25]

Ministerialdirektor Vollmer und Generalstaatsanwalt Hanssen besuchten am 8. September morgens das Gefängnis. Der Minister ließ sich um 10.30 Uhr telefonisch Bericht erstatten. Dr. Thierack drängte darauf, »die Vorträge bei Herrn Staatssekretär so lange fortzusetzen, bis sämtliche Vollstreckungen, die zur Zeit möglich sind, erledigt sind«. Zum Tode verurteilte Gefangene dürfe es niemals und nirgendwo in größerer Anzahl geben. Notfalls müßten »alle zum Tode Verurteilten in ein festes Lager der SS gebracht werden, wo ihre Bewachung durch vollwertige Kräfte sichergestellt sei«.

Vollmer hielt das

> »zur Zeit noch nicht für erforderlich. Es würde genügen, wenn nur bestimmte, nicht besonders gefährdete Anstalten mit Hinrichtungsstätten betraut würden und wenn mit allen Mitteln darauf gedrückt würde, daß dort nie eine irgendwie beachtliche Anzahl von Verurteilten zusammenströme ... Sollte die immer noch zu papierene Arbeitsweise in dem Gnadenverfahren ... nicht abzustellen sein, so müßten notfalls auch die neuen Bestimmungen« (die praktisch schon ausschlossen, daß Gründe für die Begnadigung beizubringen waren) »über das Gnadenverfahren in Todessachen aufgehoben werden. Wir müßten uns dann darauf beschränken, uns bis auf weiteres, etwa binnen drei bis vier Tagen nach der

23 Ob die Hinrichtungen des 13. September der Massenexekution zuzurechnen sind, ist strittig. In den Akten des Justizministeriums ist von den Hinrichtungen vom 7. bis 10. September die Rede. Doch sind einige der in der September-Liste Erfaßten erst am 13. September gehängt worden. Die Pause von zwei Tagen kann übrigens auch auf eine Erschöpfung des Scharfrichters zurückgeführt werden; er hatte bereits am 8. September um eine Pause von 24 Stunden gebeten, wie aus einem Vermerk vom Kammergerichtsrat Westphal hervorgeht, BA-Ko R 22/5019.

24 Juristenprozeß, Dokumente NG 213 und 559, BA-Ko, s. Anmerkung 2.

25 Hauptstaatsarchiv Potsdam; Fotokopien im BA-Hoppegarten.

Urteilsverkündung, das abgesetzte Urteil mit Rechtskraft ohne alle weiteren Formalitäten übersenden zu lassen.«[26]

Dr. Thierack meinte, diese Möglichkeit solle im Auge behalten werden. In einem Erlaß vom 8. September 1943 an die Präsidenten des Reichsgerichts und des Volksgerichtshofs, den Oberreichsanwalt, die Präsidenten der Oberlandesgerichte und die Generalstaatsanwälte über die »Behandlung von Todesurteilssachen« wurde die »Verkürzung« der Gnadenverfahren angeordnet. Die Massenexekution in Plötzensee lieferte das Exempel, wie rigoros künftig mit zum Tode Verurteilten im Reich zu verfahren sei.
Was es bedeutet, daß in diesen Nächten 250 bis 300 Männer gehängt wurden, ermißt man erst, wenn man weiß, daß im Deutschen Reich von 1914 bis 1918, während des gesamten Ersten Weltkrieges, 141 Todesurteile gefällt und 94 vollstreckt wurden.[27]
Im September 1943 starben in einer einzigen Strafanstalt des Reiches innerhalb von fünf Tagen etwa doppelt so viele Menschen. In Plötzensee wurden in einem Monat, im September 1943, etwa so viele Todesurteile vollstreckt wie im gesamten Reich zwischen 1907 und 1932 (393 Vollstreckungen), also in 25 Jahren, wobei die Urteile aus dem Ersten Weltkrieg sowie aus den Wirren der ersten Jahre der Weimarer Republik, mitgerechnet sind.
In den sechs Jahren nationalsozialistischer Herrschaft bis zum Ausbruch des Krieges fällten die Gerichte 679 Todesurteile, von denen 534 vollstreckt wurden. Mit dem Beginn des Krieges vervielfachte sich die Zahl der Hinrichtungen wiederum. Sie lag am Ende bei über 16.000.[28]

Die Toten lagen im Freien

Die Leichname der Gehenkten wurden der Anatomie übergeben. Allerdings ergaben sich dabei Schwierigkeiten. Als Zeuge sagte der evangelische Gefangenenseelsorger, Pastor Harald Poelchau, nach dem Kriege in Nürnberg, aus:

26 Vermerk Vollmer vom 8. September 1943 für Ministerialdirigent Mettgenberg und Kammergerichtsrat Westphal, »Hinrichtungen in Plötzensee«, BA-Ko R 22/5019.

27 Das Gewissen entscheidet. Bereiche deutschen Widerstands in Lebensbildern, hrsg. von Annedore Leber in Zusammenarbeit mit Willy Brandt und Karl Dietrich Bracher, Frankfurt/M. 1962, S. 20 f.

28 Im Namen des Deutschen Volkes. Justiz und Nationalsozialismus, hrsg. vom Bundesminister der Justiz, Köln 1989, S. 206.

»Die 300 Leichen kamen dann in einen großen offenen Schuppen, dessen Dach durch den Fliegerangriff zerstört war. Ich habe sie selbst liegen sehen. Diese Leichen konnten nicht abtransportiert werden, weil immer Angriffe dazwischenkamen und durch die sehr heißen Tage machte man sich Sorgen wegen Epidemien, die ausbrechen könnten. Ich weiß, daß sie der Anatomie übergeben wurden. Herr Prof. Dr. Stüve hat sich in vielen Fällen sehr anständig benommen ... Er hat hinter dem Rücken der Behörden den Angehörigen geholfen und die Leichen ausgehändigt. Wenn die Leichen für die Anatomie nicht mehr gebraucht wurden, wurden sie in Massengräbern bei Berlin beigesetzt ...«[29]

Diese Zeugenaussage wird bestätigt durch einen Vermerk des Kammergerichtsrats Westphal vom 15. September 1943:

»... Die Wegschaffung der Leichen hat das anatomische Institut übernommen. Sie ist im wesentlichen durchgeführt worden durch die Institutsdiener P. und Sch. Die Arbeit war um so unangenehmer, als ein großer Teil der Leichen mehrere Tage im Freien (zeitweise im Regen) liegen mußte. Der Oberinspektor E. ... hat angeregt, den beiden Institutsdienern aus Justizmitteln eine besondere Zuwendung in Geld zukommen zu lassen.«[30]

Der Justizminister erteilte am 22. September die Ermächtigung, 400 Mark auszuzahlen.[31]

29 Juristenprozeß, Dokument NG 559 BA-Ko, s. Anmerkung 2.

30 Juristenprozeß, Dokument NG 213, auch BA-Ko R 22/5019.

31 Walter Strelow hat im Juristenprozeß ausgesagt, die Leichname hätten etwa zwei Wochen lang in der »Sargkammer« gelegen, deren Dach bei dem Fliegerangriff zerstört worden war. Das ist nicht ganz zutreffend, wie sich aus der Anweisung des Geldes für die Leichendiener ergibt. Einen von ihnen, P., will Strelow gesehen haben, als er einem Toten den Kopf abtrennte, offensichtlich, um Goldzähne besser ziehen zu können. Aussage Strelow im Juristenprozeß, Dokument NG 435, s. Anmerkung 2.

Gesetze und Gerichte, Richter und Henker

Bevor die Schilderung der Ereignisse fortgesetzt wird, erscheint es angebracht, auf Voraussetzungen hinzuweisen, auf denen die Todesurteile der damaligen Zeit beruhten. Die Mehrzahl derjenigen, die in diesen Tagen und Nächten in Plötzensee starben, war vom Volksgerichtshof verurteilt worden.

Der Volksgerichtshof[1]

Mit dem »Gesetz zur Änderung von Vorschriften des Strafrechts und des Strafverfahrens« vom 24. April 1934, mit dem die Bestimmungen über Hoch- und Landesverrat neu gefaßt, d.h. verschärft wurden, wurde verfügt:

> »Zur Aburteilung von Hoch- und Landesverratssachen wird der Volksgerichtshof gebildet.
> Der Volksgerichtshof entscheidet in der Hauptverhandlung in der Besetzung von fünf Mitgliedern, außerhalb der Hauptverhandlung in der Besetzung von drei Mitgliedern, einschließlich des Vorsitzenden. Der Vorsitzende und ein weiteres Mitglied müssen die Befähigung zum Richteramt haben. Es können mehrere Senate gebildet werden.«[2]

Ferner wurde in dem Gesetz festgelegt, daß die zuständige Anklagebehörde der Oberreichsanwalt sei. Die Wahl des Verteidigers bedurfte der jederzeit widerrufbaren Genehmigung des Vorsitzenden des Gerichts. Richter und Beisitzer sowie ihre Stellvertreter wurden vom »Reichskanzler auf Vorschlag des Reichsministers der Justiz« für fünf Jahre, später

1 Aus der Literatur über den Volksgerichtshof sei verwiesen auf:
Walter Wagner, Der Volksgerichtshof im nationalsozialistischen Staat, Stuttgart 1974, Neuauflage in Vorbereitung; Hannsjoachim W. Koch, Volksgerichtshof. Politische Jutiz im 3. Reich, München 1988. In Vorbereitung ist ein »VGH-Projekt« beim Kriminologischen Institut der Universität Münster, das von Klaus Marxen betreut wird.

2 Reichsgesetzblatt (RGBl), Teil I, Jahrgang 1934, S. 341 ff.

auf Lebenszeit ernannt.[3] In einer Verordnung vom 12. Juni 1934 wurde Berlin zum Sitz des Volksgerichtshofs bestimmt und das erstmalige Zusammentreten für den 2. Juli 1934 angeordnet.

Mit dieser Änderung der Gerichtsverfassung erreichte Hitler bereits gut ein Jahr nach der Machtübernahme, daß politische Prozesse in seinem Sinne geführt und entschieden werden konnten. Er hatte das Besetzungsrecht; er wählte selbstverständlich nicht nur nationalsozialistische Berufsrichter aus, sondern konnte diese noch jederzeit durch die ebenfalls von ihm ausgewählten Laienrichter – es waren in jedem Fall höhere Chargen aus der Partei und ihren Gliederungen sowie aus Polizei und Wehrmacht – »lenken«.

Zur Bildung des Volksgerichtshofs wurde Hitler wohl durch den Reichstagsbrandprozeß vor dem Reichsgericht veranlaßt. Die Tatsache, daß dieses Gericht keine nationale oder internationale Verschwörung der Kommunisten konstatiert hatte; die Tatsache, daß Männer wie der Reichstagsabgeordnete Torgler und Komintern-Funktionär Dimitroff freigesprochen worden waren, zeigte den Nationalsozialisten, daß sie trotz massiven Drucks noch keineswegs Herren der Justiz waren. Sie dachten aber nicht daran, im politischen Strafrecht die Sprüche unabhängiger Richter hinzunehmen. Daher verfielen sie auf den Volksgerichtshof, eine Art Revolutionstribunal. Dieser Gerichtshof war im Grunde eher ein Instrument der Partei als des Staates. Der nationalsozialistische Reichsminister Dr. Frick hatte den Satz geprägt »Recht ist, was dem Volke nützt«, und ein Reichsanwalt beim Volksgerichtshof hatte 1937 in einer programmatischen Rede gesagt, es sei nicht Aufgabe des Volksgerichtshofs, »Recht zu sprechen«, sondern »die Gegner des Nationalsozialismus zu vernichten«. Dieser Maxime folgte der Volksgerichtshof.

Der erste Präsident des Volksgerichtshofs, Rehn, spielte noch keine besondere Rolle. Sein Nachfolger wurde 1936 Dr. Thierack. Als dieser Reichsminister der Justiz wurde, folgte ihm Dr. Roland Freisler.

Der Volksgerichtshof war zuständig

> »für die Untersuchung und Entscheidung in erster und letzter Instanz in den Fällen des Hochverrats nach §§ 80 bis 84, des Landesverrats nach §§ 89 bis 92, des Angriffs gegen den Reichspräsidenten nach § 94, Abs. 1 des Strafgesetzbuches und der Verbrechen nach § 5, Abs. 2 Nr. 1 der

3 Horst Sendler, Volksgerichtshof, in: Staatslexikon. Recht, Wirtschaft, Gesellschaft, hrsg. von der Görres-Gesellschaft, 8. Band, 6. Aufl. 1963, S. 337.

> Verordnung des Reichspräsidenten zum Schutz von Volk und Staat vom 28. Februar 1933 (Reichsgesetzblatt I, Seite 83).«[4]

Hochverrat

Hoch- und Landesverrat sowie ein Angriff auf den Reichspräsidenten waren in der Zeit der Weimarer Republik mit Freiheitsstrafen bedroht.[5] Die Nationalsozialisten eliminierten die Möglichkeit, bei Hochverrat eine Freiheitsstrafe zu verhängen. Sie legten fest:

> »Wer es unternimmt, mit Gewalt oder durch Drohung mit Gewalt das Reichsgebiet ganz oder teilweise einem fremden Staat einzuverleiben oder ein zum Reiche gehöriges Gebiet vom Reiche loszureißen, wird mit dem Tode bestraft.
> Ebenso wird bestraft, wer es unternimmt, mit Gewalt oder durch Drohung mit Gewalt die Verfassung des Reiches zu ändern.«[6]

Ist der im ersten Absatz geregelte sogenannte Gebietshochverrat noch einigermaßen eindeutig, so ist der mit Absatz 2 angesprochene Verfassungshochverrat für die nationalsozialistische Zeit mit Sicherheit problematisch. Tatsächlich war die Weimarer Verfassung niemals außer Kraft gesetzt worden; aber sie bestand faktisch nicht mehr. Um ihren Schutz konnte es den Nationalsozialisten nicht gehen. Sie interpretierten also, daß die Verfassung »in ihrer jeweils bestehenden Form« geschützt sei. Zur Verfassung des Reiches gehöre

> »alles, was zur bestehenden politischen, gesellschaftlichen und wirtschaftlichen Grundordnung des Volkslebens gehört. Hochverrat begeht daher zum Beispiel, wer es unternimmt, das Reich in seinen politischen Grundlagen als Einheitsstaat, Führerstaat und Einparteistaat zu ändern. Darauf, ob diese Grundordnung in einer Verfassungsurkunde oder überhaupt in einem bestimmten Gesetz niedergelegt ist, kommt es nicht entscheidend an.«[7]

Mit dieser Interpretation war es möglich, alles unter dem Begriff des Hochverrats zu subsumieren, was dem Willen des Führers und seiner Partei widerstrebte.

4 RGBl I, 1934, S. 345.

5 Koch, Volksgerichtshof, a.a.O., S. 101 ff., S. 567 f.

6 § 80 StGB in der Fassung vom 24. April 1934, RGBl I, 1934, S. 341.

7 Adolf Schönke, Strafgesetzbuch für das Deutsche Reich. Kommentar, München und Berlin 1941, S. 224.

§ 81 galt dem Schutz des »Führers und Reichskanzlers« sowie der Mitglieder der Reichsregierung vor dem »Berauben ihrer verfassungmäßigen Gewalt« sowie gegen Nötigung und Behinderung.
§§ 82 und 83 betrafen die Vorbereitung zum Hochverrat. § 83 lautete:

> »Wer öffentlich zu einem hochverräterischen Unternehmen auffordert oder anreizt, wird mit Zuchthaus bis zu zehn Jahren bestraft.
> Ebenso wird bestraft, wer ein hochverräterisches Unternehmen in anderer Weise vorbereitet.
> Auf Todesstrafe oder auf Zuchthaus nicht unter zwei Jahren ist zu erkennen, wenn die Tat
> 1. darauf gerichtet war, zur Vorbereitung des Hochverrats einen organisatorischen Zusammenhalt herzustellen oder aufrechtzuerhalten, oder
> 2. darauf gerichtet war, die Reichswehr oder die Polizei zur Erfüllung ihrer Pflicht untauglich zu machen, das Deutsche Reich gegen Angriffe auf seinen äußeren oder inneren Bestand zu schützen, oder
> 3. auf Beeinflussung der Massen durch Herstellung oder Verbreitung von Schriften, Schallplatten oder bildlichen Darstellungen oder durch Verwendung von Einrichtungen der Funktelegraphie oder Funktelephone gerichtet war oder
> 4. im Ausland oder dadurch begangen worden ist, daß der Täter es unternommen hat, Schriften, Schallplatten oder bildliche Darstellungen zum Zwecke der Verbreitung im Inland aus dem Ausland einzuführen.«[8]

Die Vorbereitungshandlungen wurden sehr weit interpretiert.

> »Ausreichend sind entfernteste Vorbereitungshandlungen, also auch solche, welche der Vorbereitung des Hochverrats nur mittelbar dienen sollen ... Das Abhören eines ausländischen Senders kann genügen, wenn es geschieht, um sich in einer staatsfeindlichen Gesinnung zu festigen.«[9]

Landesverrat

Die Bestimmungen der §§ 89 und 90 StGB in der Fassung von 1934 erweiterten den Strafrahmen für Landesverrat bis zur Todesstrafe.

> »Wer es unternimmt, ein Staatsgeheimnis zu verraten, wird mit dem Tode bestraft. Ist der Täter ein Ausländer, so kann auf lebenslanges Zuchthaus erkannt werden.«

8 RGBl I, 1934, S. 341 f.

9 Schönke, a.a.O., S. 226.

»Wer es unternimmt, sich ein Staatsgeheimnis zu verschaffen, um es zu verraten, wird mit dem Tode oder mit lebenslangem Zuchthaus bestraft.«[10]

Diese Bestimmungen wurden durch viele Zusätze ergänzt (§ 90 a bis 90 i). Diese Zusätze betrafen die landesverräterische Fälschung, die öffentliche Erörterung früherer Staatsgeheimnisse, die Anknüpfung landesverräterischer Beziehungen, die Preisgabe von Staatsgeheimnissen, die Volksverleumdung (Schädigung des Ansehens des deutschen Volkes), die landesverräterische Untreue, die landesverräterische Beweisfälschung und die landesverräterische Bestechung.
§ 91 (Herbeiführung einer Kriegsgefahr) erhielt eine besonders bedeutsame Erweiterung mit § 91b (Feindbegünstigung). In ihm wurde festgelegt:

»Wer im Inland oder als Deutscher im Ausland es unternimmt, während eines Krieges gegen das Reich oder in Beziehung auf einen drohenden Krieg der feindlichen Macht Vorschub zu leisten oder der Kriegsmacht des Reiches oder seiner Bundesgenossen einen Nachteil zuzufügen, wird mit dem Tode oder mit lebenslangem Zuchthaus bestraft . . .«[11]

In einem Kommentar dazu heißt es:

». . . es genügt hierzu jede Stärkung des feindlichen Kriegspotentials, auch jede Kräftigung des seelischen Widerstandswillens des Feindes. In Betracht kommen zum Beispiel unmittelbare oder mittelbare Lieferungen von Kriegsbedarf oder Lebensmitteln, Zeichnung fremder Kriegsanleihen, Zerstörung von Lebensmitteln im Reichsgebiet, Begünstigung der Flucht feindlicher Kriegsgefangener.«[12]

Abweichend vom internationalen Strafrecht galt übrigens im nationalsozialistischen Deutschland das deutsche Strafrecht auch für hoch- und landesverräterische Handlungen gegen das Reich, die ein Ausländer im Ausland beging.[13]

10 RGBl I, 1934, S. 343.

11 RGBl I, 1934, S. 344.

12 Schönke, a.a.O., S. 230.

13 Schönke, a.a.O., S. 247.

»Schutz von Volk und Staat«

In engem Zusammenhang mit den Bestimmungen über den Hochverrat steht § 5, Absatz 2, Nummer 1 der »Verordnung zum Schutz von Volk und Staat« vom 28. Februar 1933. Er lautete:

> »Mit dem Tode, oder soweit nicht bisher eine schwerere Strafe angedroht ist, mit lebenslangem Zuchthaus oder mit Zuchthaus bis zu 15 Jahren wird bestraft:
> 1. wer es unternimmt, den Reichspräsidenten oder ein Mitglied oder einen Kommissar der Reichsregierung zu töten oder wer zu einer solchen Tötung auffordert, sich erbietet oder ein solches Erbieten annimmt oder eine solche Tötung mit einem anderen verabredet.«[14]

Diese Verordnung verschärfte das Strafmaß des § 94, Absatz 1 des Strafgesetzbuches – auch hier bestand die Zuständigkeit des Volksgerichtshofes – in dem Gewalttätigkeiten gegen den Führer und Reichskanzler mit Gefängnis nicht unter drei Monaten bedroht waren.

Erweiterte Zuständigkeit[15]

Diese ursprünglichen Zuständigkeitsbereiche des Volksgerichtshofs wurden immer weiter ausgedehnt.
Das »Gesetz gegen Wirtschaftssabotage« vom 1. Dezember 1936 bedrohte jeden deutschen Staatsangehörigen mit der Todesstrafe,

> »der wissentlich und gewissenlos aus grobem Eigennutz oder aus anderen niederen Beweggründen den gesetzlichen Bestimmungen zuwider Vermögen nach dem Ausland verschiebt oder im Ausland stehenläßt und damit der deutschen Wirtschaft schweren Schaden zufügt.«[16]

Zuständiges Gericht war der Volksgerichtshof. 1940 wurde er auch für die Nichtanzeige eines geplanten Hoch- oder Landesverrates oder einer Wehrmittelbeschädigung (§ 139 StGB), sowie für schwere Fälle der Wehrmittelbeschädigung (§ 143a StGB) und der Gefährdung der Wehrmacht verbündeter Staaten zuständig.[17]

14 RGBl I, 1933, S. 83.

15 Auflistung bei Koch, a.a.O., S. 219 f.

16 RGBl I, 1936, S. 999.

17 Zuständigkeitsverordnung vom 21. Februar 1940, RGBl I, 1940, S. 405 ff.

1941 wurde die Zuständigkeit ausgedehnt auf Spionage[18], 1942 auf Verbrechen gegen die Rüstungswirtschaft.
Eine »Verordnung des Führers zum Schutz der Rüstungswirtschaft« vom 21. März 1942 bestimmte:

»Wer vorsätzlich falsche Angaben
1. über den Bedarf oder Bestand an Arbeitskräften,
2. über den Bedarf oder die Vorräte an für die Rüstungswirtschaft wichtigen Rohstoffen, Materialien, Erzeugnissen, Maschinen oder Geräten
macht und dadurch die Bedarfsdeckung der Rüstungswirtschaft gefährdet, wird mit Zuchthaus, in besonders schweren, die Rüstungswirtschaft erheblich beeinträchtigenden Fällen mit dem Tode bestraft ...«[19]

Seit 1943 war für zwei weitere, im Kriegssonderstrafrecht verankerte Straftatbestände die Zuständigkeit des Volksgerichtshofs festgelegt:[20] Zersetzung der Wehrkraft und Wehrpflichtentziehung. Diese spielten in der Praxis des Volksgerichtshofs eine herausragende Rolle, weil sich hierunter vieles subsumieren ließ.
§ 5 der Kriegssonderstrafrechtsverordnung (KSSVO) bestimmte:

»(1) Wegen Zersetzung der Wehrkraft wird mit dem Tode bestraft:
1. wer öffentlich dazu auffordert oder anreizt, die Erfüllung der Dienstpflicht in der deutschen oder einer verbündeten Wehrmacht zu verweigern, oder sonst öffentlich den Willen des deutschen oder verbündeten Volkes zur wehrhaften Selbstbehauptung zu lähmen oder zu zersetzen sucht;
2. wer es unternimmt, einen Soldaten oder Wehrpflichtigen des Beurlaubtenstandes zum Ungehorsam, zur Widersetzung oder zur Tätlichkeit gegen einen Vorgesetzten oder zur Fahnenflucht oder zur unerlaubten Entfernung zu verleiten oder sonst die Manneszucht in der deutschen oder einer verbündeten Wehrmacht zu untergraben;
3. wer es unternimmt, sich oder einen anderen durch Selbstverstümmelung, durch ein auf Täuschung berechnetes Mittel oder auf andere Weise der Erfüllung des Wehrdienstes ganz, teilweise oder zeitweise zu entziehen ...«[21]

18 Verbrechen nach § 2 der Verordnung über das Sonderstrafrecht im Krieg und bei besonderem Einsatz vom 17. August 1938, RGBl I, 1938, S. 1455.

19 RGBl I, 1942, S. 165.

20 Verordnung zur Ergänzung und Änderung der Zuständigkeitsverordnung vom 19. Januar 1943, RGBl I, 1943, S. 76.

21 RGBl I, 1938, S. 1455.

Ursprünglich waren auch Soldaten der Reichswehr der Gerichtsbarkeit des Volksgerichtshofs unterworfen. Im »Gesetz zur Änderung des Militärstrafgesetzbuches und der Militärstrafgerichtsordnung« vom 23. November 1934 hieß es:

> »In den Strafsachen, in denen der Volksgerichtshof nach den Gesetzen in erster und letzter Instanz zuständig ist, bleibt diese Zuständigkeit, soweit nicht das mobile Verfahren Platz greift, bestehen.«[22]

Der Volksgerichtshof hat diese Zuständigkeit 1936 verloren, als sich das Reichskriegsgericht aufgrund des Gesetzes über die Wiedereinführung eines Obersten Gerichtshofes der Wehrmacht konstituierte.[23]

»Nacht und Nebel«[24]

Am 7. Dezember 1941, also in einer kritischen Situation des Rußlandfeldzuges und genau zu dem Zeitpunkt, da sich mit Hitlers Kriegserklärung der Krieg zum Weltkrieg weitete, legte Hitler in einem Erlaß fest, daß jeder, der in den von der Wehrmacht besetzten Gebieten an einem Aufruhr oder einem Terror- oder Sabotageakt teilgenommen habe, zum Tode verurteilt werden solle. Die Angehörigen der Deportierten sollten nicht benachrichtigt werden. Die Bezeichnung »Nacht-und-Nebel-Fälle« ist nicht nachträglich gewählt, sondern war offizieller Sprachgebrauch. Im Justizministerium wurden beispielsweise ausweislich der Akten »NN« (= Nacht-und-Nebel)-Sachen gesondert vorgetragen; es gab hierfür ein Referat.[25]

Der Chef des Oberkommandos der Wehrmacht, Generalfeldmarschall Keitel, erließ Richtlinien, wie die Führerweisung umzusetzen sei und stellte ihnen die folgende »Begründung« voran:

> »Es ist der lange erwogene Wille des Führers, daß in den besetzten Gebieten bei Angriffen gegen das Reich oder die Besatzungsmacht den Tätern mit anderen Maßnahmen begegnet werden soll als bisher. Der Führer ist der Ansicht: Bei solchen Taten werden Freiheitsstrafen, auch lebenslange Zuchthausstrafen, als Zeichen der Schwäche gewertet. Eine

22 RGBl I, 1934, S. 1165.

23 RGBl I, 1936, S. 517; der Verf. ist Herrn Dr. Günter Gribbohm für den Hinweis auf die Fehlinterpretation in der ersten Auflage dankbar. Die Zuständigkeit des Volksgerichtshofs ging auf das Reichskriegsgericht über.

24 Siehe hierzu: Koch, a.a.O., S. 233 ff.

25 Siehe die »Vortragslisten im RMJ«, BA-Ko All. Proz. 1, XVII B 33, NG 698.

> wirksame und nachhaltige Abschreckung ist nur durch Todesstrafen oder durch Maßnahmen zu erreichen, die die Angehörigen oder die Bevölkerung über das Schicksal des Täters im Ungewissen halten. Diesem Zweck dient die Überführung nach Deutschland.«[26]

Die Frage, wer die Deportierten in Deutschland aburteilen solle, blieb längere Zeit ungeklärt. Es scheint, daß sich die Kriegsgerichte dem Ansinnen widersetzten. Schließlich wurden auf eine Initiative Freislers hin die Zivilgerichte zuständig. Da die Verfahren besonderen Bedingungen unterlagen – sie wurden geheim geführt; es war »sichergestellt«, daß die Richter stets im Sinne der Anklage votierten – ergab sich die Zuständigkeit des Volksgerichtshofs, der Sondergerichte und der Oberlandesgerichte.

Die ersten »Nacht-und-Nebel«-Prozesse vor dem Volksgerichtshof begannen Ende August 1942. Bis zum Jahresende verhandelte der Volksgerichtshof 200 Fälle, rund 800 hatte er an andere Gerichte abgegeben. Koch schreibt:

> »Freislers VGH-Senat, der Erste, befaßte sich mit dem größten Teil der Nacht-und-Nebel-Fälle. In manche waren Hunderte von Angeklagten verwickelt.«[27]

Nach der alliierten Invasion in der Normandie befahl Hitler, die »Nacht-und-Nebel«-Aktionen einzustellen. Für die Verschleppten bedeutete dies nur, daß sie von der Justiz der Gestapo übergeben wurden. Sie wurden in Konzentrationslager gebracht und zum Teil dort »liquidiert«.[28]

Der Besondere Senat

Wenige Wochen nach Kriegsausbruch wurde beim Volksgerichtshof der Besondere Senat gebildet.[29] Er setzte sich zusammen aus dem Präsidenten oder Vizepräsidenten des Volksgerichtshofs und vier Mitgliedern, von denen drei Laienrichter sein konnten. Der Besondere Senat hatte über den Außerordentlichen Einspruch gegen Urteile des Volksgerichtshofs oder der Oberlandes- und Landgerichte zu entscheiden.

Der Außerordentliche Einspruch, durch Gesetz geschaffen, hatte die Unabhängigkeit der Judikatur auch formell beseitigt. Mit seiner Hilfe

26 Koch, a.a.O., S. 235.

27 Koch, a.a.O., S. 239.

28 Koch, a.a.O., S. 240.

29 RGBl I, 1939, S. 1841.

konnte der »Führer« jedes, auch ein bereits rechtskräftig gewordenes Urteil aufheben. Das wurde folgendermaßen begründet:

> »In einem Staatswesen, in dem nicht die liberale Gewaltentrennung, sondern die Einheit der Staatsgewalt gilt, ist der Staatsführer auch höchster Träger der Gerichtsgewalt, oberster Gerichtsherr ... In dieser Eigenschaft obliegt ihm die Bestätigung gerichtlicher Entscheidungen, und er hat daher die Befugnis anzuordnen, daß die in einer Sache erlassene Entscheidung in Wegfall kommt und eine neue gerichtliche Entscheidung gefunden wird ... (Der Außerordentliche Einspruch) ist ein Werkzeug in der Hand des Führers zur Wahrung des Rechts ...
> Die Geltendmachung des Außerordentlichen Einspruchs kann, da er der Fülle der Machtbefugnisse des Staatsführers entspringt, nicht besonderen gesetzlichen Voraussetzungen und Einschränkungen unterworfen werden wie die Rechtshilfe. Einzige Voraussetzung für ihn ist die Entschließung des Führers selbst.«[30]

Die Staatsanwälte waren gehalten, die Möglichkeit des Außerordentlichen Einspruchs in Betracht zu ziehen. Hatten sie schwerwiegende Bedenken wegen einer Gerichtsentscheidung, mußten sie dem Oberreichsanwalt berichten. Teilte dieser die Bedenken, so hatte er dem Justizminister Bericht zu erstatten. Dieser entschied dann, ob Hitler der Außerordentliche Einspruch vorzuschlagen sei. Selbstverständlich konnte Hitler auch jederzeit von sich aus aktiv werden.
Die Besonderen Senate beim Reichsgericht und beim Volksgerichtshof hatten auf Grund eines Außerordentlichen Einspruchs ein neues Urteil zu fällen.

> »Da hier außergewöhnliche Fälle durch ein bestbesetztes höchstes Gericht entschieden werden, kann dem Gericht unbedenklich die Freiheit gegeben werden, von den sonst bindenden Verfahrensvorschriften abzuweichen, wenn es dies für angemessen hält ...«[31]

Der Besondere Senat war also nur für die Anklagebehörde eine Art zweiter Instanz in einem prinzipiell einstufigen Gericht. Ein Außerordentlicher Einspruch führte nahezu immer zu einer Verschärfung des Urteils. Hitler konnte also schon jedes Urteil nach seinem Willen durchsetzen, ehe er sich am 26. April 1942 im Reichstag zum Obersten Rich-

30 Heinrich Henkel, Das deutsche Strafverfahren, in: Grundzüge der Rechts- und Wirtschaftswissenschaft, hrsg. von Georg Dahm und Ernst Rudolf Huber, Hamburg (1943), S. 455 ff.

31 Henkel, a.a.O., S. 458.

ter erklärte. Er erwarte, sagte er damals, daß ihm die Nation das Recht gebe,

> »überall dort, wo nicht bedingungslos im Dienst der größeren Aufgabe, bei der es um Sein oder Nichtsein geht, gehorcht und gehandelt wird, sofort eingreifen und dementsprechend handeln zu dürfen ... Ich bitte deshalb den Deutschen Reichstag um die ausdrückliche Bestätigung, daß ich das gesetzliche Recht besitze, jeden zur Erfüllung seiner Pflichten anzuhalten, beziehungsweise denjenigen, der seine Pflichten nach meiner Ansicht mit gewissenhafter Einsicht nicht erfüllt, entweder zur gemeinen Kassation zu verurteilen oder ihn aus Amt und Stellung zu entfernen ... Ebenso erwarte ich, daß die deutsche Justiz versteht, daß nicht die Nation ihretwegen, sondern sie der Nation wegen da ist.« Er werde eingreifen, wo dies nicht verstanden werde »und Richter, die ersichtlich das Gebot der Stunde nicht erkennen, ihres Amtes entheben.«[32]

Die Richter des Volksgerichtshofs haben ihre »Pflichten« im Sinne Hitlers erfüllt. Sie fällten 1939 in 370 Fällen 36, 1940 in 1096 Fällen 53, 1941 in 1237 Fällen 102, 1942 in 2572 Fällen 1192, 1943 in 3358 Fällen 1662 und 1944 in 4379 Fällen 2097 Todesurteile.[33]

Sondergerichte

Im März 1933, kurz nach dem Reichstagsbrand, wurden Sondergerichte gebildet.[34] Ihnen oblag zunächst die Verfolgung politischer Delikte. Es kam auf rasche Aburteilung an, also legte die Verordnung der Reichsregierung fest: »Eine mündliche Verhandlung über den Haftbefehl findet nicht statt ...« (§ 9) »Eine gerichtliche Voruntersuchung findet nicht statt ...« (§ 11) und »Die Ladungsfrist (§ 217 der Strafprozeßordnung) beträgt drei Tage. Sie kann auf 24 Stunden herabgesetzt werden ...« (§ 12(4)).

> »Die Schnelligkeit des Verfahrens, die Entschiedenheit der Abwehr, die Strafzumessung unter unerbittlicher Voranstellung der Bedürfnisse der Gemeinschaft und die Unwiderruflichkeit der Entscheidung, diese charakteristischen Merkmale des Verfahrens vor den Sondergerichten sind gerade das, was die Staatsführung im Kampf gegen die politischen Straf-

32 Koch, a.a.O., S. 189 f.

33 Koch, a.a.O., S. 222; s. auch Im Namen des Deutschen Volkes, a.a.O., S. 211.

34 Verordnung der Reichsregierung über die Bildung von Sondergerichten vom 21. März 1933, RGBl I, 1933, S. 136 f.

taten ... braucht ... Eine energische Staatsführung, die ihren Willen dem politischen Gegner aufzwingen will, darf sich nicht auf lange Verhandlungen mit ihm einlassen ...«[35]

Später wurde den Sondergerichten auch die Aburteilung bestimmter krimineller Delikte übertragen. In der »Verordnung über die Zuständigkeit der Strafgerichte, die Sondergerichte und sonstige strafverfahrensrechtliche Vorschriften« vom 21. Februar 1940 ist bestimmt:

»§ 10
Errichtung
(1) Im Bezirk jedes Oberlandesgerichts werden bei einem oder mehreren Landgerichten Sondergerichte gebildet.
§ 11
Das Sondergericht entscheidet in der Besetzung mit drei Berufsrichtern.
...
§ 23
Beschleunigung des Verfahrens
(1) In allen Verfahren vor dem Sondergericht muß die Aburteilung sofort ohne Einhaltung von Fristen erfolgen, wenn der Täter auf frischer Tat betroffen wird oder sonst seine Schuld offen zutage liegt.
(2) In anderen Fällen beträgt die Ladungsfrist ... 24 Stunden.«[36]

Die Besonderheit des Verfahrens vor dem Sondergericht läßt sich wie folgt zusammenfassen.
1. Der Vorsitzende konnte allein unanfechtbare Entscheidungen über die Untersuchungshaft treffen.
2. Die gerichtliche Voruntersuchung entfiel.
3. Die Aburteilung mußte sofort erfolgen, ohne die Einhaltung gesetzlicher Fristen, wenn der Täter auf frischer Tat ertappt worden war, oder seine Schuld angeblich offen zutage lag.
4. Gegen die Urteile der Sondergerichte konnten keine Rechtsmittel eingelegt werden. Sie waren sofort rechtskräftig.[37]

35 Ministerialrat Rietzsch, Die Stellung der Sondergerichte in der Strafrechtspflege, in: Die Arbeit der Sondergerichte in der Kriegszeit, Abgekürzter Bericht über die Tagung der Sondergerichtsvorsitzenden und Sachbearbeiter für Sondergerichtssachen bei den Generalstaatsanwälten im Reichsjustizministerium am 24. Oktober 1939, o.O.u.J., S. 11.

36 RGBl I, 1940, S. 405 f.

37 Henkel, a.a.O., S. 462 f.

Zuständigkeit der Sondergerichte

Für folgende Bereiche bestand eine ausschließliche Zuständigkeit der Sondergerichte:

a) Verbrechen und Vergehen nach dem »Heimtückegesetz«[38], das Staat und Partei gegen unwahre Behauptungen sowie Parteiabzeichen und -symbole gegen Mißbrauch schützen sollte. In engem Zusammenhang damit standen § 134 a StGB, der Staatssymbolen, und § 134 b StGB, der Parteisymbolen einen besonderen Schutz gewährte.

b) Erpresserischer Kindesraub[39] und Verbrechen nach dem »Autofallengesetz«,[40] das im Juni 1938 mit Wirkung vom 1. Januar 1936 erlassen worden war. Die weitgehende Rückwirkung des Gesetzes erklärt sich daher, daß man die Mitglieder einer Bande, die eine Zeitlang Autos durch gefällte Straßenbäume zum Halten gezwungen und ausgeraubt hatte, unbedingt zum Tode verurteilen wollte.

c) Verbrechen nach der »Verordnung über außerordentliche Rundfunkmaßnahmen« vom 1. September 1939.[41] Mit ihr wurde das absichtliche Abhören ausländischer Sender, auch von Musiksendungen, mit Zuchthaus bedroht. Schuldig wurde schon der, der beim »Abhören mit der Möglichkeit rechnet, daß das Gehörte von einem Auslandssender kommt, sich aber ... erwiesenermaßen sagt: Na, wenn schon!«[42] Wer Nachrichten ausländischer Sender verbreitete, konnte mit dem Tode bestraft werden, wenn die Nachricht »geeignet war, die Widerstandskraft des deutschen Volkes zu gefährden.« Dabei war es nicht einmal erforderlich, daß die Gefährdung eintrat; es genügte, daß sie prinzipiell irgendwann einmal möglich sein konnte. Auch eine Verbreitung solcher Nachrichten unter Ausländern konnte die deutsche Wehrkraft gefährden.[43]

d) Verbrechen und Vergehen nach § 1 der »Kriegswirtschaftsverordnung« vom 4. September 1939. Er lautete:

38 Gesetz gegen heimtückische Angriffe auf Staat und Partei und zum Schutz der Parteiuniform vom 20. Dezember 1934, RGBl I, 1934, S. 1269.

39 § 239a StGB.

40 RGBl I, 1938, S. 651.

41 RGBl I, 1939, S. 1683.

42 S.E. Kohlrausch – R. Lange, Strafgesetzbuch mit Nebengesetzen und Erläuterungen. Guttentag'sche Sammlung deutscher Reichsgesetze, Berlin, 38. Aufl. 1944, S. 804.

43 Kohlrausch-Lange, a.a.O., S. 805.

»(1) Wer Rohstoffe oder Erzeugnisse, die zum lebenswichtigen Bedarf der Bevölkerung gehören, vernichtet, beiseite schafft oder zurückhält und dadurch böswillig die Deckung dieses Bedarfs gefährdet, wird mit Zuchthaus oder Gefängnis bestraft. In besonders schweren Fällen kann auf Todesstrafe erkannt werden.
(2) Dieselbe Strafe trifft denjenigen, der Bescheinigungen über eine Bezugsberechtigung oder Vordrucke hierfür beiseite schafft, nachahmt oder nachgemachte Bescheinigungen oder Vordrucke in den Verkehr bringt oder sich beschafft.«[44]

Diese Bestimmungen wurden, wie die Kommentare verraten, sehr extensiv ausgelegt. Der Inhaber eines Uhrengeschäftes in einem Ort »mit starker, zur Pünktlichkeit verpflichteter Bevölkerung, der eine Weckeruhr etwa für Stammkunden zurückhält«, beging schon ein Kriegswirtschaftsverbrechen; desgleichen ein Bauer, der »grundlos« eine Steigerung seiner Milcherzeugnisse ablehnte, ein Verbraucher, der »hamsterte« oder ein Metzger, der durch »geschicktes Ausschlachten gegenüber dem Soll eine Überschußmenge« erzielte und sie verschwieg. Ausdrücklich hieß es:

»Auch bei kleinen Mengen kann eine Gefährdung der Bedarfsdeckung in der Gefahr liegen, daß das Beiseiteschaffen oder Zurückhalten von Waren ansteckt und zur Regel wird.«[45]

Bemerkenswert ist auch, daß diese Verordnung nach dem Krieg in das neue Strafgesetz übernommen werden sollte.[46]

e) Verbrechen nach § 1 der »Verordnung gegen Volksschädlinge« vom 15. September 1939, mit der für Plünderung die Todesstrafe angedroht wurde.

»(1) Wer im freigemachten Gebiet[47] oder in freiwillig geräumten Gebäuden oder Räumen plündert, wird mit dem Tode bestraft.
(2) Die Aburteilung erfolgt, soweit nicht die Feldkriegsgerichte zuständig sind, durch die Sondergerichte.
(3) Die Todesstrafe kann durch Erhängen vollstreckt werden.«[48]

44 RGBl I, 1939, S. 1609.

45 Kohlrausch-Lange, a.a.O., S. 811 f.

46 Kohlrausch-Lange, a.a.O., S. 809.

47 Zu Beginn des Krieges war die Zivilbevölkerung aus bestimmten Zonen im Westen des Reiches evakuiert worden.

48 RGBl I, 1939, S. 1679.

f) Verbrechen nach den §§ 1 und 2 der »Verordnung gegen Gewaltverbrecher« vom 5. Dezember 1939, mit der die Todesstrafe denjenigen angedroht wurde, die »bei einer Notzucht, einem Straßenraub, Bankraub oder einer anderen schweren Gewalttat« Waffen »oder andere gefährliche Mittel« anwendeten. Das gleiche Strafmaß galt auch für Verbrecher, die einen Verfolger mit der Waffe abwehrten oder angriffen.[49]

Die ausschließliche Zuständigkeit der Sondergerichte erstreckte sich also auf

1. bestimmte politische Verbrechen
2. bestimmte kriminelle Delikte
3. bestimmte »Kriegsverbrechen«.

Es bestand jedoch auch eine Wahlzuständigkeit. Die Staatsanwälte waren gehalten, Anklage vor einem Sondergericht zu erheben, wenn sie der Auffassung waren, daß die sofortige Aburteilung geboten sei.[50]

Der damalige Staatssekretär im Reichsjustizministerium, Freisler, erklärte zu Beginn des Krieges, die Strafrechtspflege im Kriege habe

> »jede Zersetzungserscheinung, kaum daß sie erkennbar wird, zu beseitigen; jeden Spaltpilz ... mit Stumpf und Stiel auszurotten!
> ... nur dann erfüllt sie in der höchsten Bewährungszeit unseres Volkes ihre Aufgabe: eine der stärksten Waffen der inneren Einheits-, Geschlossenheits-, Entschlossenheits- und Kraftfront unseres Volkes zu sein.«[51]

Um die Strafrechtspflege zu einem »überlegen zu handhabenden Schwert in der Hand des Richters« zu machen, forderte er von den Richtern:

> »Man zerrede und zerdenke nicht die Straftatbestände ...
> Man entferne sich vor allem nicht aus der nationalsozialistischen Erfassung der Lebensvorgänge ...
> Man tue den Sprung in die Kriegsnotwendigkeiten kühn und entschlossen ...«[52]

Der damalige Reichsminister der Justiz, Dr. Gürtner, sagte bei gleicher Gelegenheit:

49 RGBl I, 1939, S. 2378.

50 Henkel, a.a.O., S. 193.

51 Roland Freisler, Die Strafrechtspflege im Kriege, in: Die Arbeit der Sondergerichte in der Kriegszeit, a.a.O., S. 5.

52 Freisler, a.a.O., S. 6 f.

»Ich verweise auf eine ... Umwertung der Weise nicht nur, was den Unrechtsgehalt anlangt, sondern auch, was die Antwort anlangt, die der Strafrichter auf solche Taten zu geben hat ... Und ähnlich wie bei einer Truppe ..., bei der nicht von vornherein mit härtesten Mitteln die Aufrechterhaltung der Disziplin durchgesetzt wird, genauso ist es im gesamten deutschen Volk.«[53]

Die Todesstrafe[54]

Die Zahl der Delikte, derentwegen die Todesstrafe verhängt werden konnte, wuchs in der nationalsozialistischen Zeit ständig an. Der amerikanische Anklagevertreter in den Nürnberger Prozessen hat ausgerechnet, daß das Gesetz in 46 Fällen die Todesstrafe zuließ[55] oder gar forderte. Derartige Berechnungen sind an sich müßig, weil in vielen Fällen das gesetzlich vorgeschriebene Strafmaß überschritten werden durfte und die einschlägigen Gesetze so extensiv ausgelegt werden konnten, daß sich etwa unter die Begriffe Hoch- und Landesverrat oder Feindbegünstigung alles subsumieren ließ, was in irgendeiner Weise dem Nationalsozialismus widerstrebte. Bereits 1939 sagte Roland Freisler:

»Daneben gestattet er (der Gesetzgeber), wo es irgend erforderlich ist, ein Hinausgehen über den allgemein als angemessen angesehen gewesenen Strafrahmen, oft bis zur Todesstrafe, unter dem Gesichtswinkel: die Kriegskraft des Volkes muß unbedingt gewährleistet werden.«[56]

Um aber jeden Zweifel auszuschließen, daß nationalsozialistische Justiz den Auftrag hatte, Gegner jeder Art auszurotten, wurde in Artikel 1, § 5 a der »5. Verordnung zur Ergänzung der Kriegssonderstrafrechtsverordnung« (KSSVO) vom 5. Mai 1944 festgelegt:

»Überschreiten des regelmäßigen Strafrahmens
(1) Bei allen Straftaten, die durch eine vorsätzliche strafbare Handlung einen schweren Nachteil oder eine ernsthafte Gefahr für die Kriegsführung oder die Sicherheit des Reiches verschuldet haben, kann unter Überschreitung des Strafrahmens die Strafe bis zur Höchstgrenze der

53 Schlußansprache des Reichsministers der Justiz, in: Die Arbeit der Sondergerichte in der Kriegszeit, a.a.O, S. 52.

54 siehe: Arthur Kaufmann, Todesstrafe, in: Staatslexikon, hrsg. von der Görres-Gesellschaft, 7. Band, 6. Aufl, Freiburg 1962, S. 1002 ff.

55 s. auch: Im Namen des Deutschen Volkes, a.a.O., S. 149.

56 Freisler, Die Strafrechtspflege im Kriege, in: Die Arbeit der Sondergerichte in der Kriegszeit, a.a.O., S. 6.

angedrohten Strafart erhöht oder auf zeitiges oder lebenslanges Zuchthaus oder auf Todesstrafe erkannt werden, wenn der regelmäßige Strafrahmen nach gesundem Volksempfinden zur Sühne nicht ausreicht. Das gleiche gilt für alle fahrlässigen strafbaren Handlungen, durch die ein besonders schwerer Nachteil oder eine besonders ernste Gefahr für die Kriegsführung oder die Sicherheit des Reiches verursacht wurden.

...

Artikel 2

Artikel 1 gilt auch für Straftaten, die vor dem Inkrafttreten dieser Verordnung begangen sind.«[57]

Diese Blankovollmacht mit rückwirkender Kraft, verbunden mit den bei Sondergerichten vorgeschriebenen Schnellverfahren ohne Berufungsmöglichkeit, löste wahrlich den letzten Rest von Gesetzlichkeit auf, der bis dahin noch bestanden haben mochte. Die Verordnung vom 5. Mai 1944 ist ein beredtes Zeugnis für die totale Willkür, die sich Recht nannte.

Die Nationalsozialisten bewegten sich rechtspolitisch – das sei hier angemerkt – bisweilen in einander entgegengesetzte Richtungen. Einerseits verschärften sie Gesetze, erließen immer neue, andererseits lösten sie die positive Gesetzlichkeit auf, zum Beispiel durch den Rückgriff auf das sogenannte »gesunde Volksempfinden«. Schon 1935 erließ die Reichsregierung aufgrund des »Ermächtigungsgesetzes« ein Gesetz, in dem festgelegt wurde:

»Bestraft wird, wer eine Tat begeht, die das Gesetz für strafbar erklärt *oder* die nach dem Grundgedanken eines Strafgesetzes und nach gesundem Volksempfinden Bestrafung verdient. Findet auf die Tat kein bestimmtes Strafgesetz unmittelbar Anwendung, so wird die Tat nach dem Gesetz bestraft, dessen Grundgedanken auf sie am besten zutrifft ...«[58]

Strafvollzug

Auch der Strafvollzug wurde zunehmend schärfer und inhumaner.
Das Strafgesetzbuch bestimmte:

»Die Todesstrafe ist durch Enthauptung zu vollstrecken.«[59]

57 RGBl I, 1944, S. 151.

58 Gesetz zur Änderung des Strafgesetzbuches vom 28. Juli 1935, RGBl I, 1935, S. 839.

59 § 13 StGB; vgl. Kohlrausch-Lange, a.a.O., S. 89 f.

Allerdings wurde bereits durch Gesetz die Verhängung und der Vollzug der Todesstrafe vom 29. März 1933 festgelegt:

> »Ist jemand wegen eines gegen die öffentliche Sicherheit gerichteten Verbrechens zum Tode verurteilt, so kann die Reichsregierung anordnen, daß die Vollstreckung durch Erhängen erfolgt.«[60]

Acht Wochen nach der Machtergreifung genügte es den Nationalsozialisten schon nicht mehr, daß Todesurteile auf normale Weise vollstreckt werden konnten. Sie wollten den Galgen. Tod durch Erhängen war auch bei einer Verurteilung nach § 1 der Volksschädlingsverordnung möglich. Die Anordnung hierzu konnte die Vollstreckungsbehörde geben. Für die meisten der während der Blutnächte in Plötzensee Gehenkten dürften die gesetzlichen Voraussetzungen nicht bestanden haben. Vollends ungesetzlich waren die Erwägungen, die Verurteilten zu erschießen.[61]

Gnadenverfahren

Ein Todesurteil durfte jedoch nur vollstreckt werden, wenn das »Gnadenverfahren« abgeschlossen war. Die Reichsstrafprozeßverordnung (§ 453) legte fest:

> »Todesurteile bedürfen zu ihrer Vollstreckung keiner Bestätigung. Die Vollstreckung ist jedoch erst zulässig, wenn die Entschließung der zur Ausübung des Gnadenrechts berufenen Stelle ergangen ist, von dem Begnadigungsrecht keinen Gebrauch machen zu wollen.«[62]

Die Ausübung des Gnadenrechts bei Todesurteilen stand grundsätzlich nur dem »Führer und Reichskanzler« zu.[63]
Ein Gnadenverfahren mußte auch eingeleitet werden, wenn der Verurteilte kein Gnadengesuch stellte.[64] Nach der »Gnadenordnung« waren

60 RGBl I, 1933, S. 151.

61 siehe oben S. 20.

62 Die Reichsprozeßordnung nebst Gerichtsverfassungsgesetz und den wichtigsten Nebengesetzen, hrsg. von Karl Doerner, Guttentagsche Sammlung von Textausgaben, Berlin 5. Aufl. 1943, S. 198 (zit. Doerner).

63 § 1 der Verordnung über das Verfahren in Gnadensachen (Gnadenverordnung) vom 6. Februar 1935, Doerner, a.a.O., S. 282 f.

64 § 13 der Gnadenverordnung, Doerner, a.a.O., S. 291.

dem Reichsjustizminister vorzulegen: ein Lichtbild des Verurteilten, die Abschrift der Äußerung des Vorsitzenden des Gerichts, das das Todesurteil gefällt hatte, drei beglaubigte Abschriften des Urteils sowie die Berichte anderer Stellen, deren Anhörung vorgeschrieben war;[65] im Normalfall waren das die Provinzialbehörden.
Deren Urteil hatte, je länger der Krieg andauerte und je inhumaner die Justizpraxis wurde, umso weniger Gewicht. Oft wurden sie nicht einmal mehr beteiligt. Aus den Akten des Justizministeriums ergibt sich, daß für die Gnadenverfahren eine formularmäßige Übersicht auf einem DIN A4-Blatt angelegt wurde mit folgenden Rubriken:

Aktenzeichen:	Sachbearbeiter:
Name, Vorname:	Gericht, Datum des Urteils:
Volkstum, Beruf:	
Alter des VU:	
Persönliche Verhältnisse:	Vorstrafen:
	Tat:

angewandtes Strafgesetz:
Begründung der Gnadenbitte:
Vorschläge:
Gericht:
Gestapo:
Staatsanwaltschaft:
andere Stellen (z.B. Vorstand Strafgefängnis):

Die Formulare sind nicht einheitlich. In einigen ist auch der Instanzenweg im Justizministerium vermerkt:

Sachbearbeiter:	Referent:
Abt. Leiter:[66]	

Der Justizminister hatte die Gnadenberichte Hitler vorzulegen oder, soweit er ermächtigt war, in seinem Auftrag zu entscheiden. Im Justizministerium wurden die »Gnadensachen« von verschiedenen Referenten getrennt nach »Hochverratssachen«, »Landesverratssachen«, »To-

65 §§ 10, 11 und 13 der Gnadenverordnung, Doerner, a.a.O., S. 288 ff.

66 Beispiele für derartige Übersichten im Gnadenverfahren finden sich im BA-Ko, R 60 II 467 (Scheer) und R 60 II 533 (Willi Müller).

dessachen aus eingegliederten Ostgebieten«, »Nacht- und Nebelerlaß-Sachen« (»NN-Sachen«)[67] und »sonstigen Todesurteilen« dem Minister oder Staatssekretär vorgetragen. Die Referenten unterschieden dabei zwischen »zweifelhaften« und »glatten« Sachen. Am 3. Dezember 1942 beispielsweise standen 20 wegen Hochverrats gefällte Urteile an, vier waren als »zweifelhaft«, 16 als »glatt« eingestuft. In jeder der beiden Kategorien wurde ein Urteil in eine Zuchthausstrafe umgewandelt. Die 19 Landesverratsfälle dieses Tages galten alle als »glatt«; in keinem Fall kam ein Begnadigungsvorschlag in Betracht. Aus den »eingegliederten Ostgebieten« wurden zwei »zweifelhafte« (eine Umwandlung in eine Zuchthausstrafe) und sieben »glatte« Fälle vorgetragen; bei letzteren blieben die Todesurteile bestehen. Unter den »N.N.«-Sachen wurde ein Name nicht in den Akten vermerkt, weil dieser Fall als »Geheime Reichssache« eingestuft war. Insgesamt standen an diesem Tag 108 Fälle an, in denen entschieden werden mußte, ob Hitler eine Begnadigung vorzuschlagen sei.[68]

Um ein Bild über den Umfang der Begnadigungen zu gewinnen, sei auf die Tatsache verwiesen, daß der Reichsjustizminister in den Jahren 1943 und 1944 in 290 Fällen eine Begnadigung vorschlug. In 289 Fällen stimmte Hitler zu.[69] Legt man zugrunde, daß in den beiden Jahren mindestens 10.000 Todesurteile gefällt wurden, so machen die Begnadigungen nicht einmal drei Prozent aus.

Wie ein Gnadenverfahren 1942, also vor Thieracks Erlaß vom September 1943 ablief, wird an folgendem Beispiel deutlich: Der 40 Jahre alte polnische Landwirt Kasimir R., ansässig im Gau »Wartheland«, also in annektiertem Gebiet, wurde vom 2. Senat des Volksgerichtshofs am 27. Mai 1942 zum Tode verurteilt, weil er einen flüchtigen sowjetischen Kriegsgefangenen in der Scheune hatte nächtigen lassen und weil er ihm zu essen gegeben hatte. Im Urteilstenor lautete das so: »Der Angeklagte R. wird wegen Schädigung des Reichswohls in Verbindung mit landesverräterischer Begünstigung des Feindes zum Tode verurteilt.«[70] R. schrieb in polnisch auf einem für die Gefangenen bestimmten Briefformular ein Gnadengesuch, das in der Übersetzung des Volksgerichtshofs folgenden Wortlaut hatte:

67 Über den »Nacht-und-Nebel-Erlaß« s. S. 44 f.

68 BA-Ko, Juristenprozeß, Dokument NG 698, s. Anmerkung 25.

69 Schreiben des Reichsministers der Justiz vom 11. November 1944 an den Chef der Präsidialkanzlei; BA-Ko, Juristenprozeß, Dokument NG 301, s. Anmerkung 25.

70 Urteil und Gnadenakte, BA-Ko, R 60 II 489.

»Mit der Bitte an den Herrn Richter bitte ich, ein paar Worte vorzulegen. Auf den Knien komme ich mit der Bitte und mit Küssen der Füße. Ich möchte um Begnadigung meiner Strafe in eine Zuchthausstrafe bitten, weil Kinder zurückgeblieben sind und mein Weib in Schwangerschaft. Aus Bedauern für die Kinder möchte ich um eine Gefängnisstrafe bitten.
Ich möchte das Mitleid der höchsten Behörde erbitten, ich möchte von der Gnade des höchsten Richters erbitten einen Freispruch von der Todesstrafe. Ich bitte um Gefängnis, ich armer Arbeiter.«

Noch zweimal schrieb R. ähnliche Briefe an seine Richter, in denen er sich auch noch einmal zur Sache äußerte; die Warnungen vor flüchtigen Gefangenen – insgesamt waren 12 aus einem Transport entflohen – hätten ihn nicht erreicht.
Inzwischen hatte die Gestapo-Leitstelle Hohensalza, die vom Oberreichsanwalt am 2. Juni 1942 zur Stellungnahme aufgefordert war, unter dem 12. Juni 1942 »ein energisches Durchgreifen« befürwortet und einen eventuellen Gnadenerweis aus »staatspolizeilichen Erwägungen grundsätzlich abgelehnt«. Weiter heißt es in dem Schreiben an den Oberreichsanwalt:

»Ebenso wird die evtl. Freigabe der Leiche des Verurteilten zur Bestattung an die Angehörigen abgelehnt.
Nach den bisher vorliegenden Tatsachen betrachtet die polnische Bevölkerung solche zum Tode verurteilten Polen als Märtyrer und nimmt dieses zum Anlaß, besondere Bittgottesdienste und Prozessionen zu veranstalten.«

Auch der 2. Senat des Volksgerichtshofs, der das Urteil gefällt hatte, äußerte sich noch einmal gegenüber dem Oberreichsanwalt. Er sah sich in einem vierzeiligen handschriftlichen Vermerk »zu einer Befürwortung des Gnadengesuches nicht in der Lage«. Am 8. August entschied Staatssekretär Dr. Freisler in Vertretung des Reichsministers der Justiz, »mit Ermächtigung des Führers ..., von dem Begnadigungsrecht keinen Gebrauch zu machen, sondern der Gerechtigkeit freien Lauf zu lassen«. Am gleichen Tag gingen die Akten dem Oberreichsanwalt zu »mit dem Ersuchen, mit größter Beschleunigung das weitere zu veranlassen. Die Vornahme der Hinrichtung ist dem Scharfrichter Reindel zu übertragen. Bei der Überlassung der Leiche an ein Institut ... ist das Anatomische Institut der Universität in Berlin zu berücksichtigen.«
Kasimir R. wurde am 22. August 1942 enthauptet.
Der Pole war in diesem »Verfahren« der Übermacht der Bürokratie

absolut ausgeliefert. Kein Verteidiger unterstützte ihn; er war auf sich allein gestellt. Er hatte keine Chance.

Die Henker

Die Vollstreckung der Todesstrafen oblag der Reichs- bzw. Staatsanwaltschaft. Sie bedienten sich dabei der Scharfrichter. Über den Vollzug wurde eine Niederschrift gefertigt. Sie war vorgefertigt und lautete folgendermaßen:

> »Der Oberreichsanwalt
beim Volksgerichtshof
>
> Berlin, den *22. August 1942*[71]
im Gefängnis Plötzensee
>
> Niederschrift über den Vollzug der Todesstrafe
>
> Die unterzeichneten Beamten der Reichsanwaltschaft beim Volksgerichtshof begaben sich heute früh zur Vollstreckung des gegen *Vaclav St...* ergangenen rechtskräftigen Todesurteils des 2. Senats des Volksgerichtshof vom *27. Mai 1942* in das Gefängnis Plötzensee in Berlin.
‹Um Uhr wurde der zur Vollstreckung des Urteils bestimmte Raum betreten.› Der Scharfrichter *Reindel* aus Gommern meldete dem mit der Leitung der Urteilsvollstreckung beauftragten *Ersten Staatsanwalt,* daß er mit seinen Gehilfen zur Ausführung der Vollstreckung bereit stehe. In dem vorderen Teil des durch elektrisches Licht hell erleuchteten Vollstreckungsraumes befand sich ein schwarz verhangener Tisch, auf dem ein Kruzifix und zwei brennende Kerzen standen. Der hintere Teil des Vollstreckungsraumes, in dem das Fallbeilgerät steht, war durch einen schwarzen Vorhang abgetrennt.
Die Unterzeichneten nahmen hinter dem Vorhang Aufstellung. Der Scharfrichter stellte sich mit seinen drei Gehilfen vor dem geschlossenen Vorhang auf.
Anwesend waren ferner:
Verwaltungsinspektor Rohde
und Pfarrer Rösler.
Der unterzeichnete *Erste Staatsanwalt* ordnete die Vorführung des Verurteilten *St...* an. Dieser wurde um *4.36* Uhr, die Hände auf dem Rücken gefesselt, durch zwei Gefängniswachtmeister vorgeführt. ‹Während der Vorführung ertönte die Anstaltsglocke.›

71 Die Kursivsetzungen kennzeichnen die späteren Eintragungen in den Formularbriefen; in Klammern gesetzte Teile sind im vorliegenden Fall gestrichen. – Die Niederschrift sowie die Mitteilung des Gefängnisses über den »Abgang eines Gefangenen« an die Reichsanwaltschaft sowie der Bericht des Oberreichsanwalts an den Reichsminister der Justiz finden sich im BA-Ko, R 60 II 492.

Die Tür des Vollstreckungsraumes wurde geschlossen.
Dem Verurteilten *St*... wurde sodann durch den unterzeichneten *Ersten Staatsanwalt* die Formel des Urteils des 2. Senats des Volksgerichtshofs vom *27. Mai 1942* und die Entschließung des Reichsministers der Justiz vom *10. August 1942* nochmals langsam und deutlich bekanntgegeben.
Hierauf beauftragte der leitende *Erste Staatsanwalt* den Scharfrichter *Reindel*, seines Amtes zu walten. Sofort wurde der Vorhang zurückgezogen und die drei Gehilfen des Scharfrichters traten an die Stelle der beiden Gefängniswachtmeister.
Der Verurteilte *St*... gab keine Äußerung von sich. Er war ruhig ‹und gefaßt›. Er ließ sich ohne Widerstreben vor das Fallbeilgerät führen und dort mit entblößtem Oberkörper niederlegen. Der Scharfrichter trennte sodann mittels Fallbeils den Kopf des Verurteilten vom Rumpfe und meldete, daß das Urteil vollstreckt sei.
Die Vollstreckung dauerte von dem Zeitpunkt der Vorführung bis zur Übergabe an den Scharfrichter *19* Sekunden und von der Übergabe an diesen bis zur Meldung des Scharfrichters, daß das Urteil vollstreckt sei, 7 Sekunden.

(Unterschrift) (Unterschrift)
Erster Staatsanwalt Justizangestellter«

Noch am gleichen Tag meldete das Gefängnis mit Formular den »Abgang des Gefangenen« der Reichsanwaltschaft beim Volksgerichtshof. Der Oberreichsanwalt berichtete, wieder in einem vorformulierten Brief, der »geheim« eingestuft wurde, dem Reichsminister der Justiz, daß die »Hinrichtung ohne Zwischenfall verlaufen« sei; sie habe vom Zeitpunkt der Vorführung bis zur Meldung des Scharfrichters, daß das Urteil vollstreckt sei, 26 Sekunden gedauert.
Der Scharfrichter und seine Gehilfen waren nicht in die Justizverwaltung eingeordnet. Sie übten ihr grausames Handwerk gegen eine Grundgebühr und einen Kopflohn aus. Der Scharfrichter Reindel, der die oben geschilderte Exekution ausführte, hatte zu Beginn des Hitler-Regimes vor dem Landgericht Magdeburg erfolgreich eine Erhöhung der Henkersgebühr, die ihm von der Justizverwaltung verweigert worden war, durchgesetzt. Dabei verstieg sich das Gericht zu der pathetischen Feststellung, daß der Scharfrichter

»bei der Ausübung desjenigen Hoheitsaktes des Staates hervorragend« mitwirke, »der nach außen hin den nachhaltigsten Eindruck macht. Der Scharfrichter muß durch die Geldleistung des Staates in einer Weise abgegolten werden, die eine würdige Vergütung für höchstpersönliche Dienste darstellt, damit er das Bewußtsein hat, daß seine Tätigkeit entsprechend anerkannt wird, und damit auch die Öffentlichkeit seine Sonder- und Vertrauensstellung im Staat als solche anerkennt.«[72]

Die Scharfrichter – es gab deren elf im Deutschen Reich für 23 offizielle Hinrichtungsstätten und 40 weitere Vollzugsanstalten, in denen bei Bedarf auch Hinrichtungen stattfanden[73] – erhielten eine »Grundvergütung« von 3000 Reichsmark jährlich, ferner für jede Hinrichtung eine Sondervergütung. »Diese beträgt, wenn der Scharfrichter außerhalb seines Wohnsitzes tätig werden muß, für ihn 60.- RM und für jeden Gehilfen 40.- RM ... Wird der Scharfrichter an seinem Wohnsitz tätig, so beträgt seine Sondervergütung 40.- RM, die seiner Gehilfen je 30.- RM. Finden an einem Tage in der gleichen Vollzugsanstalt mehrere Hinrichtungen statt, so erhalten der Scharfrichter und jeder Gehilfe eine Sondervergütung von je 30.- RM für die zweite und jede folgende Hinrichtung.«[74] Tages- und Übernachtungsgelder wurden nicht gezahlt, weil die Henker in den Strafvollzugsanstalten unterzubringen waren und am Kantinenessen teilnehmen konnten. Wohl aber konnten sie Reisekosten abrechnen.

Der »Henkerslohn« war also keineswegs karg bemessen.[75] Rechnet man mit monatlich mindestens 60 Hinrichtungen (ab 1942) in Plötzensee und nochmals mit mindestens 50 in Brandenburg (auch hier war der Berliner Scharfrichter zuständig), so beliefen sich allein die Sondervergütungen auf nahezu 2500 Mark; das entsprach damals dem Gehalt

72 Hans Wüllenweber, Sondergerichte im Dritten Reich. Vergessene Verbrechen der Justiz, Sammlung Luchterhand 909, Frankfurt/M. 1990, S. 61.

73 »Vollstreckungsorte« waren: Berlin-Plötzensee, Brandenburg, Breslau, Bruchsal, Danzig, Dortmund, Dreibergen-Bültzow, Dresden, Frankfurt/M.-Preungesheim, Graz, Halle, Kattowitz, Köln, Königsberg, München-Stadelheim, Prag-Pankrac, Posen, Stuttgart, Weimar, Wien und Wolfenbüttel, BA-Ko, Reichsjustizminsterium, Anlage 1 zu »Richtlinien für die Vollstreckung der Todesstrafe vom 17. Januar 1945, R 22/4694. Aus dem »Mordregister« ergibt sich, daß Hinrichtungen auch in Aachen, Augsburg, Bielitz, Bochum, Bromberg-Brünn, Bültow, Celle, Duisburg, Düsseldorf, Eger, Erfurt, Essen, Frankfurt/Oder, Graudenz, Hamburg, Hamm, Hohensalza, Hannover, Insterburg, Kalisch, Kassel, Kiel, Klagenfurt, Konitz, Leipzig, Leitmeritz, Leslau, Lingen, Linz/Donau, Litzmannstadt, Luxemburg, Lyck, Magdeburg, Mannheim, Memel, Nürnberg, Oldenburg, Oppeln, Plock-Plonsk, Ried, Rostock, Saarbrücken, Schwarzach, Siegburg, Stettin, Straßburg, Thorn, Tilsit, Troppau, Wuppertal und Zichenau stattfanden.

74 BA-Ko, R 22/1324.

75 Wüllenweber spricht davon, daß der NS-Justizfiskus »sparsam« gewesen sei und daß die »Nachrichter« das Töten preiswert besorgt hätten, a.a.O., S. 61. Dabei wird offensichtlich nur die Sondervergütung gerechnet, nicht die Grundvergütung. Auch ist die große Zahl an Hinrichtungen nicht in Betracht gezogen.

eines Generals. In der Nacht vom 7. zum 8. September 1943 »verdiente« der Henker Roettger mit 186 Hinrichtungen mehr als 5500 Reichsmark an Sondervergütungen. Zu beachten ist ferner, daß es den Scharfrichtern freigestellt war, einem Gewerbe nachzugehen. In der Regel taten sie das nicht; sie begnügten sich mit ihrem Henkerslohn. Nur Reindel aus Magdeburg betrieb eine Tierkörperverwertungsanstalt (und beklagte sich prompt darüber, daß bei der Veranlagung zur Einkommensteuer die Einkünfte aus beiden Gewerben zusammengerechnet wurden). Wüllenweber berichtet, die »Amtstracht« der Henker sei Frack oder Smoking mit Zylinder gewesen.[76] Spätestens ab März 1943 trat jedoch für die Scharfrichter eine neue »Kleiderordnung« in Kraft. Kammergerichtsrat Westphal legte dem Justizminister folgenden Vermerk vor:

> »Bei der Vollstreckung der Todesurteile in Berlin-Plötzensee fiel auf, daß der Scharfrichter einen Zylinder trug und nach jeder Vollstreckung dem Staatsanwalt unter Erhebung der rechten Hand zum deutschen Gruß Meldung erstattete. Beides wirkt eigenartig. Wir haben früher schon ... einmal darauf hingewiesen, daß die Scharfrichter den Staatsanwalt nur beim Betreten und Verlassen des Richtraumes mit dem deutschen Gruß grüßen, daß hingegen bei der Meldung der vollzogenen Hinrichtung hiervon abzusehen sei.
> Der Scharfrichter Roettger, Berlin, wird sich in Zukunft hiernach richten. Der Justizoberinspektor Eichhorn ... hat ihn ferner gebeten, die Vollstreckungen ohne Kopfbedeckung vorzunehmen. Kleidung: nach Möglichkeit dunkler Anzug ...«[77]

Der Justizminister stimmte den Vorschlägen zu und unterrichtete hierüber die Oberlandesgerichte. In den bereits erwähnten »Richtlinien für den Scharfrichter« wird dunkler Anzug ohne Kopfbedeckung angeordnet.

Geltungsbereiche der Gesetze

Schließlich ist noch einzugehen auf den Geltungsbereich des Reichsstrafgesetzbuches und der einschlägigen Gesetze und Verordnungen insbesondere des politischen Strafrechts. Alle Gesetze und Verordnungen waren selbstverständlich im »Altreich« anzuwenden. In Österreich galt hingegen das österreichische Strafrecht grundsätzlich weiter. Allerdings wurden wesentliche Paragraphen des Reichstrafgesetzbuches, ins-

76 Wüllenweber, a.a.O., S. 60.

77 Vermerk vom 13. Februar 1943, BA-Ko R 22/1324.

besondere die Bestimmungen über Hoch- und Landesverrat, Wehrmittelbeschädigung, die Rassengesetze, das Heimtückegesetz u.a. auch in Österreich in Kraft gesetzt.[78]

Im Sudetenland wurden 1939 das Reichsstrafgesetz und die wichtigsten Nebengesetze eingeführt. Die später erlassenen Gesetze und Verordnungen waren selbstverständlich gültig.[79]

Im Protektorat Böhmen und Mähren gab es ein mehrfach gespaltenes Recht.[80] Einmal galt für Deutsche das deutsche Strafrecht; für Nichtdeutsche ein sogenanntes Protektoratsrecht. Allerdings waren Nichtdeutsche, im wesentlichen also Tschechen, bestimmten Bedingungen des deutschen Strafrechts unterworfen, so zum Beispiel den Bestimmungen über Hoch- und Landesverrat. Ferner galt deutsches Strafrecht, wenn die Straftat gegen die deutsche Wehrmacht oder gegen den Träger eines deutschen Amtes oder eines Amtes der NSDAP, einen Angehörigen der Wehrmacht oder ihres Gefolges, der SA, der SS, des NSKK oder des NSFK, die im Protektorat dienstlich tätig waren, aus politischen Beweggründen oder wegen ihrer amtlichen oder dienstlichen Tätigkeit begangen wurde.[81] Im wesentlichen waren also auch die Tschechen dem deutschen politischen Strafrecht unterworfen.[82]

Deutsches Strafrecht wurde nach und nach auch in Eupen, Malmedy und Moresnet sowie im Elsaß, in Lothringen und in Luxemburg eingeführt.

In den eingegliederten Ostgebieten galten ebenfalls das deutsche Strafrecht und die Strafprozeßordnung.[83] Auch im Generalgouvernement urteilten deutsche Gerichte nach deutschem Recht. In diesen Ostgebieten offenbarte sich am deutlichsten die Auflösung selbst des drakonischen Rechts.

> »Nach dem Einmarsch deutscher Truppen wütete in Polen monatelang ein fast völlig verfahrensloser Terror. Die Willkürjustiz von Partei, SS und Polizei und Zivilverwaltung wurde in den eingegliederten Gebieten am 6. Juni 1940 ersetzt durch die Einführung des deutschen Strafrechts. Allerdings blieben bestimmte Bereiche der Strafverfolgung der Justizzu-

78 Schönke, a.a.O., S. 1; Kohlrausch-Lange, a.a.O., S. 2.

79 Schönke, a.a.O., S. 1; Kohlrausch-Lange, a.a.O., S. 3.

80 Schönke, a.a.O., S. 2; Kohlrausch-Lange, a.a.O., S. 3 f.

81 Schönke, a.a.O., S. 2.

82 Kohlrausch-Lange, a.a.O., S. 5.

83 Kohlrausch-Lange, a.a.O., S. 4 f.

ständigkeit entzogen und der Polizei und SS übertragen ... Für Fremdvölkische (Juden und Polen) galten verschärfte Strafbestimmungen ...«[84]

Polenstrafrechtsverordnung

Am 4. Dezember 1941 verordnete der Ministerrat für die Reichsverteidigung mit Gesetzeskraft:

»1. Sachliches Strafrecht
I.
(1) Polen und Juden haben sich in den eingegliederten Ostgebieten entsprechend den deutschen Gesetzen und den für sie ergangenen Anordnungen der deutschen Behörden zu verhalten. Sie haben alles zu unterlassen, was der Hoheit des Deutschen Reiches und dem Ansehen des deutschen Volkes abträglich ist.
(2) Sie werden mit dem Tode bestraft, wenn sie gegen einen Deutschen wegen seiner Zugehörigkeit zum deutschen Volkstum eine Gewalttat begehen.
(3) Sie werden mit dem Tode, in minder schweren Fällen mit Freiheitsstrafe bestraft, wenn sie durch gehässige oder hetzerische Betätigung eine deutschfeindliche Gesinnung bekunden, insbesondere deutschfeindliche Äußerungen machen, oder öffentliche Anschläge deutscher Behörden oder Dienststellen abreißen oder beschädigen, oder wenn sie durch ihr sonstiges Verhalten das Ansehen oder das Wohl des Deutschen Reiches oder des deutschen Volkes herabsetzen oder schädigen.
(4) Sie werden mit dem Tode, in minder schweren Fällen mit Freiheitsstrafen bestraft,
1. wenn sie gegen einen Angehörigen der deutschen Wehrmacht oder ihres Gefolges, der deutschen Polizei einschließlich ihrer Hilfskräfte, des Reichsarbeitsdienstes, einer deutschen Behörde oder Dienststelle oder Gliederung der NSDAP eine Gewalttat begehen;
2. wenn sie Einrichtungen der deutschen Behörden oder Dienststellen oder Sachen, die deren Arbeit oder dem öffentlichen Nutzen dienen, vorsätzlich beschädigen;
3. wenn sie zum Ungehorsam gegen eine von den deutschen Behörden erlassene Verordnung oder Anordnung auffordern oder anreizen;
4. wenn sie die Begehung einer nach Absatz 2 oder 3 Nummer 1 bis 3 strafbaren Handlung verabreden ...
5. wenn sie im unerlaubten Besitz einer Schußwaffe, einer Handgranate,

84 Terror und Widerstand 1933-1945. Arbeitsunterlagen für politische Bildung, hrsg. von der Landeszentrale für politische Bildungsarbeit Berlin, Berlin 1964, Mappe B, Dokument Nr. 14, Anm. 2; vgl. auch Martin Broszat, Nationalsozialistische Polenpolitik, Fischer-Bücherei 192, Frankfurt/M. 1965, S. 128 ff.

einer Hieb- oder Stoßwaffe, von Sprengmitteln, Munition oder sonstigem Kriegsgerät getroffen werden ...

...

III.

...

(2) Auf Todesstrafe wird erkannt, wo das Gesetz sie androht. Auch da, wo das Gesetz Todesstrafe nicht vorsieht, wird sie verhängt, wenn die Tat von besonders niedriger Gesinnung zeugt oder aus anderen Gründen besonders schwer ist; in diesen Fällen ist Todesstrafe auch gegen jugendliche Schwerverbrecher zulässig ...

2. Strafverfahren

...

VI.

(1) Jedes Urteil ist sofort vollstreckbar; jedoch kann der Staatsanwalt gegen Urteile des Amtsrichters Berufung ... einlegen ...

(2) Auch das Beschwerderecht steht allein dem Staatsanwalt zu ...

...

X.

(1) Die Wiederaufnahme des Verfahrens kann nur der Staatsanwalt beantragen ...

XI.

Polen und Juden können weder Privatklage noch Nebenklage erheben.

...

3. Standgerichtliches Verfahren

XIII.

(1) Der Reichsstatthalter (Oberpräsident) kann in den eingegliederten Ostgebieten mit Zustimmung des Reichsministers des Innern und des Reichsministers der Justiz für seinen Verwaltungsbereich oder einzelne Teile davon anordnen, daß Polen und Juden wegen schwerer Ausschreitungen gegen Deutsche sowie wegen anderer Straftaten, die das deutsche Aufbauwerk ernstlich gefährden, bis auf weiteres von Standgerichten abgeurteilt werden können.

(2) Als Strafe wird von den Standgerichten die Todesstrafe verhängt. Die Standgerichte können auch von Strafe absehen und stattdessen die Überweisung an die Geheime Staatspolizei aussprechen ...«[85]

Was als »schwere Gewalttat« galt, ergibt sich aus einem Urteil des Sondergerichts Zichenau, in dem es lapidar heißt:

85 Verordnung über die Strafrechtspflege gegen Polen und Juden in den eingegliederten Ostgebieten vom 4. Dezember 1941 (Polenstrafrechts-Verordnung), RGBl I, 1941, S. 759 ff.

»Die Angeklagte hat den Kriminalsekretär H. geohrfeigt. Sie wird daher wegen einer Gewalttat gegen einen deutschen Polizeibeamten aufgrund der Polenstrafrechtsverordnung zum Tode verurteilt.«[86]

Am 1. Juli 1943 wurden Juden der Gerichtsbarkeit generell entzogen und der Strafverfolgung durch die Polizei überantwortet. Auch die Gültigkeit der Polenstrafrechtsverordnung wurde für Juden aufgehoben.[87]
Die Polenstrafrechtsverordnung wurde übrigens zunehmend unterhöhlt, weil die Polizei mehr und mehr dazu überging, die Strafverfolgung an sich zu ziehen.

Kompetenz-Konflikte

Die Geheime Staatspolizei hatte lange vor dem Krieg schon eine stärkere Stellung als die Gerichte. Ihre Maßnahmen unterlagen seit 1936 »nicht (mehr) der Nachprüfung durch Verwaltungsgerichte«.[88] Justizminister Dr. Thierack billigte »Polizei und SS das Recht zu, die Gerichte zu überwachen«; er erklärte »sich damit einverstanden, angeblich zu milde Urteile durch ›Vernichtung durch Arbeit‹ nachzubessern«.[89] Schon sein Vorgänger, Justizminister Dr. Gürtner, hatte die Generalstaatsanwälte 1937 angewiesen, »die Staatspolizei zu benachrichtigen, wenn ein Hoch- und Landesverräter aus dem Zuchthaus oder Gefängnis frei kommt. Der Staatspolizei soll so Gelegenheit gegeben werden, für entlassene politische Gefangene ›Maßnahmen‹ ihrer Wahl zu treffen.«[90]

Das Überwuchern der Polizei in den Bereich der Justiz fand bei letzterer nur geringen Widerstand. Für die chaotische Lage bezeichnend ist eine Aufzeichnung, die der Reichsminister der Justiz am 28. September 1939, also unmittelbar nach dem Polenkrieg, dem Chef der Reichskanzlei, Reichsminister Dr. Lammers, übergab. Darin heißt es:

86 Urteil vom 29. Juni 1944, abgedruckt in: Im Namen des Deutschen Volkes, a.a.O., S. 227; s. auch Ilse Staff, Justiz im Dritten Reich. Eine Dokumentation, Fischer-Bücherei 559, Frankfurt/M. 1964, S. 221 ff.

87 13. Verordnung zum Reichsbürgergesetz, RGBl I, 1943, S. 372.

88 Gesetz über die Geheime Staatspolizei vom 10. Februar 1936, siehe: Im Namen des Deutschen Volkes, a.a.O., S. 265.

89 Im Namen des Deutschen Volkes, a.a.O., S. 267.

90 Im Namen des Deutschen Volkes, a.a.O., S. 261.

»*4. Rechtslage*
Wenn die Unterrichtung des Justizministeriums richtig ist, dann besteht jetzt im nichtbesetzten Gebiet des Reiches, also außerhalb des Kampf- und Operationsgebietes, eine konkurrierende Zuständigkeit zwischen dem Volksgerichtshof, den Kriegsgerichten und Sondergerichten einerseits und der Polizei andererseits für die Ahndung von Kriegsverbrechen. Nach welchen Gesichtspunkten sollte diese Konkurrenz im einzelnen Fall entschieden werden?
Im nichtbesetzten Gebiet ist der Zustand der öffentlichen Ordnung und Sicherheit so, daß keine Behörde in ihrer Wirksamkeit gestört werden kann.
Die Kriegsgesetze sehen ein Verfahren vor, das praktisch dem der Standgerichte völlig gleichkommt. Die Sondergerichte sind nur nicht als Standgerichte bezeichnet worden ...
...
6.
Eine allgemeine Klärung der Frage, ob Verbrechen im nichtbesetzten Gebiet nach den Kriegsgesetzen oder von der Polizei ohne Verfahren und Urteil zu ahnden sind, halte ich für dringend geboten.«[91]

Auch der Reichsminister der Justiz wußte also 1939 nicht mehr, auf welche »Rechtsgrundlagen« sich Verhaftungen und Hinrichtungen im Deutschen Reich stützten. Er regte eine »allgemeine Klärung« an. Sie erfolgte nie, oder allenfalls nur für Teilbereiche, etwa für den Bereich der Justiz in der Zuständigkeitsverordnung vom 21. Februar 1940.
Der Wirrwarr von Kompetenzen und Bestimmungen löste sich bis Kriegsende nicht. Die »Verordnung über die Strafrechtspflege gegen Polen und Juden« vom 4. Dezember 1941 schuf ein Sonderrecht, besser: Sonder-Unrecht für jüdische und polnische Frauen und Männer. Im Generalgouvernement und im Protektorat wüteten Standgerichte.

Auch die Judikatur im »Alt-Reich« blieb vor diesen Übergriffen der SS und der Polizei keineswegs verschont.
Ein Beispiel für viele: Der Generalstaatsanwalt beim Kammergericht Berlin meldete am 31. März 1942 dem Reichsminister der Justiz – »Z.Hd. des Herrn Staatssekretärs Dr. Schlegelberger« –, daß, »soweit hier bekannt, 13 (nicht zum Tode Verurteilte) der Stapo ausgehändigt und erschossen worden« sind. Der Generalstaatsanwalt erinnert in diesem Zusammenhang an ähnliche Fälle, über die er schon einmal berichtet habe, nämlich daß elf im Kammergerichtsbezirk Verurteilte,

91 Martin Broszat, Zur Perversion der Strafjustiz im Dritten Reich, Vierteljahreshefte für Zeitgeschichte, 4/1958, S. 408 f.

»die sämtlich (bis dahin) unbestraft waren und von denen sieben Zuchthausstrafen von zehn Jahren bis abwärts zu einem Jahr neun Monaten, die übrigen dagegen Gefängnisstrafen von einem Jahr neun Monate bis ein Jahr sechs Monate erhalten haben, am 10. Februar 1942 exekutiert worden (sind). Einer der Verurteilten, Johannes R., der eine Gefängnisstrafe von einem Jahr und sechs Monaten zu verbüßen hatte, ist Vater von sechs Kindern. Die Angehörigen der Erschossenen haben den Sachbearbeiter der Staatsanwaltschaft Berlin, Landgerichtsrat D., zu wiederholten Malen aufgesucht und von ihm Aufklärung verlangt, weshalb die Staatsanwaltschaft die Verurteilten habe erschießen lassen. Landgerichtsrat D. hat stets erwidert, daß die Erschießungen nicht von der Staatsanwaltschaft veranlaßt worden seien, daß er im übrigen aber keine weitere Aufklärung geben könne. Das haben die Gesuchsteller jedoch nicht geglaubt, sondern mehr oder weniger unverblümt zum Ausdruck gebracht, daß der Sachbearbeiter ihnen absichtlich die Unwahrheit sage. Im übrigen haben die Angehörigen der Verurteilten auch eine Reihe schriftlicher Eingaben an die Staatsanwaltschaft Berlin gerichtet ... Alles in allem glaube ich keine Zweifel darüber lassen zu dürfen, daß gerade dieser Fall das Vertrauen der beteiligten Kreise in das Ansehen der Justiz aufs schwerste erschüttert hat.«[92]

Der Bericht blieb, soweit erkennbar, ohne Folgen.
Auch in den annektierten West-Gebieten wurden Sonderregelungen angewandt, die der Willkür der sogenannten »Chefs der Zivilverwaltung« (CdZ) entsprangen. So ist einem Urteil des Volksgerichtshofs zu entnehmen, daß in Lothringen Wehrdienstentziehung und Beihilfe dazu nicht gerichtlicher Aburteilung unterlagen, sondern »polizeilich« geahndet wurden, ohne daß der entsprechende Erlaß des Chefs der Zivilverwaltung veröffentlicht wurde. Der Volksgerichtshof stellte in einem Urteil vom 21. November 1944 fest:

»Die Angeklagten ... haben endlich dabei mitgewirkt, die Lothringer Wehrpflichtigen bzw. Wehrmachtangehörigen M., Sch. und Sch. der Erfüllung der Wehrdienstpflicht zu entziehen. Sie wußten, daß es sich bei den genannten Personen um Wehrpflichtige bzw. Wehrmachtangehörige handelte und haben ihnen in Kenntnis dieses Umstands zur Flucht ins Ausland verholfen. Sie sind daher ... der Wehrkraftzersetzung (§ 5 Abs. 1 Ziffer 3 KSSVO) ... (und) der Teilnahme der Fahnenflucht (§ 69 MilStGB) schuldig ...
Nach dem klaren und eindeutigen Wortlaut der Verordnung über die

92 Lagebericht des Generalstaatsanwalts beim Kammergericht Berlin vom 31. März 1942, BA-Ko, R 22/3356.

Ahndung von Straftaten gegen die Wehrpflicht in Lothringen vom 13. September 1943 wird das Verbrechen der Wehrdienstentziehung, wenn es von einem lothringischen Wehrpflichtigen oder – wie hier – in Beziehung auf einen solchen oder einen lothringischen Wehrmachtangehörigen begangen worden ist, nicht von den allgemeinen Gerichten bestraft, sondern durch die Polizei geahndet. Diese von dem Chef der Zivilverwaltung in Lothringen erlassene, nicht veröffentlichte Verordnung bindet nicht nur die Gerichte in Lothringen, sondern sämtliche allgemeinen Gerichte im Reich, also auch den Volksgerichtshof als ordentliches Gericht ... Dieser Rechtsanschauung ist im Zusammenhang mit dem gegenwärtigen Verfahren auch die Geheime Staatspolizei gefolgt ... Frau M. ... ist ... auf Kriegsdauer in ein Konzentrationslager eingeliefert worden.«[93]

Die übrigen Angeklagten wurden deshalb nicht der Gestapo überstellt, weil sie wegen der Fluchthilfe für einen australischen Fliegeroffizier verurteilt worden waren.

Privilegierte Richter

In Anbetracht dieser Auflösung des Rechts erstaunt es, daß gegen Richter und Angehörige der Justizverwaltung in der Nachkriegszeit keine rechtskräftigen Schuldsprüche deutscher Gerichte gefällt wurden. Lediglich der amerikanische Militärgerichtshof in Nürnberg verhandelte gegen 14 Juristen – drei ehemalige Staatssekretäre, Ministerialbeamte, Reichsanwälte und Richter. Am 3. und 4. Dezember 1947 wurden vier Angeklagte zu lebenslanger, vier weitere zu zehnjähriger, einer zu sieben- und einer zu fünfjähriger Haft verurteilt. Zehn Jahre nach dem Spruch war keiner der Verurteilten mehr inhaftiert; der letzte war 1956 entlassen worden.[94]

Im Urteil, das im sogenannten Juristenprozeß gefällt worden war, hatte es geheißen, keiner der Angeklagten sei der Ermordung oder der Mißhandlung einer bestimmten Person beschuldigt worden. Die Beschuldigung sei, kurz gesagt, die der bewußten Teilnahme an einem über das ganze Land verbreiteten und von der Regierung organisierten System der Grausamkeit und Ungerechtigkeit unter Verletzung der Kriegsgesetze und der Gesetze der Menschlichkeit, begangen im Namen des Rechts unter der Autorität des Justizministeriums und mit Hilfe der Gerichte.

93 VGH-Urteil vom 21. November 1944, Az.: 2 J 43/44 g // 4 L 144/44, BA-Ko, R 60 II 400.

94 Im Namen des Deutschen Volkes, a.a.O., S. 340.

»Der Dolch des Mörders war unter der Robe des Juristen verborgen.«[95] Das Urteil im Juristenprozeß ist kontrovers diskutiert worden. Die eine Seite hatte Bedenken, weil der Prozeß weder nach amerikanischem noch nach deutschem Recht geführt worden war, andere sahen in den Urteilen ein konstitutives Element eines nationales Recht übergreifenden Völkerrechts, also den Grundstein eines Neuen.[96]
In der Bundesrepublik Deutschland ist es in einigen Fällen zu Verfahren gegen »belastete« Richter und Staatsanwälte gekommen. Alle endeten jedoch mit der Einstellung oder gar mit Freisprüchen. In der vom Bundesministerium der Justiz herausgegebenen Dokumentation nationalsozialistischer Justiz heißt es dazu, selbst wenn ein Todesurteil als Unrecht angesehen worden sei, habe den beteiligten Richtern daraus kein strafrechtlicher Vorwurf gemacht werden können. Dieses »überraschende Ergebnis« folge aus der Tatsache, daß und wie die bundesdeutschen Gerichte den § 336 des Strafgesetzbuches – »Rechtsbeugung« – auf die Rechtsprechung der NS-Zeit angewendet hätten.«[97] Der Paragraph lautete in der damaligen Fassung:

> »Ein Beamter oder Schiedsrichter, welcher sich bei der Leitung oder Entscheidung einer Rechtssache vorsätzlich zu Gunsten oder zum Nachteil einer Partei einer Beugung des Rechts schuldig macht, wird mit Freiheitsstrafe von einem Jahr bis zu fünf Jahren bestraft.«

Dieser Paragraph – so in der Dokumentation des Bundesjustizministeriums – sei in der Weimarer Zeit sozusagen das Gegengewicht zur richterlichen Unabhängigkeit gewesen, die ein Rechtsstaat seinen Richtern verbürge. Der nur an Gesetz und Recht gebundene Richter solle dann strafbar sein, wenn er seine Unabhängigkeit mißbrauche, indem er zum Beispiel als Strafrichter Tatsachen verfälsche, die Gesetze falsch anwende oder bei der Strafzumessung seinen Entscheidungsspielraum mißbrauche. Hierbei müsse der Richter vorsätzlich handeln (bestimmter Vorsatz), mindestens jedoch müsse er eine Rechtsbeugung billigend in Kauf nehmen (bedingter Vorsatz). Ebenso wie ein Einbrecher, der bei seiner Flucht auf seine Verfolger schieße, sich wegen Körperverletzung, Totschlags oder gar Mordes zu verantworten habe, so sei auch ein Richter verantwortlich, der mit der Fehlerhaftigkeit seiner Entscheidung rechne und sich dennoch mit ihr abfinde. Diese an sich klare Strafvor-

95 Im Namen des Deutschen Volkes, a.a.O., S. 341.

96 Zur Problematik siehe: Im Namen des Deutschen Volkes, a.a.O., S. 331 ff.

97 Im Namen des Deutschen Volkes, a.a.O., S. 422 f.

schrift habe die Unparteilichkeit der Rechtsprechung sichern sollen. Nach dem Zweiten Weltkrieg sei der § 336 eng ausgelegt worden. Die Vorschrift sei zu einem Justizprivileg geworden, zu einem »ständischen Schutzschild«. Die Rechtsprechung habe in den 50er Jahren in Anlehnung an eine Diskussion in der Weimarer Zeit die Auffassung vertreten, der bedingte Vorsatz reiche nicht aus für eine Bestrafung der Richter.[98] Ein Richter sei für ein Fehlurteil nur dann strafbar, wenn er mit »bestimmtem Vorsatz« gehandelt habe. Jetzt habe ein angeklagter Richter, wenn er einer Strafverfolgung habe entgehen wollen, nur noch behaupten müssen, er habe sein Urteil für Rechtens gehalten. »Kein anderer Angeklagter, dem wegen seiner Tätigkeit in der NS-Zeit Mord, Totschlag oder Freiheitsberaubung vorgeworfen wird, kann sich vor Gericht erfolgreich mit der Behauptung verteidigen, er habe sein Handeln für Rechtens gehalten.« Diese vom Bundesgerichtshof gedeckte Rechtsprechung habe sich naturgemäß auf die Ermittlungen der Staatsanwaltschaften ausgewirkt. Nur gegen fünf Richter (ausgenommen Militärjustiz und Standgerichte) sei wegen ihrer Beteiligung an Todesurteilen Klage erhoben worden; in keinem Fall jedoch sei es zu einer rechtskräftigen Verurteilung gekommen.[99] Diese »Amnestie für Justizverbrechen«, die nicht per Gesetz, sondern »auf krummen Wegen« zustande gekommen sei, sei die »schwerste Fehlleistung der bundesdeutschen Justiz bei der Nichtbewältigung der NS-Zeit«.[100]
Öffentliche Debatten führten schließlich dazu, daß der Deutsche Bundestag in einer Entschließung 1985 die Feststellung traf,

> »daß die als ›Volksgerichtshof‹ bezeichnete Institution kein Gericht im rechtsstaatlichen Sinne, sondern ein Terrorinstrument zur Durchsetzung der nationalsozialistischen Willkürherrschaft war. Den Entscheidungen des ›Volksgerichtshofs‹ kommt deshalb nach Überzeugung des Deutschen Bundestages keine Rechtswirkung zu. Aus diesem Grund sind die Entscheidungen durch die Ländergesetzgebung der ersten Nachkriegsjahre sowie durch damaliges Besatzungsrecht ausdrücklich kraft Gesetzes oder durch gerichtliches Verfahren auf Antrag aufgehoben worden. Den Opfern und ihren Familien bezeugt der Deutsche Bundestag Achtung und Mitgefühl. Mit ihrem Widerstand gegen das Naziregime haben sie ein bleibendes Denkmal gesetzt ...«[101]

98 § 336 ist 1975 novelliert worden; bedingter Vorsatz der Rechtsbeugung ist strafbar.

99 Im Namen des Deutschen Volkes, a.a.O., S. 423.

100 Im Namen des Deutschen Volkes, a.a.O., S. 453.

101 Bundestagsdrucksache 10/2368; Im Namen des deutschen Volkes, a.a.O., S. 454.

Aber auch diese Entscheidung blieb weiterhin in kontroverser Diskussion. Hannsjoachim W. Koch zum Beispiel nannte sie einen widersprüchlichen und zudem äußerst gefährlichen Präzedenzfall,

> »denn diese Entscheidung bedeutet einen Bruch mit dem Prinzip der Gewaltenteilung, auf dem jede liberale Demokratie beruht. Innerhalb des verfassungsmäßig Zulässigen wäre es dem Bundestag nur erlaubt gewesen, den Bundesverwaltungsgerichtshof anzurufen, um die – soweit noch vorhandenen – Urteilssprüche des Volksgerichtshofes einer Überprüfung zu unterwerfen und jeden Fall für sich selbst zu entscheiden. Dies wäre zwar eine äußerst aufwendige und erschöpfende Prozedur gewesen, aber rechtlich die einzig unanfechtbare.«[102]

Es bleibt die Frage, wie ein Paragraph des Strafgesetzbuchs, der in der Weimarer Zeit geschaffen worden war, um richterliche Unabhängigkeit einerseits zu schützen und andererseits ihren Mißbrauch zu verhindern, zu einem Privileg für Richter werden konnte, für Richter, die ihre Unabhängigkeit formal und faktisch verloren hatten. Und es bleibt ein nicht aufzulösendes Mißbehagen.

Die VGH-Maxime: Gegner vernichten

Der Bundesgerichtshof, der einerseits mit seiner Auslegung des »Rechtsbeugungs«-Paragraphen die NS-Richter praktisch der Strafverfolgung entzogen hat, hat andererseits die »Rechtsprechung« des Volksgerichtshofs entschieden verurteilt. Anlaß hierzu waren Prozesse, die nach dem Krieg wegen des vom Volksgerichtshof gegen den katholischen Priester Dr. Max Josef Metzger gefällten Urteils geführt wurden.[103]
Dr. Metzger war 1943 zeitweise in Plötzensee inhaftiert, ehe das Todesurteil an ihm in Brandenburg vollstreckt wurde. Als Mitbegründer des »Friedensbundes deutscher Katholiken« hatte er sich 1942 bemüht, Kontakte zu angelsächsischen Bischöfen zu gewinnen. Er wünschte, daß sie sich für einen gerechten Frieden einsetzten. Als Mittelsmann wählte er den evangelischen Erzbischof Eidem von Uppsala. An ihn richtete er ein Schreiben zur Weiterleitung an die angelsächsischen Bischöfe. In

102 Koch, Volksgerichtshof, a.a.O., S. 520 f.

103 Siehe Max Josef Metzger (posthum), Für Frieden und Einheit, Meitingen 1964; Marianne Möhring, Täter des Wortes. Max Josef Metzger, Leben und Wirken, Meitingen o.J.; Maran Atha. Zum 25. Todestag von Dr. Max Josef Metzger, Freising 1969; Benedicta Maria Kempner, Priester vor Hitlers Tribunalen, München 1966, S. 273 ff.

diesem Schreiben legte er seine Gedanken über eine gerechte Staatsordnung dar. Das Schreiben, das durch Kurier nach Schweden gelangen sollte, erreichte den Erzbischof von Uppsala nicht. Es fiel einer Gestapo-Agentin in die Hände. Am 28. Juni 1943 wurde Dr. Metzger verhaftet.

Dr. Metzgers zentrales Anliegen war, daß »die Politik Deutschlands, nach innen und außen verfassungsmäßig festgelegt, als eine redliche Friedenspolitik auf der Grundlage sittlicher Wahrheit und Treue sowie sozialer Gerechtigkeit« getrieben werden solle. Innenpolitisch wollte Dr. Metzger diese Friedenspolitik gegründet sehen auf der Achtung des Sittengesetzes, »auf der Anerkennung und Achtung des gleichen Grundrechtes für alle Bürger« sowie einer »fortschrittlichen Sozialpolitik«, als deren Element er die »Sicherung von Arbeit, Verdienst und Lebensmöglichkeit für alle, die Nationalisierung aller Bergwerke, Kraftwerke, Eisenbahnen sowie des Großgrundbesitzes an Feld, Wald und Seen, soziale Steuerpolitik und Schonung der Schwachen« aufzählte. Außerdem trat er für eine »gerechte Nationalitäten- und Rassenpolitik (Selbstverwaltung der nationalen Kirchen, zum Beispiel in bezug auf die öffentlichen Mittel für Schulzwecke)« ein.

Am 11. September 1943 – also unmittelbar nach den Blutnächten – kam Dr. Metzger in die Strafanstalt Plötzensee, und zwar als Untersuchungsgefangener. Am 14. Oktober fand die Hauptverhandlung vor dem Volksgerichtshof statt. Wegen »Vorbereitung zum Hochverrat u.a.« wurde er nach kurzer Verhandlung zum Tode verurteilt. Der Volksgerichtshof erkannte »für Recht«:

> »Max Josef Metzger, ein katholischer Diözesanpriester, der von unserer Niederlage überzeugt ist, hat im vierten Kriegsjahr ein Memorandum nach Schweden zu schicken versucht, um den Boden für eine feindhörige pazifistisch-demokratische, föderalistische Regierung unter persönlicher Diffamierung des Nationalsozialismus vorzubereiten.«

Prozesse, die nach dem Krieg gegen Frau Imgart, die Metzgers Brief an die Gestapo ausgeliefert hatte, geführt wurden, endeten mit Freisprüchen. Auf einen Revisionsantrag hin nahm am 28. Juni 1956 der 3. Strafsenat des Bundesgerichtshofs auch zu dem Urteil des Volksgerichtshofs gegen Dr. Metzger Stellung; er stellte fest:

> »Dr. Metzger hat edel und rechtmäßig gehandelt und weder den Feind begünstigt noch sonst eine ersichtliche Straftat begangen ...
> Der Mißbrauch des § 91 StGB durch den Volksgerichtshof gegen Dr.

Metzger hat mit Rechtsprechung nichts zu tun. Es ist nur eine Ausnützung gerichtlicher Formen zu widerrechtlicher Tötung ...
Folgerichtig zurückgedacht, erfaßt eine derartige Rechtsanwendung alle Menschen, die nicht jede Gelegenheit wahrnehmen, das Gewaltregime zu fördern, sondern die es stattdessen beim Namen nennen. Sie dient dann nur noch der Vernichtung des politischen Gegners und verletzt den unantastbaren rechtlichen Kernbereich. Gerade dadurch enthüllt eine derartige Rechtsprechung ihr wahres Wesen als Terrorinstrument. Das Todesurteil des Volksgerichtshofs zeigt dies deutlich ...
Dies ist nicht die Denkweise und auch nicht die Sprache von Richtern, die sich um Recht und Gerechtigkeit bemühen, sondern der eifernde Ausdruck politischer Fanatiker, die keine Meinung außer der eigenen kennen und den Gegner zu vernichten trachten ...«

Die Sicherheitsorgane[104]

Die Organisation der Sicherheitsorgane des Reiches ist denkbar unübersichtlich. Sie widerspricht in ihrer Praxis allen Grundsätzen staatlicher Exekutive; sie ist eine Pyramide von Fiktionen.
Die Sicherheitsorgane des Staates, die in einer Sicherheitspolizei zusammengefaßte Geheime Staatspolizei und die Kriminalpolizeiämter des Reiches, waren nun ihrerseits mit dem in verschiedene Ämter gegliederten Sicherheitsdienst der SS im Reichssicherheitshauptamt verknüpft. Beide Teile nahmen angeblich staatliche Aufgaben wahr und vollstreckten dabei doch nur den Willen der Partei. Sie waren Instrumente der Unterdrückung und des Terrors nach innen sowie in den vom Reich besetzten Gebieten, an Gesetz und Recht nicht gebunden.
An der Spitze des Reichssicherheitshauptamtes (RSHA), das 1939 eingerichtet worden war, stand Reinhard Heydrich als General der Polizei (Gestapo und Kripo) und SS-Obergruppenführer (des SD). Er unterstand dem Reichsführer SS, Heinrich Himmler, der zugleich Chef der deutschen Polizei war. In dieser Funktion war Himmler Staatssekretär im Reichsministerium des Innern, was aber eine Fiktion war, weil er einem Weisungsrecht des Innenministers nicht unterworfen war. Die Doppelfunktion entzog ihn staatlicher Aufsicht und ließ ihn allein Hitler untergeordnet sein.
Innerhalb des Reichssicherheitshauptamtes war die Trennung in staatliche und parteiliche Abteilungen gleichfalls eine Fiktion. Zwar wurden

104 Siehe hierzu Heinz Boberach, Das Reichssicherheitshauptamt, Koblenz 1984 (Einleitung zu einem Findbuch des Bundesarchivs Koblenz); eine knappe Darstellung: Friedrich Zipfel, Gestapo und Sicherheitsdienst, Berlin 1960.

Gestapo und Kripo aus der Staatskasse, der SD aber aus der Parteikasse bezahlt. In der Praxis aber herrschte die Vermischung und die gegenseitige Durchdringung vor. Der Reichskriminaldirektor Arthur Nebe war zugleich Gruppenführer des SD und führte als solcher zeitweise eine der berüchtigten Einsatzgruppen, die hinter der Front in Rußland Hunderttausende liquidierten. SS-Gruppenführer Walter Schellenberg leitete nicht nur das Amt Ausland des SD (einen in Konkurrenz zur Abwehr der Wehrmacht stehenden Nachrichtendienst der Partei), er war zugleich als Oberregierungsrat auch Referent im Geheimen Staatspolizeiamt. Will man überhaupt einen Unterschied konstatieren, dann den, daß der SD dazu da war, Feinde aufzuspüren, die dann die Gestapo verhaftete.

Gerettete Dokumente

Die Verwüstungen, die die Bomben in Plötzensee anrichteten, hatten zur Folge, daß wichtige Dokumente, die Aufschluß über viele Schicksale geben können, in die Hände von Häftlingen fielen.

Das Bibliotheksbuch

Nach dem Krieg hielt Victor von Gostomski in seinen Erinnerungen fest:

> »In der Bibliothek hatte ich Anfang September ein Buch versteckt, eine dicke Kladde. Sie enthielt viele Namen. Hunderte, vielleicht tausend oder zweitausend.
> Ich hatte wieder aufräumen müssen. Diesmal im Wachtmeisterzimmer. Dort lag alles durcheinander.
> Das Buch war aufgeschlagen. Ich sah die Namen. Das Totenbuch von Plötzensee? Wie auf einen inneren Befehl hin steckte ich es unter die Drillichjacke. Keiner merkte etwas. Ich verständigte meine Freunde Hans Rütting und Theodor Auer in der Bibliothek.
> Hans und ich blätterten in dem Buch. Theo paßte auf, daß kein Unberufener kam. Es war das Gefangenen-Buch des Todeshauses von Plötzensee.«[1]

Wachtmeister der Strafanstalt Berlin-Plötzensee hatten diese Kladde geführt. Sie notierten in ihr die Zu- und Abgänge des Hauses, in dem die zum Tode Verurteilten inhaftiert waren. Oft – und mit fortschreitender Zeit immer häufiger – waren maschinengeschriebene Zettel eingeklebt, offensichtlich Durchschläge, mit denen Neuzugänge zum Tode Verurteilter oder bevorstehende Hinrichtungen angekündigt wurden.
Aus dieser Kladde läßt sich ablesen, daß zwischen dem 1. April 1942 und dem 31. März 1943 mindestens 3115 Häftlinge neu in die Strafanstalt verlegt wurden. Das ergibt sich aus den Gefangenenbuch-Nummern, die

1 Victor von Gostomski, Erinnerungen.

jeweils am 1. April, dem Beginn eines Rechnungsjahres, mit 1 begannen. Zwischen dem 1. April und dem 2. September 1943 kamen mindestens 1453 Häftlinge neu in die Strafanstalt. Insgesamt wurden also innerhalb von 17 Monaten über 4500 Männer als Gefangene in Plötzensee eingeliefert; das sind im Monatsdurchschnitt rund 270 »Zugänge«. Wohlgemerkt: Diese Zugänge betreffen die Strafanstalt insgesamt. In das Haus III, in dem die zum Tode Verurteilten einsaßen, kamen zwischen 60 und 120 Gefangene monatlich.

1117 Hinrichtungen sind im »Bibliotheksbuch« verzeichnet. Es sind nicht einmal alle, die zwischen dem 13. April 1942 und dem 2. September 1943 stattfanden, denn die Eintragungen von 26 Seiten fehlen. Sie sind sicher auch lückenhaft. Im »Bibliotheksbuch« fehlen zum Beispiel die Namen von fünf Polen und einer Polin, die nach dem »Mordregister« im März 1943 in Berlin-Plötzensee hingerichtet wurden, weil sie sich »im Krieg für eine polnische Widerstandsbewegung betätigt« hatten. Es fehlen auch die Namen von zwölf Frauen, die der »Roten Kapelle« in Berlin zugerechnet wurden; ferner 20 Namen von Mitgliedern des westeuropäischen Netzes der »Roten Kapelle«, die im Juli und August 1943 enthauptet wurden. Man kann anhand des Mord- und des standesamtlichen Registers errechnen, daß mindestens 1200 Vollstrekkungen zwischen dem 17. April 1942 und dem 2. September 1943 vorgenommen wurden. Wenn allein in einer Strafanstalt im Monatsdurchschnitt mehr als 70 Menschen starben, so zeigt dies, daß die bisher errechneten Zahlen über die Vollstreckung von Todesurteilen während der nationalsozialistischen Herrschaft keinesfalls zu hoch gegriffen sind. Harald Poelchau hat errechnet,[2] daß zwischen 1940 und 1944 im Deutschen Reich 11.336 Todesurteile vollstreckt wurden; Walter Hammer[3] kommt auf 11.448 Hinrichtungen allein in den Jahren 1943 und 1944. Das Bundesministerium der Justiz nimmt an, daß mehr als 12.000 von zivilen Strafgerichten verhängte Todesurteile vollstreckt wurden.[4] Die im »Bibliotheksbuch« verzeichneten Hinrichtungen deuten darauf hin, daß die von Poelchau errechneten sowie die vom Bundesjustizministerium genannten Zahlen eher zu tief als zu hoch angesetzt sind.

2 Mitgeteilt bei Annedore Leber (Hrsg.), Das Gewissen entscheidet., a.a.O., S. 21.

3 Walter Hammers Zahlen bei Günther Weisenborn, Der lautlose Aufstand. Bericht über die Widerstandsbewegung des deutschen Volkes, Hamburg 1962, S. 20 f.

4 Im Namen des deutschen Volkes, a.a.O., S. 206.

Victor von Gostomski erinnerte sich:

»Immer wieder, sobald sich eine Gelegenheit bot, nahm ich das Totenbuch zur Hand. Eigentümlich. Die Kladde war einmal das Bibliotheksbuch der Strafanstalt im Jahre 1926 gewesen. So war nämlich auf der ersten Seite zu lesen. Und auch auf dem Aufkleber außen erkannte ich noch die Buchstaben i-o-t. Dann wurde die Kladde zum Totenbuch – das schließlich in die Bibliothek zurückwanderte.
Folgende Rubriken waren eingetragen:
Datum
Gef.B.Nr. (Gefangenenbuch-Nummer)
Name
Zugang
Abgang
Verlegung von – nach
Konfession
Beruf (nur auf der ersten Seite)
Hinter vielen Namen und auf manchen maschinengeschriebenen Zetteln stand T.U. Das bedeutete Todesurteil. Oft war ein Kreuz hinter dem Namen oder auf den eingeklebten Listen. Das waren die Namen der Toten, der Hingerichteten. Das Buch war ein wertvolles Dokument. Wir beschlossen, es zu retten. Wir dachten daran, die Kladde auf irgendeinem Weg aus der Strafanstalt zu schmuggeln. Damit ein möglicher Empfänger Bescheid wisse, schrieb ich auf das erste Blatt:
T.U. bedeutet: zum Tode verurteilt
+ bedeutet: zum Tode verurteilt *und* hingerichtet.«[5]

Gelegentlich ist bei der Einlieferung der zum Tode Verurteilten in der Strafanstalt die Nationalität, öfter noch – vermutlich auf Drängen der Seelsorger – die Konfession angegeben.

Opfer aus vielen Nationen

Bei mehr als 400 Häftlingen findet sich im Bibliotheksbuch ein Hinweis auf die Nationalität. Zunächst, im Sommer 1942, dominieren die Polen, später die Tschechen. Aus den lückenhaften Eintragungen läßt sich schließen, daß in Plötzensee im fraglichen Zeitraum auch Österreicher, Franzosen, Belgier, Niederländer, Schweizer, Balten, Russen, Serben, Ukrainer, Italiener und natürlich Deutsche inhaftiert waren. Aus anderen Quellen lassen sich weitere Zuordnungen treffen mit folgendem Ergebnis:

5 Victor von Gostomski, Erinnerungen.

In Plötzensee starben von Mitte April 1942 bis Anfang September 1943:
453 Tschechen,
179 Polen, davon 111 bis zum Ende des Jahre 1942,
416 Deutsche,
40 Österreicher
41 Franzosen,
21 Belgier,
13 Niederländer,
2 Italiener,
3 Litauer,
5 Russen und Ukrainer,
1 Schweizer und
2 Kroaten.
Bezüglich Nationalität und Staatsangehörigkeit bestehen allerdings oft Unklarheiten, vor allem in den annektierten Gebieten. Wie steht es mit »Reichsdeutschen auf Widerruf«, die sich als Belgier gefühlt haben? Wie mit Lothringern, Elsässern? Wie im Sudetenland und im Protektorat? Ein Bürger von Verviers (Belgien) ist zum Beispiel laut »Mordregister« Reichsdeutscher auf Widerruf. Er war es geworden infolge der Annexion, die Hitler vollzogen hatte. Ähnliches dürfte für Bewohner Oberschlesiens und des »Warthegaues« sowie für im Sudetenland Ansässige gelten. Aus der ethnischen »Mischlage« erklärt es sich, daß das »Mordregister« einem »deutschen Staatsangehörigen« zugleich »tschechische Volkszugehörigkeit« bescheinigt und der Volksgerichtshof ihn dennoch wegen »Wehrpflichtentziehung« zum Tode verurteilt hat. Aber auch das Gegenteil ist der Fall. Dem in Leipzig geborenen Dr. Goldmann, der zuletzt in Brüssel wohnhaft war, wird »tschechische Nationalität« bescheinigt. Goldmann war Jude. Er war offensichtlich nach 1933 in die Tschechoslowakei emigriert und hatte die tschechoslowakische Staatsangehörigkeit erworben. Er war weiter nach Belgien geflohen, als Hitler die Tschechei okkupierte. Dieser »Exiltscheche« deutscher Herkunft, den die Nationalsozialisten durch Europa trieben, ist für die deutsche Bürokratie »tschechischer Nationalität«.

Christen, Juden, Dissidenten

Bei rund 800 Hingerichteten ist die Konfession erkennbar. Auch sie ist nicht den Hinrichtungslisten zu entnehmen, sondern nur den Eintragungen, die die Wachtmeister bei der Einlieferung der zum Tode Verurteilten in die Strafanstalt vornahmen. Ganz offensichtlich ist die Kon-

Das Bibliotheksbuch

fessionsangabe auf das Drängen der Anstaltsgeistlichen zurückzuführen. 531 der Häftlinge, bei denen die Konfession angegeben ist, waren katholischen, 189 evangelischen, 31 jüdischen Glaubens, 32 bezeichneten sich als glaubenslos, 4 als Dissidenten, 12 als gottgläubig. Der hohe Prozentsatz der Katholiken erklärt sich daraus, daß die große Mehrzahl der Ausländer Nationen entstammte, die überwiegend katholisch sind. Die geringe Anzahl der Juden überrascht nicht, wenn man sich vor Augen führt, daß Juden in der Regel nicht der Justiz überantwortet wurden, daß sie vielmehr in den Konzentrations- und Vernichtungslagern zu Tode gequält wurden.
Man kann nicht sagen, daß das Buch mit bürokratischer Akribie geführt worden sei. Ganz selten sind die Berufe angegeben. Einmal heißt es hinter den Namen dreier Tschechen: »Alle drei Ärzte«. Einmal ist »Student« eingetragen. Einige Male sind militärische Dienstgrade verzeichnet, unter anderem bei den tschechischen Generalen Homola und Kravak.
In einigen Fällen steht hinter dem Namen »Selbstmord«, in anderen »gestorben«. Sehr selten zeigen Eintragungen an, daß ein Häftling entlassen wurde. Häufiger sind Verlegungen in andere Gefängnisse und Zuchthäuser oder Überstellungen ins Polizeipräsidium erkennbar. Am seltensten ist das Wort »begnadigt« eingetragen; mehrmals allerdings im August 1943.

Die Gerichte

Die große Mehrzahl der Hingerichteten war vom Volksgerichtshof verurteilt worden. Mindestens 717 Urteile dieses Gerichts wurden im hier behandelten Zeitraum in Plötzensee vollstreckt. Hinzu kommen 256 Vollstreckungen von Todesurteilen, die Sondergerichte, meist beim Landgericht Berlin, gefällt hatten, sowie 47 Hinrichtungen, die auf Urteile von Wehrmachtsgerichten zurückzuführen sind. Nur einige wenige Vollstreckungen basieren auf Urteilen der ordentlichen zivilen Gerichtsbarkeit. In mehr als 1000 Fällen ließ sich also feststellen, welche Gerichte die Todesurteile gefällt hatten. Merkwürdigerweise ließ sich das Schicksal von 34 Polinnen und Polen nicht klären, die alle aus Posen stammten und zwischen dem 26. September und 20. Oktober 1942 enthauptet wurden. Keiner von ihnen ist im Mordregister aufgeführt. Auch in anderen Justizakten fanden sich keine Hinweise. Die Namen sind außer im Bibliotheksbuch nur im Sterberegister des Standesamtes mit den üblichen Daten verzeichnet. Es dürfte jedoch sehr

wahrscheinlich sein, daß diese Toten der polnischen Widerstandsbewegung angehörten und daß der Volksgerichtshof die Urteile fällte.
Gliedert man die vom Volksgerichtshof Verurteilten nach Nationalitäten auf, so ergibt sich folgendes Bild:
347 Tschechen,
174 Deutsche,
32 Österreicher,
134 Polen,
6 Franzosen,
10 Niederländer,
7 Belgier,
2 Litauer,
1 Italiener,
1 Norweger,
1 Kroate,
1 Russe,
1 Schweizer.
Hingegen dominieren bei den Toten, die von Sondergerichten verurteilt worden waren, mit 196 die Deutschen, gefolgt von 25 Franzosen, 12 Belgiern, 11 Polen, 5 Tschechen, 3 Niederländern, 2 Ukrainern, 2 Russen, je einem Litauer und Kroaten.
Unter den 46 von Wehrmachtsgerichten Verurteilten waren 29 Deutsche, ein Tscheche, 8 Franzosen, ein Italiener, 4 Belgier und 2 Niederländer.

Verfolgung einer Familie

> »Ich suchte den Namen meines Bruders Peter im Totenbuch. Am Abend des 15. April war ein älterer Hilfswachtmeister in meine Zelle gekommen. Er hatte nach meinem Namen gefragt, dann gesagt:
> Können Sie schweigen? (Ich hatte den Wachtmeister nur groß angeschaut. Sprachlos, mit einem Würgen im Hals.) Ich soll Sie von Ihrem Bruder grüßen, ich habe ihn heute fortgeführt. Sie sollen für ihn beten. Es war Peters letzter Gruß auf dem Wege zum Schafott.
> Seite um Seite des Totenbuchs blätterte ich um. Unter dem 30. Mai 1942 traf ich zum erstenmal auf meinen Namen. Oder war es Peter? Es mußte Peter gewesen sein. Er war von Flur 5, Zelle 205 nach Flur 3, Zelle 149 verlegt worden. Am 31. Juli kam, so stellte ich fest, mein Schwager Z. von Flur 6, Zelle 245 nach Flur 8, Zelle 335. Unter dem 2. April 1943 stand hinter Peters Namen das ›T.U.‹. Also war er einen oder zwei Tage vorher verurteilt worden. Seine Gefangenenbuch-Nummer war 3579/40, das

heißt, daß er wohl im Frühjahr 1941 nach Plötzensee kam. Warum hat er so lange auf seinen Prozeß warten müssen? Er wurde am 2. April sofort in eine der Hinrichtungszellen gebracht, 7/275, aber zwei Tage später schon wieder verlegt in die Zelle 4/172. Warum?
Am 5. Dezember wurde mein Schwager Z. nach Haus 2 gebracht. Das kann heißen, daß er krank geworden war, denn dort war das Revier. Einen Tag vorher – im Totenbuch allerdings erst auf der folgenden Seite – war ein anderer Schwager, Anton Sch., notiert. Ebenfalls T.U. Er hatte die Gefangenenbuch-Nummer 2074/42; das bedeutet, daß er noch nicht lange in Haft war. Hatte Peter auf ihn warten müssen? Waren die beiden zusammen verurteilt worden?
Ich war seit Jahren in Plötzensee. Ein Bruder, zwei Schwäger waren ebenfalls hier. Ich wußte nichts, fast nichts von ihnen.
Mein Schwager Anton starb, so las ich, am 1. April, mein Bruder am 15. April. Ein Kreuz hinter dem Namen meines Schwagers Z. fand ich nicht. Alle waren älter als ich. Sie hatten noch den Ersten Weltkrieg mitgemacht. Anton hatte hohe Auszeichnungen erhalten. Z. war Berufssoldat gewesen. Peter hatte im ›Stahlhelm‹ eine Rolle gespielt.
Das Unglück hatte 1934 begonnen. Damals hatten wir Papens Marburger Rede verteilt, waren gefaßt worden, in Gestapo-Haft gekommen. Nach Monaten waren wir wieder frei. Ich durfte nicht weiterstudieren. Im Scherl-Verlag kam ich unter. Es ging mir gut, obwohl ich nicht schreiben durfte. Ich schrieb doch, unter Pseudonym für einige ausländische Blätter. 1940, als die Gestapo in den Redaktionen schnüffelte, kam sie dahinter. Ich bekam acht Jahre Zuchthaus.
Was aber war mit Peter, mit den Schwägern? Ich wußte es nicht. Hat die Gestapo hinter ihnen hergespürt, weil sie mich gefaßt hatte?
Es war grauenvoll, im Dunkeln zu tappen; das Hirn zu zermartern. Es war mehr als grauenvoll«.[6]

Das Schicksal der Genannten ist nicht zu rekonstruieren. Nur soviel ist sicher, daß diese politisch konservativ eingestellten Männer in zunehmend stärkeren Gegensatz zu den Nationalsozialisten geraten waren. Anton Sch. soll sich zuletzt mit ständig wachsendem Stolz als Kaschube bekannt haben. Er stammte – wie sein Schwager – aus Pommern (Z. war hingegen Brandenburger). Er haßte die Nationalsozialisten und lehnte insbesondere deren Rassendünkel ab. Er war angesehen im Dorf, nicht zuletzt wegen der Kriegsauszeichnungen, die er im Ersten Weltkrieg erhalten hatte. Er fühlte sich gerade deswegen auch sicher. Die relative Sicherheit bestand auch bis zum Ausbruch des Zweiten Weltkrieges. Dann aber ließen die Nationalsozialisten alle Zurückhaltung, die sie bis dahin geübt haben mochten, fallen.

6 Victor von Gostomski, Erinnerungen.

»Volkstumspolitik«

Die Kaschuben, die im Deutschen Reich kein Lebensrecht mehr hatten, erfuhren in den ersten Kriegsjahren in Polen sogar eine gewisse »Förderung«. Allerdings nur, um mit Hilfe derart differenzierter »Volkstumspolitik« das Gefüge Polens zu zersetzen.

Der Reichsführer SS, Heinrich Himmler, der zugleich Reichskommissar für die Festigung des deutschen Volkstums war, wollte »diesen ganzen Völkerbrei des Generalgouvernements von 15 Millionen und die 8 Millionen der Ostprovinzen« auflösen.[7] Er wollte auf diese Weise die »rassische Siebung durchführen, die das Fundament in unseren Erwägungen sein muß, die rassisch Wertvollen aus diesem Brei herauszufinden, nach Deutschland zu tun, um sie dort zu assimilieren«. Himmler legte darum seinen Exekutivorganen nahe, nicht nur von Polen zu sprechen, sondern auch von Ukrainern, Weißrussen, Goralen, Lemken und Kaschuben. Diese Art »Volkstumspflege« hatte die Auflösung zum Ziel. Himmler sagte: »Schon in ganz wenigen Jahren – ich stelle mir vor, in vier bis fünf Jahren – muß beispielsweise der Begriff der Kaschuben unbekannt sein, da es dann ein kaschubisches Volk nicht mehr gibt ...«

»Sooft ich Zeit hatte, blätterte ich im ›Totenbuch‹. Wie viele Namen: Deutsche, Polen, Tschechen, Franzosen, Belgier, Niederländer!

Und immer wieder die Listen mit dem Kreuz, die Totenlisten. Ich zählte, es waren mehr als tausend.

Selbst die Zellennummern ließen den Eingeweihten Schicksale ahnen. Die Abteilung 7 mit den Zellen 264 und 279 lag im Erdgeschoß des Hauses. Sie war dem Hinrichtungsschuppen benachbart. Wer dorthin gebracht wurde, mußte mit dem Schlimmsten rechnen.

Am 5. Februar 1943 hatte ein Wachtmeister hinter dem Namen Cenek Havel mit roter Tinte notiert: ›offene TBC‹; und nochmals auf dem Fuß der Seite: ›von der Krankenabteilung U.G. Moabit mit offener TBC, hier isoliert‹. Unter dem 12. Februar las ich bei dem Namen Lönnecker rot unterstrichen: ›Achtung – Gesichtsrose‹. Unter dem Datum des 27. Juli 1943 waren wiederum Eintragungen mit Rotstift: ›von Jablonowski – ansteckende offene TBC, Bazillenträger‹.

›Nossowa – TBC? Drüsenerkrankung‹.

›Koditek – TBC? Bluthusten‹.

Hatten die Wachtmeister solche Eintragungen aus Mitleid mit Kranken gemacht? Oder waren es Warnsignale für die Ablösungen? Hatten sie

7 Vierteljahresschrift für Zeitgeschichte 1957, S. 196 ff.

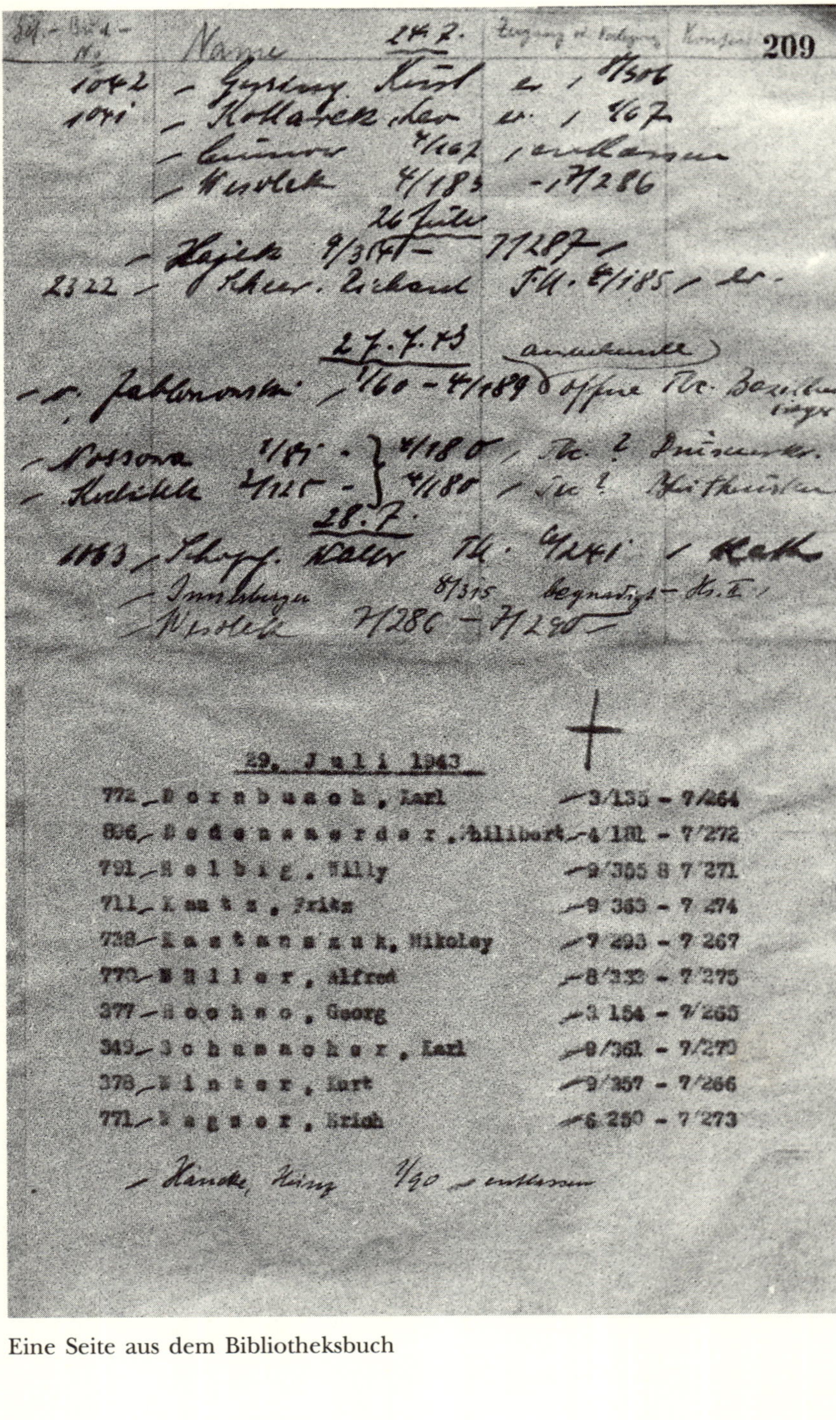
209

27.7.43

28.7.

29. Juli 1943

772	Dornbusch, Karl	3/135 - 7/264
886	Bodensaerder, Philibert	4/181 - 7/272
791	Helbig, Willy	9/355 8 7/271
711	Kuntz, Fritz	9/363 - 7/274
738	Kastanszuk, Nikoley	7/293 - 7/267
770	Müller, Alfred	8/333 - 7/275
377	Hoehne, Georg	3/154 - 7/265
349	Schumacher, Karl	9/361 - 7/270
378	Winter, Kurt	9/357 - 7/266
771	Wagner, Erich	6/250 - 7/273

Händke, Heinz 1/40 entlassen

Eine Seite aus dem Bibliotheksbuch

Angst vor der Ansteckung? Ganz gewöhnliche Angst inmitten dieser Welt des Todes?«[8]

Die Tschechen-Liste

In das Bibliotheksbuch waren zwei Listen eingelegt. Eine trug die Überschrift »Liste der tschechischen Staatsangehörigen (T.U.)«. Merkwürdig ist schon, daß von tschechischen Staatsangehörigen die Rede ist, weil es nach der Vorstellung des Reichs diesen Staat nicht mehr gab. Die Staatsangehörigkeit von Tschechen wurde offiziell mit »Protektoratsangehöriger« mit dem Zusatz »tschechischen Volkstums« umschrieben.

Auf acht Seiten sind 247 Namen verzeichnet. Die Liste ist nicht datiert. Zwei Ordnungsprinzipien sind erkennbar. Auf den ersten Seiten – bis zu Nr. 110 – ist nach Abteilungen und Zellennummern gegliedert (Abteilung 1, Zelle 56 bis Abteilung 7, Zelle 276). Aus den Gefangenenbuch-Nummern läßt sich schließen, daß dieser Teil der Liste Anfang Juli 1942 angelegt worden ist; möglicherweise in Zusammenhang mit dem Attentat auf den Reichsprotektor in Böhmen und Mähren, Heydrich, möglicherweise aber auch in Zusammenhang mit der Diskussion, die im April 1942 über die Frage geführt wurde, ob und wie Todesurteile gegen Tschechen, die dem nationalen Widerstand angehörten, zu vollstrecken seien. Auffallend ist die Tatsache, daß unter den 87 Hinrichtungen, die zwischen dem 17. April und Ende Juli 1942 stattfanden, nur sieben Tschechen waren, ab August 1942 die Tschechen aber eindeutig die Mehrheit bilden.

Die Liste ist von Anfang Juli bis in den November jeweils durch Neuzugänge ergänzt worden, wie sich aus den Gefangenenbuch-Nummern ergibt. 75 Namen sind mit roter Tinte gestrichen; es sind die Namen derer, die in dieser Zeit den Tod fanden.

Die Liste birgt auch Fehler. So ist beispielsweise Max Behretz als Tscheche aufgeführt, der aber dem Mordregister nach ein in Eindhoven ansässiger Niederländer war.[9]

Im Bibliotheksbuch eingelegt war neben der Liste der Tschechen eine zweite Liste, hier die September-Liste genannt, auf die unten näher eingegangen wird. Sie dürfte kurz vor der Massenexekution, also Anfang September 1943, angelegt worden sein.

Das Buch und die Listen wurden von den »Bibliothekaren« des Todes-

8 Victor von Gostomski, Erinnerungen.

9 BA-Ko, Mordregister B 1176.

hauses als Zeugnisse ersten Ranges erkannt, als Dokumente, die geeignet sein konnten, das Schicksal mancher Verschollenen dem Meer des Vergessens zu entreißen. Zunächst fürchteten sie, die Wachtmeister würden eine Suchaktion nach den vermißten Dokumenten veranlassen. Aber es geschah nichts. Wiederholt überlegten sie, wie sie das Buch, die Listen und weitere Dokumente nach draußen bringen könnten. Sie sahen praktisch nur einen Weg; den Weg über den Gefängnispfarrer Buchholz. Doch scheuten sie sich, den Mann, dessen Hilfe sie bereits mit vielem anderen bis an die Grenze des Möglichen in Anspruch genommen hatten, auch noch damit zu belasten, daß sie die Dokumente seiner Obhut anvertrauten. Sie wußten von den Schwierigkeiten, die er hatte. Sie waren nicht sicher, ob er in seinem Amt und in seinem Haus bleiben könne.

Erst im März 1945 vergrub einer der »Bibliothekare« die Dokumente im Garten des Pfarrers Buchholz, als er dorthin zur Arbeit kommandiert war. Dort blieben sie bis zum Mai 1945. Pfarrer Buchholz, inzwischen informiert, grub sie aus. Er verlor sie aus den Augen, als er sein Haus für russische Einquartierung räumen mußte, fand sie jedoch glücklich wieder, als er zurückkehrte.

Die Dokumente wanderten an den Rhein, nach Bayern, nach Dänemark. Sie wurden in Hamburg ausgewertet, um Schicksale zu klären und kehrten schließlich zu dem zurück, der sie am 10. September 1943 in der Wachtmeisterstube der Strafanstalt Berlin-Plötzensee an sich genommen hatte. Heute sind sie im Bischöflichen Zentralarchiv der Diözese Regensburg.

Die September-Liste und einige Probleme

Die zweite im Bibliotheksbuch enthaltene Liste wurde Anfang September 1943 in Plötzensee angelegt. Sie umfaßt 294 Namen mit Vornamen.[1] Vorangestellt sind die Gefangenenbuch-Nummern. Die Liste ist mit Schreibmaschine geschrieben. Zwei Namen – Uhlig und Wiatrek – sind handschriftlich hinzugefügt.

Die Liste ist alphabetisch geordnet. Innerhalb der Buchstabenreihen bestimmt das Datum der Einlieferung in das Strafgefängnis die Reihenfolge.

Die Liste ist weder diejenige, die Staatsanwalt Stoltz in der Nacht zum 8. September in Plötzensee handschriftlich angelegt hatte, noch diejenige, die um die gleiche Zeit im Justizministerium niedergeschrieben wurde.[2] Sie dürfte, wie sich aus den Gefangenenbuch-Nummern ergibt, im Zusammenhang mit den Verlegungen der Todeskandidaten aus dem Haus III der Strafanstalt in die Häuser I und II nach dem 3. September angelegt worden sein.

Es läßt sich nachweisen, daß 240 der auf der Liste Verzeichneten zwischen dem 7. und dem 13. September hingerichtet worden sind. Später starben 21 Verurteilte, 13 davon in Plötzensee, 6 in Brandenburg und 2 in Halle. 21 Männer wurden begnadigt. 13 Schicksale ließen sich nicht sicher klären.

Gehängt, obwohl sie nicht in der Liste verzeichnet waren, wurden auch die »versehentlich« hingerichteten Perbandt, Buchwald und Buchin sowie Karlrobert Kreiten. Aus dem Sterberegister des Standesamtes läßt sich zudem entnehmen, daß am 9., 10. und 13. September 1943 weitere 15 Männer den Tod fanden, die alle nach dem 4. September in die

1 Die Liste befindet sich heute im Bischöflichen Zentralarchiv der Diözese Regensburg DA/NS 568.

2 Die von Stoltz geführte Liste war nicht auffindbar; die Liste der Vollstreckungen, die am 7. September 1943 vom Justizministerium telephonisch angeordnet wurden, findet sich handschriftlich und abschriftlich im BA-Ko R 22/5019.

Strafanstalt gekommen waren, die also in der September-Liste nicht verzeichnet gewesen sein können. Am 10. September 1943 starben beispielsweise sieben Franzosen, deren Todesurteile am 4., 8. und 9. September von Sondergerichten gefällt worden waren.[3] Der Charakter der Sondergerichte als Standgerichte ist damit augenfällig.

Zwischen dem 7. und dem 13. September 1943 wurden also mindestens 259 Männer aus vielen Nationen am Galgen von Plötzensee gehängt.

Da die Massenexekution auch mit der großen Zahl seit längerer Zeit Verurteilter begründet worden war, ist es von Interesse, die Aufenthaltsdauer in der Strafanstalt festzustellen. So weit erkennbar, saßen nur zwei Gefangene länger als ein Jahr, etwa 20 mehr als ein halbes Jahr in Plötzensee; hingegen waren nahezu 100 weniger als einen Monat inhaftiert, viele nur einige Tage. In einigen Fällen läßt sich belegen, daß die Stellungnahmen im Gnadenverfahren erst nach der Hinrichtung im Justizministerium eingingen.[4]

Unter den seit längerer Zeit Verurteilten dürften einige gewesen sein, die für weitere Vernehmungen zur Verfügung stehen sollten. Das könnte beispielsweise bei den Belgiern und Niederländern der Fall gewesen sein, die 1937 Sprengstoffanschläge auf italienische, japanische und deutsche Schiffe verübt hatten, aber auch bei den Mitgliedern eines tschechischen Nationalen Revolutionsausschusses, dessen Einordnung in den tschechischen Widerstand den deutschen Sicherheitsbehörden offensichtlich Schwierigkeiten machte.

Unter den auf der Liste Verzeichneten waren, soweit sich feststellen ließ, 131 Tschechen, 30 Franzosen, 12 Belgier, 10 Niederländer, 8 Polen, 4 Serben, 3 Schweizer, 3 Ukrainer, ein Italiener, 7 Österreicher und 77 Deutsche; 174 Todesurteile waren vom Volksgerichtshof (VGH) gefällt worden, 63 von Sondergerichten (SG), 4 von einer Strafkammer des Landgerichts Berlin (LG) und 2 vom Reichskriegsgericht (RKG). In 51 Fällen ließ sich das Gericht, welches das Todesurteil fällte, nicht feststellen. Der Volksgerichtshof begründete 120 Todesurteile mit Hochverrat und Vorbereitung zum Hochverrat, mehr als die Hälfte davon in Verbindung mit Feindbegünstigung, Landesverrat oder landesverräteri-

3 Es handelt sich um Fernand Bideaux, verurteilt am 8. September (Mordregister B 1418); René Lavenu, Robert Briatte, René Emile Macquin, verurteilt am 4. September (Mordregister L 759), André Marais, Jacques Caillaud und Marcel Sirieix, verurteilt am 9. September (Mordregister M 1115).

4 Ein Beispiel: Charles Hautenne wurde am 23. August 1943 zum Tode verurteilt und am 8. September 1943 hingerichtet. Der Gnadenbericht datiert vom 11. September 1943; BA-Hoppegarten, Mordregister M 1112.

scher Feindbegünstigung. Acht Urteile wurden wegen Wehrkraftzersetzung, zehn wegen während des Spanischen Bürgerkrieges verübter Sprengstoffanschläge auf Schiffe verhängt. In 41 Fällen wurde Landesverrat oder Feindbegünstigung zur Last gelegt; davon betrafen 14 Urteile Spionagefälle.
Die Sondergerichte, in einigen Fällen auch Strafkammern eines Landgerichts, fällten 26 Todesurteile wegen Einbruchs und Diebstahls, Delikte, die oft während eines Luftalarms oder im Schutz der Verdunkelung verübt wurden. Neun Urteile davon betrafen den Diebstahl von Postsendungen und Frachtgut der Bahn. Sieben Urteile wurden gegen Plünderer verhängt, 15 gegen »Gewaltverbrecher«; sie betrafen Raub, versuchten Raub, Überfälle, räuberische Erpressung, Mord (in zwei Fällen) und in einem Fall Kindesmißhandlung mit Todesfolge. Neun Todesurteile wurden mit Betrug (oft im Rückfall), Unterschlagung und Bestechung begründet, fünf mit »Kriegswirtschaftsverbrechen« (zum Beispiel Schwarzschlachtung).

Drei Schweizer wurden gerettet

Paul Stämpfli, Karl Tanner und Rudolf Müller waren Schweizer Staatsbürger. Sie sind in der Liste verzeichnet, wurden aber nicht hingerichtet. Sie überlebten.
Paul Stämpfli hat unmittelbar nach dem Krieg einen Erlebnisbericht veröffentlicht.[5] Er war am 21. Juni 1942 vom Volksgerichtshof zum Tode verurteilt worden. Man warf ihm vor, Spionage getrieben zu haben. Was an diesem Vorwurf berechtigt gewesen sein könnte, ist heute nicht zu erkennen. Über seine Überführung nach Plötzensee schreibt Stämpfli:

> »Den Deutschen wird seit jeher Gründlichkeit nachgesagt. Diese Gründlichkeit wird sogar in Bezug auf die Hinrichtung von Menschen eingehalten! Kaum waren wir in diesem Haus« (Haus III der Strafanstalt Plötzensee), »wo nur Tod und Verbrechen regieren, angelangt, so mußte jeder von uns einen kurzen, mündlichen Bericht über seine Verurteilung erstatten.
> Dann hatte jeder einen genauen Lebenslauf zu schreiben. Dafür war ein vorgedrucktes Formular zu verwenden, vier Seiten umfassend. Es waren darauf einige Dutzend Fragen über Schulbildung, Gesundheit (!) und Angehörige zu beantworten. Auch die arische oder nichtarische Abstammung wurde nochmals genau erforscht. Zum Lebenslauf gab es noch ein

5 Paul Stämpfli, In Deutschland zum Tode verurteilt. Tatsachenbericht eines Schweizers, Zürich/New York 1945.

Formular, wo die genauen Adressen der nächsten Angehörigen eingetragen werden mußten. Die letzte Frage auf diesem Formular lautete: ›An wen sind Ihre Papiere und Hinterlassenschaft nach Ausführung der Exekution zu senden, falls der Führer von dem ihm zugestandenen Recht der Begnadigung keinen Gebrauch macht?‹«[6]

Die Milieu-Schilderungen, die Belege auch für psychischen Terror in Stämpflis Bericht sind erschütternd und für die Beurteilung heute unverändert wichtig. Weniger gibt Stämpflis Bericht über die Ereignisse während der Massenexekutionen her. Er spricht von den »Einlieferungen zur Guillotine«, die am 6. (!) September um 18 Uhr begannen; er meint, daß »vor dem Bombardement . . . täglich mit etwa 40 Hinrichtungen« gerechnet werden konnte; nachdem aber Himmler sein Amt als Reichsinnenminister angetreten habe, »wurde diese Zahl pro Tag verdoppelt«.[7] Tatsächlich läßt sich jedoch aus dem Sterberegister ablesen, daß im März 1943 124 Verurteilte in Plötzensee hingerichtet wurden, im April 139, im Mai 123, im Juni 86, im Juli 100. Stämpflis irrige Annahmen sind aber ein Beweis für die strenge Isolierung, der gerade er – für den Einzelhaft angeordnet war – unterlag.

»Waren bis jetzt nur während der Nacht die Hände in Fesseln verschraubt, so wurden wir nun vom 9. September an Tag und Nacht . . . in Fesseln gelegt. Am Morgen beim Öffnen der Zellentüre wurden die Fesseln für eine Minute entfernt, damit man sich Hose und Weste anziehen konnte. Die Zeit reichte jedoch nicht aus, um sich noch waschen zu können. Während des Anziehens standen zwei Wächter unter der Türe. Sofort wurden die Handfesseln wieder zusammengeschraubt. Wir hatten mit den gefesselten Händen die kalte Suppe aus der Pappschüssel zu löffeln.«[8]

Es ist auffällig, daß drei in Plötzensee inhaftierte und zum Tode verurteilte Schweizer – neben dem Basler Kaufmann Stämpfli der gleichfalls aus Basel stammende Kaufmann Rudolf Müller und Karl Tanner aus Maienfeld – die Massenexekution überlebten und schließlich in ihre Heimat zurückkehren konnten. Klaus Urner gibt hierfür eine einleuchtende Begründung:

»Für Stämpfli kam die Erlösung in höchster Not. Am 24. September 1943 wurde er ins Zuchthaus Brandenburg-Görden verlegt. Es war dies

6 Stämpli, a.a.O., S. 59 f.

7 Stämpfli, a.a.O., S. 131.

8 Stämpfli, a.a.O., S. 129 f.

der Auftakt zur Heimkehr, eine Rettung, die er sowie sechs weitere Schweizer den Verhandlungsanstrengungen der Schweizer Behörden verdanken. Um ihre Befreiung zu erreichen, mußten sie auf die deutschen Erpressungsversuche eingehen. Mit dem spionierenden Ortsgruppenleiter der NSDAP in Zürich, Dr. Erwin Lemberger, dem Landessportgruppenleiter Gustav Moritz und den Agenten Schreibel, Hermann Schmitt, Hofer und Ott erhielt das Dritte Reich verurteilte Spione zurück, die schweizerische Interessen geschädigt ... hatten.«[9]

Rudolf Müller und Karl Tanner gehörten übrigens nicht zu denen, die in den bis 6. September 1943 andauernden Verhandlungen gegen in der Schweiz verurteilte Deutsche ausgetauscht wurden. Aber auch sie profitierten von der permanenten »Absicht der Deutschen, aus den inhaftierten Schweizern für Austauschgeschäfte Nutzen zu schlagen«. »Die Zurückhaltung der Eidgenossen bei den Verurteilungen von Reichsangehörigen, von denen keiner hingerichtet wurde«, sowie »nach der sich abzeichnenden Kriegswende die für den Kleinstaat günstigeren Verhandlungsmöglichkeiten und nicht zuletzt die erweiterte Flexibilität dank der Anordnung von Canaris, die Spionage gegen die Schweiz einzustellen«, waren Voraussetzungen für das Gelingen der Rettungsaktionen. »Paul Stämpfli, sein Mitbürger Karl Tanner und der in Basel geborene Kaufmann Rudolf Müller sind dem ›Totenhaus‹ in Plötzensee entkommen.« Über Tanner berichtete der Oberreichsanwalt beim Volksgerichtshof im Lagebericht vom 31. März 1942:

»Der schweizerische Staatsangehörige Karl Tanner, der in der Schweiz fahnenflüchtig geworden war, hat sich im Februar oder März 1941 erboten, für die Staatspolizeileitstelle in Stuttgart im deutschen Abwehrdienst tätig zu werden. Dieses Angebot ist angenommen worden. Bald darauf hat er erklärt, er habe keine Gelegenheit, mit geeigneten Personen zusammenzukommen. Im März 1941 hat er dann durch Vermittlung eines Schulfreundes die Verbindung zum Schweizer Konsulat in Stuttgart aufgenommen. Hier ist ihm in Aussicht gestellt worden, daß er sich durch eine Spionagetätigkeit in Deutschland zu Gunsten der Schweiz Straffreiheit wegen der Fahnenflucht verdienen könne. Der Beschuldigte hat darauf den Auftrag erhalten, sich über die Stimmung der deutschen Soldaten, über die politische Lage in Deutschland, über die in Böblingen stationierten Flugzeugarten, über die Ausrüstung der Fallschirmtruppen sowie über Einzelheiten der schweren Tanks und deren Bewaffnung zu erkundigen. Weiter hat er ein kleines Lichtbildgerät ausgehändigt erhalten, um damit auch Lichtbildaufnahmen herstellen

9 Klaus Urner, Der Schweizer Hitler-Attentäter. Drei Studien zum Widerstand und seinen Grenzbereichen, Zürich 1982, S. 273.

zu können. In Ausführung dieser Aufträge hat der Beschuldigte dann mehrere schriftliche Berichte und einen belichteten Filmstreifen auf dem Schweizer Konsulat in Stuttgart abgeliefert. Am 3. September 1941 ist er bei dem Versuch des Grenzübertritts von deutschen Beamten festgenommen worden.«[10]

Über Rudolf Müller ist wenig bekannt.
Letztlich hatte die wehrhafte und zu begrenzten Repressalien fähige Schweiz sie gerettet. Es ist übrigens nicht von der Hand zu weisen, daß in Deutschland Todesurteile gegen Schweizer gefällt wurden, um die Eidgenossenschaft besser erpressen zu können.

Der Fall Karlrobert Kreiten

Der Pianist Karlrobert Kreiten ist am 7. September 1943 in Plötzensee gehenkt worden; er ist in der 294er-Liste nicht verzeichnet.
Kreiten war ein begnadeter Musiker. Der Kölner Musikpädagoge Herbert Eimert urteilte über ihn:

> »Wer ihn gehört hat, der weiß, daß er ein pianistisches Phänomen war, wie es jede Generation nur in ganz wenigen Exemplaren hervorbringt. Mit 15 Jahren hat er die Paganini-Variationen von Brahms so vollendet gespielt wie mit 25. Der 17jährige wurde im (Kölner) Gürzenich unter Abendroth mit dem Es-Dur-Konzert von Liszt so stürmisch gefeiert wie nur einer der Großen.
> Mit Gieseking teilte er das unerklärliche Pianistengeheimnis, daß er nicht zu üben brauchte. Wenn er innerhalb einer Woche in vier verschiedenen Städten vier verschiedene Konzerte spielte, so war das natürlich eine gewaltige, mit äußerstem Training verbundene Arbeit und Anstrengung. Aber er hat immer nur an seinen Konzerten und Vortragsstücken gearbeitet, nie hat er Klavierübungen um ihrer selbst willen betrieben. Er hatte intuitiv im Griff und in den Fingern, was für andere der mühselige gradus ad parnassum ist. Das war seine einzigartige Begabung.«[11]

Karlrobert Kreiten[12] war, wiewohl in Bonn geboren und in Düsseldorf aufgewachsen, nach seinem Vater niederländischer Staatsbürger. Er

10 Lagebericht des Oberreichsanwalts Az. 42.06 E 2.30 vom 31. März 1943, BA-Ko R 22/3390.

11 Herbert Eimert, Wen die Götter lieben, in: Kölnische Rundschau Nr. 205 vom 5. September 1963.

12 Biographische Angaben bei Theo Kreiten, Wen die Götter lieben, ^{2}1950; Faksimile-Nachdruck in Friedrich Lambart (Hrsg.), Tod eines Pianisten, Karlrobert Kreiten und der Fall Werner Höfer, Berlin 1988, S. 15 ff.

hatte im März 1943 unter dem Eindruck der Niederlage von Stalingrad gegenüber einer Freundin seiner Mutter, bei der er während eines Umzugs innerhalb Berlins für ein paar Tage Unterkunft gefunden hatte, die Meinung geäußert, daß der Krieg verloren sei. Er hatte dabei Hitler einen Wahnsinnigen genannt, seine angebliche Feldherrnkunst als Dilettantismus bezeichnet, eine Revolution in Deutschland für vor der Tür stehend erklärt und die Schuld am Luftkrieg Deutschland zugesprochen, weil die deutsche Luftwaffe als erste britische Städte bombardiert habe. Das Verhängnis wollte, daß diese Äußerungen weitergetragen wurden. Drei Frauen berichteten darüber der Reichsmusikkammer, und als diese nichts unternahm, über das Propagandaministerium der Gestapo.
Karlrobert Kreiten wurde verhaftet und am 3. September vom Volksgerichtshof zum Tode wegen Wehrkraftzersetzung und Feindbegünstigung verurteilt,[13] oder, wie Freisler in der Urteilsbegründung schrieb:

> »Er hat ... öffentlich unsere Kraft zu mannhafter Selbstbehauptung in unserem Schicksalskampf angegriffen. (§ 5 Kriegssonderstrafrechts-Verordnung) ... Wer so wie Kreiten handelt, ... macht sich zum Handlanger (unserer Feinde) in ihrem Nervenkrieg gegen die Haltung unseres Volkes (§ 91b StGB).«

Ein Beamter des Justizministeriums schrieb unter der Rubrik »Bemerkungen« in das Mordregister:

> »Der Verurteilte hat durch übelste Hetzreden, Verleumdungen und Übertreibungen eine Parteigenossin in ihrer Treue und zuversichtlichen Haltung zu beeinflussen versucht und dabei eine Gesinnung an den Tag gelegt, die ihn aus der deutschen Volksgemeinschaft ausschließt.«

Diese »Bemerkung« in den Akten ist – ein ungewöhnlicher Fall – gestrichen und durch folgende Fassung ersetzt worden, möglicherweise deshalb, weil Kreiten niederländischer Staatsangehöriger war:

> »Der Verurteilte hat im März 1943 defätistische Hetzreden geführt.«[14]

Wieviele Deutsche und Europäer mögen damals, nach Stalingrad, ähnliches gesagt haben wie Karlrobert Kreiten!

13 Urteil abschriftlich im Bundesarchiv R 60 I/360; Faksimile der Anklageschrift und der Urteilssprüche in Lambart (Hrsg.), Tod eines Pianisten, a.a.O., S. 103 ff.

14 BA-Ko, Mordregister K 1786.

Nicht ganz von der Hand zu weisen ist übrigens die Hypothese, daß zwar das Urteil gesprochen, Kreiten aber schließlich begnadigt werden sollte. Ist er im Wirrwarr der ersten Septembertage etwa doch nur »aus Versehen« hingerichtet worden?
Gnadengesuche für Kreiten waren eingereicht worden. Eines lag der Reichskanzlei vor. Dort versicherte man, daß das Urteil nicht vollstreckt werde, bis über dieses Gesuch entschieden sei. Von der Gestapo verlautete, sie sehe Kreitens Verbrechen nicht als gravierend an. Ja, es wurde bereits von der Möglichkeit einer Haftentlassung gesprochen.
Soll dies nur Vorwand, nur Lüge, nur Vertröstung gewesen sein? Das widerspräche dem üblichen Verhalten. Die These, daß das mächtige Propagandaministerium Kreitens Begnadigung über die Reichskanzlei betrieb, läßt sich durch die Tatsache erhärten, daß über das Zustandekommen des Vollstreckungsauftrages ein Aktenvermerk des Oberreichsanwalts beim Volksgerichtshof vorliegt. Dies weist darauf hin, daß das Justizministerium zu einer Untersuchung veranlaßt worden war. Das aber läßt schließen, daß eine übergeordnete Stelle Rechenschaft verlangte. Dabei kann es sich wohl nur um die Reichskanzlei gehandelt haben. Die Untersuchung muß übrigens unmittelbar nach Kreitens Tod angeordnet worden sein; auch das ist ein wichtiges Indiz – schon am 9. September meldete der Oberreichsanwalt dem Reichsminister der Justiz:

> »Auf Grund der im Laufe des Nachmittags des 7. September 1943 eingegangenen Aufträge habe ich zunächst die Amtsgerichtsräte Treppens und Wilkenhöner beauftragt, alle Gefangenen zu bezeichnen, bezüglich deren ein schriftlicher Erlaß über die Nichtausübung des Gnadenrechts durch den Herrn Reichsminister der Justiz hier bereits vorlag. Die Namen der Betreffenden waren in einer von mir unterschriebenen Liste enthalten.« (Es war die Liste der 34 Verurteilten, die zuerst hingerichtet wurden.) »Sie ist im Verlauf des Abends durch die Hinzufügung des Namens des verurteilten Kreiten (2 J 408/43) ergänzt worden, dessen Hinrichtung nach einer mir durch den Oberstaatsanwalt Franke fernmündlich übermittelten Weisung des Herrn Ministers alsbald zu erfolgen habe.«[15]

Der Reichsjustizminister aber hatte kein Entscheidungsrecht mehr, wenn die Reichskanzlei den Fall an sich gezogen hatte. Es wäre jedoch keineswegs einmalig im nationalsozialistischen Deutschland gewesen, wenn eine Stelle gegen die Intentionen einer anderen verstoßen hätte. Allzuoft wußte ein Minister nicht, was der andere tat oder wollte.

15 Juristenprozeß, Dokument NG 213, BA-Ko, All. Proz. 1, XVII 3 33.

Es hat übrigens gerade in den Tagen, in denen Kreiten sterben mußte, weil der Volksgerichtshof die Äußerungen Kreitens gegenüber der Freundin seiner Mutter als »öffentliche« Äußerungen qualifizierte und damit auch das Strafmaß begründete, eine »Diskussion« zwischen dem Justizminister und dem Präsidenten des Volksgerichtshofs über den Begriff »Öffentlichkeit« im § 5 der Kriegssonderstrafrechtsverordnung (KSSVO) gegeben. Thierack schrieb am 11. September 1943 an Freisler, er halte die »Auslegung, die der 1. Senat dem Begriff der Öffentlichkeit« (in einem Verfahren, das am 8. September stattfand) angedeihen lasse für zu weitgehend. »Wenn alles, was politisch geredet wird, grundsätzlich als öffentlich gesagt angesehen werden sollte, würde das bewußt aufgestellte Tatbestandsmerkmal der ›Öffentlichkeit‹ in § 5 KSSVO keinen Sinn mehr haben.«[16]
Sollte Thierack mit seinem Brief an Freisler auch den Fall Kreiten gemeint haben, dessentwegen er möglicherweise von der Reichskanzlei gerüffelt worden war?
Freisler antwortete am 28. September, übrigens unter folgendem Briefkopf:

> »NSKK-Brigadeführer
> Dr. jur. Roland Freisler
> Präsident des Volksgerichtshofes
> Preußischer Staatsrat, M.d.R.«

Er schrieb, er habe die Fälle, die der Volksgerichtshof zu entscheiden hatte, noch einmal durchgearbeitet. Auch danach habe er sich nicht überzeugen können, daß die Auffassung, die in dem von Thierack kritisierten Urteil niedergelegt sei,

> »nicht mit unserer nationalsozialistischen Auffassung von der Struktur unseres Reiches übereinstimmt. Ich glaube vielmehr, daß sie sich aus ihr ganz natürlich ergibt. Sie trägt – ohne übrigens jedes Gespräch ausnahmslos für öffentlich zu erklären – m.E. auch dem Sicherheitsbedürfnis des Reiches Rechnung. Und sie ermöglicht die Bestrafung von Taten als Wehrkraftzersetzung, die das gesunde Volksempfinden als solche wertet. Für mein Rechtsempfinden ist damit schon gesagt, daß diese Auffassung auch nicht im Widerspruch zum gesetzten Recht stehen kann.«[17]

16 Der Reichsminister der Justiz an den Präsidenten des Volksgerichtshofs vom 11. September 1943, abgedruckt in: Im Namen des Deutschen Volkes, a.a.O., S. 213.

17 Im Namen des Deutschen Volkes, a.a.O., S. 213.

Aus der Kritik Thieracks an Freisler kann jedoch keinesfalls der Schluß gezogen werden, daß der Minister rechtlicher gedacht habe als der Präsident des Volksgerichtshofs. Thierack war Freislers Vorgänger an diesem Gericht. Hannsjoachim W. Koch hat errechnet, daß im Jahr 1942 der Erste Senat des Volksgerichtshofs, so lange ihm Thierack vorstand, 649 von 1192 Todesurteilen des Volksgerichtshofs gefällt habe, 1944 habe dieser – von Freisler geführte – Senat 866 von insgesamt 2097 Todesurteilen gefällt. »Somit sprach Thierack über 54 Prozent, Freisler hingegen ›nur‹ knapp 42 % der vom VGH gefällten Todesurteile aus.«[18] Das radikale Ansteigen der Todesstrafen habe, so Koch, bereits unter Thierack als Präsident des VGH eingesetzt und sich unter Freisler unwesentlich gesteigert, wobei das Jahr 1944 einen Rückgang um 2,4 Prozent der Todesstrafen sowie mehr als eine Verdoppelung der Freisprüche aufzeige. Das enorme Anschnellen der Todesstrafen von 1942 an werde wahrscheinlich zum größten Teil durch die »Nacht-und-Nebel«-Fälle verursacht worden sein und 1944 durch die Ereignisse des Attentatversuchs.[19]
Thieracks »Rechtsbewußtsein« zeigt sich auch darin, daß er Recht nicht nur beugte, wenn das dem Volk (sprich: der Partei und ihrem Führer) nützte, sondern auch dann, wenn es ihm persönlich zuträglich war. So hat er als Präsident des Volksgerichtshofs bedenkenlos zugelassen, daß die SS im Prozeß gegen Mitglieder der tschechischen Protektoratsregierung die Anklage vertrat, und nicht, wie das Gesetz es gefordert hätte, der Oberreichsanwalt. Er hat sich damit über Heydrich Hitler für den gerade vakanten Posten des Reichsministers der Justiz empfohlen.[20] Thierack wurde Justizminister; und er hatte angesichts seines eigenen Verhaltens wenig Grund, Freisler zu ermahnen. Der Brief vom 11. September dürfte also kaum der Sorge um Recht und Gesetz entsprungen sein. Er war möglicherweise auch nicht nur Ausdruck seiner »persönlichen Animosität gegen Freisler«.[21] Es spricht einiges dafür, daß er sich mit seiner Kritik an Freisler gegenüber der Reichskanzlei rechtfertigen wollte; immerhin hatte Freisler im Urteil gegen Kreiten den Begriff Öffentlichkeit genauso interpretiert, wie wenige Tage später in dem von

18 Hannsjoachim W. Koch, Volksgerichtshof. Politische Justiz im Dritten Reich, München 1988, S. 222.

19 Koch, a.a.O., S. 491.

20 Koch, a.a.O., S. 176.

21 Im Namen des Deutschen Volkes, a.a.O., S. 213.

Thierack beanstandeten Verfahren. In den Urteilsgründen im Fall Kreiten heißt es nämlich:

> »Öffentlich, denn jeder muß damit rechnen, daß ein deutscher Volksgenosse, der so etwas hört, das ... der nächsten zuständigen Stelle in Partei und Staat weitergibt. Öffentlich auch deshalb, weil unser nationalsozialistisches Reich will, daß sich jeder Volksgenosse mit Politik befaßt, und weil deshalb, was politisch gesprochen wird, einen Teil des politischen Gedankenfundus unseres Volkes bildet, zum Guten oder, wie bei dieser Handlungsweise, zum Schlechten.«[22]

Die September-Liste ist, ergänzt um Angaben zum Geburtsjahr, Sterbe-Datum, Wohnort, Nationalität und verurteilendem Gericht mit dem zur Last gelegten Delikt im Anhang abgedruckt.

22 Lambart (Hrsg.), Tod eines Pianisten, a.a.O., S. 113.

Hier wurden die Todesurteile vollstreckt, als das Fallbeil durch Bomben zerstört worden war.

Schicksale

Die Frauen und Männer, die in Plötzensee starben, hatten sehr verschiedenartige Lebenswege hinter sich. Sie kamen aus allen gesellschaftlichen Schichten; sie entstammten vielen Nationen. Sie alle verdienen es, daß man ihr Andenken bewahrt, mögen sie dem Tyrannen und seinen Knechten Widerstand geleistet haben, mögen sie Opfer politischen Terrors oder drakonischer, inhumaner Strafgesetze geworden sein. Die Schicksale aller 1400 Toten können nicht nachgezeichnet werden. Das ist unmöglich, weil vieles auch heute noch verborgen ist. Es ist auch nicht notwendig, weil es viele gleichartige Schicksale gibt und manches »typisch« ist. Der tschechische ehemalige Offizier, der in einem bestimmten Bezirk Kader für ein Untergrund-Regiment aufzustellen versuchte, unterscheidet sich nur unwesentlich von einem Kameraden, der das gleiche in einem anderen Bezirk tat, mag der eine auch mehr Erfolg gehabt haben als der andere. Ebenso sind die Schicksale von Polen, die vergeblich die Schweiz zu erreichen versuchten, vergleichbar.
Die Darstellung der Schicksale erfolgt nach verschiedenen Kriterien. Eine Unterscheidung der Opfer nach »Delikten« führte sicher zu schiefen Bildern. Ein Tscheche, der seiner Exilregierung Nachrichten übermittelte, wurde zwar wegen Landesverrats abgeurteilt; aber dieser »Verrat« war politisch motiviert. Er ist anders zu beurteilen als Spionage aus Gewinnsucht, für die es unter den Toten von Plötzensee auch Beispiele gibt. Überall dort, wo Widerstand patriotisch begründet oder Verfolgung »national« bedingt war, ist es angebracht, nach der Volks- und Staatszugehörigkeit zu gliedern. Ergänzt und überlagert wird die Gliederung nach der Nationalität durch einige Kapitel, in denen die Staats- oder Volkszugehörigkeit weniger bedeutet, zum Beispiel bei der Darstellung wirklicher oder angeblicher Attentatsversuche auf Hitler oder bei der Schilderung des Widerstandes und der Verfolgung von Juden sowie bei den drakonischen, jedem Recht widersprechenden Urteilen gegen Zwangsarbeiter, die wegen Bagatelldelikten sterben mußten. »Grenzübergreifend« sind auch bestimmte Fälle der Sabotage und der Spionage.

Noch einmal sei darauf hingewiesen, wie fraglich die auch heute noch bisweilen geübte Unterscheidung zwischen Hochverrat als einem »ehrenhaften« und Landesverrat als einem »minder ehrenhaften« Delikt ist. Das gilt nicht nur für Nicht-Deutsche. Ein Deutscher, der sich negativ über das NS-Regime äußerte, konnte wegen »Lügenhetze« oder »Schädigung des Ansehens des deutschen Volkes« (§ 90 f StGB) als Landesverräter eingestuft werden. Er konnte eventuell auch wegen Wehrkraftzersetzung verurteilt werden oder auch wegen Vorbereitung zum Hochverrat, wenn die Äußerung nach Meinung der Richter auf eine Ablösung des NS-Regimes zielte.
Es ist ferner daran zu erinnern, daß oft nur Materialien zur Verfügung stehen, die die Ankläger und Richter für ihre Zwecke »verarbeitet« haben. Das führte manchmal zu ungerechtfertigten Beurteilungen, wie an einigen Beispielen nachgewiesen werden kann. Diese Gefahr ist auch heute noch nicht vollends gebannt.

Zeugnisse

Die »Bibliothekare« des Todeshauses – Hans Rütting, Theodor Auer und Victor von Gostomski – haben nicht nur wichtige Dokumente wie die Hinrichtungslisten gerettet, sondern auch viele Briefe, letzte Botschaften der Todeskandidaten, verstecken und später den Angehörigen zustellen können. Ein wichtiges Dokument sind gleichfalls die »Erinnerungen«, die Victor von Gostomski bald nach seiner Befreiung aufgeschrieben und kurze Zeit später auszugsweise in der von ihm herausgegebenen Tageszeitung »Der Neue Tag« in Weiden/Oberpfalz veröffentlicht hat. Er hat diese »Erinnerungen« nochmals für die erste Auflage des Buches »Der Tod von Plötzensee« überprüft.

Erinnerungen eines Häftlings

»Bibliothekar« im Todeshaus

»Der Hauptwachtmeister sagte, daß ich verlegt würde – als Bibliothekar insbesondere für die Todeskandidaten. Zuerst war ich niedergeschlagen. Ich glaubte, die seelische Last würfe mich nieder. Doch dann drängte es mich sogar zu gehen. Vielleicht würde ich helfen können, dachte ich bei mir. Vielleicht mit Büchern, vielleicht auch auf andere Weise. Als ich in die Bibliothek kam, lagen auf einem Tisch die Wunschzettel der Todgeweihten. Seltsam – diese Erfahrung machte ich im Laufe der Zeit – die meisten wollten illustrierte Bücher haben. Sie wollten Bilder sehen. Wie Kinder. Oder wollten sie noch einmal die Welt sehen ohne Gitterstäbe? Oder suchten sie eine Ablenkung? Andere baten um die Bibel oder Gebetbücher.

An jede Zelle durfte ich zwei Bücher legen. Ich schaute fast immer durch den Spion, wie das Guckloch in der Zellentür genannt wird. Einmal sah ich einen jungen Mann. Er konnte nicht wissen, wer nach ihm sah. Ob er ahnte, daß es ein Freund war? Wohl kaum.

Mitgefühl hatte er in diesem Haus nicht erlebt. Jedes Geräusch an der Tür ließ jeden aufschrecken. Es hätten ja die Henker sein können.

Die Hände des jungen Mannes waren gefesselt. Er ging auf und ab. Fast regelmäßig zog er die Hose hoch. Und ging weiter auf und ab. Wie ein Wanderer, der der Ewigkeit zugeht.

Einige Male gelang es, beim Bücherverteilen mit Gefangenen zu sprechen. Ein Karmeliterpater, den Freisler wegen Wehrkraftzersetzung verurteilt hatte, sagte mir, er habe als Studentenseelsorger einem Studenten ins Feld geschrieben, es sei wichtiger, sich um die Seele zu kümmern als um die Politik. Dafür starb damals ein Mensch. Gottergeben trug er sein Urteil. Sein Wahlspruch: Gott ist mein Richter. Wachtmeister Pawelski verhöhnte ihn, den Pfaffen. Aber der Pater klagte nie.

Viele Tschechen, auffallend viele, kamen im Sommer 1943 ins Todeshaus.[1] Manche verstanden deutsch. Ihnen konnte ich mit Büchern helfen. Manche hatten nichts anderes getan, als die Angehörigen ihrer verhafteten Landsleute finanziell zu unterstützen. Dafür starben sie. Einmal erlebte ich, daß ein Vater mit seinem Sohn hingerichtet wurde.

Bald merkte ich, daß oftmals Abschiedsbriefe in den Büchern lagen, Zettel, Notizen. Ich versteckte sie in der Bibliothek. Später versuchte ich, diese Briefe mit Hilfe von Pfarrer Buchholz aus dem Hause zu schaffen. Es gelang.

Die Gefängnisbibliothek lag im zweiten Stock. Kurz vor den Hinrichtungen schlichen wir uns manchmal in den gegenüberliegenden Raum. Wir konnten von dort aus den Hinrichtungsschuppen sehen. Alle zwei bis drei Minuten wurde ein Opfer aus dem Todeshaus geführt.

Es war immer bewundernswert: Fast alle gingen aufrecht. Einmal hörte ich Hilfeschreie einer Frau. Sie schwieg bald. Die Wachtmeister hatten ihr ein Handtuch vor den Mund gespannt.

Wenn die Bibliothekstür offenstand, konnte ich direkt in die große Halle im Erdgeschoß sehen. Wenn Gestapobeamte – man erkannte sie, ohne sie zu kennen – von Zelle zu Zelle gingen, war das oft ein Zeichen, daß der Tod auf prominente Opfer wartete. Normalerweise kam die Gestapo nicht. Widerliches Lachen, wenn die Beamten die Abschiedsbriefe lasen. Sadisten.

Die Richter kamen später; die des Volksgerichtshofes in blutroter Robe. Sie kündigten die Vollstreckung an. Blitzlichter flammten auf. Sie archivierten die Todesangst im Gesicht eines Verurteilten.

Immer wieder trieb es mich in den der Bibliothek gegenüberliegenden Raum. Immer meinte ich, ich könnte vielleicht Freunde erkennen. Das war schwer. Gefangene sehen einander ähnlich. Ich sah zudem nur ihre Rücken.

Sah, wie sie durch die weitgeöffnete Tür des Hinrichtungsschuppens gingen. Dann ging mir durch den Sinn: ›Die Pforten zur Ewigkeit‹.

Wenn ich blieb, konnte ich den trockenen Schlag des Fallbeils hören.

1 Aus dem Bibliotheksbuch ergeben sich folgende Zahlen: Von 88 »Zugängen« im Mai waren 40 Tschechen; im Juni 17 von 54, im Juli 16 von 72, im August 22 von 90. Der Anteil der Tschechen war im Sommer 1942 noch stärker.

In der Bibliothek blieben wir dann stumm. Ein Würgen saß in der Kehle. Wie oft hatten wir das erlebt! Und immer waren wir machtlos.«

»Kirchenkalfaktor

Ich wurde dem neuen Anstaltspfarrer vorgestellt. Er suchte einen Ministranten und Kirchenkalfaktor. Mich quälte der Gedanke, ob die Gefängnisleitung zustimmen würde. Ich zweifelte. Immerhin war ich ein Politischer. Dann hoffte ich wieder. Und wurde erneut von Zweifeln geplagt.

Endlich teilte mir Pfarrer Buchholz mit, daß alles in Ordnung sei. Welch ein Glück war es, Mitarbeiter dieses Mannes zu sein. Tröster der Todeskandidaten nannten wir ihn. Nahezu täglich war ich mit dem Pfarrer zusammen. Jeden Tag ging er den schweren Gang zum Hinrichtungsgefängnis. Hunderte warteten, daß er ihnen immer aufs neue Trost spenden würde.

Pfarrer Buchholz hatte bald erwirkt, daß ich für Hausarbeiten in seiner Wohnung herangezogen wurde. Es ging ihm wahrlich nicht darum, einen Bediensteten zu haben. Für mich war es jedesmal ein Ausflug in die Freiheit, waren es Lichtblicke in dunkler Nacht.

Einmal sah ich den Lieferwagen, der die Leichname zum Krematorium oder zur Anatomie brachte. Die Pforte war geschlossen. Der Fahrer öffnete sie. Ich dachte an die Toten, versuchte, mich zu einem Gebet zu sammeln. Da sah ich unter dem Wagen eine Blutlache – einen halben Meter im Durchmesser. Herr Pfarrer, rief ich. Aber der Pfarrer schüttelte nur stumm den Kopf.

Einmal fragte mich Pfarrer Buchholz, ob ich eines Franzosen, dessen Hinrichtung bevorstand, Taufpate werden wollte. Natürlich wollte ich. Als der Pfarrer die Zellentür aufschloß, kniete der junge Franzose nieder. Gefesselt und in der Gewißheit, bald zu sterben, empfing er die Taufe. Tief ergriffen betete er das Glaubensbekenntnis, welches ihm der Pfarrer vorsprach.

Wenn du Glück hast, dachte ich damals, wirst du noch manche Taufe in Freiheit erleben. Aber ergriffener wirst du wohl niemals sein!

Zuerst war jeden Sonntag Gottesdienst, später – als die Kirche des Gefängnisses ausgebrannt war – nur noch einmal im Monat. Die Messe wurde im offenen Gang des Todeshauses gelesen.

Pfarrer Buchholz bevorzugte das gesungene Hochamt. Die zum Tode Verurteilten, die nicht zum Meßopfer durften, konnten so hinter den verschlossenen Zellentüren dem heiligen Opfer folgen. Ergreifend, wenn der Pfarrer am Schluß des Gottesdienstes für die beten ließ, denen es bestimmt war, als Nächste vor Gottes Gericht zu erscheinen.

Manchmal kam Pfarrer Buchholz zu mir und bat um ein Stück Brot. Er brauchte es für einen, der vor seinem Tod wenigstens noch einmal einen Bissen essen wollte. Ich hatte immer eine kleine Brotreserve für solche Fälle. Später brachte er mir das entliehene Brot zurück.

Eines Abends kamen etwa 60 Spanier ins Todeshaus. Sie waren alle zum Tode verurteilt.[2] Abgehärmt stiegen sie zum obersten Stock. Die meisten waren noch sehr jung, der jüngste 16 Jahre. Pfarrer Buchholz besuchte sie sofort. Er wollte ihnen nicht nur die sakramentale Tröstung der Kirche bringen. Er wollte sie auch mit einem guten Wort stärken. Aber er sprach nicht spanisch.

Der Pfarrer bemühte sich, daß er die Spanier in einem Saal versammeln dürfe. Er hatte schließlich Erfolg. Alle wurden in den früheren evangelischen Betsaal geführt. Gefesselt knieten sie in Sechserreihen. Pfarrer Buchholz sprach deutsch. Satz für Satz wurde von einem der Gefangenen übersetzt. Der Pfarrer hob die Hand zum Segen, zur Absolution. Ergriffen bekreuzigten sich die Spanier. Die Fesseln hoben sich in gleichem Rhythmus zur Stirn, zur Brust und zu den Schultern.

Am Heiligen Abend 1944 rang Pfarrer Buchholz mit dem Vorsteher um eine Feier. Es gelang ihm, sich durchzusetzen. Eine ›weltliche Feierstunde‹ verstieß nicht gegen das Gottesdienstverbot. In der Halle des Todeshauses wurde ein Baum aufgestellt.

Nur die Strafgefangenen durften in die Halle kommen. Die Todeskandidaten mußten in ihren Zellen bleiben. Pfarrer Buchholz hatte einen Plattenspieler mitgebracht. Ein Glockenspiel erklang, dann ein Weihnachtslied. Dann sprach der Pfarrer über das Mysterium der Weihnacht. Alle Augen tränten, als er an die Lieben daheim erinnerte. Würden wir sie wiedersehen? Wir sangen ›Stille Nacht‹. Wie mochte denen zumute gewesen sein, die hinter den Kerkertüren gefesselt waren?

Am Morgen des ersten Weihnachtstages war Gottesdienst. Nachmittags begleiteten wir zu zweien Pfarrer Buchholz in die Einzelzellen.

Der Plattenspieler ließ ein Weihnachtslied im Gang erklingen. Dann sprach der Pfarrer zu denen, die hinter verriegelten Türen lauschten. Hallo – hier spricht der katholische Pfarrer. Er sprach ihnen Mut zu, bat, daß sie auch in der verlassensten Stunde des Lebens nicht verzagen sollten. Dann ging er von Zelle zu Zelle, schloß auf, drückte Hände, viele Hände. Und hatte für alle ein gutes, hilfreiches und tröstendes Wort. Wie dankbar sie waren.

Im Haus V – dorthin gingen wir weiter – waren die Geisteskranken und die, die auf ihren Geisteszustand untersucht wurden, untergebracht. Erschütternd, wie die Ärmsten der Armen auf den Pritschen lagen. Wie viele von ihnen hatte der Gestapo-Sadismus in den Wahnsinn getrieben! Ob sie begriffen, weshalb der Pfarrer gekommen war?

Der Generalstaatsanwalt hatte angeordnet, daß bei Fliegeralarm die Hallen durch Wachtmeister zu bewachen seien. Die Angriffe waren so

2 Über die Hinrichtung von Spaniern, vermutlich Exil-Spaniern, die der Gestapo in Frankreich in die Hände gefallen waren, ist dem Bibliotheksbuch, das allerdings nur die Zeit von Mitte April 1942 bis Anfang September 1943 umfaßt, nichts zu entnehmen.

stark, daß die Wachen nicht auf ihren Posten blieben. Sie trieben alle Gefangenen ins Tiefparterre. Ausgehungerte, ausgemergelte Gestalten, die Todgeweihten im Hemd, mit nackten Füßen.
Aber sie konnten endlich sprechen. Sprechen?
Flüstern. Einen hörte ich sagen: Wenn sie doch träfen.
Ja, auch Bomben konnten ersehnt werden: barmherzige Bomben!«

»Alltag
Arbeit half mir, das Leben hinter Gittern leichter zu ertragen. Als ich 1943 in die Buchbinderei kam, fühlte ich mich zunächst erhört, weil ich endlich einmal wieder sprechen konnte. Die Qual der Einzelhaft hatte damals für mich ein Ende.
Was mir die größte Sorge machte, war der Hunger. Ich war überzeugt, daß das Verhungern mein Schicksal werden könne. Hunger war es, der uns dazu trieb zu essen, was wir von den Walzen der Druckmaschinen schnitten. Hunger ließ uns Leim und Dextrin verschlingen. In der Freistunde rissen Kameraden Laub von den Bäumen im Gefängnishof. Sie kochten davon auf der Arbeitsstelle eine Suppe.
Man müßte Hundekalfaktor sein, dachte und sagte mancher damals. Die Hundekost war gut in der Strafanstalt: Pferdefleisch, Kartoffeln, Haferflocken. Für uns waren das unerreichbare Leckerbissen.
Die meisten Gefangenen waren nur Haut und Knochen. Manche wogen nicht einmal 80 Pfund. Morgens gab es ein Stück trockenes Brot und ein undefinierbares Getränk. Kaffee-Ersatz sollte es sein. Mittags deutsche Ananas, wie wir die erfrorenen Kartoffeln nannten, schlecht gekocht und salzig. Manchmal schwammen Zuckerrübenblätter oder anderer Krautabfall in dieser Suppe. Sonntags erhielten wir einige Pellkartoffeln. Ein Drittel war mit ziemlicher Regelmäßigkeit faul. Die Gefesselten waren nicht einmal in der Lage, die Schalen abzuziehen. Abends wurden ein halber Liter Suppe und achtzig Gramm Brot ausgegeben.
Viele wollten vor dem Sterben noch einmal satt sein, aber in Plötzensee war selbst die Henkersmahlzeit gestrichen. Wer nachmittags oder abends hingerichtet wurde, bekam mittags nichts mehr. Darum versuchte Pfarrer Buchholz immer wieder, den Todgeweihten ein Stück Brot zu bringen. Aber dieser letzte Liebesbeweis war selbstverständlich verboten, illegal.

Nach dem Luftangriff Anfang September 1943 mußten wir aufräumen, die Verheerungen beseitigen, die die Bomben angerichtet hatten. Zum erstenmal kam ich in die Tischlerei. In einer Ecke waren roh gezimmerte Kisten gestapelt. Wie man mir sagte, waren es die Särge. Ich stellte fest, daß sie in zwei verschiedenen Größen da waren. Der Unterschied in der Länge betrug etwa 20 Zentimeter. Mitgefangene klärten mich auf: Die kurzen waren für die Opfer der Guillotine bestimmt, die großen den

Gehängten vorbehalten. Stets wurden zwei Leichen in einen Sarg gelegt. Der Boden war etwa zwei Zentimeter hoch mit Sägespänen bedeckt. Mich schauderte. Ich ging weg, sobald ich konnte.
Damals kam ich auch in den Todesschuppen. Eine breite Holztür führte in den Vorraum. Gegenüber der Tür hing ein breiter, schwerer Vorhang. Rechts an der Wand stand ein Tisch, vermutlich für das Exekutionsgericht. Rechts an der Wand waren zwei moderne Leuchtkörper.
Ich schlug den Vorhang zurück. Ich stand vor der Guillotine. Die neue Guillotine war also schon da. Ich stand und schwieg. Hier starben mein Bruder und mein Schwager, hier starben meine Freunde und Mitkämpfer. Wie viele Männer und Frauen, manche noch Kinder fast, hatten schon ihr Leben geopfert?
Ich hätte in die Knie sinken können. Mir ging durch den Kopf: Hier müßte später eine Kapelle gebaut werden, ein Wallfahrtsort für die Deutschen, damit sie Kraft und Stärke im Kampf gegen die Tyrannen des 20. Jahrhunderts schöpfen können.
Was ich noch entdeckte, konnte mich nicht mehr berühren. Links ein Waschbecken für die Henkersknechte zum Abspülen des Blutes. Rechts viele Flaschen, ich wußte nicht, wozu. An der Hinterwand waren Haken für die Opfer des Stranges.«

»Die Wächter

Normalerweise kam der Henker zweimal in der Woche.[3] Er hieß Roettger. Er schlich mehr als er ging. Immer trug er eine dreiviertellange Joppe. Was mochte in ihm vorgehen? Tausende hatte er hingerichtet. Unschuldige. Für jeden Kopf hatte er 80 Mark Prämie kassiert.[4] Und Sonderrationen Zigaretten. Immer hatte er eine Zigarette im Mund. Seine Helfer waren große und starke Männer. Sie mußten die auf dem Rücken gefesselten Opfer auf das Schafott befördern!
Zwei Wachtmeister führten die Todeskandidaten von der Zelle zum Hinrichtungsschuppen! Dafür gab es für jeden acht Zigaretten. Einmal hörte ich, wie sich zwei Wachtmeister stritten. Der eine warf dem anderen vor, sich beim Hinrichtungsdienst vorgedrängt und ihn damit um die Zigaretten betrogen zu haben. Auf acht Zigaretten war damals der Judaslohn gesunken.
Im Todeshaus wirkte als Vorsteher ein Mann namens Appelt. Die Gefangenen nannten ihn den Fuchs. Er liebte es, plötzlich aufzutauchen, die Fesseln zu kontrollieren. Er lag stets auf der Lauer. Eine Zeitlang hatte ich die Ehre, jede Woche einmal seine Privatwohnung aufzuwischen. Seine Frau versah dann den Polizeidienst.

3 Der Henker kam unregelmäßig, je länger der Krieg fortdauerte, umso häufiger. Über die Hinrichtungstermine siehe im Anhang »Die Hinrichtungslisten nach dem Bibliotheksbuch«.

4 s.o. Kapitel »Gerichte und Gesetze, Richter und Henker«, S. 60.

Appelt selbst zählte sich gewiß zu den ehrlichen und anständigen Menschen. Er tat, wie er mir einmal sagte, nur seine Pflicht. Er war ein perfekter Untertan.
Der Sanitätswachtmeister ließ diejenigen, die sich krank gemeldet hatten, stundenlang auf dem kalten Steinfußboden hocken. Wenn man an die Reihe kam, lautete die Frage stereotyp: Warum bist du hier? Und ebenso stereotyp verweigerte er Hilfe mit der zynischen Bemerkung: ›Dir wird ja sowieso die Birne abgehackt!‹ Man mußte schon Schuster oder Schneider sein und Privataufträge erledigen, wenn man Medikamente oder Krankenkost bekommen wollte.
Es gab Wachtmeister, denen das tägliche Morden in dieser Strafanstalt selbstverständlich war. Sie schienen unberührt von dem, was vor sich ging. Es gab auch andere. Eines Abends kam zum Beispiel ein älterer Hilfswachtmeister zu mir. Zuerst fragte er nach meinem Namen, dann, ob ich schweigen könne. ›Ich soll Sie von Ihrem Bruder grüßen. Sie möchten für ihn beten!‹ Ich wußte, es war meines Bruders letzter Gruß an mich.
Ein anderer Beamter der Strafanstalt, der Justizoberlehrer Nissen, hat viel Segen gestiftet. Seine frühere Funktion, die Vorbereitung auf die Entlassung, übte er längst nicht mehr aus. Statt dessen hatte er auf das Sterben vorzubereiten. Oft dachte ich bei mir: Welch ein Glück, daß er nicht, wie er wohl bisweilen gewollt hatte, den Dienst in der Strafanstalt quittiert hat. Daß er auf dem Posten blieb.
Wenn er mich anforderte, in seinem Haus zu helfen, wußte ich, daß eine Nachricht oder gar ein Päckchen von daheim auf mich wartete. Ich wußte, daß ich essen konnte. Über ihn hatte ich wenigstens einen Rest von Kontakt mit den Meinen. Nicht nur für mich sorgte er auf diese Weise. Er nannte uns ›meine Jungen‹.
Einmal führte er mich in seiner Wohnung mit der Mutter eines Mitgefangenen zusammen. Sie hatte ihn aufgesucht, als er wieder einmal den Kontakt zwischen einem Gefangenen und seinen Angehörigen geknüpft hatte. Dieser Gefangene war nicht einmal Deutscher, sondern Lothringer. Die Mutter wollte nun, daß Nissen ihrem Sohn zur Flucht verhelfe. Er hatte mich damals gerufen, damit ich der Mutter bestätige, daß er wohl das Menschenmögliche tue, daß aber dieser Hilfe enge Grenzen gesetzt seien.[5]
Natürlich hat Nissen auch immer wieder darüber nachgedacht, ob und wie man Gefangene befreien könne. Als ich im Frühjahr 1945 aus der Strafanstalt ›beurlaubt‹ wurde, war er beteiligt. Er und Pfarrer Buchholz. Diese beiden haben wesentlich geholfen, daß sich für mich wie für andere das Tor des Gefängnisses öffnete.
Hauptwachtmeister Pawelski war aus einem anderen Holz. Eines Tages wurde ein 72jähriger Schwabe ins Todeshaus gebracht. Pawelski fragte

5 siehe unten, »Wunderbare Wege«, S. 122 ff.

ihn nach dem Grund seiner Verurteilung. Er sei wegen Wehrkraftzersetzung verurteilt worden, sagte der alte Mann. Wie ein wildes Tier stürzte sich der Wachtmeister auf den Greis, schlug ihn ins Gesicht. Der alte Mann flehte, ihn nicht auf den Kopf zu schlagen. Er habe eine Halslähmung. Die Antwort des Wachtmeisters: Ich werde dir morgen den Hals gelenkig machen.
Pawelski vergaß seine Androhung nicht. Er holte anderentags den alten Mann aus der Zelle, nahm den Kopf zwischen seine Hände und drehte ihn ruckartig. Von links nach rechts. Von rechts nach links. Ein Tier.
Wir Gefangenen nannten Pawelski den Habicht. So oft ich ihn sah, lief mir eine Gänsehaut über den Rücken. Mit besonderem Haß quälte er Priester und Pastoren. Einmal hörte ich ihn sagen: ›Verbrecher, die Wehrlose umbringen!‹ Er meinte den Bombenkrieg. Er sah nicht, was er selbst tat.«

»Die Gefangenen
Von 9 bis 9.30 Uhr – außer sonntags – wurden die zum Tode Verurteilten aus ihren Zellen gelassen. Es war die sogenannten ›Freistunde‹. Das ganze glich eher einem Viehauftrieb als einem Spaziergang.
Schon das Gebrüll der Wachtmeister beim Aufschließen der Zellen war erniedrigend. Mit drei Meter Abstand voneinander schleppten sich die Todeskandidaten in einem weiten Kreis im Hof herum. Die Hände waren gefesselt. Die klobigen Pantinen rieben die Füße wund. In der Mitte des Kreises die Wachtmeister. Sie brüllten wie Dompteure in der Arena. Sie trieben ihre Opfer an, die kaum das vorgeschriebene Tempo einhalten konnten. Selbst ein Spaziergang konnte auf diese Weise zur Marter werden.

Ich war nicht zum Tode verurteilt. Aber das war beileibe keine Garantie für das Überleben. Die Gestapo konnte auf ein neues Urteil hinwirken. Das wußten wir aus Erfahrung.
Die Henker wüteten immer mehr, je länger der Krieg andauerte. Es war, als sollten alle die aus dem Weg geräumt werden, die die Praktiken der Nazis aus nächster Nähe miterlebt hatten. Daß der Krieg verloren werden könne, schien ihnen sehr wohl bewußt zu werden.
Mitunter holte die Gestapo Gefangene ab, die niemals wieder nach Plötzensee zurückkehrten. Es fiel auf, daß das meist jüngere Menschen waren. Wohin sie transportiert wurden, wußten wir nicht. Aber aus Andeutungen der Wachtmeister glaubten wir entnehmen zu können, daß sie starben. Waren sie für irgendwelche Experimente vorgesehen?
Ein junger Holländer bat mich, an seine Eltern später letzte Grüße zu übermitteln und ihnen für alles zu danken. Mehrmals sagte er, daß er unschuldig sei. Sein Trost war, daß er als Christ starb.
Ein anderer Holländer, Bürgermeister einer Stadt, sorgte sich sehr um seine Familie. Er beauftragte mich, seine Frau und seine Kinder zu grü-

ßen. Jedes Kind solle ein Photo bekommen, das ihn im Amtsornat zeigte. Die Kinder sollten wissen, daß er für Hollands Freiheit gestorben sei.
Eine Gruppe von Elsässern und Lothringern war 1944 verurteilt worden, weil sie einem abgesprungenen englischen Flieger geholfen hatten, in die Schweiz zu flüchten. Darum wartete auf sie das Fallbeil.
Pater Thro, der dieser Gruppe angehörte, war kaum berührt. Seelenruhe strahlte aus seinem Gesicht trotz der Martern und Leiden. Er richtete andere auf, tröstete sie.
Hunger quälte ihn wie alle. Als ich ihm eines Tages ein Stück Brot geben wollte, lehnte er ab. Brot soll für die sein, die noch ein Leben vor sich haben, sagte er. Kurz vor seiner Hinrichtung verabschiedete ich mich durch die Zellentür von ihm. Er gab mir seinen priesterlichen Segen, den Segen eines Todgeweihten.[6]
Einmal schlich ich vor die Zelle, in der ein evangelischer Pfarrer inhaftiert war. Einige Worte konnte ich wechseln. Ich erfuhr, daß der Pfarrer im Konfirmationsunterricht gesagt hatte, Deutschland brauche das Gebet nötiger als Kanonen und Granaten. Vor dem Volksgerichtshof sagten manche seiner Katecheten gegen den Pfarrer aus. Mir sagte er: Wenn ich sterbe, dann für ein besseres Deutschland.
Ein junger Franzose sagte vor seiner Hinrichtung: Der Nationalsozialismus ist sehr schlecht ... très mauvais ... Ich habe gebetet, daß Deutschland den Krieg nicht gewinnt – ich habe das Gefühl, daß Gott mich erhört.
Ein Neuer, der 1943 zu uns nach Plötzensee kam, kam aus einem Zuchthaus. Dort hatte er eine Freiheitsstrafe abzubüßen. Er hatte in diesem Zuchthaus seine Zunge nicht gehütet, vielmehr die Politik der Nazis kritisiert. Unter Kameraden. Ein Mitgefangener hatte ihn denunziert. Er war schuldig geworden an einem Todesurteil, das der Volksgerichtshof fällte. Mag sein, daß der Denunziant sich freikaufen wollte. Wahrscheinlich. Aber ich habe auch Parteigenossen erlebt, die verurteilt worden waren. Sie schimpften auf einen Kreis- oder Gauleiter. Aber sie waren nach wie vor Nationalsozialisten und oft genug Hitler treu ergeben. Es gab also manchen Grund in der Haft, die Mitgefangenen zu prüfen und die Zunge zu hüten.
Ende 1944 trafen Gefangene aus Meseritz in Plötzensee ein. Wir sahen in ihnen Vorboten des Zusammenbruchs der Naziherrschaft. Sie waren für uns Zeugen der schwindenden Macht unserer Peiniger. Man spürte förmlich eine wachsende Unruhe in der Strafanstalt.
Aber – die Macht, die sie im Gefängnis ausübten, war ungebrochen. Wir bemerkten auch, daß sie mit doppeltem Eifer henkten und enthaupteten. Damals wurden täglich etwa 15 Todesurteile vollstreckt. Man konnte nur noch von Massenexekutionen sprechen. Die Angst um unser Leben

6 Als Victor von Gostomski seine Erinnerungen niederschrieb, wußte er noch nicht, daß Pater Thro überlebt hatte.

wuchs. Immer wieder ließ es mich erstaunen, wie schnell die Männer sich faßten, über die das Bluttribunal den Stab gebrochen hatte. Ihr Antlitz veränderte sich. Manchmal dachte ich: Wie von Gottes Meißel geformt. Vielen gab das Vertrauen auf Gottes Gerechtigkeit Kraft, anderen die politische Idee, das Bewußtsein, für die Freiheit zu sterben. Fast alle, die die Tür zum Hinrichtungsschuppen durchschritten, fühlten sich in ihrem Gewissen frei von jeder Schuld.«

»*Fluchtversuch*

Als 1944 die Zahl der Exekutionen anschwoll, beschlossen wir Kalfaktoren, die wir einige Bewegungsfreiheit hatten, zu fliehen. Wir schmiedeten Pläne.

Unsere erste Sorge: Wir mußten die Sträflingskleider loswerden. Wir mußten uns Zivil beschaffen. Wir wußten, daß Gefangene in einem Raum alte Wehrmachtsuniformen aufzutrennen hatten. Meinem Freund Rütting und mir gelang es, solche Uniformen in die Bibliothek zu schaffen. Nadeln besorgte Pfarrer Buchholz. Er war keineswegs eingeweiht. Aber er ahnte wohl, daß wir sie nicht nur brauchten, um unsere Sträflingssachen auszubessern. Wir nähten an Zivilanzügen.

Aber wir sollten wir aus dem Schreckenshaus entkommen? Es konnte nur bei Fliegeralarm gelingen. Unsere Zellen gehörten zu denen, die bei Alarm offenblieben, weil wir – der Hauptwachtmeister hatte uns das eröffnet – löschen sollten. Auch der Dachboden war bei Alarm aufgeschlossen, damit Brandbomben schneller bekämpft werden könnten. Die Dachluken waren nicht vergittert. Also drehten wir aus Uniformteilen, die wir gestohlen hatten, Stricke und wollten uns aus den Dachluken in den Hof abseilen. Unser Fluchtplan, der so weit gediehen war, wurde allerdings zerstört. Frühmorgens, beim sogenannten Aufschluß der Zellen, wurde festgestellt, daß zwei Todeskandidaten geflohen waren. Ein Meisterstück der beiden. Ich war Kaffeeverteiler. Der Wachtmeister schloß auf, blieb wie versteinert stehen. Verdutzt sagte er nur: ›Sie sind fort.‹ Die Handschellen lagen auf dem Tisch. Sofort wurde alarmiert. Eine fieberhafte Jagd im Gefängnis und in der Umgebung von Plötzensee setzte ein. Ich blieb zunächst an der Zelle und hatte Zeit, mich umzusehen.

Die beiden hatten sich entfesselt und die dicke Mauer unterhalb des Fensters durchbrochen. Sie hatten jeden Ziegelstein einzeln gelöst. Möglich, daß die Bomben, die das Haus erschüttert hatten, die Arbeit erleichtert hatten. Präzisionsarbeit! Aus Decken und Laken hatten sie einen Strick gedreht, ihn am Gitter aufgehängt und sich abgeseilt. Wie sie über die hohe Gefängnismauer gekommen waren, blieb mir allerdings ein Rätsel. Auf dem Tisch lag ein Zettel: ›Meinen Verdienst für das Trennen der Uniformen von 2,40 RM vermache ich der NSV. Auf Nimmerwiedersehen!‹

Wir hatten Angst, daß bei den jetzt fälligen Razzien unsere Anzüge und

Stricke entdeckt werden könnten. Aber es gab keine Möglichkeit, sie schnell verschwinden zu lassen. Immerhin – wir mußten mit verstärkten Sicherungen rechnen. Wir verschoben unsere Flucht.
Nachträglich ist mir bewußt, daß es Wahnsinn gewesen wäre zu fliehen. Flucht brachte immer nur Freiheit auf Zeit. Die Franzosen, die in der Bombennacht des September 1943 geflüchtet waren, wurden kurze Zeit später gefaßt. Wie alle anderen auch.
Auf jeden aufgegriffenen Flüchtling wartete die verschärfte Tortur. Wenn sie wieder eingeliefert wurden, waren sie schweren Mißhandlungen ausgesetzt. Dann wurden sie in den Keller gesperrt. Statt der üblichen Handschellen schnürte man ihnen einen breiten Gürtel um den Leib. An diesem Gürtel wurden die Unterarme gefesselt, so daß die Arme nicht zu bewegen waren. Oft genug wurden auch noch die Füße gefesselt.

Gerüchte begannen hartnäckig umzulaufen, daß einzelne Häftlinge, die ihre Freiheitsstrafe bald verbüßt hätten, vorzeitig entlassen werden sollten. Pfarrer Buchholz und Justizoberlehrer Nissen bestätigten mir diese Nachrichten, aber – die Politischen sollten ausgeschlossen sein. Ein Transport wurde zusammengestellt. Er sollte nach Süddeutschland gehen. Man sprach von Bayreuth. Der Hauptwachtmeister verlas die Transportliste. Gefangene wurden aus ihren Zellen geholt. Sie dachten schon an die Freiheit, schöpften Hoffnung – und hatten doch Angst, weil alles so unberechenbar war. Leben und Tod lagen dicht beieinander. Einigen Freunden drückte ich die Hand. Als sie gingen, sagte ich zum erstenmal ein Wort, das mir fast fremd geworden war: Auf Wiedersehen.«

Briefe

Briefe aus der Strafanstalt Plötzensee waren an Formen gebunden. Der Kopf hatte folgendermaßen auszusehen:

Name des Briefschreibers:	
....	Berlin-Plötzensee, den ......19..
Gelesen:	Königsdamm 7
	Haus ...

Ein Rand von gut zwei Zentimetern war links mit einer fetten Linie markiert. Das Briefformular im DIN A5-Format war liniert, es hatte auf der Vorderseite 19, auf der Rückseite 24 Linien. Auf der Vorderseite eingedruckt war die Weisung: Nur die Linien benutzen! Ränder nicht beschreiben!

Geschmuggelte Briefe

Die Tatsache, daß diese Briefe der Zensur unterlagen, ließ viele Häftlinge nach Wegen suchen, unzensierte Nachrichten zu übermitteln. In vielen Fällen ist dies gelungen.
Der tschechische Arzt Dr. František Simer, Chefarzt der Inneren Abteilung des Krankenhauses Pilsen, schrieb kurz nach seiner Verurteilung auf die Rückseite einer Vorladung der Oberreichsanwaltschaft, mit der die Hauptverhandlung »wegen Vorbereitung zum Hochverrat« gegen Dr. Simer, Dr. Hlinka und Dr. Hradečky auf den 22. Juli 1943 festgesetzt wurde, einen Brief an seine Frau. Dr. Simers Brief, ein beredtes Zeugnis der Beschwichtigung der Angehörigen, lautet:

> »Ich bin am 4. August vom Besonderen Senat des Volksgerichtshofes zum Tode verurteilt worden. Gott hat es gewollt, daß wir auch diese harte Probe noch erleben, geschehe Sein Wille. Ich bin fest überzeugt, daß es vielleicht nur eine schwere Prüfung ist, daß ich begnadigt werde und daß wir uns einmal lebend und gesund wiedersehen werden. Bitte sei stark und ruhig, ebenso wie ich ganz ruhig, gesund und in Gottes Willen ergeben bin. Und mache Dir keine Vorwürfe: es ist doch selbstverständlich, daß Du nicht im geringsten imstande warst, dieser Entwicklung vorzubeugen, nachdem Du gar nichts von meiner Handlung wußtest. Dank für das Bildchen der Heiligen Maria. Ich freue mich auf Deinen Brief und Lichtbild! Das Gesuch um Begnadigung wird angeblich der Privatkanzlei des Führers, Gnadenabteilung, vorgelegt. Aber das wird eher der Rechtsanwalt wissen. Ich werde versuchen, ihm zu schreiben, aber jedenfalls teile auch Du ihm mit, er soll mich hier besuchen. Und bitte tue auch das Mögliche für meinen ersten Secundarius und meinen zweiten Kollegen, jawohl? Ich bin glücklich, daß ich den Otto gesehen habe, das werde ich ihm nie vergessen. Vielleicht wird auch Dein Besuch gelingen.
> Meine Kleine, was macht die Malerei? Ich bin sehr stolz auf Dich, Deine Arbeit, Deine Begabung! Bitte schreibe mir ausführlich über Deine letzten Arbeiten, was für Bilder Du verkauft hast, wo Du . . . arbeitest usw. Glaube an Gott, er wird uns weiterhelfen.
> Meine Liebe, sei ganz ruhig und hoffnungsvoll. Ich bete um absolute innere Sicherheit, daß ich es überleben werde. Ich danke Dir, ich küsse und umarme Dich
> Dein
>
> (PS) Auf die Empfehlung des hiesigen Arztes sollst Du ein Stärkungsmittel schicken, welches viel vollwertiges Eiweiß (wie Kasein, Eiweißstoff an Fleisch, Eiern und dgl.) enthält. Also nicht Vitamine, an welchen die hiesige Kost sehr reich ist, sondern vollwertigen, d.h. alle nötigen Bestandteile enthaltenden Eiweißstoff.

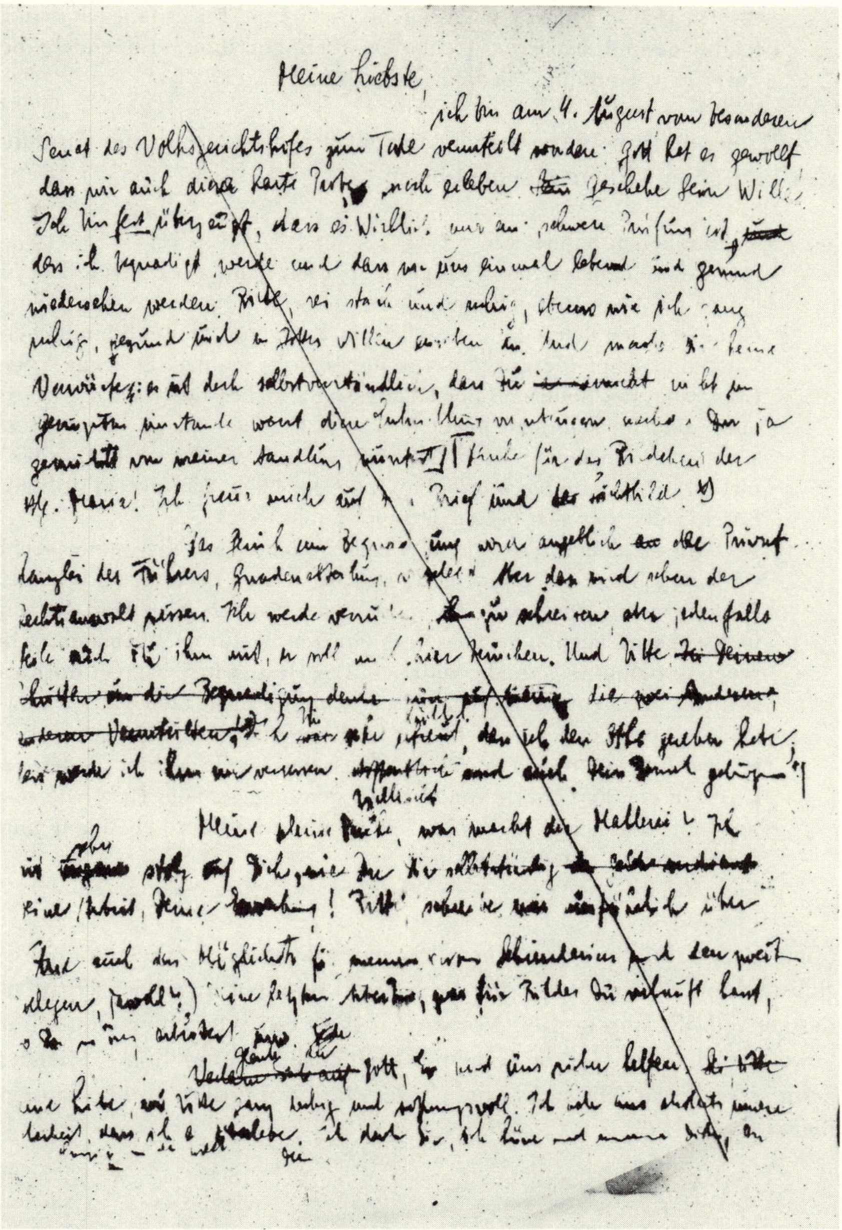

Meine Liebste,

ich bin am 4. August vom besonderen Senat des Volksgerichtshofes zum Tode verurteilt worden. Gott hat es gewollt dass wir auch diese harte Partie noch erleben. Geschehe Sein Wille. [illegible]

Dr. František Simers Brief an seine Frau

Bist Du gesund? Bitte iß, schlafe, gehe an die Luft! Ebenso wie ich es tue. Ich bin gesund, spaziere täglich, schlafe sehr gut. Bitte verliere nicht die Zuversicht, Hoffnung, Geduld, Tapferkeit.«[7]

Am 21. September 1942 schrieb Michael Schmidtkonz in der Strafanstalt Plötzensee seinen Abschiedsbrief:

»Meine lieben Söhne!
Aus diesem Leben scheide ich gern, aber ich richte noch meine letzten Grüße an Euch, liebe Buben, denn Ihr wart Tag und Nacht meine Gedanken. Ich betete immer täglich für Euch zu unserem himmlischen Vater und empfehle Euch nun weiter seinem Schutze. Es segne Euch Gott Vater, der Sohn und der Heilige Geist. Er beschütze Euch und ich hoffe, daß Ihr standhaft bleibt in Eurem Glauben. Er war mein Trost auch in letzter Stunde. Mein Schicksal war mir so bestimmt. Aber seid nicht traurig, denn ich wurde das Opfer der Lüge. Darum seid stolz auf Euren Vater, der sich bis zur letzten Stunde wehrte.
Verzeiht all denen, die Eurem Vater Unrecht taten. Ich gehe in ein verdientes besseres Jenseits und werde auch dort Eurer gedenken und Euch dem himmlischen Vater empfehlen. Wandelt in seinem Namen und seid stark auch in größten Verfolgungen. Wenn Euch jemand nachredet, so nehmt es geduldig auf Euch. Der Herr weiß, warum er mich zu sich ruft, die Leute nicht. Hütet Euer Gut, das Euch Euer Vater hinterläßt, und nehmt alles Unrecht, was Euch zugefügt wird, auf Euch. Arbeitet und betet gern und erfüllt, was Euch bevorsteht. Nehmt die letzten Grüße in der Sterbenacht von Eurem Vater entgegen; der Herr hat's mir gegeben. Sein Name sei gelobt. Seid gute Brüder Euer Leben lang und nehmt meine letzten Grüße entgegen
Euer Vater«[8]

Michael Schmidtkonz war einer der vielen Deutschen, die nationalsozialistischem Terror zum Opfer fielen, weil sie nicht im Gleichschritt zu denken gewillt waren. Den Vorwurf, daß er ein schlechter Deutscher gewesen sei, nennt er in seinem Abschiedsbrief eine Lüge. Michael Schmidtkonz war Christ. Er verzieh denen, die ihn dem Henker ausgeliefert hatten.

7 Der Brief ist in Privatbesitz. Der Text ist durchgestrichen. Ob es sich um einen Entwurf handelt, ist ungeklärt. Der Brief ist in deutscher Sprache abgefaßt; er ist nicht unterschrieben.

8 Der Brief wurde Victor von Gostomski von der Familie zur Verfügung gestellt.

Kassiber und Zettel

Victor von Gostomski erhielt im April 1942 von einem Mitgefangenen einen Kassiber zugesteckt mit der Frage: Ist das polnisch? Kannst du das lesen? Victor von Gostomski konnte leidlich polnisch. Er hielt einen Zettel in der Hand, den Rand eines Blattes einer Illustrierten. Er hat dieses Blatt aufbewahrt und übersetzt:

›Umsonst das Leid,
leer die Mühe.
Ohnmacht vor der Bosheit.
Überlebten Formen gibt
kein Wunder das Sein zurück.‹

Auf diese Verse folgte ein Brief. Es war kein Adressat genannt:

›Vielleicht liest Du einmal diese wenigen Zeilen. Ich bin geschieden von allem. Geblieben ist ein tierisches Verlangen, entweder zu leben oder bald zu sterben. Mein ganzes verfluchtes Leben war nur Leiden und Sehnsucht nach einer besseren Zukunft. Das Ende – Verrat an allem und der Tod eines nutzlosen Verräters auf dem Schafott. Ein erbärmliches Ende eines erbärmlichen Lebens. Einst, Zocha, habe ich Dich geliebt. Aber das ist lange her. Jetzt bin ich zu keinen Empfindungen mehr fähig. Jahrelange Gefängnishaft hat mir alles geraubt, jahrelanger tierischer Hunger hat mich restlos zum Lumpen gemacht. Aber auch das kann mir nichts helfen, denn man glaubt mir nicht.
Das Rad dreht sich immer schneller. Ich kann es nicht aufhalten. Der schreckliche Abgrund naht. Ich warte darauf, gefesselt und ratlos.‹[9]

Victor von Gostomski suchte den Briefschreiber. Er fand ihn nicht. Er fragte sich, ob dieser Pole vielleicht gefoltert worden sei und ob dies ihn in seine Verzweiflung gestürzt habe. Oder wie sonst war er gequält und ausgepreßt worden?
Gefoltert wurde, seitdem die Nationalsozialisten ihre Herrschaft angetreten hatten, und zwar nicht nur in den Konzentrationslagern, sondern auch bei staatspolizeilichen Vernehmungen. Schon einer Besprechung, die am 4. Juni 1937 im Reichsjustizministerium stattfand, wurde diesen rechtswidrigen Methoden ein Mantel der Legalität umgehängt.[10] Da-

9 Das Dokument ist von Victor von Gostomski schließlich in das Bibliotheksbuch eingelegt worden und so erhalten geblieben.

10 Ilse Staff, Justiz im Dritten Reich. Eine Dokumentation, Fischer-Bücherei, Frankfurt/M. 1964, S. 120 ff.

nach mußten »verschärfte Vernehmungen« von der Gestapo angeordnet sein; »grundsätzlich« sollte nur mit einem »Einheitsstock« auf das Gesäß geschlagen werden dürfen. Doch wer zählt schon die Schläge – nur 25 waren »erlaubt« –, wenn überhaupt geschlagen werden darf. Damals, im Jahre 1937, waren auch Ausländer von »verschärften Vernehmungen« ausgenommen. Mit Kriegsbeginn fielen solche »Hemmungen«.

In ein Buch eingelegt war auch ein Zettel, mit dem drei Franzosen offenbar noch einmal ihre Mitwelt erreichen wollten:

> »Drei wurden zum Tode verurteilt, weil sie im Dezember 1942 zwanzig kg Butter und 20 Flaschen Cognac gestohlen hatten, aber nicht bei Alarm. Sie saßen 15 Monate in Untersuchungshaft und wurden am 24. April 1944 verurteilt. Sie taten dies nur, um ihren Hunger zu stillen. Meine Gedanken gehen zu Gott. Mögen die mir verzeihen, denen ich Unrecht tat; ich verzeihe denen, die mich leiden ließen. Gedenkt eines Franzosen, der aufgeregt ist – wie die anderen auch.
> S. Willy, 10 Place Parcourt, Paris 13, 2 Töchter, 23 Jahre
> V. Lauel, 3 Kinder, 34 Jahre, Paris
> T. Mariani, 32 Jahre, ein Korse.«[11]

Auf einem anderen Zettel stand:

> »V. Pet. Vive la lib. Vil. F.R.A.F. Courage.«

Einwandfrei zu übersetzen sind nur »Es lebe die Freiheit« (oder »Befreiung«?) und »Mut«. Sollen die ersten abgekürzten Worte »Es lebe Pétain« heißen?[12]

Die letzte Notiz eines anderen Franzosen lautet:

> »Von einem Franzosen geschrieben, der 1922 in Paris geboren, nun zum Tode verurteilt wurde, weil er Koffer getragen hat, die gestohlen waren. Seit dem 6. September 1943 in Untersuchungshaft, am 27./28. März (1944) in die Zelle 653 überführt und zur schlimmsten Strafe, zur Todesstrafe, verurteilt, die ich nicht verdient habe. Ich hinterlasse in Paris eine alte Mutter, die sterben wird, wenn sie von meinem Tod erfährt, und einen Bruder, der mich rächen wird, und eine kleine Tochter von einem Jahr. Jetzt zähle ich die Tage, die mir bleiben.«[13]

11 Original in französisch; Übersetzung durch Verf.

12 Diese Notiz stammt vermutlich aus dem Sommer 1944; der Schreiber ist unbekannt.

13 Der Name des Häftlings ist nicht bekannt. Original in französischer Sprache, Übersetzung durch Verf.

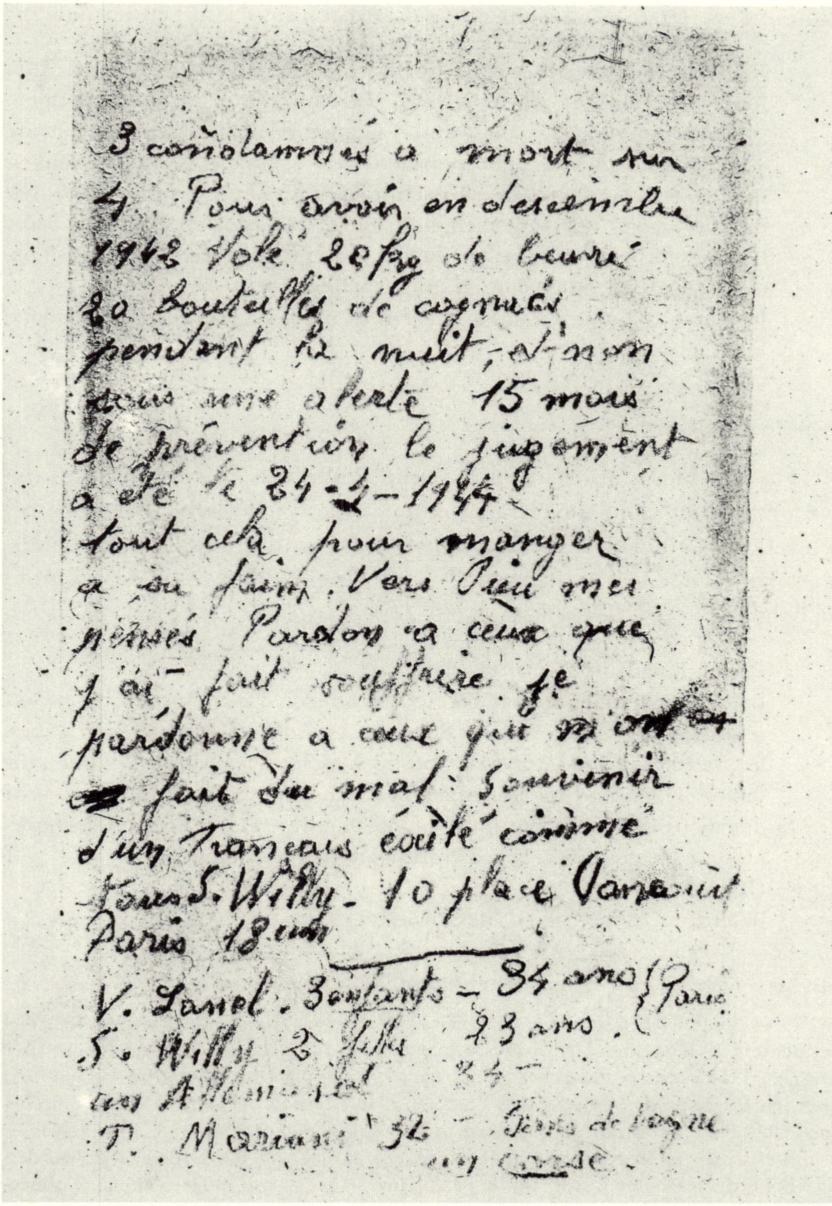
3 condamnés a mort sur
4. Pour avoir en decembre
1942 volé 20 kg de beurre
20 bouteilles de cognacs
pendant la nuit, et non
sous une alerte 15 mois
de prévention le jugement
a été le 24-4-1944
tout cela pour manger
a ou faim. Vers Dieu mes
pensés Pardon a ceux que
j'ai fait souffrir je
pardonne a ceux qui m'ont
fait du mal. Souvenir
d'un Français écrite comme
Faure S. Willy - 10 place [illegible]
Paris 18eme
V. Sanel. 3 enfants - 34 ans } Paris
S. Willy 2 filles 23 ans.
un Allemand 24 -
T. Mariani 32 - Gardes de bagne
un Corse.

Zettel von drei Franzosen (unbekannt)

Eine andere letzte Nachricht eines Franzosen lautet folgendermaßen:

> »Seit 20 Tagen warte ich auf meine Begnadigung oder meinen Tod. Jeden Morgen sehe ich hinter den Gittern die Morgenröte aufsteigen. Jugenderinnerungen ziehen durch meinen Kopf. Ich denke an meine arme Mutter, der ich sehr viel Leid zugefügt habe. Meine Gedanken wenden sich Gott zu, den ich nach meiner Kindheit verlassen habe. Ich bitte, er möge mir verzeihen und meine mit Sünden befleckte Seele heilen. Ich bete, er möge mir helfen, wenn ich vor dem Schafott stehe, ehe mein Kopf unter dem grausamen Beil fällt.
> In einem fremden Land zu sterben, ist mein größter Schmerz. Es lebe Frankreich.«[14]

Wunderbare Wege

1944 nahm Victor von Gostomski eine Reihe von Briefen an sich, die zwei Franzosen ihm anvertraut hatten. Der französische Pater Thro[15] schrieb, nachdem der Volksgerichtshof ihn und einige andere Landsleute zum Tode verurteilt hatte,[16] im Gefängnis Plötzensee an Freunde in Belgien:

> »Liebe Flora und Armand!
> Dies ist mein endgültiger Abschied. In einigen Tagen werde ich bei Gott sein. Der Überbringer dieses Schreibens wird Euch Einzelheiten mitteilen. Ich sterbe glücklich, weil Gott mich nicht für unwürdig befindet, für ihn zu leiden und für ihn zu sterben. Ich erwarte Euch dort oben. Vor dem Scheiden empfangt noch einmal alle vier (Flora, Armand, Jacqueline und Jacques) den Segen Eures geistlichen Freundes
> Camille
> Betet und laßt für mich Messen lesen.«[17]

14 Auch hier blieb der Schreiber unbekannt; Übersetzung durch Verf.

15 Pater Camille Thro stammte aus einer kinderreichen Familie eines elsässischen Webermeisters. Er besuchte eine Missionsschule in Belgien. Nach dem Einmarsch deutscher Truppen 1914 wurde er deutscher Soldat, kam 1916 an die Ostfront und wurde mit dem Eisernen Kreuz 2. Klasse ausgezeichnet. Nach dem Krieg trat er dem »Orden vom Heiligen Geist« bei und wirkte als Missionar in Daressalam und St. Mauritius. 1936 kehrte er in das Ordenshaus in Saargemünd (Lothringen) zurück. Als der Orden 1941 von den Nazi-Behörden verboten wurde, wurde Pater Thro als Seelsorger in Hertitzheim (Lothringen) eingesetzt.

16 VGH-Urteil vom 21. November 1944, Az.: 4 L 144/44 // 2 J 43/44 g, BA-Ko R 60 II 400.

17 Die Briefe, die Pater Thro schrieb, wurden nach dem Krieg den Adressaten überbracht. Damals war der Absender bereits heimgekehrt. Die Briefe wurden von den Adressaten freundlicherweise zur Verfügung gestellt; Übersetzung aus dem Französischen durch Victor von Gostomski.

Das war ein illegaler Brief, mit gefesselten Händen geschrieben. Victor von Gostomski sollte ihn, sofern er entlassen und die Freiheit wieder gewinnen würde, nach Belgien bringen. Desgleichen einen zweiten Brief:

»Lieber Franz, liebe Elisabeth,
vielleicht erreicht Dich, lieber Franz, diese Notiz; ich werde dann schon lange tot sein. Gestorben für die gute Sache, als Priester und als Franzose. Ich danke Gott dafür. Aber ich denke dennoch an meine guten Freunde, und dies vor allem, um ihnen zu sagen, daß man erst im Angesicht des Todes voll begreift, daß dies Leben nur das eine Ziel hat: den Himmel zu gewinnen.
In diesem Gedanken und im Gebet für Dich umarme und segne ich Dich und die Deinen
Camille«

An eine Ordensschwester schrieb der Pater:

»Meine liebe Schwester in Jesu!
Consummatum est. In wenigen Tagen kann ich diesen Satz mit dem göttlichen Meister sprechen. Ich bin zum Tode verurteilt, weil ich geholfen habe, einen englischen Offizier zu retten. Ich habe Freude und unbeschreibliches Glück empfunden, als ich feststellen konnte, daß meine Richter in mir nur den katholischen Geistlichen treffen wollten. Ich kann Ihnen nur sagen, wie glücklich ich bin, Jesus mein Leben anbieten zu können. Et ego ibo gaudens quoniam dignus habitus sum pro nomine Jesu contumeliam pati et mortem. Wie oft, liebe Schwester, mögen Sie erschrocken gewesen sein, wenn Sie sahen, wie lau ich meinem göttlichen Meister diente. Jetzt aber, seit einem Jahr, seitdem ich im Gefängnis bin, gibt Er mir Gelegenheit zu sühnen. Danken Sie Ihm mit mir für Seine Gnade.
Aber vor allem beten und lassen Sie für das Heil meiner Seele beten. Ich kann nicht mehr schreiben, denn ich tue es im Verborgenen und mit gefesselten Händen. Ich empfehle Ihnen besonders den Überbringer dieses Zettels, der sich in den vergangenen Monaten mir gegenüber sehr gütig gezeigt hat. Er teilt Ihnen alle Einzelheiten mit. Empfehlen Sie ihn auch Marcel und Carlos und richten Sie diesen beiden meine Grüße aus. Sagen Sie ihnen, daß ich für sie bete. Nehmen Sie, meine liebe Schwester, mit dem letzten Segen des um der Sache Jesu willen sterbenden Priesters meinen Dank entgegen für alles Gute, das Sie mir erwiesen haben. Seien Sie gewiß, daß ich beim göttlichen Meister meine liebe Schwester in Jesu nicht vergessen werde.
Benedictio Dei omnipotentis, Patris et Filii et Spiritus Sancti descendat super te et maneat semper. Amen
Pater Camille
PS: Carlos möge einige heilige Messen für seinen armen und gleichzeitig glücklichen ›Herrn Camille‹ lesen lassen.«

Auch an den Bruder und die Mutter schrieb der Pater neben dem offiziellen einen Abschiedsbrief, den der »Bibliothekar«, der ihm in der Haft zum Freund geworden war, überbringen sollte. All diese Briefe waren wohl auch Legitimationen für die mündlichen Berichte, die der Mitgefangene zu geben versprochen hatte.
Der Brief an den Bruder und die Mutter lautet:

»Lieber Joseph, Liebe Mami!
Ich versuche auf verschiedene Art und Weise, Euch ein letztes Andenken zukommen zu lassen, bevor ich vor Gott stehe. Ich bin glücklich, ein wenig Leid ertragen zu dürfen, um all das Böse zu sühnen, das ich in meinem Leben getan habe. Auch für Euch opfere ich mein Leben auf, damit Mama nicht zu traurig ist über meinen Tod. Ich erwarte sie dort oben, wo wir uns unsere Liebe besser bezeigen können als hier unten . . .
Zum Schluß Dank und Verzeihung
Camille«

Gleichzeitig schrieb auch ein junger Lothringer, R.U., an seine Angehörigen. Er war zusammen mit Pater Camille Thro verurteilt worden. Beide hatten den britischen Fliegeroffizier, der in Lothringen mit dem Fallschirm gelandet war, versteckt. Beide hatten mitgewirkt, ihm einen Weg in die Schweiz zu ebnen. Aber als der Flieger den Gutshof des Lothringers, in dem er Unterschlupf gefunden, verlassen hatte, wurde das Haus, in dem er sich aufhielt, von Bomben getroffen. Die Flucht wurde kompliziert; zu viele waren schließlich eingeweiht. Die Gestapo kam den Helfern auf die Spur; sie wurden zum Tode verurteilt, weil sie »den Feind des Reiches« begünstigt hatten. Pater Camille und Rolf U. fanden Kontakt zur Bibliothek des Todeshauses. Ein deutscher Gefangener war es, der ihnen die letzten Wochen und Tage erleichtern half. Rolf U. übergab Victor von Gostomski folgenden Brief:

»Meine Lieben!
Am 21. November 1944 wurde ich zum Tode verurteilt, wie ich es vorausgesehen hatte. In einigen Tagen werde ich nach Brandenburg zurückkehren, um auf die Hinrichtung zu warten. Das Bewußtsein, Euch niemals mehr wiederzusehen, Euch für immer zu verlassen, ist unerträglich und dennoch muß ich mich mit dem Gedanken an meinen Tod als einer unumstößlichen Tatsache vertraut machen. Gerade in dem Augenblick, in dem der Horizont sich aufzuklären beginnt, in dem ich weiß, daß Ihr, meine Kinder und meine Frau, gerettet seid, muß ich fortgehen. Mein Schmerz sprengt meine Ausdruckskraft und doch ist gleichzeitig eine große Ruhe und Heiterkeit in mir. Ich weiß, daß ich tapfer

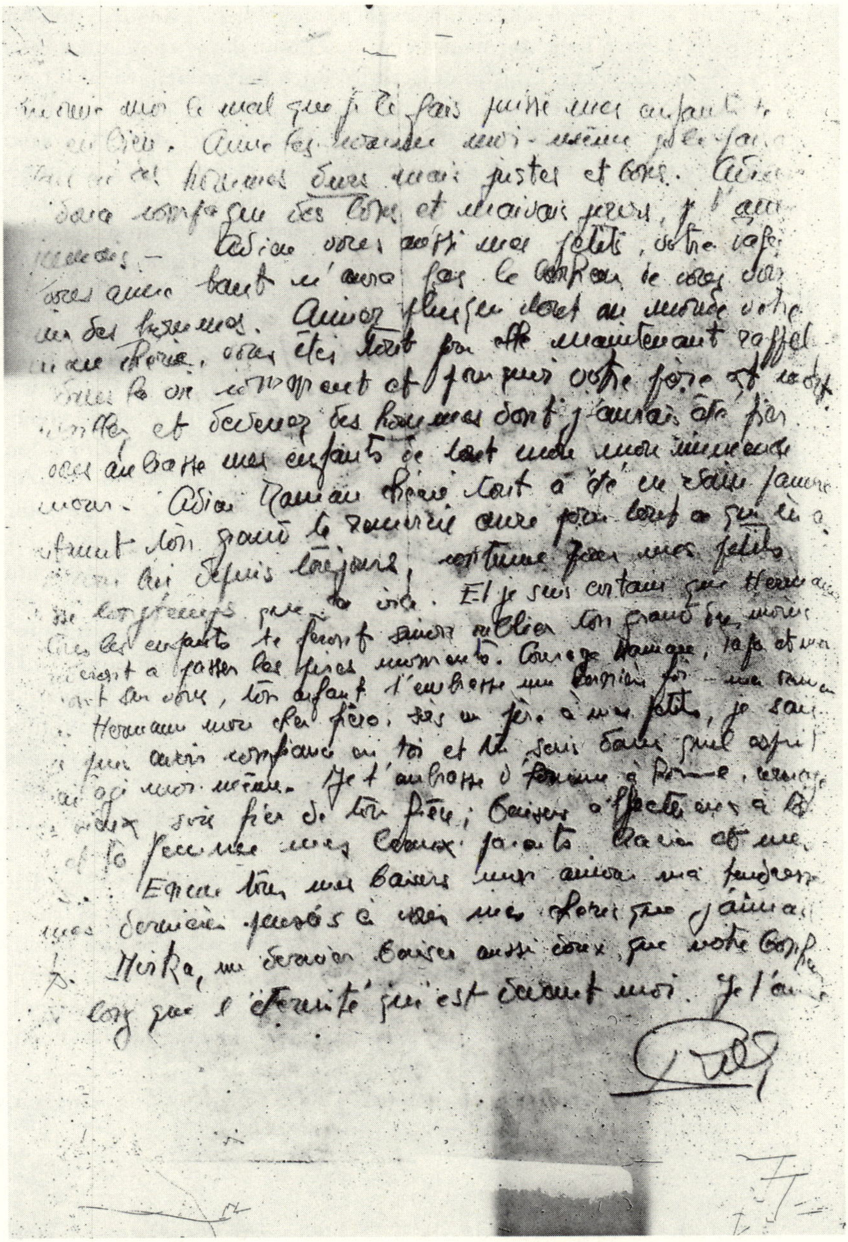

Brief des Rolf U. an seine Familie

sterben werde, denn ich sterbe für Euch, meine lieben Kleinen, und für alle die, die ich liebe; für mein liebes Vaterland, das jetzt auch das Eure ist. Weint nicht zu sehr; ich weiß, es wird Euch hart treffen, wenn Ihr die traurige Nachricht erhaltet. Bewahrt mir ein gutes Andenken und betet von Zeit zu Zeit für mich. Ich hoffe, daß das Leben Euch das gibt, worum Ihr bittet. Ich sterbe gern für Euer aller Glück. Meine Mirka, mein geliebter Engel. Sei stark. Ich weiß, daß dieser Schicksalsschlag für Dich, die Du jung und schön bist, furchtbar und tragisch ist. Schau dem Leben tapfer entgegen, es schuldet Dir noch viel. Unsere Liebe war wie ein allzu schöner Traum: viel zu kurz. Ich werde immer bei Dir sein, um Dir zu helfen und Dich zu lieben, und in meinen Gebeten flehe ich Gott an, Dich zu beschützen und Dich und unsere Kleinen zu leiten. Verzeih mir alles Leid, das ich Dir zufügte. Mögen meine Kinder dies an Dir wiedergutmachen. Liebe sie, so wie ich sie liebe und mache harte, aber gerechte und gute Menschen aus ihnen. Adieu, meine liebe Gefährtin in guten und schlechten Tagen, ich liebe Dich auf ewig. Adieu, meine Kleinen, Euer Vater, der Euch so liebt, hat nicht das Glück zu erleben, wie Ihr Männer werdet. Liebt mehr als alles auf der Welt Eure liebe Mutter. Ihr seid jetzt alles für sie. Erinnert Euch im Leben daran, wie und warum Euer Vater gestorben ist. Arbeitet und werdet Männer, auf die ich stolz sein würde. Ich umarme Euch, meine Kinder, mit meiner ganzen Liebe. Adieu, meine geliebte Mutter, alles war vergebens ... Dein Sohn dankt Dir noch für alles ..., was Du für ihn jemals getan hast. (Sorge) für meine Kleinen, solange Du lebst. Ich glaube sicher, daß Hermann und alle Kinder Dir helfen, wenigstens die schlimmsten Augenblicke Deines Schmerzes zu überwinden; sie zu vergessen, wird Dir unmöglich sein. Hab Mut, Mutter, Vater und ich wachen über Euch. Dein Kind umarmt Dich zum letzten Mal, meine Mutter.
Adieu Hermann, mein lieber Bruder. Sei meinen Kindern ein Vater. Ich weiß, daß ich Vertrauen zu Dir haben kann, und Du weißt, in welchem Sinne ich selbst handeln würde. Ich umarme Dich von Mann zu Mann. Hab Mut, mein Lieber, sei der Bruder Deines Bruders. Küsse Deine Kinder, Deine Frau, meine Schwiegereltern, Marie und meine Freunde zärtlich. Meine Küsse, meine Liebe, meine Zärtlichkeit wandern zu Euch, meine Lieben.
Mirka, ein letzter Kuß, so süß wie unser Glück, so lang wie die Ewigkeit, die vor uns liegt. Ich liebe Dich
Rolf«

Die Andeutung in dem Brief des Rolf U. »alles war vergebens« – »ich danke Dir für alles, was Du für mich getan hast« bezieht sich darauf, daß die Mutter versucht hatte, die Flucht ihres Sohnes vorzubereiten. Sie war nach Berlin gekommen, hatte Kontakt aufgenommen mit Pfarrer Buchholz und Justizoberlehrer Nissen. Beide hatte sie bedrängt, Flucht-

wege zu öffnen. Es war unmöglich. Pfarrer Buchholz und Nissen vermittelten schließlich das Gespräch der Mutter mit Victor von Gostomski. Auch dieser konnte nur bestätigen, daß alle Tore dreifach verriegelt, alle Wachen doppelt besetzt, alle zum Tode Verurteilten Tag und Nacht gefesselt waren. Vielleicht wäre es möglich gewesen, Zivilkleidung in die Strafanstalt zu schmuggeln. Aber wer hätte die Fesseln lösen sollen?
Rolf U. wußte von der Begegnung seines Mitgefangenen mit seiner Mutter. Die Grüße hatten ihn erreicht, die Befreiung schien ihm jedoch ausgeschlossen wie allen anderen auch.
Doch die Mutter, die den ersten Weg, den sie gegangen war, versperrt gefunden hatte, gab nicht auf. Sie kämpfte weiter für das Überleben ihres Sohnes. Sie entsann sich, daß ein deutscher Prinz im Ersten Weltkrieg auf ihrem Hof im Quartier gelegen hatte. Sie suchte ihn auf, bat ihn, der einen hohen Rang in der SA bekleidete, bei Hitler vorstellig zu werden. Der Prinz lehnte ab. Er hielt eine Demarche beim »Führer« für verderblich. Selbst wenn es gelänge, zu Hitler vorzudringen, dann sei die wahrscheinlichere Reaktion, daß Hitler die sofortige Vollstreckung anordnete, meinte er. Aber der Prinz wies Frau U., deren Kampf um ihren Sohn ihn beeindruckte, schließlich an den Staatssekretär Meissner, der als Chef der Präsidialkanzlei die Gnadengesuche bearbeitete. Meissner werde sich als gebürtiger Elsässer möglicherweie für Rolf U. verwenden. Frau U. drang zu Meissner vor. Sie sprach zu ihm als zu einem Landsmann. Er versprach nichts, aber er schrieb am 2. Dezember 1944 an den Reichsminister der Justiz, er bitte um eine Stellungnahme »zu der Frage der Ausübung des Gnadenrechts unter Beifügung der Vorgänge«. Meissner wollte also die Akten in seinem Amt haben. Er begründete dies damit, daß er »mit Rücksicht auf die politischen Auswirkungen einer Vollstreckung, insbesondere im Hinblick auf die Tatsache, daß eine Anzahl deutscher Beamter im Elsaß und in Lothringen in Feindeshand gefallen sind, ... die Angelegenheit nach Fühlungnahme mit dem Auswärtigen Amt dem Führer« vortragen wolle.[18] Wenige Tage später ließ Meissner den Justizminister daran erinnern, daß er »diese Sache (T.U.) dem Führer vortragen wolle. Er bittet, die Sache entspr. zu behandeln.«[19] Das Justizministerium gab die Akten ab. Die Vollstrekkung der Urteile war aufgeschoben. Der »Fall Rolf U. und andere« war

18 Der Staatsminister und Chef der Präsidialkanzlei an den Reichsminister der Justiz, R.P. 314/44 g, vom 2. Dezember 1944, BA-Ko R 60 II 400.

19 Handschriftlicher Vermerk eines Beamten im Justizministerium vom 6. Dezember 1944, BA-Ko R 60 II 400.

ein Fall geworden, an dem man offensichtlich – so meinten alle Beteiligten – »an der Spitze besonderes Interesse« habe.
Als Berlin zu unsicher geworden war, wurde die Gruppe der Lothringer nach Süddeutschland verlegt. Mit ihnen reiste das Gerücht vom besonderen Interesse des »Führers«. Es verwundert also nicht, daß der Direktor eines Zuchthauses den Pater Camille Thro als Parlamentär zu den vorrückenden amerikanischen Truppen schickte. Die Lothringer überlebten das Dritte Reich. Der Mut und die Beharrlichkeit einer Mutter hatten sie gerettet.
Die Familien dieser beiden waren es, die nach dem Krieg ihren Landsleuten vorschlugen, den Deutschen Victor von Gostomski, der viel für sie und viele andere Gefangene getan hatte, mit der Medaille des Widerstandes auszuzeichnen.

Tschechen

Der von Hitler mit der Vertretung des angeblich kranken Reichsprotektors von Böhmen und Mähren, Konstantin von Neurath, beauftragte Chef des Reichssicherheitshauptamtes, SS-Obergruppenführer Reinhard Heydrich, eröffnete seine Tätigkeit in Prag mit zwei Paukenschlägen. Am 27. September 1941 traf er ein. Wenige Stunden später wurde der Ministerpräsident der Protektoratsregierung, der ehemalige tschechische General Eliáš verhaftet. Am 28. verhängte Heydrich über Teile des Protektorats den Ausnahmezustand, woraufhin Standgerichte sofort ihre Tätigkeit aufnahmen, mit dieser Konsequenz:

> »Nach einer Zeitungsmeldung vom 29. September 1941 wurden an einem Tage, nachdem bereits am 28. September mehrere Beschuldigte, darunter zwei ehemalige tschechische Generale, standgerichtlich zum Tode verurteilt worden waren, zwanzig Beschuldigte, darunter abermals ein früherer General, durch das Standgericht in Prag zum Tode verurteilt und durch Erschießen hingerichtet. Nach einer weiteren Zeitungsmeldung vom 30. September wurden durch die Standgerichte in Prag und Brünn insgesamt 58 Tschechen, darunter ein Universitätsprofessor, zum Tode verurteilt und erschossen; in weiteren 256 Fällen hätten die Standgerichte auf Überweisung an die Geheime Staatspolizei und nur in einem Fall auf Freispruch erkannt. Nach einer dritten Zeitungsmeldung vom 1. Oktober 1941 wurden weitere 29 Personen durch die Standgerichte in Prag und Brünn zum Tode verurteilt und erschossen, darunter zwei Brigadegenerale; die Verurteilten hätten sich der Vorbereitung des Hochverrats, der Wirtschaftssabotage und des unerlaubten Waffenbesitzes schuldig gemacht. Außerdem seien zehn Beschuldigte zum Tode durch den Strang verurteilt und am 1. Oktober hingerichtet worden. In 228 Fällen hätten die beiden Standgerichte auf Überweisung an die Geheime Staatspolizei und in vier Fällen auf Freispruch erkannt. Schließlich hieß es in einer vierten Zeitungsmeldung vom 2. Oktober 1941, aus den erwähnten Gründen hätten die Standgerichte in Prag und Brünn abermals fünfzehn Personen, darunter einen früheren tschechischen Offizier, zum Tode durch den Strang verurteilt; die Urteile seien am

> 2. Oktober vollstreckt worden. Das Standgericht habe ferner in 75 Fällen auf Überweisung an die Geheime Staatspolizei und in drei Fällen auf Freispruch erkannt.«[1]

Der Prozeß gegen Eliáš begann am 1. Oktober, 10 Uhr, und endete um 14 Uhr mit der Verkündung des Todesurteils.[2]
Der Prozeß gegen den Ministerpräsidenten sollte den tschechischen Präsidenten Hacha und die Protektoratsregierung einschüchtern. Die Geheime Staatspolizei wußte seit langem, daß die Regierung in Prag in Verbindung mit der Exil-Regierung (Benesch) stand. Es gab so etwas wie »Konzertierte Aktionen« zwischen Prag und London. Eliáš Verurteilung und die ihr folgende größere Willfährigkeit der Protektoratsregierung gegenüber den Deutschen störte das frühere Einvernehmen erheblich.
Mit dem Schlag gegen die Regierung und mit dem Terror der Standgerichte wollte Heydrich auch die tschechische Widerstandsbewegung treffen. Sie war erstarkt, die Sabotagefälle nahmen zu. In seiner Einführungsrede vor den Chefs der deutschen Protektoratsverwaltung sprach Heydrich davon, eigentlich müsse er »gegen das ganze Volk angehen, aber das paßt im Moment in die Nahkriegsaufgaben[3] nicht hinein«. Die Widerstandsbewegung sei »schon eine Organisation gewesen, die der polnischen nicht nachsteht und die polnische hat es tatsächlich in sich im Generalgouvernement«.
Neben und nach dem Wüten der Standgerichte setzte Heydrich bei Hitler durch, daß der Volksgerichtshof wieder Prozesse gegen Tschechen führen konnte. Das war ein Jahr lang nicht der Fall gewesen. Am 23. September 1940 hatte Reichsjustizminister Gürtner Hitler über die tschechische Widerstandsbewegung vorgetragen und berichtet, daß bald ein Prozeß gegen vier Angeklagte vor dem Volksgerichtshof beginnen werde. Hitler war mit diesem Vorgehen nicht einverstanden. Seiner Meinung nach genügten für tschechische Aufrührer und Rebellen Exe-

1 Detlef Brandes, Die Tschechen unter deutschem Protektorat, Teil I: Besatzungspolitik, Kollaboration und Widerstand im Protektorat Böhmen und Mähren bis Heydrichs Tod (1939-1942), München und Wien 1969, S. 211 f.

2 Wagner, Volksgerichtshof, a.a.O., S. 493; Zum Eliáš-Prozeß siehe auch Helmut Heiber, Zur Justiz im Dritten Reich: Der Fall Eliaš, in: Vierteljahreshefte für Zeitgeschichte 1955, S. 275 ff.

3 Heydrich unterschied zwischen einer »Nahaufgabe« (Nahkriegsaufgabe) und einer »Endaufgabe« deutscher Politik im Protektorat. Die »Nahaufgabe« ziele auf Ruhe, denn die tschechischen Rüstungsarbeiter würden gebraucht. »Endaufgabe« aber sei die endgültige Besiedlung Böhmens und Mährens durch Deutsche. Brandes I, a.a.O., S. 210.

kutionskommandos. Prozesse schüfen eher Märtyrer, sie seien deshalb auszusetzen.[4]

Am 8. Oktober 1941 schrieb Heydrich an den Reichsminister der Justiz – die Geschäfte führte nach Gürtners Tod Staatssekretär Schlegelberger:

> »Anläßlich der Beauftragung des Unterzeichneten mit der Führung der Geschäfte des Reichsprotektorats in Böhmen und Mähren hat der Führer entschieden, daß sämtlichen Verfahren gegen die Angehörigen und Förderer der tschechischen Widerstandsbewegung ›Obrana Naroda‹ Fortgang gegeben werden kann. Die Anordnung des Führers vom 23. September 1940 ist somit gegenstandslos geworden . . .«[5]

Gleichwohl dauerte es noch geraume Zeit, bis Todesurteile, die gegen Angehörige der Obrana Naroda ergangen waren, vollstreckt wurden. Der Staatsminister und Chef der Präsidialkanzlei des Führers und Reichskanzlers, Dr. Meissner, teilte in einem Brief vom 13. März 1942 an den Justizminister »persönlich« dessen Auffassung, daß »jetzt keine grundsätzlichen Bedenken gegen die Vollstreckung der erkannten Todesstrafen mehr bestehen«. Doch müsse die »authentische Feststellung des Willens des Führers durch den Reichsprotektor erfolgen«. Er selbst fühle sich nicht zuständig, »den Willen des Führers zu interpretieren« beziehungsweise eine neue ausdrückliche Entscheidung des Führers durch Vortrag herbeizuführen«.[6] Reichsminister Lammers meinte, als der Justizminister ihm am 9. August 1942 eine Zusammenstellung der vollstreckungsreifen Urteile übergab, er glaube nicht, »daß der Führer mit der Vollziehung der Todesstrafe und dies gar durch Enthauptung einverstanden sein werde«.[7]

Als vollstreckungsreif meldete der Justizminister die Todesurteile

1. gegen General Všetička, Oberst Kotik, Stabskapitän Jelinek und Kapitän Gardavsky. Sie hätten die Obrana Naroda in Mähren geleitet. Ziel sei »die gewaltsame Losreißung des Protektorats, des Sudetengaus und anderer Gebietsteile vom Reich« gewesen. »Sabotageakte und Bazillenkrieg wurden vorbereitet. Letzterer insbesondere von dem Verurteilten Jelinek.«

4 Brandes I, a.a.O., S. 132.

5 Der Reichsprotektor in Böhmen und Mähren, I/9 E 107/41 g. Rs. vom 8. Oktober 1941, BA-Ko.

6 Der Staatsminister und Chef der Präsidialkanzlei des Führers und Reichskanzlers, RP 59/42 g vom 13. März 1942, BA-Ko.

7 Vermerk des Reichsministers der Justiz vom 9. April 1942.

2. gegen Oberst Kohoutek, Oberstleutnant Kazda, Oberstleutnant Reš, Major Němeč und Major Talašek, die das Landeskommando Böhmen gebildet hätten.
Weiter seien Todesurteile ergangen gegen Mečir und Vignati wegen Vorbereitung des Bazillenkrieges sowie gegen die Ministerialbeamten Schmoranz, Svoboda und Vais »wegen Ausbaus der Presseaufsichtsstelle zu einer Nachrichtenorganisation«.[8]

Widerstand in der Regierung

Der Prozeß gegen Schmoranz, Svoboda und Vais ist als eine unmittelbare Konsequenz des Eliáš-Prozesses anzusehen. Im Lagebericht vom 4. April 1940 hatte der Oberreichsanwalt beim Volksgerichtshof dem Reichsjustizminister gemeldet, das Reichskriegsgericht habe das Verfahren

> »gegen Schmoranz und andere wegen Verdachts des Landesverrats und der Vorbereitung zum Hochverrat an mich abgegeben. Das Verfahren richtet sich gegen den im Ministerpräsidium der Protektoratsregierung bis zu seiner im August 1939 erfolgten Festnahme tätig gewesenen Ministerialrat Zdenik Schmoranz aus Prag und etwa 80 weitere Beschuldigte, fast durchweg ehemalige tschechische Nachrichtenoffiziere, denen zur Last gelegt wird, im Sommer 1939 eine Organisation zu dem Zwecke aufgezogen zu haben, Nachrichten über die Stimmung der tschechischen Bevölkerung sowie über den Stand, die Art und den Umfang der deutschen militärischen Besetzung des Protektorats und über deutsche Truppenverschiebungen innerhalb des Protektorats zu sammeln.«

Diese Nachrichten hätten nicht nur zur Unterrichtung der Protektoratsregierung gedient, seien vielmehr unter Ausnutzung der den Nachrichtenoffizieren bekannten Wegen an den ins Ausland geflüchteten ehemaligen Chef des tschechoslowakischen Nachrichtendienstes, Oberst Moravec, und über diesen Benesch sowie Briten und Franzosen zugänglich gemacht worden. Der Prozeß gegen den seit 1939 inhaftierten Schmoranz sowie gegen den im gleichen Amt beschäftigten Sektionsrat Dr. Oswald Svoboda, den Major des Generalstabs a.D. Josef Vais, Sektionsrat Ernst Bareš und den Stabskapitän a.D. Franz Vitovec endete am 13. November mit Todesurteilen gegen Schmoranz, Svoboda und Vais wegen landesverräterischer Ausspähung und Vorbereitung zum Hoch-

8 Der Oberreichsanwalt beim Volksgerichtshof, Az.: 4206-2.16, geheim, vom 4. April 1940, BA-Ko R 22/3390.

Abschrift.
12 J 34/ 40g
1 H 167/ 41.

Im Namen des Deutschen Volkes

Jn der Strafsache gegen

1.) den Ministerialrat Zdeněk S c h m o r a n z, geboren am 27.Juli 1896 in Chrudim (Böhmen),

2.) den Sektionsrat Dr.Oswald S v o b o d a, geboren am 4.November 1904 in Brünn,

3.) den Major des Generalstabes a.D. Josef V a i s , geboren am 1.Juni 1897 in Duschnik (Elbe),

4.) den Sektionsrat Ernst B a r e š , geboren am 22. Dezember 1898 in Sesemitz, Bezirk Pardubitz (Böhmen),

5.) den Stabskapitän a.D. und Ministerialbürobeamten Franz V i t o v e c, geboren am 4. Oktober 1896 in Böhm.-Budweis,

sämtlich aus Prag, Protektoratsangehörige, zur Zeit in dieser Sache in gerichtlicher Untersuchungshaft,

wegen Vorbereitung zum Hochverrat u.a.

hat der Volksgerichtshof, 1. Senat, auf Grund der Hauptverhandlung vom 12./13. November 1941, an welcher teilgenommen haben

als Richter :

Volksgerichtsrat Lämmle, Vorsitzer,
Amtsgerichtsrat Weber,
SS-Oberführer Tschermann,
Gauamtsleiter Fischer,
SS-Standartenführer Singer,

als Vertreter des Oberreichsanwalts:

Staatsanwalt Nöbel,

als Urkundsbeamter der Geschäftsstelle:

Justizassistent Kramp

für Recht erkannt :

Die Angeklagten S c h m o r a n z , S v o b o d a und V a i s werden wegen landesverräterischer Ausspähung und Vorbereitung zum Hochverrat zum Tode verurteilt.

Die bürgerlichen Ehrenrechte werden ihnen auf Lebenszeit aberkannt.

Weiter werden verurteilt:

Der

verrat.[9] Schmoranz, Leiter der Presseabteilung beim Ministerpräsidenten, war seit 1938 auch mit der »Presseaufsicht« betraut; die Leitung einer entsprechenden Unterabteilung hatte der Sektionsrat Dr. Svoboda. Nach Errichtung des Protektorats war Major Vais als Bearbeiter für militärische Angelegenheiten in die Presseaufsicht berufen worden. Presseaufsicht bedeutete Zensur; dieses war in den Augen der Regierung wie der Deutschen notwendig. »Legal« war es auch, daß Nachrichten aus dem Protektorat gesammelt und über Stimmungen in der Bevölkerung berichtet wurde. Illegal war in den Augen der Deutschen die Beschaffung militärischer Nachrichten, die nicht nur an die Regierung, sondern auch ins Exil weitergeleitet wurden. Verdacht hatte erregt, daß Schmoranz bei der Einstellung ehemaliger Offiziere (zu der er wegen der Auflösung der Armee verpflichtet war), bevorzugt Offiziere mit nachrichtendienstlicher Erfahrung ausgewählt hatte oder daß sie unter Decknamen berichtet hatten. Für Schmoranz' Denken bezeichnend ist eine Ansprache, die er vor mährischen Pressereferenten am 23. August 1939 hielt und über die es eine Aufzeichnung eines Teilnehmers gibt, die der Gestapo in die Hände fiel:

> »Die zukünftige Entwicklung ist eine Frage der Nerven. Das Reich erzwingt unsere Aktivität.
> Die politische Situation ist für uns durchaus dunkel. Das Reich verhandelt mit Rußland, England mit Italien, Japan verläßt die Achse.
> Jedweder Krieg in Mitteleuropa wird zur sozialen Revolution werden.
> Wie alles darauf hindeutet, wird ein Krieg zwischen Deutschland und Polen ausbrechen, wobei Mähren zur Etappe wird und feindliche Handlungen auf dem Gebiet des Protektorats nicht ausgeschlossen sind.
> Unsere Regierung hat keine Exekutivgewalt; die einzigen wirklichen Eingriffe kann man nur von den Reichsorganen erwarten, zum Beispiel die Aufhebung des Protektorats.
> Es ist nötig, dem Volke Verluste zu ersparen und zwar nicht nur an Menschen, sondern auch an Nerven. Es ist nicht ausgeschlossen, daß die Verhandlungen mit Rußland einen ungünstigen Widerhall bei vielen heißen Köpfen haben werden. Italien wird nicht in den Krieg gehen, da es auch in einem siegreichen Krieg nur verlieren kann. Die Existenz der italienischen Wirtschaft hängt von den ausländischen Krediten ab ...
> England und Frankreich können im Herbst dieses Jahres einen Krieg beginnen, aber ein viel kleineres Risiko wird es in einem Krieg im Jahr 1940 haben, selbst für den Preis der Vernichtung von Polen.

9 VGH-Urteil vom 13. November 1941, Az.: 12 J 34/40 g // 1 H 167/41, BA-Ko R 60 II 92; Wagner, Volksgerichtshof, a.a.O., S. 596 ff.; Brandes I, a.a.O., S. 213 f.

Nicht den Mut sinken lassen – die Sache der Tschechoslowakei nicht aufgeben – nicht auf eine Erlösung durch andere warten. Warnen und durch Arbeit das Volk von der Verzweiflung abwenden«.[10]

Auf der Dienstreise in Mähren wurden Schmoranz und Svoboda zwei Tage später festgenommen, Vais wurde in Prag verhaftet. Mehr als zwei Jahre warteten sie auf ihren Prozeß, ein knappes Jahr noch auf die Hinrichtung in Plötzensee (19. August 1942).

Das politische Zentrum

Die politische Geheimverbindung, die sich in Anlehnung an die Autonomie-Bewegung im Ersten Weltkrieg »neue Maffia« genannt haben soll, wurde sogleich nach Errichtung des Protektorats aktiv. Geleitet wurde sie von dem ehemaligen Kanzler der tschechoslowakischen Präsidialkanzlei, Dr. Šamal, der schon 1917/18 eine führende Position eingenommen hatte. Der Landwirtschaftsminister Feierabend (im Kabinett Eliáš), der Präsident des Preisprüfungsamtes, Necas, der ehemalige Abgeordnete Laušmann sowie die Professoren Prochazka und Klečanda, die Rechtsanwälte Dr. Rašin, Dr. Cebe und Dr. Stepanek und der ehemalige Gerichtsrat Richter hatten leitende Positionen inne. Ziel war die Wiedergewinnung tschechoslowakischer Souveränität.[11]
Der Gestapo blieb dies nicht lange verborgen. In ihre Hände fielen allerdings nur Rašin, Cebe, Stepanek[12] und Richter. Die übrigen konnten rechtzeitig fliehen; Dr. Šamal verstarb.
Engen Kontakt zum Führungskreis hatten der Staatsanwalt Dr. Zdenek Mejstrik, der ehemalige Gesandte Jan Jina, der frühere Major Bohač und der Architekt Jiři Gregr.[13] Sie hielten die Verbindung auch aufrecht, als Feierabend, Necas und Laušmann geflohen waren; ja, sie waren wesentlich an der Flucht beteiligt. Mejstrik und Gregr starben am 22. Februar 1943 in Plötzensee. Die Verurteilung zum Hochverrat bestand im wesentlichen darin, daß die Verurteilten politische Nachrichten gesammelt und weitergeleitet hatten.

10 Die Aufzeichnung über die Ansprache ist wiedergegeben im Urteil des VGH, s. Anmerkung 9.

11 Dies ergibt sich aus der Anklageschrift des Oberreichsanwalts beim Volksgerichtshof gegen Mejstrik und andere, Az.: 12 J 90/40 g vom 4. März 1942, BA-Ko R 22/4044.

12 Der Prozeß fand am 15. Dezember 1941 vor dem Volksgerichtshof statt, Az.: 12 J 82/40 g // 1 H 174/41. Er endete mit Todesurteilen für Dr. Rašin und Dr. Cebe.

13 s. Anmerkung 11.

Der Oberreichsanwalt wies im Zusammenhang mit der Sache gegen Schmoranz darauf hin, daß eine weitere Nachrichtenorganisation aufgedeckt worden sei, die nach Angaben der Geheimen Staatspolizei unmittelbar mit dem französischen Nachrichtendienst zusammengearbeitet habe. Dabei dürfte es sich um die »Gruppe Bondy« gehandelt haben.[14] Milos Otto Bondy sen. war seit Ende 1939 Resident des Deuxième Bureau des französischen Generalstabs in Budapest. Er war in dem Verfahren, das am 4. und 5. August 1942 vor dem 1. Senat des Volksgerichtshofs stattfand, nicht Angeklagter, sondern Zeuge. Gleichwohl ist er im Bibliotheksbuch am 10. August als zum Tode verurteilter »Zugang« erwähnt. Unter dem 18. Februar ist seine Entlassung aus Plötzensee mit der Bemerkung »Transport« notiert.[15] Wagner berichtet, Bondy sei am 19. Februar nach Ungarn entlassen worden.[16] Das alles deutet darauf hin, daß Milos Otto Bondy sen. von Budapest wohl als Zeuge in dem Verfahren gegen die nach ihm benannte Organisation überstellt worden ist, daß man ihn jedoch nicht der deutschen Gerichtsbarkeit überlassen hat. Fünfzehn Mitglieder der Gruppe Bondy waren angeklagt, acht wurden zum Tode verurteilt. Der Sohn des Milos Otto Bondy, Milos Bondy jun., erhielt eine lebenslange Zuchthausstrafe, der Bruder Karel wurde freigesprochen. Die zum Tode Verurteilten waren sehr wohl in der Lage, wichtige nachrichtendienstliche Erkenntnisse zu liefern. Der ehemalige Leutnant Vladimir Černy war Versuchspilot, zuletzt angestellt beim Ministerium für öffentliche Arbeiten; der Kaufmann und zeitweilige Fabrikbesitzer Alois Pacold hatte Kontakte zur Industrie; Karel Pajgr war bis 1932 im Auswärtigen Dienst der Tschechoslowakei, wurde aber wegen eines Devisenvergehens und Amtsunterschlagung entlassen; der Oberstleutnant Josef Hamšik gehörte bis zu seiner Zur-Ruhe-Setzung der Fliegertruppe an; Josef Žampach, ehemals Leutnant der Fliegertruppe, arbeitete zuletzt als technischer Beamter bei der Firma Kolben-Daněk, Oberstleutnant Rudolf Feistmantl war bei der Auflö-

14 Anfang April 1940 waren 40 Festnahmen erfolgt. Der Oberreichsanwalt beim Volksgerichtshof, Lagebericht vom 4. April 1940, Az.: 4206-2.16, R 22/3390.

15 Daß der im Bibliotheksbuch am 10. August 1942 notierte Bondy, Otto, identisch ist mit dem am 18. Februar 1943 vermerkten Bondy, Milos, ergibt sich aus der Gefangenenbuch-Nummer 870(42). Im Mordregister ist ein Todesurteil gegen Bondy eingetragen. Es ist am 10. August 1942 gefällt worden (12 J 107/43; Mordregister B 1159), wenige Tage nach dem Prozeß gegen Černy und andere, in dem Bondy als Zeuge aufgetreten war. Eine Vollstreckung ist nicht vermerkt.

16 Wagner, Volksgerichtshof, a.a.O., S. 610, Anmerkung 487.

sung des tschechoslowakischen Heeres Chef des Stabes der 1. Division (Prag), Dr. Jan Keßler Oberst im Gesundheitsdienst des Heeres; Franz Nepily arbeitete im Innenministerium. Der Volksgerichtshof legte allen Angeklagten auch Vorbereitung zum Hochverrat zur Last; er erkannte also an, daß die Gruppe politische Motive gehabt hatte.[17] Die zum Tode Verurteilten starben am 8. April 1943.

Ein Nachrichtenweg von der Tschechoslowakei ins Exil – und umgekehrt – führte über Belgrad. Der dortige tschechoslowakische Gesandte, Lipa, hatte die Abberufung durch die Protektoratsregierung negiert und sich Benesch zur Verfügung gestellt. Bis zum Balkanfeldzug der Wehrmacht hielt er vielfältigen und engen Kontakt mit dem Widerstand im Protektorat, sammelte insbesondere Nachrichten und gab sie weiter.
Zu Lipas Informanten in Prag gehörten der Schriftleiter Wenzel Vich und seine Frau Josefa. Wenzel Vich, ein Wirtschaftsjournalist, war seit seiner Studienzeit mit Lipa bekannt; er erhielt Weihnachten 1939 ein Päckchen mit einem Pulver, aus dem sich eine Geheimtinte herstellen ließ. Das Ehepaar Vich schickte insgesamt 22 Berichte an Deckadressen, die Lipa angegeben hatte. Sie betrafen politische (zum Beispiel die Erschießung von Prager Studenten) und militärische Angelegenheiten (Stärke und Bewegungen deutscher Truppen). Daß Lipa des Landesverrats schuldig sei, verneinte das Gericht, da »echte Staatsgeheimnisse« nicht verraten worden seien. Die fanatischen Feinde Deutschlands hätten allerdings auch Landesverrat in Kauf genommen. Auf jeden Fall seien sie der landesverräterischen Ausspähung überführt. Weil ihre Berichte Unwahrheiten enthalten hätten, die im Ausland der Propaganda gegen das Reich gedient hätten, seien sie auch des Volksverrats durch Lügenhetze schuldig, und natürlich auch der Vorbereitung des Hochverrats, weil ihre Aktivität auf die Wiederherstellung eines tschechischen Staates gerichtet gewesen sei. Mit dem Ehepaar Vich standen sechs weitere Angeklagte vor Gericht, das gegen den Lehrer Josef Kubin »wegen eines Unternehmens der landesverräterischen Ausspähung und der Feindbegünstigung sowie wegen Vorbereitung zum Hochverrat« die Todesstrafe verhängte, die übrigen wegen Beihilfe zu diesen Delikten mit Zuchthaus- und Gefängnisstrafen belegte.[18] Das Ehepaar Vich und Josef Kubin starben am 2. September 1942.

17 VGH-Urteil vom 4./5. August 1942, Az.: 8a J 242/40 g // 1 H 64/42; BA-Ko R 60 I 108; Wagner, Volksgerichtshof, a.a.O., S. 608 f.; Brandes I, a.a.O., S. 293 f.

18 VGH-Urteil vom 23./24. Februar 1942, Az.: 12 J 196/40 g // 1 H 203/41; BA-Ko R 60 II 91; Wagner, Volksgerichtshof, a.a.O., S. 605 ff.

Der Prager Spediteur Vojtěch Vrnata war wiederholt Begleiter von deutschen Munitionstransporten, die für Rumänien bestimmt waren. Eine Etappe auf diesem Weg war Belgrad. Vrnata lernte Lipa kennen, und dieser fand, daß der Spediteur ein geeigneter Informant sei; er erhielt Geheimtinte und Deckadressen, war aber im Sinne des Gesandten Lipa nicht allzu rührig. Die Geheime Staatspolizei nahm ihn am 10. April 1940 fest, weil ein für den geflohenen Protektoratsminister Feierabend bestimmter Koffer, dessen Zustellung Vrnata übernommen hatte, verwechselt worden und in falsche Hände geraten war. Er wurde jedoch wieder »auf freien Fuß gesetzt, weil er sich bereit erklärte, nunmehr als Vertrauensmann der Geheimen Staatspolizei tätig zu werden. Als solcher ist er bis zu seiner endgültigen Festnahme am 22. Januar 1941 auch mehrfach eingesetzt worden«. Insbesondere hatte er auch mehrere Zusammenkünfte mit Lipa in Belgrad. Der Mann, der Lipa kontrollieren sollte, ließ diesem gleichwohl weiter Nachrichten zukommen.[19] Vrnata wurde Opfer der Massenexekution Anfang September 1943 in Plötzensee.
In Kontakt mit Lipa stand auch Jaroslava Častek, die am 25. Mai 1943 hingerichtet wurde. Sie soll »zahlreiche Nachrichten wirtschaftlicher, politischer und militärischer Art« aus dem Protektorat sowohl Lipa als auch dem britischen Konsul in Laibach (Jugoslawien) übermittelt haben.[20]

Eine Nachrichtenorganisation hatte auch der Prager Polizeiarzt Dr. Müller aufgebaut.[21] Er handelte dabei im Auftrag der tschechischen militärischen Widerstandsbewegung. Als Polizeiarzt hatte Müller Kontakte zur Protektoratspolizei. Der Stabswachtmeister Emanuel Svačina stellte auf Bitten von Dr. Müller hin eine Verbindung zu Josef Hrachovec her, der als Wachtmeister bei der Protektoratsgendarmerie diente. Dieser war insofern eine wichtige Quelle, als er die Namen Verhafteter und derjenigen nennen konnte, nach deren politischer Zuverlässigkeit die deutsche Polizei bei der Prager Gendarmerie angefragt hatte. Svačina, Hrachovec und der Polizei-Kraftfahrer František Machek wurden am

19 VGH-Urteil vom 17. Juni 1943, Az.: 12 J 292/42 g // 1 H 125/43, BA-Ko R 60 I 120; Wagner, Volksgerichtshof, a.a.O., S. 607 f.

20 Der Oberreichsanwalt beim Volksgerichtshof, Lagebericht vom 2. Juni 1941, Az.: 4206 E-2.25, geheim, BA-Ko R 22/3390.

21 Wagner, Volksgerichtshof, a.a.O., S. 604 f.

7. August 1942 verurteilt[22] und am 5. November enthauptet. Mitarbeiter Müllers waren der Schauspieler Jaroslav Sadilek und der Architekt Georg Korb.[23] Beide wurden am 16. März 1943 hingerichtet.

Auch Dr. Emil Schneeberger (hingerichtet am 7. Juli 1942) leitete eine Nachrichtenorganisation,[24] er informierte über

> »Truppenbewegungen und -verschiebungen, ... über die Tätigkeit der Geheimen Staatspolizei und deren namentlich festgestellte Vertrauenspersonen im Protektorat, sowie über wirtschaftliche Angelegenheiten, die über das Gebiet des Protektorats hinaus für die wirtschaftliche Kriegsführung des Reiches Bedeutung hatten. Dabei gelang es Schneeberger, einen umfassenden Bericht über die Versorgung des Protektorats, Italiens, Dänemarks und Norwegens mit Kohlen durch das Deutsche Reich auf Grund von Mitteilungen des ihm befreundeten Leiters der Kohlenwirtschaftsstelle beim Reichsprotektorat in Böhmen und Mähren, Dr. Zdenek Malock, zu erlangen und an die Westmächte zu verraten, wobei zugleich ein Plan entworfen war, die Kohlenversorgung Italiens, soweit sie auf dem Schienenwege durch das Protektorat vorgesehen war, durch Sabotageakte zu behindern.«[25]

Die Verhaftung Schneebergers und die des Prager Schriftleiters Josef Jošt (hingerichtet am 2. Oktober 1942) brachte auch den ehemaligen Ministerpräsidenten und Vorsitzenden der Agrarpartei, Beran, vor den Volksgerichtshof. Er hatte mit beiden Kontakt, hatte auch beide unterstützt. Beran selbst wurde nicht zum Tode verurteilt.[26]

Über Jošts nachrichtendienstliche Tätigkeit schreibt Brandes:

> »Wer einmal die Akten des Volksgerichtshofs gegen den Budapester Jošt und seine Mitarbeiter gelesen hat, wird sich über die Mißachtung konspirativer Regeln durch diese Gruppe wundern. Und dennoch hat Jošt wertvolle Informationen ins Ausland vermittelt und auch vielen von der Gestapo verfolgten Mitgliedern des Widerstands und Tschechen, die in die Legionen im Ausland eintreten wollten, die Flucht ermöglicht. An-

22 VGH-Urteil vom 7. August 1942; Az.: 12 J 441/41 g // 1 H 56/42, BA-Ko R 60 II 508.

23 VGH-Urteil vom 1. Oktober 1942; Mordregister BA-Ko S 1916, auch BA-Potsdam Blatt 2464 und 2465/42 (ohne Vollstreckungsblatt).

24 Wagner, Volksgerichtshof, a.a.O., S. 601.

25 Der Oberreichsanwalt beim Volksgerichtshof, Lagebericht vom 1. Oktober 1940, Az.: 4206-2.20, geheim, BA-Ko R 22/3390.

26 Das Urteil gegen Beran, in dem auch auf Jošt und Dr. Schneeberger eingegangen wird, ist auszugsweise abgedruckt bei Wagner, Volksgerichtshof, a.a.O., S. 895 ff.

dererseits wurden durch den Leichtsinn dieser Gruppe verschiedene andere Organisationen gefährdet und von der Gestapo aufgerollt und, was vielleicht noch wichtiger war, bedeutende Finanziers des Widerstandes, wie der Bürgermeister von Prag Klapka und sein Finanzreferent Kinkal, der ehemalige Vorsitzende der Agrarpartei Rudolf Beran, der ehemalige ›Direktor der Nationaldemokratischen Partei‹ Nachtmann und der Direktor der Nationalbank Václav Sadilek, von der Gestapo aufgespürt.«[27]

Durch Verhaftungen unterbrochene Nachrichtenverbindungen wurden immer wieder neu geknüpft. Dabei wurden vom Exil aus auch Fallschirmspringer über dem Protektorat abgesetzt. Ein Beispiel:
In der Nacht zum 4. Oktober 1941 sprang der Student František Pavelka über Böhmen ab. Er sollte die abgebrochene Nachrichtenverbindung zu einer zivilen Widerstandsgruppe wiederherstellen. Pavelka wurde relativ schnell verhaftet. Er starb am 11. Januar 1943, mit ihm die Kutscher Franz Grad, Franz Kalina und Anton Krjeci, die den Fallschirmspringer einige Zeit versteckt hatten.[28]

Nachrichten nach Moskau

Der Oberreichsanwalt spricht in seinem Lagebericht vom 2. Februar 1942 davon, daß die Gestapo »von der umfangreichen Organisation des sowjetischen Nachrichtendienstes im Protektorat Böhmen und Mähren« ihm eine Gruppe überstellt habe, »die unter Leitung des Kellners und Sportpiloten Ladislaus Bobak gestanden hat und 33 weitere Protektoratsangehörige als Mitglieder umfaßt«. Diese Gruppe habe bis März 1941 deutsche Truppenbelegungen und -verschiebungen gemeldet, sowie über die Einrichtung von Flugplätzen, über die Herstellung von Waffen und Flugzeugen und über die im Protektorat angesiedelte Rüstungsindustrie berichtet. Die Berichte seien teils dem sowjetischen Generalkonsulat in Prag, teils auch mit Funkgeräten direkt in die Sowjetunion übermittelt worden.[29] Bemerkenswert ist, daß der Oberreichsanwalt diese Spionagetätigkeit im Kapitel »Nichtmarxistischer Hochverrat« meldet und sie dem »tschechischen Separatismus« zuordnet.

27 Brandes I, a.a.O., S. 67.

28 Jan Gebhart – Jan Simovček, Partisanen in der Tschechoslowakei 1941-1945, Berlin 1989, S. 34; VGH-Urteil vom 19. August 1942, BA-Ko Mordregister P 681.

29 Der Oberreichsanwalt beim Volksgerichtshof, Lagebericht vom 2. Februar 1942, Az.: 4206-2.29, geheim, BA-Ko R 22/3390.

In der Rubrik »Straftat« des Mordregisters ist an erster Stelle »Vorbereitung zum Hochverrat«, dann »Landesverrat« und »Feindbegünstigung« eingetragen. Bobak und seine Helfer sind also nicht den bezahlten Agenten, sondern eher dem Widerstand zugeordnet worden. Der Gruppe gehörten neben Bobak an: Jan Volek, Josef Zak, Milan und Antonin Kubista, Ladislaus und František Havelka, Vlastimil Erben, Jindrich Pintera und Gustav Kosulič. Sie alle wurden am 12. Juli 1943 in Plötzensee enthauptet.[30] Das Urteil hatte der Volksgerichtshof bereits am 12. November 1942 gefällt.

Ähnlich wie Bobak dürften zwei weitere Gruppen zu bewerten sein, die für den sowjetischen Nachrichtendienst tätig waren.

Der Elektrotechniker Johann Vycpalek war kurz vor Kriegsausbruch der tschechischen Legion in Polen beigetreten und schließlich in sowjetische Gefangenschaft geraten. Er erklärte sich bereit, für den sowjetischen Nachrichtendienst zu arbeiten. Im Februar 1940 kehrte er in das Protektorat zurück und lieferte seine Berichte an das sowjetische Generalkonsulat in Prag. Für Vycpalek tätig waren der Konstruktionszeichner Alexander Sara, der unter anderem Unterlagen aus der Panzerfertigung lieferte; der Religionslehrer Milos Balcar, der militärische Nachrichten aus dem Bezirk Kladno sammelte, sowie die technischen Beamten Franz Zilina, Jan Klima und Josef Spalek, die rüstungstechnische Daten beschafften, unter anderem über die Herstellung und Verwendung roher Maschinengewehrläufe.[31] Die Todesurteile wurden am 8. September 1943 durch Erhängen vollstreckt; bezeichnenderweise wurde im Mordregister als »Straftat« nicht Landesverrat sondern Vorbereitung zum Hochverrat eingetragen.[32]

Mit Vycpalek zusammen arbeitete eine Gruppe, die sich um den ehemaligen Bordfunker Miloslav Hula aus Mährisch-Ostrau gebildet hatte. Hula war von seiner Firma, den Bata-Werken, im Mai 1939 nach Hamburg geschickt worden, hatte aber seinen Freund Robert Beneš gebeten, ihn sofort zu benachrichtigen, »sobald sich Gelegenheit zum ›Fliegen‹ oder zu einer Ausreise ins Ausland bieten sollte«. Die Gelegenheit kam. Hula überschritt am 20. August 1939 die Grenze nach Polen, traf am 30. August bei einem Fliegerverband der tschechischen Legion ein und geriet,

30 BA-Hoppegarten, Mordregister B 1246.

31 Stellungnahme des Oberreichsanwalts beim Volksgerichtshof im Gnadenverfahren Vycpalec und andere, Az.: 12 J 19/42 g vom 22. Juni 1943, BA-Hoppegarten RJM 4585/43.

32 Der Volksgerichtshof hatte die Todesurteile am 29. April 1943 gefällt, BA-Hoppegarten, Mordregister V 205.

wie Bobak und Vycpalek, in sowjetische Gefangenschaft. Auch Hula verpflichtete sich, für die Sowjets zu arbeiten; er, der bereits eine Ausbildung als Bordfunker hatte, wurde in Moskau im Bau und Bedienen von Sendeanlagen ausgebildet. Im Februar 1940 war Hula wieder in Prag. Ende April hatte er in seiner Wohnung eine betriebsfertige Sendeanlage installiert. Die Gruppe Hula umfaßte schließlich ca. 20 Personen; sie sammelte militärische Nachrichten verschiedenster Art. Hula selbst hielt Kontakt sowohl zu Bobak als auch zu Vycpalek. Der Volksgerichtshof fällte am 22. Mai 1942 in einem Prozeß gegen 19 Angeklagte zehn Todesurteile.[33] Milan Charvat und Jaroslav Žak aus Prag, Karl Böhm und August Seidler aus Mährisch-Ostrau, Robert Beneš aus Zlin, Karl Kupka aus Witkowitz sowie Miloslav Štěpnička aus Michalkowitz starben am 16. November 1942, Hula selbst am 16. März 1943.[34] Die Verurteilung war wegen Vorbereitung zum Hochverrat, Feindbegünstigung und Landesverrat erfolgt.

Wege in die Legion

Die Gruppen, die mit Benesch in Verbindung standen, sorgten auch dafür, daß Gefährdete und Männer, die in die im Ausland gebildete tschechische Legion eintreten wollten, das Protektorat verlassen konnten.
Eine besondere Rolle in dieser Hinsicht spielten Eisenbahner um den Inspektor Cibor Träger, der sowohl Kontakte zur Bondy-Gruppe als auch zu Vrnata und anderen gehabt hat. Der Oberreichsanwalt beim Volksgerichtshof meldete in seinem Lagebericht vom 2. Juni 1941, die Gruppe Träger habe von Dezember 1939 an Tschechen ins Ausland gebracht, damit sie in die tschechische Legion eintreten könnten. Mit ihrer Hilfe ist auch der Landwirtschaftsminister der Protektoratsregierung, Feierabend, in die Slowakei gelangt, von der aus er – vermutlich über Ungarn und den Balkan – in den britischen Machtbereich kam.[35] Der Oberreichsanwalt hätte hinzufügen können, daß andere Mitglieder der Führungsgruppe des zivilen Widerstands mit Trägers Hilfe geflohen sei-

33 VGH-Urteil vom 21./22. Mai 1942, Az.: 12 J 315/41 g // 1 H 204/41; BA-Hoppegarten Z/C 19364.

34 Die Hinrichtungsdaten der gleichfalls zum Tode verurteilten Picek und Lerš ließen sich nicht feststellen.

35 Der Oberreichsanwalt beim Volksgerichtshof, Lagebericht vom 2. Juni 1941, Az.: 4206 E-2.25, BA-Ko R 22/3390.

en, nämlich der Präsident des tschechischen Preisprüfungsamtes, Necas, der Gewerkschaftsführer Laušmann und Professor Klečanda, die alle in Beneschs Beraterstab eintraten. Sie alle waren, verkleidet als Lokomotivführer, über die Grenze zur Slowakei geflohen.[36] Träger, Anna Vancorova, Josef Dlouhy, Anton Dvořak, Karl Fort, Josef Konop, Franz Kožnar, Karl Meißner, Josef Nohavica, Karl Richter, Vladimir Rohaček und Alois Rejholeč starben am 3. November 1942.[37]
Drei ehemalige Offiziere, der Oberleutnant Johann Janoušek, der Oberstleutnant Miroslav Filipec und der Oberst Ottokar Svitak (hingerichtet am 26. August 1942) hatten als Mitglieder der militärischen Widerstandsregierung Nachrichten, zum Beispiel über den Ausbau des Flughafens Gbell, weitergegeben; sie hatten sich aber auch an der Organisation der Flucht junger Tschechen beteiligt, die in die Legion wollten. Mit Hilfe des Eisenbahnadjunkten Karl Camski († 12. September 1942) kamen die jungen Männer bis Wessely nahe der Grenze zur Slowakei. Dort wurden sie zuverlässig untergebracht und auf Schleichwegen über die Grenze geführt. Dabei spielten sowohl der Gastwirt Andryčik als auch der Schwager des Obersten Svitak, Dr. Hlobil († 27. Januar 1943)[38] eine Rolle. Über die notwendige Tarnung der Transporte heißt es in einer Urteilsbegründung des Volksgerichtshofs:

> »Einer der Flüchtlinge sollte als Transportleiter gelten, jeder von ihnen aber einen Zettel als Ausweis und als Nachweis besitzen, daß er von einer bestimmten Stelle von Prag aus geschickt wurde. Der Zettel sollte auch eine mehrstellige Bruchzahl enthalten, wobei der Zähler neben einer vorangehenden Tarnzahl zuletzt die Nummer des Transports erkennen ließ, während der Nenner die laufende Nummer des ersten Namens und hinter dem Teilstrich die Anzahl der Teilnehmer angab.«

Der Fluchtweg wurde gestört, als Camski und sein Helfer Binek verhaftet wurden. In Wessely versuchten die Offiziere neue Mittelsmänner und Helfer einzusetzen; mit Janoušeks, Filipecs und Svitaks Festnahme scheint dieser Weg blockiert worden zu sein.[39]

36 Koch, Volksgerichtshof, a.a.O., S. 174.

37 BA-Ko, Mordregister T 338.

38 Der Prozeß gegen Dr. Hlobil und gegen den früheren Gendarmerie-Beamten Josef Bryl fand am 18. September 1942 vor dem Volksgerichtshof statt, Az.: 8a J 18/42 g // 1 H 151/42, BA-Ko R 60 I 426. Auch Bryl starb am 26. Januar 1943.

39 VGH-Urteil vom 18. März 1942, Az.: 8a J 248/40 g // 1 H 27/42, BA-Ko R 60 I 9; Wagner, Volksgerichtshof, a.a.O., S. 586.

»Mitwirkung beim Menschenschmuggel« warf der Volksgerichtshof im Bondy-Prozeß den Angeklagten Černy, Slavik, Hamšik, Feistmantl, Keßler, Řečinsky und Nepily vor. Dabei ging es insbesondere darum, »alle einsatzfähigen und einsatzbereiten ehemaligen tschechischen Militärflieger der Legion zuzuführen«. Die Flüchtlinge wiesen sich gegenüber den Fluchthelfern durch Zehnkronenscheine aus, deren Nummern vorher notiert worden waren.[40]
Am 19. März 1943 wurde der Angestellte des tschechischen Automobilclubs im Mährisch-Ostrau, Vladimir Skotnica, hingerichtet. Er hatte sich noch vor Kriegsausbruch um die Flucht ehemaliger tschechoslowakischer Militärpiloten nach Polen bemüht.[41] Am 25. Juni 1943 wurde der an der Grenze zur Slowakei wohnhafte Schneidergehilfe und Saisonwaldarbeiter Josef Ševčik enthauptet, der, wie der Volksgerichtshof festgestellt haben will, »im Kriege Tschechen im wehrpflichtigen Alter, die in die im Ausland gebildeten tschechischen Legionen eintreten wollten, und Juden zur Flucht in das Ausland verholfen« hat.[42]

»In den Kampf«

Die Informationen für das Exil sowie die Verstärkung der Legionen waren wichtige Dienste, die die Heimat im Kampf um die Wiedererringung der Unabhängigkeit leistete.[43] Beides machte Benesch politisch handlungsfähig. Für die Opposition im Lande war es gleichfalls wichtig, die eigene Bevölkerung mit Nachrichten zu versorgen und ihr damit zugleich das Bewußtsein zu vermitteln, daß die Fremdherrschaft keine Dauer haben müsse.
Eine herausragende Bedeutung für die Informationen im Lande hatte die Untergrundzeitschrift »V boj« (= In den Kampf). Sie war am 1. April 1939, also wenige Tage nach der Etablierung des Protektorats, zum erstenmal erschienen. Herausgegeben wurde sie von Josef Skalda. Bis zum 2. November 1939 erschienen insgesamt 27 Ausgaben mit einer Auflage zwischen 500 und 4000 Exemplaren.[44]

40 VGH-Urteil vom 4./5. August 1942; s. Anmerkung 17; Slavik erhielt eine Zuchthausstrafe von 15 Jahren, Řečinsky ist in der Haft verstorben.

41 Wagner, Volksgerichtshof, a.a.O., S. 587.

42 VGH-Urteil vom 25./29. März 1943, Az.: ? 237/42 g // 5 H 25/43, BA-Ko R 60 II 534.

43 Brandes I nennt den Nachrichtendienst die erfolgreichste und wichtigste Widerstandsform der Tschechen, a.a.O., S. 191.

44 Brandes I, a.a.O., S. 70.

Nach Skaldas Verhaftung fanden sich neue Herausgeber und Redakteure, die ihrerseits wieder der Gestapo zum Opfer fielen. Am 7. August 1942 wurden der Kaufmann Ladislaus Brazda und der Buchbinder Franz Janik enthauptet. Sie hatten im Auftrag und mit Mitteln des militärischen tschechischen Widerstands die Herausgabe der Zeitschrift fortgesetzt.[45]
Am 5. November 1942 wurde der Eisenbahnbeamte Wilhelm Mraček hingerichtet. Er war Mitglied des tschechischen Automobilclubs, der bei der Verteilung von »V boj« eine wesentliche Funktion hatte.[46]
Am 22. Februar 1943 starben Josef Vanek und Ottokar Hofta, von denen es in der Rubrik »Bemerkungen« des Mordregisters heißt, daß sie sich auch »durch Herstellung und Verbreitung von Hetzschriften« hochverräterisch betätigt hätten.[47] Es spricht einiges dafür, daß mit der »Hetzschrift« »V boj« gemeint ist.
Am 4. Mai 1943 wurde wiederum eine Gruppe zum Schafott geführt, die mit der Herstellung und Verteilung der Zeitschrift befaßt war: Der Steindrucker Stanislaus Macak hatte zwei Nummern hergestellt, der Stabswachtmeister der Polizei, Josef Mastnik, die Produktion abgesichert und der Schlachthofbeamte Jaroslav Mačik sich sowohl um die Finanzierung als auch um die Verteilung gekümmert.[48]
»V boj« hat die Gestapo ganz offensichtlich nervös gemacht. In vielen Urteilen des Volksgerichtshofs wird die Lektüre und Weitergabe der Zeitschrift als schweres Delikt bewertet.[49]
Am Abend des 7. September 1943 wurden drei Männer gehängt, von denen es im Mordregister heißt, sie hätten in Horschitz »im Auftrag eines Prager Zentralfunktionärs des V boj-Kreises etwa 14 Auflagen der Hetzschrift . . . herausgebracht«.[50] Der Volksgerichtshof hatte den Verwalter des Elektrizitätswerks Horschitz, Pavel Erban, den Briefträger Josef Pražak und den Schuldiener Franz Jaroš am 19. April 1943 zum Tode verurteilt, weil die Angeklagten in der Zeit von Anfang 1940 bis April 1941 »hochverräterische Hetzschriften in großem Umfang hergestellt

45 Wagner, Volksgerichtshof, a.a.O., S. 525 ff.

46 Wagner, Volksgerichtshof, a.a.O., S. 529.

47 BA Potsdam, Mordregister Blätter 2589 und 2590 (42).

48 s. Anmerkung 46.

49 Als Beispiele seien das Urteil gegen Svačina und andere, BA-Ko R 60 II 508; das Urteil gegen Jaroš und andere, BA-Ko R 60 II 88; das Urteil gegen Janoušek und andere, BA-Ko R 60 I 9 angeführt.

50 BA-Hoppegarten, Mordregister E 263; die Verurteilten stellten auch Ausgaben eines »Cesky Kuryr« her.

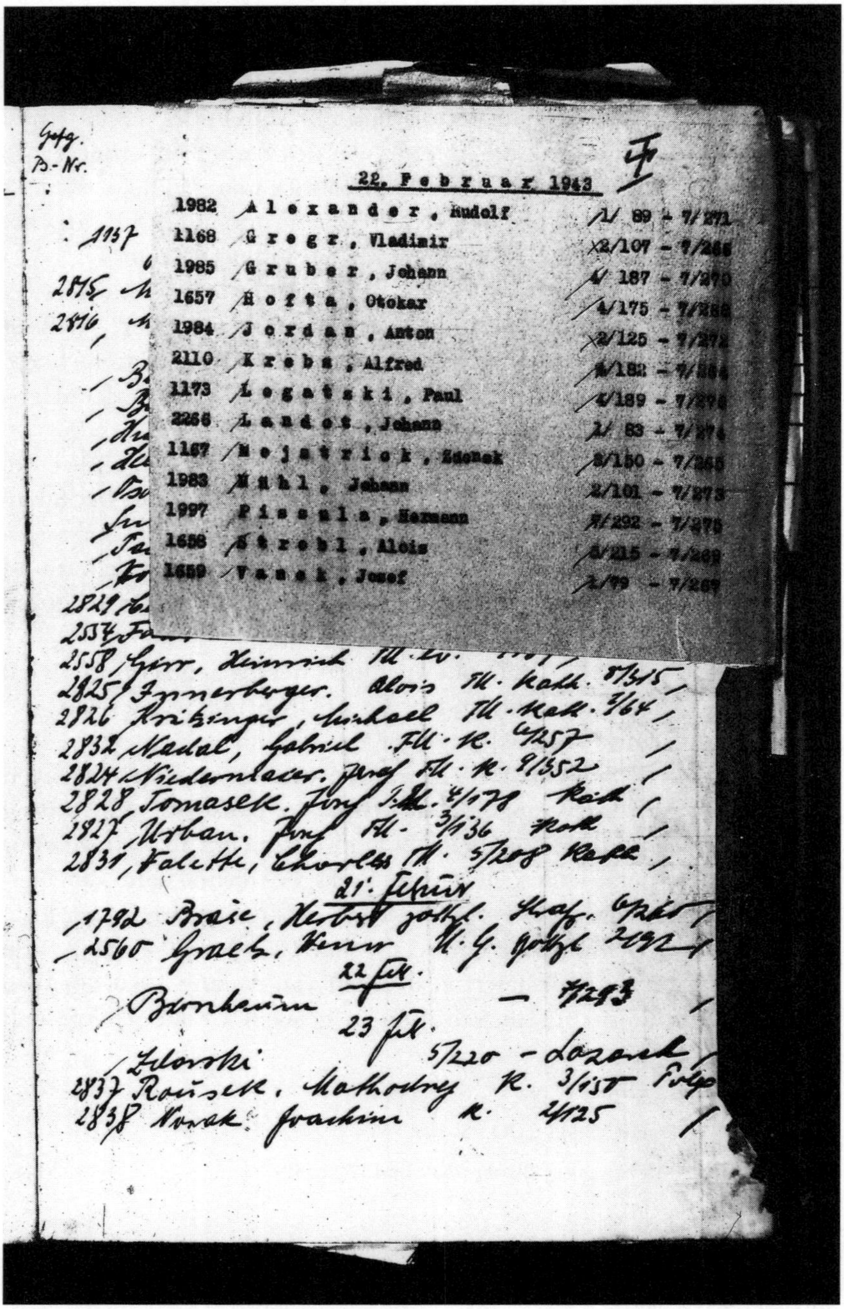

Gefg.
B.-Nr.

22. Februar 1943

1982 Alexander, Rudolf 1/ 89 - 7/271
1168 Gregr, Vladimir 2/107 - 7/266
1985 Gruber, Johann 4/ 187 - 7/270
1657 Hofta, Otokar 4/175 - 7/268
1984 Jordan, Anton 2/125 - 7/272
2110 Krebs, Alfred 4/182 - 7/264
1173 Legatski, Paul 4/189 - 7/276
2266 Landot, Johann 1/ 83 - 7/274
1167 Mojstrick, Zdenek 3/150 - 7/265
1983 Muhl, Johann 2/101 - 7/273
1997 Pissula, Hermann 7/292 - 7/275
1658 Strobl, Alois 3/215 - 7/269
1659 Vanek, Josef 2/79 - 7/267

2825 Innerberger, Alois ... Kath. 8/315
2826 Kritzinger, Michael ... Kath. 3/64
2832 Madal, Gabriel ... 4/257
2824 Niedermaier, Josef ... 9/552
2828 Tomasek, Josef ... 4/178 Kath.
2827 Urban, Josef ... 3/136 Kath.
2831 Falette, Charles ... 5/208 Kath.

21. Februar

1792 Braic, Herbert ...
2560 Graetz, ... 2/92

22 Feb.

Bornheim — 7/293

23 Feb.

Zelovski 5/220 - Lazarett
2837 Rousek, Methodius R. 3/150
2838 Novak Joachim R. 2/125

Eine Seite aus dem Bibliotheksbuch

und zur Verbreitung gebracht« hätten. Sie hätten »damit nicht nur den tschechischen (!) Gebietshochverrat vorbereitet, sondern auch den Feind des Reiches begünstigt«.[51]

»V boj« war bis 1941 das wichtigste, jedoch nicht das einzige illegale Blatt. Die sogenannte Fingerring-Bewegung, über die noch zu berichten sein wird, brachte eigene Flugschriften heraus. In der Anklageschrift des Oberreichsanwalts gegen Švarč und andere heißt es:

> »Die Flugschriften der Fingerringbewegung erschienen regelmäßig monatlich einmal, und zwar zunächst unter dem Titel ›Tschecho-Slowakisches Volk‹ und seit April 1940 unter der Überschrift ›Die Stimme des tschecho-slowakischen Volkes‹. Sie brachten in allen ihren Ausgaben eindeutig das auf die gewaltsame Wiedererrichtung einer selbständigen tschecho-slowakischen Republik gerichtete Ziel zum Ausdruck, wiesen dabei immer wieder auf die Verbindung zur sogenannten tschechischen Auslandsregierung hin und übermittelten im übrigen Nachrichten des ausländischen Rundfunks über die politischen, wirtschaftlichen und militärischen Ereignisse, die durchwegs im ungünstigen Sinne für das Deutsche Reich dargestellt wurden. Darüber hinaus enthielten sie auch verhetzende Aufrufe an die tschechische Bevölkerung, um diese zum Widerstand gegen das Reich aufzuwiegeln.«[52]

Die Schriften dienten auch der Rekrutierung neuer Mitglieder. In einem Flugblatt der »Allgemeinen nationalen Bewegung«[53] vom 7. Dezember 1939 heißt es, die Organisation fördere das Programm ihrer Freunde England, Frankreich und der tschecho-slowakischen Exilregierung. Sie gewinne tätige Mitglieder der Nation, welche in den Tagen der Befreiung »als erste unter den ersten« stehen würden. Das Ergebnis werde der Sieg sein.[54]

Militärische Geheimorganisation

Am 4. Dezember 1939 trug der Erste Staatsanwalt bei der Generalstaatsanwaltschaft Prag, Ludwig, anläßlich einer Konferenz dem Reichsjustizministerium vor, die Gestapo habe im Protektorat eine umfangreiche

51 VGH-Urteil vom 19. April 1943, Az.: 12 J 20/43 g // 6 H 35/43, BA-Ko R 60 II 88.

52 Anklageschrift des Oberreichsanwalts beim Volksgerichtshof, Az.: 12 J 87/43 g vom 30. Mai 1943, BA-Ko R 60 I 625.

53 Es handelt sich um ein Flugblatt des Domaci odboj (= Abwehrkampf der Heimat); die Gruppe ist identisch mit der Fingerring-Organisation.

54 VGH-Urteil vom 14. Januar 1943, Az.: 12 J 222/42 g // 1 H 322/42, BA-Ko R 60 II 493.

illegale Organisation aufgedeckt. Sie umfasse eine Militärgruppe, eine Intellektuellengruppe, eine Jugendgruppe, eine Kommunistengruppe, wahrscheinlich auch eine Agrargruppe. Es sei zu vermuten, daß sie über Beziehungen zur Regierungstruppe verfüge. Die Gestapo in Brünn habe dort etwa 25 Personen festgenommen, in Ungarisch-Hradisch 20; bei der Gestapo in Prag seien etwa 50 Personen in Schutzhaft. Die Gestapo Brünn rechne mit Verfahren gegen etwa 650, die Gestapo Prag mit Verfahren gegen 130 bis 150 Verdächtige.

Die Konferenzteilnehmer im Justizministerium kamen überein, den Volksgerichtshof, nicht Militärgerichte, als zuständig anzusehen, und, da die Unterbringung der Inhaftierten die Kapazitäten der Strafanstalten des Protektorats übersteige und es zudem unzweckmäßig sei, Angehörige einer illegalen tschechischen Organisation im Protektorat in Haft zu halten, eine geeignete Vollzugsanstalt im »Alt-Reich« zur Verfügung zu stellen.[55]

Dieses sehr pauschale Bild des tschechischen Widerstands wurde in der Folge differenzierter gezeichnet. Im Lagebericht des Oberreichsanwalts beim VGH vom 4. April 1940 heißt es zur Obrana Naroda[56] (Verteidigung des Volkes), aktivistische Elemente, vor allem ehemalige Offiziere, hätten Kader für eine »hochverräterische Massenorganisation« gebildet, die sich über das Gesamtgebiet des Protektorats erstreckt habe. Zwar seien die höheren Stäbe »aufgerollt«; doch sei schon eine zweite militärische Führergruppe erfaßt. Unzweifelhaft sei in weiten Kreisen die Hoffnung noch nicht erloschen, »daß die Entwicklung des Krieges mit den Westmächten ungeachtet der bisherigen Erfolge des Reiches doch noch zu dessen Zusammenbruch führen und alsdann die ersehnte Möglichkeit zu einer umfassenden Erhebung des tschechischen Volkes und zur Verwirklichung seines Anspruches auf volle politische Unabhängigkeit in den alten Staatsgrenzen von 1920 geben werde«. Der Oberreichsanwalt »korrigierte« dann die Zahl der Festnahmen, die der Prager Erste Staatsanwalt Ludwig am 4. Dezember 1939 genannt hatte, kräftig nach oben. 1500 Festnahmen seien erfolgt; mit weiteren 1500 bis 3500 sei zu rechnen.[57] Ein halbes Jahr später meldete er, daß 1745

55 Vermerk über eine Besprechung, die am 4. Dezember 1939 bei Ministerialdirektor Dr. Crohne stattgefunden hat, BA-Ko R 22/4070.

56 Zur Obrana Naroda (ON) siehe Wagner, Volksgerichtshof, a.a.O., S. 497 ff.; Brandes I, a.a.O., S. 58 ff., 172 ff., 290 ff.

57 Der Oberreichsanwalt beim Volksgerichtshof, Lagebericht vom 4. April 1940, Az.: 4206-2.16, geheim, BA-Ko R 22/3390.

Beschuldigte den 14 Ermittlungsrichtern des Volksgerichtshofs in Breslau, Dresden, Brünn, Olmütz, Prag und Pilsen überstellt worden seien.[58] Hitlers Entscheidung vom 23. September 1940, die Prozesse gegen Tschechen vorläufig auszusetzen, brachte eine Pause in der Verfolgung mit Mitteln der Justiz; sie dauerte, wie oben dargelegt, ein Jahr. Mitte Oktober 1941 wurden rund 30 Verfahren mit 210 Beschuldigten, in denen die Anklageschriften bereits vor dem Moratorium fertiggestellt worden waren, dem Volksgerichtshof zur Anberaumung von Terminen zugeleitet. Noch seien, so der Oberreichsanwalt, rund 100 Verfahren mit 1600 Beschuldigten aufzuarbeiten.[59]

Ende Januar 1942 erhielt die Oberreichsanwaltschaft beim Volksgerichtshof die Genehmigung, minder bedeutende Fälle an die Generalstaatsanwälte bei den Oberlandesgerichten in Breslau, Dresden und Leitmeritz abzugeben. Bis Ende Februar 1942 wurden delegiert: nach Breslau 37 Verfahren mit 950 Beschuldigten, nach Dresden 24 Verfahren mit 210 Beschuldigten, nach Leitmeritz 33 Verfahren mit 300 Beschuldigten. Bei der Reichsanwaltschaft verblieben rund 90 Verfahren gegen etwa 600 Beschuldigte.[60]

Die Obrana Naroda (ON) ist in mehreren Urteilen des Volksgerichtshofs beschrieben, besonders ausführlich im Urteil gegen Jirka und andere:

> »Alsbald nach der Errichtung des Protektorats machten sich innerhalb der tschechischen Bevölkerung in Böhmen und Mähren Bestrebungen bemerkbar, die in ihrem Endziel darauf gerichtet waren, das Protektorat und die sudetendeutschen Gebiete gewaltsam wieder aus dem Reichsverband zu lösen und erneut einen unabhängigen tschechischen oder tschechoslowakischen Staat zu errichten. Neben den tschechischen Kommunisten, die, in der illegalen KPČ zusammengefaßt, auf die Errichtung eines unabhängigen tschechischen Rätestaates nach sowjetischem Muster hinarbeiteten, waren es vornehmlich zwei Gruppen, die sich für die

58 Der Oberreichsanwalt beim Volksgerichtshof, Lagebericht vom 1. Oktober 1940, Az.: 4206-2.20, geheim, BA-Ko R 22/3390.

59 Der Oberreichsanwalt beim Volksgerichtshof, Lagebericht vom 3. Dezember 1941, Az.: 4206-2.28, geheim, BA-Ko R 22/3390.

60 Der Oberreichsanwalt beim Volksgerichtshof, Lagebericht vom 31. März 1942, Az.: 4206-2.30, geheim, BA-Ko R 22/3390; seit Oktober 1942 gab das Reichssicherheitshauptamt – Amt IV – einen Informationsdienst für die obersten Partei- und Reichsbehörden unter dem Titel »Meldungen wichtiger staatspolizeilicher Ereignisse« heraus, in dem nahezu regelmäßig auch über Verhaftungen und Verurteilungen des tschechischen Widerstandes berichtet wurde; BA-Ko R 58/208.

Vorbereitung und Durchführung des nationaltschechischen Widerstandes gegen das Reich bildeten:
1. Die Militärgruppe, eine von ehemaligen tschechischen Generalstabsoffizieren ins Leben gerufene geheime Verbindung, die unter dem Namen Obrana Naroda sich über das ganze Protektorat ausdehnte ...
2. Die Zivilgruppe, die sich vor allem aus Beamten und Angehörigen der tschechischen Intelligenz zusammensetzte und deren Anhänger- oder Mitwisserschaft bis in die autonome Protektoratsregierung selbst hinaufreichte.
Keine dieser beiden Gruppen war bei ihrer illegalen Arbeit auf sich allein gestellt. Sie hielten untereinander enge Verbindung und fanden vor allem auch Unterstützung in westeuropäischen Ländern. Der ehemalige Staatspräsident Benesch und weitere führende Persönlichkeiten der ehemaligen Tschechoslowakei förderten die Umsturzbestrebungen vom deutschfeindlichen Ausland her, wohin sie geflohen waren, in mannigfacher Weise und suchten auf sie maßgeblichen Einfluß zu nehmen. Die ON ihrerseits bemühte sich, die tschechische Selbständigkeitsbewegung im Auslande durch die Errichtung eines geheimen Nachrichtendienstes laufend mit Nachrichten wirtschaftlichen, militärischen und politischen Inhalts aus dem Protektorat zu versorgen.
Der nach militärischen Gesichtspunkten durchgeführte Aufbau der ON lehnte sich an die Gliederung der früheren tschechoslowakischen Wehrmacht an. Unter dem Zentralkommando in Prag standen die Landeskommandos für Böhmen (Sitz Prag) und Mähren (Sitz Brünn). Im Zuge des Ausbaus der ON wurde ferner das Kreiskommando Groß-Prag, das anfangs dem Landeskommando Böhmen unterstellt war, unmittelbar dem Zentralkommando untergeordnet. Die Bereiche der Landeskommandos waren ihrerseits in Kreise, Bezirke und Ortskommandos unterteilt.«[61]

Wesentlichen Anteil am Aufbau der ON, so Brandes, habe die Liquidationsgruppe des ehemaligen tschechoslowakischen Verteidigungsministeriums gehabt, deren Aufgabe die Überführung der Militärpersonen in zivile Dienste gewesen sei und die deren Überführung nach den Bedürfnissen der ON durchgeführt habe. So sei eine Geheimarmee entstanden, an deren Spitze ein Generalstab gestanden habe mit verschiedenen Fachabteilungen.[62]
Dem Zentralkommando standen, wie der Volksgerichtshof in dem Urteil gegen Jirka und andere feststellte, »zum Teil in zeitlicher Aufeinanderfolge die ehemaligen Generale Ingr, Bily und Neumann« vor.[63] Ingr

61 VGH-Urteil vom 29. April 1942, Az.: 12 J 225/41 g // 1 H 49/42, BA-Ko R 60 I 10.

62 Brandes I, a.a.O., S. 59.

63 s. Anmerkung 61.

und Neumann flohen frühzeitig; ersterer wurde Verteidigungsminister in der Exil-Regierung, letzterer Befehlshaber der Auslandsarmee. Bily wurde standgerichtlich abgeurteilt.

Allen Stäben waren in besonderen Funktionen sogenannte Material- und sogenannte Nachrichtenoffiziere beigegeben. Aufgabe der Nachrichtenoffiziere war die Verbindung zu den über- und untergeordneten Stellen, die Überwachung der personellen Zusammensetzung der Geheimorganisation und das Abschirmen gegen eine mögliche Unterwanderung sowie die Vorbereitung von Hilfsaktionen für die Angehörigen politisch Verfolgter. Materialoffiziere waren für die materielle Ausstattung der vorgesehenen Einheiten verantwortlich. Sie registrierten und verbargen Waffen und Munition. Sie sorgten für Fahrzeuge und Lazarettplätze.

Die Waffenbeschaffung war schwierig, und die ON war hierbei nicht besonders erfolgreich. Aus dem Urteil des Volksgerichtshofs gegen General Kravak und seinen Stab geht hervor, daß im Bezirk Benschau 350 Gewehre (darunter auch Jagdwaffen), vier bis sechs Maschinengewehre, 30 Handgranaten, 200 Pistolen, sechs Personenkraftwagen und sieben Lastkraftwagen bereitgehalten wurden. Außerdem waren rund 700 belegbare Betten in Krankenhäusern erfaßt. Im Bezirk Beraun, der nach Meinung des Volksgerichtshofs zu den am besten organisierten zählte, waren nur 20 Militär- und Jagdgewehre mit je 30 Schuß Munition und einige Kilogramm Sprengstoff verfügbar.[64]

Der Mobilmachungs- und Einsatzplan, den General Kravak für den von ihm befehligten Kreis entwickelt hatte – er dürfte allgemein gültig gewesen sein –, sah bestimmte Gestellungsorte für die Männer der einzuberufenden fünf jüngsten wehrfähigen Jahrgänge vor sowie verschiedene Alarmstufen und die dabei in Presse und Rundfunk bekanntzugebenden Tarnbezeichnungen, die im Ernstfall zu besetzenden Ämter und lebenswichtigen Betriebe, Besetzung von Teilen der Protektoratsgrenze und die Überwachung wichtiger Verkehrslinien.

Solche Pläne wurden im Sommer 1939 entwickelt, vor dem Ausbruch des Krieges. Man war überzeugt, daß es Krieg geben werde und hoffte, daß das Reich in Schwierigkeiten geraten werde. In einer solchen Situation sah man die Chance zur Wiederherstellung der tschechischen Souveränität. Als der Krieg anders verlief, als Kravak erwartet hatte, stellten er und sein Stab die Planungen ein.

Aus einem anderen Prozeß ist eine konkrete örtliche Einsatzplanung

64 VGH-Urteil vom 18. Januar 1943, Az.: 12 J 146/42 // 1 H 306/42, BA-Ko R 60 I 88.

bekannt geworden. Ein erstes Stichwort sollte in Pilsen die personelle Einsatzbereitschaft herstellen; auf ein zweites Stichwort hin sollten die öffentlichen Gebäude besetzt und Deutsche als Geiseln genommen werden. Für den Einsatz wurden in den Skoda-Werken fünf Tanks und einige Geschütze bereitgehalten; Materialien für Bomben und Handgranaten waren bei einem Offizier deponiert.[65]
Eine Besonderheit in den Stäben der ON waren die sogenannten »Zukkerbäcker«. Sie hatten den Auftrag, die Geheimorganisation gegen Verrat aus den eigenen Reihen und aus der Umwelt zu schützen. Sie sollten auch das Verhalten der Bevölkerung gegenüber den Deutschen beobachten und gegen Kollaborateure und Verräter, wie es in einem Urteil des Volksgerichtshofs heißt, »durch Warnung, Vollziehung der Prügelstrafe oder – im schwersten Falle – durch Tötung« einschreiten.[66]
Die vor dem Volksgerichtshof stehenden Offiziere der ON verteidigten sich in der Regel damit, die Organisation habe erst tätig werden sollen, wenn die Deutschen aufgrund internationaler Vereinbarungen Böhmen und Mähren freiwillig räumten; die ON sollte dann Ruhe und Ordnung, vor allem auch gegenüber umstürzlerischen kommunistischen Kräften, gewährleisten. Freisler hielt das für »feige Ausreden«. In einer Urteilsbegründung wies er diese Argumentation folgendermaßen zurück:

> »1. Niemand hat damals geglaubt und glaubt heute, daß Deutschland ein Kernstück des Großdeutschen Reiches mit der alten Hauptstadt des Reiches jemals freiwillig räumen könne;
> 2. für einen solchen Zweck wäre auch keine geheime Offiziersorganisation nötig gewesen; das hätte viel besser und natürlicher die legale Regierung tun können;
> 3. eine kommunistische Gefahr bestand gar nicht;
> 4. gerade diese Art konspirativer Tätigkeit stellt eine Wiederholung des Konzeptes aus dem Weltkriege, der Bildung der tschechischen Legion dar ... Überflüssig ist es zu erwähnen, daß diejenigen, die von der ›Zukkerbäckerorganisation‹, geheimen Sendegeräten, Ausspähaufträgen und der Einschaltung von Sabotageoffizieren wußten, schon deshalb nicht an den ›friedlichen‹ Zweck der Organisation glauben konnten ...«[67]

65 VGH-Urteil (gegen Souček und andere) vom 2. Dezember 1942, Az.: 12 J 336/41 g // 1 H 196/42, BA-Ko R 60 I 11.

66 VGH-Urteil vom 22. April 1942 (gegen Pulpan und andere), Az.: 12 J 422/41 g // 1 H 11/42; BA-Ko R 60 I 107.

67 s. Anmerkung 65.

Der Blutzoll, den die Obrana Naroda entrichtete, war außerordentlich hoch. Allein in Plötzensee starben von August 1942 bis September 1943 mehr als 100 Offiziere:[68]

Adam, Wenzel, Kapitän	† 01.06.1943
Adler, Stefan, Oberleutnant	† 07.08.1942
Amcha, Robert, Oberstleutnant	† 14.01.1943
Antropius, Franz, Stabskapitän	verst. 02.02.1943
Bartošek, Otto, Oberleutnant	† 21.04.1943
Baše, Josef, Oberstleutnant	† 09.04.1943
Bilik, Franz, Oberst	† 16.03.1943
Blabolil, Franz, Stabskapitän	† 02.09.1942
Blazek, Milos, Unterleutnant	† 01.04.1943
Boužek, Wenzel, Oberstleutnant	† 26.08.1942
Broul, Josef, Hauptmann	† 08.09.1943
Buršik, Josef, Oberst	im Gef. verstorben [69]
Černy, Vladimir, Leutnant	† 08.04.1943
Čestky, Ludwig, Oberstleutnant	† 10.05.1943
Chalupa, Iwan, Oberst	† 01.04.1943
Dubovsky, Karl, Oberst	† 23.03.1943
Dürr, Rudolf, Major	† 07.09.1943
Evald, Jaroslav, Major	† 10.06.1943
Feistmantl, Rudolf, Oberstleutnant	† 08.04.1943
Filipec, Miroslav, Oberleutnant	† 26.08.1942
Gardavsky, Jaroslav, Kapitän	† 19.08.1942
Halbhuber, Jaromir, Oberst	? [70]
Hamšik, Josef, Oberstleutnant	† 08.04.1943
Helwin, Franz, Major	† 08.09.1943
Homola, Friedrich, General	† 05.01.1943
Horak, Bretislav, Stabskapitän	† 04.05.1943
Hozmann, Josef, Kapitän	† 24.09.1942
Hubaček, Johann, Oberst	† 26.09.1942
Hulka, Adolf, Oberst	† 10.05.1943

68 Die Liste ist zusammengestellt nach Angaben in den Urteilen, im Mordregister und im Bibliotheksbuch.

69 Buršik war am 26. August 1942 zum Tode verurteilt worden, BA-Hoppegarten, Mordregister B 1179.

70 Ein Hinrichtungstermin ließ sich nicht ermitteln.

Jachym, Josef, Oberstleutnant	† 19.03.1943
Janoušek, Johann, Oberleutnant	† 26.08.1942
Jansa, Karl, Stabskapitän	† 07.08.1942
Jelinek, Cestmir, Stabskapitän	† 12.09.1942
Jiřička, Johann, Major	† 12.09.1942
Jirka, Josef, Oberstleutnant	† 12.09.1942
Kaderavek, Ladislaus, Major	† 07.08.1942
Kamann, Peter, Major	† 07.08.1942
Kazda, Josef, Oberstleutnant	† 19.08.1942
Dr. Keßler, Jan, Oberst i. San.-Dienst	† 08.04.1943
Klimek, Edmund, Oberstleutnant	† 24.09.1942
Klobus, Leutnant	† 10.02.1943
Kohout, Boleslav, Major	† 26.08.1942
Kohoutek, Josef, Oberst	† 19.08.1942
Koncel, Karl, Leutnant	† 19.03.1942
Konecny, Jaroslav, Oberst	† 20.01.1943
Konopasek, Franz, Oberst	† 16.03.1943
Kotik, Ladislaus, Oberst	† 19.08.1942
Kral, Vaclav, Oberstleutnant	† 06.11.1942
Krasa, Karl, Leutnant	† 14.01.1943
Kravak, Franz, Brigadegeneral	† 24.05.1943
Krycnar, Miroslav, Major	† 01.04.1943
Kubik, Robert, Stabskapitän	† 24.05.1943
Libanski, Jaromir, Oberstleutnant	† 04.05.1943
Lisy, Jaroslav, Oberst	† 20.01.1943
Macha, Ladislaus, Stabskapitän	† 24.09.1942
Machacik, Alois, General	† 01.06.1943
Matejka, Josef, Major	† 23.03.1943
Maxa, Josef, Oberst	† 09.04.1943
Medal, Miroslav, Leutnant	† 17.04.1942
Melichar, Cyril, Oberstleutnant	† 04.05.1943
Metličky, Jaroslav, Major	† 23.03.1943
Milota, Jaroslav, Oberst	† 11.01.1943
Němeč, Hanek, Major	† 19.08.1942
Nepily, Franz, Fähnrich	† 08.04.1943
Novotny, Johann, Stabskapitän	† 18.09.1942
Novy, Karl, Oberstleutnant	† 07.09.1942
Palacky, Josef, Leutnant	† 04.05.1943
Pazdera, Cyril, Oberst	† 24.11.1942
Pečanek, Miloslav, Leutnant	† 21.04.1943
Petraček, Karl, Oberstleutnant	† 24.05.1943

Petrik, Josef, Oberst	† 10.05.1943
Plch, Thomas, Oberst	† 06.11.1942
Pliška, Vladimir, Leutnant	† 20.05.1943
Podruh, Thomas, Oberstleutnant	† 26.08.1942
Prochazka, Oleg, Oberst	† 01.04.1943
Prusa, Josef, Major	† 10.05.1943
Psikal, Oberleutnant	† 10.02.1943
Ptasinski, Franz, Major	† 16.11.1942
Pulpan, Anton, Leutnant	† 12.09.1942
Pytlik, Bohumil, Stabskapitän	† 20.05.1943
Raska, Franz, Major	† 16.06.1943
Reš, Johannes, Oberstleutnant	† 19.08.1942
Rihak, Karl, Stabskapitän	† 06.11.1942
Ripka, Paul, Stabskapitän	† 26.08.1942
Roubal, Karl, Leutnant	† 23.03.1942
Rušek, Cestmir, Leutnant	† 24.09.1942
Schmidt, Vincenz, Oberstleutnant	† 12.09.1942
Sieger, Franz, Leutnant	† 20.05.1943
Smazal, Josef, Stabskapitän	† 24.05.1942
Smejkal, Franz, Oberst	† 06.11.1942
Šmid, Jaroslav, Leutnant	† 04.05.1943
Souček, Jaroslav, Oberstleutnant	† 04.05.1943
Spurny, Josef, Oberleutnant	† 14.01.1943
Šrstka, Josef, Oberst	† 01.06.1943
Stanek, Josef, Major	† 07.09.1943
Stolz, Karl, Leutnant	† 07.08.1942
Stoviček, Anton, Leutnant (Gend.)	† 07.09.1943
Strobl, Alois, Oberstleutnant	† 22.02.1943
Svitak, Ottokar, Oberst	† 28.08.1942
Sykora, Jaroslav, Oberleutnant (Polizei)	† 23.01.1943 [71]
Szafran, Anton, Major	† 18.09.1942
Tačl, Josef, Oberst	† 02.09.1942
Talašek, Vladimir, Major	† 19.08.1942
Toman, Johann, Major	† 23.03.1943
Tvrz, Zdenek, Stabskapitän	† 02.09.1942
Vais, Josef, Major	† 19.08.1942
Vit, Jan, Stabskapitän	† 01.06.1943

71 Sykora, der mit Jaroslav Otava und anderen am 7. Mai 1943 zum Tode verurteilt worden war, wurde nicht wie die meisten Mitverurteilten am 8. September 1943 hingerichtet; die Vollstreckungsentscheidung fiel vielmehr erst am 24. Dezember 1944. Die Hinrichtung fand am 22. Januar 1945 in Brandenburg statt.

Vlachy, Jan, Oberst	† 23.03.1943
Volf, Vaclav, General	† 24.11.1942
Všetička, Bohuslav, General	† 19.08.1942
Žampach, Josef, Leutnant	† 08.04.1943
Zbornik, Wenzel, Oberleutnant	† 27.10.1942
Zdimal, Wenzel, General	† 02.09.1942

Die Liste ist mit Sicherheit nicht vollständig. Sie berücksichtigt auch nicht die der ON angehörenden Männer, die nicht Offiziere waren.

Dr. Josef Hlobil aus Wessely (Bezirk Ungarisch-Hradisch) war zum Sanitätsdienst in der ON bereit. Er wurde mit dem Gendarmeriewachtmeister Josef Bryl aus Altstadt verurteilt und hingerichtet. Bryl sollte »als Zugkommandant etwa 20 ehemalige Legionäre anwerben und mit deren Hilfe im Falle des Umsturzes die wichtigsten öffentlichen Gebäude in Altstadt, einem Ort bei Ungarisch-Hradisch, besetzen.[72]
Der Leiter des Sanitätsdienstes im Landeskommando Mähren, der Apotheker Viteslav Mečir, hatte mit dem Arzt Josef Vignati vor, mit Milzbrandbazillen Pferde zu impfen, so daß die Wehrmacht nicht auf sie zurückgreifen könne. Er stellte auch Versuche mit Thyphusbazillen an, die im Reich Epidemien hervorrufen sollten. Zerstäuber, Ampullen und Geld stellte die ON. Ein Versuch, der in der deutschen Sprachinsel Iglau stattfand, hatte jedoch keinen Erfolg. Bevor weitere Versuche unternommen werden konnten, wurden Mečir und Vignati verhaftet und am 18. November 1941 verurteilt. Sie wurden am 26. August 1942 hingerichtet.[73]

Die »Fingerring-Organisation«

Eine tschechische Widerstandsgruppe war schon vor dem Einmarsch deutscher Truppen in Böhmen und Mähren gegründet worden. Ihr Name war »Domači odboj« (= Heimatwehr).
Nach dem Einmarsch deutscher Truppen und erst recht nach Kriegs-

72 VGH-Urteil vom 18. September 1942, Az.: 8a J 18/42 g // 1 H 151/42; BA-Ko R 60 I 426.

73 VGH-Urteil vom 18. November 1941, Az.: 12 J 30/41 // 1 H 156/41, BA-Ko R 60 I 177; Mordregister M 701; die Giftanschläge kamen auch in der Verhandlung gegen den ON-Befehlshaber in Mähren, General Všetička, und seine Mitarbeiter zur Sprache (26. November 1942), Handakten des Beisitzers beim VGH, Reinecke, BA-Hoppegarten, ZGH Gen. 266/1, S. 185 f.

ausbruch ging die »Heimatwehr« in den Untergrund. Sie stellte Propagandaschriften her (»An das tschechische Volk«), hielt über Funk Kontakt mit der Exilregierung und versorgte diese mit Nachrichten. Sie bereitete auch Sabotagehandlungen vor. Erkennungszeichen waren eiserne Fingerringe sowie 10- und 20-Heller-Stücke, auf denen zwischen den Löwenklauen ein senkrecht stehender Blitz eingestanzt war. Der Volksgerichtshof sprach deshalb von der »Fingerring-Organisation«. Sie scheint vor allem in Prag, sowie in Ostböhmen Fuß gefaßt zu haben. Kontakte bestanden zur militärischen Widerstandsorganisation. Vier Angehörige der »Heimatwehr« starben in den Blutnächten des September 1943 in Plötzensee. Sie gehörten einer Gruppe an, für die im Oktober 1942 folgender Aufruf ergangen war:

> »Befehl Nummer 1«
> »In der Nacht vom 10. zum 11. Oktober dieses Jahres ist folgendes auszuführen:
> 1. Schneide die Telephondrähte und die Kabel in deiner Umgebung durch!
> 2. Verwende Sprengstoff zur Zerstörung von Brücken und anderen Verbindungen!
> 3. Verwende Brandkugeln zur Inbrandsetzung von Strohschobern, Feldscheunen, Eisenbahnwagen mit Stroh und Flugzeugen sowie zur Zerstörung des in deutschen Händen befindlichen Besitzes.
> Achtung! Bewahre die Brandkugeln unter Wasser auf! Sie entzünden sich sechs Stunden nach der Entnahme aus dem Wasser. Ihre Wirksamkeit kannst du beschleunigt herbeiführen, wenn du das Wasser mit der Hand aus ihnen herausdrückst.
> Der Befehl gilt nur für das tschechische Gebiet.
> Melde Dich bis zum 15. Oktober auf dem gleichen Weg, auf dem dich dieser Befehl erreicht.
> General Zypom«

Der Befehl wurde niemals ausgeführt. Johann Švarč aus Prag, der ihn am 29. September samt den Brandkugeln an Gruppen in Pilsen, Kladno, Kolin und Budweis weiterleiten sollte, wurde wenige Stunden später festgenommen. Der Werkmeister František Rožanek war bereits am 24. März inhaftiert worden. Haftbefehle wurden jedoch erst am 8. April 1943 vom Ermittlungsrichter beim Volksgerichtshof Prag erlassen, nachdem auch der frühere Hauptmann und damalige Magistratssekretär Josef Broul aus Kostowitz, der Schuldiener Alois Till aus Prag-Veitsberg und der Werkmeister Wenzel Rubaček in die Hände der Gestapo gefallen waren. Am 30. Mai 1943 erhob der Oberreichsanwalt gegen die fünf

Verhafteten Anklage wegen Vorbereitung zum Hochverrat und Feindbegünstigung.[74] Johann Švarč, František Rožanek, Josef Broul und Alois Till wurden Ende Juli 1943 verurteilt und am 7. bzw. 8. September in Plötzensee hingerichtet. Das Schicksal von Wenzel Rubaček ist ungeklärt.

»Domači odboj« versuchte nicht nur Kader, sondern auch einsatzfähige Gruppen in Staats- und Privatbetrieben zu bilden. In einem Befehl vom Februar 1941 heißt es zum Beispiel, jeder einzelne, der registriert und mit dem Erkennungszeichen der Organisation versehen worden sei, trage die Verantwortung für die Zukunft des tschechoslowakischen Volkes. Die Zahl der Mitglieder in den Betrieben sei zu erhöhen. Junge Leute von 21 bis 30 Jahren, hauptsächlich ehemalige Soldaten, die später auch Uniformen erhalten würden, seien organisatorisch zu erfassen. Die Mitglieder sollten sich im Einsatzfall der Waffen bemächtigen und insbesondere die von den Feinden besetzten Eckhäuser bekämpfen und unschädlich machen. Kommandanten seien aus den eigenen Reihen zu wählen und alle Kraftwagen für den Abwehrkampf zu beschlagnahmen.[75]

Der Volksgerichtshof spricht in dem Urteil, in dem der obige Befehl wiedergegeben ist, von 20.000 Mitgliedern des »Domači odboj« allein in Prag. Dies erscheint jedoch zweifelhaft.

Sokol

Sokols (Falken) nannte sich eine tschechische Turnervereinigung, die bereits bei der Gründung der Tschechoslowakei nach dem Ersten Weltkrieg entscheidend mitgewirkt hatte. Bis zum April 1941 bestanden die Sokols legal; dann verbot die Gestapo jede Betätigung und im Oktober 1941 verfügte der Reichsprotektor die Auflösung.[76] Zahlreiche Gruppen gingen daraufhin in den Untergrund.

Der Volksgerichtshof hat die Sokols im Urteil gegen Karl Nesnidal – er starb im September 1943 in Plötzensee – folgendermaßen charakterisiert:

74 Anklageschrift des Oberreichsanwalts beim VGH vom 30. Mai 1943, Az.: 12 J 87/43 g, BA-Ko R 60 I 625.

75 Der Befehl ist wiedergegeben im VGH-Urteil (gegen Otokar Moravec und andere) vom 14. Januar 1943, Az.: 12 J 222/42 g // 1 H 322/42, BA-Ko R 60 II 493. Die Mitglieder dieser aus Kolin stammenden Gruppe sind nicht im Bibliotheksbuch verzeichnet.

76 Wagner, Volksgerichtshof, a.a.O., S. 575.

»Es ist eine geschichtliche Tatsache, daß der Sokolverband schon vor 1918 einer der Träger der tschechischen Staatsidee war und infolgedessen nach der Errichtung der tschechoslowakischen Republik sich zu einer wesentlichen Stütze des neuen Staates entwickelte. Durch die Errichtung des Protektorats änderte sich an dieser uneingeschränkt chauvinistischen-tschechischen Grundeinstellung nichts. Es nimmt daher nicht Wunder, daß schon vom Frühsommer 1939 ab auch der Sokol sich in die Front der gerichtsbekannten tschechischen Widerstandsbewegung einzugliedern begann, um seinerseits an der Wiedererrichtung eines neuen selbständigen tschechischen Staates mitzuarbeiten.
Lehnte somit der Sokol schon vor seiner Auflösung den durch die Errichtung des Protektorats geschaffenen staatsrechtlichen Zustand bedingungslos ab, so sah der illegale Sokol erst recht seine Aufgabe darin, Vorbereitungen für die Neuerrichtung des erstrebten selbständigen Staates in Böhmen und Mähren zu treffen, (...) denn die Leitung des illegalen Sokol ging offensichtlich – ebenso wie die führenden Kreise der Widerstandsbewegung – davon aus, daß eine dem Reiche ungünstige militärische Entwicklung im gegenwärtigen Kriege Gelegenheit bieten werde, mit Aussicht auf Erfolg den national-tschechischen Aufstand im Protektorat zu entfesseln und die deutsche Machtstellung zu beseitigen. Für dieses Endziel sollten die zuverlässigen und einsatzfähigen Mannschaften im Sokol insgeheim organisatorisch zusammengefaßt werden, um später geschlossen und planmäßig zum Einsatz gelangen zu können. Neben dieser hochverräterischen Zielsetzung hatte die nach Kriegsausbruch entfaltete Tätigkeit ... auch feindbegünstigende Bedeutung, denn daß das Bestehen und die Arbeit einer geheimen Aufstandsorganisation im Landesinnern während des Krieges die militärische und wehrwirtschaftliche Abwehrkraft des Reiches nach außen nachhaltig zu beeinträchtigen geeignet ist, hat der Volksgerichtshof bereits wiederholt ausgesprochen. Es kommt hinzu, daß der illegale Sokol, wie gerichtsbekannt, den über dem Protektorat abgesetzten Fallschirmspringern Unterstützung gewährte und so mit den Feindmächten Hand in Hand arbeitete.«[77]

Nesnidal war Kreiskommandant des illegalen Sokol in Königgrätz, der sich »Jindra« nannte.
Dr. Karl Evald, Dr. Josef Hrubes und Miroslav Posadovski wurden ebenfalls im September 1943 hingerichtet, weil sie den Sokol im Bezirk Tabor »mit konspirativen Mitteln« am Leben erhalten haben sollen. Der Volksgerichtshof wies den Angeklagten lediglich nach, daß sie Angehörige verhafteter Sokol-Mitglieder unterstützt hätten.[78]

77 VGH-Urteil vom 8. Juli 1943, Az.: 12 J 71/43 g // 1 H 153/43, BA-Ko R 60 I 311.

78 VGH-Urteil vom 27. August 1943, Az.: 12 J 47/43 g // 1 H 217/43, BA-Ko R 60 I 623.

Die Verfolgung der Kommunisten im Protektorat setzte sofort ein; sofort auch formierte sich der Widerstand im Untergrund. Untergetaucht waren die Kommunisten schon vor dem Einmarsch der Truppen in die Tschechei; ihre Partei war 1938 von den tschechischen Behörden verboten worden.

Einen Rückschlag erlitt die Partei durch den Hitler-Stalin-Pakt; dieses Handicap für die illegale Arbeit entfiel jedoch mit Beginn des Rußlandfeldzuges.[79]

Die bevorzugte Form des Widerstandes war eine durchaus national gefärbte Propaganda. Sie war primär gegen die »deutschen Faschisten«, die Besatzung gerichtet, aber durchaus auch gegen Benesch, den man für »mitschuldig« am Verlust der Souveränität erklärte.

In Plötzensee starben von April 1942 bis Mitte September 1943 mehr als 150 tschechische Kommunisten. Wenn sie kommunistische Zellen bildeten, war dies nach nationalsozialistischer Rechtsprechung Vorbereitung des organisierten Hochverrats. Im Urteil gegen Stanislav Zivny aus Brünn wird dies folgendermaßen begründet:

> »Die illegale KPČ erstrebt ... die Errichtung eines tschechischen Rätestaates nach sowjetischem Vorbild. Seit der Eingliederung der Länder Böhmen und Mähren in das Reich ist infolge dessen ihre Tätigkeit auch darauf gerichtet, das Protektorat zu beseitigen, um so die notwendige Voraussetzung für die Gründung eines neuen selbständigen Staates zu schaffen. Dieses Ziel soll im Zuge der revolutionären Erhebung des tschechischen Volkes gegen die deutsche Machtstellung erreicht werden. Die geheime kommunistische Wühlarbeit im Protektorat trägt somit hochverräterischen Charakter.«[80]

Zivny, der ursprünglich der Nationalsozialistischen (Benesch-)Partei angehört hatte, war 1938, offensichtlich unter dem Eindruck des »Versagens« der Westmächte in München, der KPČ beigetreten und Mitglied der Kreisleitung Brünn geworden. Am 15. September 1939 wurde er verhaftet, konnte aber im März 1941 fliehen. Ein Versuch, in die Slowakei zu gelangen, scheiterte. Zivny hielt sich versteckt, bis er am

79 Wagner, Volksgerichtshof, a.a.O., S. 533 ff.; Brandes I, a.a.O., S. 74 ff., 192 ff., 244 f.; Detlef Brandes, Die Tschechen unter deutschem Protektorat, Teil II: Besatzungspolitik, Kollaboration und Widerstand im Protektorat Böhmen und Mähren von Heydrichs Tod bis zum Prager Aufstand (1942-1945), München-Wien 1975, S. 76 ff.

80 VGH-Urteil vom 24. Mai 1943, Az.: 12 J 50/41 // 1 H 21/43, BA-Ko R 60 I 86.

5. September 1942 von der Polizei gestellt wurde. Wieder konnte er entkommen, wurde jedoch am gleichen Tag erneut gestellt und durch Schüsse so schwer verletzt, daß er zusammenbrach. Übrigens wurde bei der Schießerei auch einer der Beamten von einem Kollegen getroffen; er verstarb kurz darauf. Zivny wurde im August 1943 in Plötzensee enthauptet. Seine Verurteilung war auch wegen unerlaubten Waffenbesitzes erfolgt; er hatte bei seiner Festnahme eine geladene Pistole in der Rocktasche, allerdings nicht damit geschossen.
Im Zivny-Urteil ist auch die organisatorische Struktur der KP wiedergegeben. Es heißt dort:

> »Der von ihr planmäßig aufgebaute geheime Parteiapparat gliederte sich nach der Protektoratserrichtung in die unter der Prager Zentralleitung arbeitenden beiden Landesleitungen in Prag und Brünn. Diese waren Kreisleitungen untergeordnet, denen wieder Gebietsleitungen, Ortsgruppen sowie Betriebszellen unterstanden.
> Der Bereich der Landesleitung Brünn zerfiel in die Kreisleitungen Brünn, Göding, Olmütz und Mährisch-Ostrau, der Kreis Brünn seinerseits umfaßte die Gebiete I (Brünn-Stadt), II (Königsfeld) und III (Schismitz-Julienfeld).«

Die kommunistischen Aktivitäten charakterisierte der Volksgerichtshof wie folgt:

> »Schon bald, nachdem der Führer Böhmen und Mähren wieder in den Bestand des Reiches aufgenommen und in ihm dem tschechischen Volk eine Heimstätte gesichert hatte, begannen unverantwortliche reichsuntreue Elemente eine kommunistische, hochverräterische Arbeit, zogen Zellen einer tschechischen kommunistischen Partei auf, suchten untereinander und nach oben Verbindung, zogen Beiträge ein, versorgten sich und andere mit Flugblättern und warben neue Mitglieder.«[81]

In diesem Urteil wurde dem Bauhilfsarbeiter Miloslav Svoboda vorgeworfen, daß er Verbindungsmann der Stadtviertel-Leiter zur Brünner KP-Zentrale gewesen sei. Erschwerend wurde ihm zur Last gelegt, daß er »untergetaucht« und im Besitz einer Pistole war. Der Hilfsarbeiter Josef Mifek war einer der Stadtviertel-Leiter. Außer der Funktion in der KP warf ihm der Volksgerichtshof vor, daß er »den illegal lebenden kommunistischen Funktionär Svoboda dadurch unterstützte, daß er ihn, als er wegfahren wollte, ... an die Bahn brachte«. Der Kraftfahrer

81 VGH-Urteil vom 3. September 1943, Az.: 8a J 80/43 g // 1 H 216/43, BA-Ko R 60 I 361.

Ondrej Straka, ein in Brünn ansässiger Slowake, hatte »Svoboda nach dem Attentat auf den stellvertretenden Reichsprotektor zwei Tage bei sich heimlich wohnen lassen, ihn schließlich auch zusammen mit Mifek zum Bahnhof begleitet«. Über den Schneidergehilfen Jan Kominek, der KP-Bezirksleiter war, urteilte das Gericht:

> »Getan hat er freilich nicht viel ... aber seine Hauptschuld besteht darin, daß er Svoboda um die Jahreswende 1942/43 eine Woche lang bei sich geheim nächtigen ließ, obgleich er nach seinen eigenen Angaben schon nach der ersten Nacht von ihm erfuhr, daß er von der Polizei gesucht wurde, und sich darüber klar war: wegen kommunistischer Umtriebe! Und obgleich er am vorletzten Tage sah, daß Svoboda eine Pistole hatte, um, wie er ihm auf Befragen erklärte, bei einer Verhaftung zu schießen. Daß er darauf gedrängt hat, daß Svoboda ihn verließ, hat demgegenüber keine Bedeutung, die ins Gewicht fällt.«

Zwei weitere Mitglieder der Gruppe, František Žižlavsky und Alois Dobřensky, sollen Mitglieder geworben und Flugblätter weitergegeben haben. Bemerkenswert ist, daß die wegen Vorbereitung des Hochverrats am 3. September gefällten Todesurteile bereits in der Nacht vom 7. zum 8. September vollstreckt wurden.
»Hochverräter« waren eben alle, die im kommunistischen Sinn aktiv waren. Die Aktivität mußte dabei nicht besonders ausgeprägt sein. Alois Matyas starb in den Septembernächten, weil er unter Prager Straßenbahnschaffnern eine kommunistische Betriebszelle geleitet haben soll.[82] Aus dem gleichen Grund starben zur gleichen Zeit Adam Kapič, Alois Hora und Johann Kožlovski.[83]
Alois Blaška, Josef Kovař, Ladislav Lochmann und Ladislav Sležak ließen ihr Leben am 9. April 1943, weil sie sich in der zum Kreis Pardubitz gehörenden Gebietsleitung Wildenschwert organisatorisch und agitatorisch hochverräterisch gegen das Reich betätigt haben sollen.[84]
Bemerkenswert ist auch, daß der kommunistische Widerstand die Grenze des Protektorats übersprang. Am 21. September 1942 verhandelten der Volksgerichtshof gegen zwölf Protektoratsangehörige. Er warf ihnen vor, »teils führend und teils teilnehmend in der zweiten Hälfte des Jahres 1940 und bis zum Anfang Februar 1941 in Passek, einem kleineren Ort im Gablonzer Gebiet des Sudetengaues, in dem eine erhebliche

82 BA-Ko, Mordregister M 1107.

83 VGH-Urteil vom 7. Juni 1943, Az.: 8a J 40/43 g // 1 H 118/43; BA-Ko R 60 I 109.

84 VGH-Urteil vom 26. November 1942, Az.: unleserlich, BA-Ko R 60 I 89.

tschechische Minderheit wohnt, die für das Protektorat optiert hat, einen kommunistischen Zusammenschluß gebildet« zu haben, der sich mit der Schulung der Teilnehmer befaßt und Gelder nach Art der Roten Hilfe gesammelt habe. Das Gericht konnte direkte Parteimitgliedschaften der meisten Angeklagten nicht nachweisen, vertrat aber die »Rechtsansicht, daß es zur Verwirklichung eines organisatorischen Zusammenschlusses keiner weiteren Merkmale bedarf als der Bildung eines politisch gleichgesinnten Kreises von Teilnehmern, der, aktiv oder aufnehmend, kommunistischer Arbeit, sei es auch nur an dem Teilnehmerkreis selbst, dienen soll«.[85] Der Schlosser Paul Metelka, der die Schulungen leitete, und der Webstuhlvorrichter Franz John wurden am 1. Dezember 1942 hingerichtet; die übrigen neun Angeklagten erhielten Zuchthausstrafen, einer wurde freigesprochen.
Die Metelka-Gruppe hatte sich zwar außerhalb des Protektorats im Sudetenland gebildet, war aber eine rein tschechische Gruppe geblieben. Es gibt allerdings auch Beispiele dafür, daß tschechische und deutschstämmige Kommunisten zusammenarbeiteten.

Grünwald berichtet, ein Schwerpunkt illegaler KP-Arbeit seien seit Sommer 1940 die Landkreise Teplitz-Schönau, Dux und Brüx in Nordwestböhmen gewesen. Sporadisch seien auch Propagandaanschriften in deutscher Sprache verbreitet worden. Den Widerstandsgruppen hätten sowohl Tschechen als auch Sudetendeutsche angehört. Die führenden Familien Lindner, Rubal und Dvořak seien zweisprachig gewesen. Die aus Mariaschein stammende Herta Lindner habe deutsche und tschechische Schulen besucht; sie habe beide Sprachen fließend gesprochen. Das gleiche gelte für Emmy Dvořak, deren Mutter Sudetendeutsche und deren Vater Tscheche gewesen sei. Die Rubals seien Sudetendeutsche gewesen.[86] Die kommunistischen Gruppen hätten sich als Bergsteiger- oder Sparverein getarnt. In Teplitz seien die Mitglieder in einem Gasthof als Briefmarkensammler zusammengekommen. Auf den Tischen hätten immer Hunderte von Markenmappen und -heften gelegen. Der Gestapo sei der Einbruch in den verzweigten kommunistischen Untergrund gelungen, als bei einem des Schwarzhandels Verdächtigen eine Haussuchung vorgenommen worden sei. Die Polizei habe dabei ein

85 VGH-Urteil vom 21. September 1942, Az.: 6 J 80/42 g // 1 H 153/42, BA-Ko R 22/4694 und R 60 II 509.

86 Leopold Grünwald, Im Kampf für Frieden und Freiheit, München 1979. Die Schreibweise der Namen differiert teilweise von der im Bibliotheksbuch und im Mordregister, so Rubal statt Roubal, Dworak statt Dvořak.

Stalin-Bild und Hefte mit insgesamt 364 Namen und Adressen gefunden. Nach und nach sei eine illegale Kommunistengruppe nach der anderen aufgedeckt worden, so am 23. Januar die Rubal-Gruppe.
Nach dem Mordregister wurden Wilhelmine Roubal, Adolf und Emilie Dvořak, Franz Müller, Ernst Patz, Zdenek Safranek, Josef Zenkr, Franz Porzal, Bohumil Holub, Wenzel Vodicka, Josef Vrba und Josef Wanka gemeinsam verurteilt[87] und mit Herta Lindner am 29. März 1943 hingerichtet.
Eine Gruppe um Heinrich Josef Lindner, dem Vater von Herta Lindner, starb am 12. April 1943. Ihr gehörten Otto Albert Ficht, Franz Plsek, Emil Komann sowie die Frauen Eleonore Slach, geb. Schmidt und Maria Krsnak, geb. Lange, an.[88]
Den kommunistischen Hochverrat im Sudetengau vorbereitet zu haben, wurde auch den Bergleuten Antonin Ondraček und František Peterka sowie dem Heizer Josef Šimek und dem Schlosser Jaroslav Fortelka – alle waren im Kreis Brüx ansässig – vorgeworfen. Sie wurden deshalb am 18. Dezember 1942 zum Tode verurteilt[89] und am 9. April 1943 zum Schafott geführt.

Die Härte der Strafverfolgung zeigte sich in einer Verhandlung gegen vier Schüler, die nach dem Erwachsenenstrafrecht abgeurteilt wurden. Drei der Angeklagten waren Gymnasial-, einer Gewerbeschüler. Als das Urteil gefällt wurde, waren sie 19 bzw. 20 Jahre alt. Der Volksgerichtshof verhängte die Todesstrafe, weil Jiri und Miloslav Svoboda und Jaroslav Šafka »im Jahr 1941 und teilweise im Jahr 1942 im Protektorat Böhmen und Mähren den kommunistischen Hochverrat vorbereitet und dadurch den Feind begünstigt« haben sollten. Milič Jiraček, der »ihnen dabei geholfen« haben soll, erhielt eine Freiheitsstrafe.[90] Die drei zum Tode Verurteilten kamen am 19. Dezember 1942 in das Strafgefängnis Plötzensee; sie starben am 15. April 1943.

Der bedeutendste Prozeß in dem hier behandelten Zeitraum war der gegen Julius Fučik und andere. Folgt man der tschechischen Geschichtsschreibung, dann war Fučik seit dem Frühjahr 1941 Mitglied des II.

87 BA-Ko und Hoppegarten, Mordregister Z 301.

88 BA-Ko und Hoppegarten, Mordregister F 435.

89 VGH-Urteil vom 18. Dezember 1942, Az.: 6 J 108/42 // 1 H 271/42, BA-Ko R 60 II 88-4.

90 VGH Urteil vom 18. Dezember 1942, Az.: 8a J 248/42 g // 1 H 282/42, BA-Ko R 60 II 88-5.

illegalen ZK.[91] Der Volksgerichtshof sah in ihm jedoch, wie er in dem am 25. August 1943 gefällten Urteil feststellte, nur »einen Verbindungsmann des Zentralkomitees der illegalen tschechisch-kommunistischen Partei«, der »wichtige agitatorische und organisatorische kommunistische Aufbauarbeit geleistet« und »sich besonders um den Aufbau einer kommunistisch beeinflußten Einheitsorganisation der tschechischen Intelligenz bemüht« habe.[92] Fučik gelang es, revolutionäre Ausschüsse insbesondere unter den Ärzten, Schriftstellern und Schauspielern zu bilden. All diese Männer sollten sich bereithalten für den Tag, an dem die tschechische Republik wiederbegründet werden konnte. Fučik veranlaßte wiederholt Geldsammlungen unter den Intellektuellen. Einmal übergab er dem »Revolutionsausschuß« – der am Tage der Befreiung die Regierung übernehmen sollte – 20.000 Kronen. Bei seiner Verhaftung hatte er 6000 Kronen bei sich.

Fučik verteilte u.a. die illegale Zeitschrift »Rude pravo«, schrieb Gegenartikel gegen die vom Reichspropagandaministerium auch im Protektorat gezeigte Ausstellung »Das Sowjetparadies« und veröffentlichte eine Arbeit »Die drei großen L« (Lenin, Luxemburg, Liebknecht).

Verhaftet wurde Fučik bei einem Treffen im Hause des Eisenbahners Jelinek.

Fučiks Auftreten vor dem Volksgerichtshof muß Eindruck hinterlassen haben. Anders erklärt es sich kaum, daß in der »Urteilsbegründung« verzeichnet ist:

> »Nach der Übernahme Böhmens und Mährens als Protektorat in das Deutsche Reich wies er ein zweimaliges Ansinnen tschechischer kommunistischer Funktionäre, zu emigrieren, ab; ihm schien das Leben in der Emigration, wie er sagt, schlechter als das im Gefängnis.«

Und über die näheren Umstände bei der Verhaftung heißt es:

91 Biographische Angaben bei Gebhart/Simovček, a.a.O., S. 425. Gewisse Zweifel wegen der ZK-Mitgliedschaft äußert Brandes I, a.a.O., S. 193. Bei Gusta Fučikova, Mein Leben mit Julius Fučik, Berlin 1976, lautet eine Kapitelüberschrift »Julek wird Mitglied des Zweiten Illegalen Zentralkomitees« (S. 487 ff.); der Quellenwert dieser Biographie ist jedoch nicht allzu hoch zu veranschlagen. Es wird dort auch beschrieben und mit einer »Zeugenaussage« eines ehemaligen Gestapo-Beamten »belegt«, daß der mit Fučik am 24. Aptil 1942 verhaftete Jaroslav Klecan Fučiks Identität und die Tatsache, daß er Mitglied des ZK sei, verraten habe. Träfe dies zu, hätte der Volksgerichtshof doch wohl darauf Bezug genommen. Möglicherweise wollte die kommunistische Historiographie Fučik, der zum Nationalhelden der Tschechoslowakei erklärt worden war, nicht im zweiten, sondern im ersten Glied der Partei sehen.

92 VGH-Urteil vom 25. August 1943, Az.: 8a J 91/43 g // 1 H 218/43, BA-Ko R 60 I 270.

»Er hatte zwei geladene Pistolen bei sich. Er wollte auch mit ihnen auf die Beamten der Staatspolizei schießen. Er legte dann aber die Pistolen weg, wie er sagt, weil die Beamten sich mit den anderen Teilnehmern beschäftigten und ihm den Rücken kehrten und er es nicht für ehrenhaft hielt, anders als von Angesicht zu Angesicht aufeinander zu schießen.«

In der »Reportage unter dem Strang geschrieben« gibt Fučik eine andere Deutung. Neun Gestapo-Leute seien in die Wohnung Jelineks eingedrungen. Sie hätten ihn nicht gesehen; er habe hinter ihrem Rücken gestanden, hinter der Tür, die sie geöffnet gehabt hätten. Er habe schießen können; aber ihre Pistolen hätten auf zwei Frauen und drei unbewaffnete Männer gezielt. Wenn er geschossen hätte, würden diese früher gefallen sein als er.[93]
Der Volksgerichtshof konstatierte für Julius Fučik:

»Er wußte, daß sein Hochverrat eine schwere Schädigung der Kampfkraft unseres Reiches in unserem totalen Krieg war. Er hat sich durch seine Treulosigkeit gegenüber dem Reich und auch gegenüber dem tschechischen Volk, das mit dem Reich auf Gedeih und Verderb verbunden ist, für immer ehrlos gemacht.«

Julius Fučik hat mit der »Reportage unter dem Strang geschrieben« ein literarisches Vermächtnis hinterlassen. Darin heißt es:

»Um eines bitte ich. Ihr, die ihr diese Zeit überlebt, vergeßt nicht. Vergeßt die Guten nicht und nicht die Schlechten. Sammelt geduldig die Zeugnisse über die Gefallenen. Eines Tages wird das Heute Vergangenheit sein, wird man von der großen Zeit und den namenlosen Helden sprechen, die Geschichte gemacht haben. Ich möchte, daß man weiß, daß es keine namenlosen Helden gegeben hat. Daß es Menschen waren, die ihren Namen, ihr Gesicht, ihre Sehnsucht und ihre Hoffnungen hatten, und daß deshalb der Schmerz des Letzten unter ihnen nicht kleiner war als der Schmerz des Ersten, dessen Name erhalten bleibt. Ich möchte, daß sie alle euch immer nahe bleiben, wie Bekannte, wie Verwandte, wie ihr selbst.
Ja, ich möchte, daß man jene nicht vergesse, die treu und standhaft gekämpft haben, draußen und hier, und die gefallen sind. Aber ich möchte auch, daß die Lebenden nicht vergessen werden, die uns nicht weniger treu und nicht weniger standhaft unter den schwersten Bedingungen geholfen haben. Nicht zu ihrem Ruhm. Aber als Beispiel für

93 Julius Fučik, Reportage unter dem Strang geschrieben, Berlin 1947, S. 10. Inwieweit diese Reportage auf Zetteln beruht, die aus dem Prager Gefängnis herausgeschmuggelt wurden, läßt sich erst feststellen, wenn die »Kassiber« vorliegen.

andere. Denn die menschliche Verpflichtung endet nicht mit diesem Kampf, und ein Mensch zu sein, wird auch weiterhin ein heldenhaftes Herz erfordern, solange die Menschen nicht wirklich und ganz und gar Menschen sind.«[94]

Fučik, höchstwahrscheinlich auch Klecan wurden am Morgen des 8. September 1943 gehängt.[95]
Am gleichen Tag starben fünf Mitglieder des Kreisausschusses Königgrätz des »Nationalen Revolutionsausschusses«. Es waren der Postadjunkt Jaroslav Otava, der Assistenzarzt Dr. Milostny, der Bankangestellte Jindrich Ondraček, der Postbeamte Josef Bek und der Postangestellte František Drabek.
Der Volksgerichtshof unterstellte eine Nähe des Ausschusses zur Obrana Naroda. Die Zentrale sei im September 1939, nach Kriegsausbruch, ins Leben gerufen worden, der Königgrätzer Ausschuß wenig später.[96] Neuere Untersuchungen kommen zu dem Ergebnis, daß die Nationalen Revolutionsausschüsse von den Kommunisten gesteuert wurden.[97] Das leuchtet insofern ein, als Kommunisten nach Abschluß des Hitler-Stalin-Pakts konspirative Tätigkeiten sicherlich zu tarnen versuchten; außerdem erschien ihnen der Weg über eine »Volksfront« geeignet, eine Massenbasis zu gewinnen. Den Verurteilten Männern aus Königgrätz wurde Vorbereitung zum Hochverrat und landesverräterische Feindbegünstigung zur Last gelegt. Solche »Verbrechen« waren schon mit der Mitgliedschaft und Mitarbeit im »Revolutionsausschuß« gegeben. In dem Verfahren gegen Jaroslav Otava und seine Freunde wertete der Volksgerichtshof erschwerend, daß die Gruppe mehrfach flüchtigen Landsleuten geholfen hatte.

94 Fučik, a.a.O., S. 48.

95 Für Klecan wurde, wie sich aus der Liste im Reichsjustizministerium ergibt, am Abend des 7. September 1943 die »sofortige Vollstreckung« angeordnet, BA-Ko R 22/5019; sie ist jedoch weder im Mordregister noch im Sterberegister des Standesamtes nachweisbar.

96 Die Gruppe wurde am 7. Mai 1943 zum Tode verurteilt, VGH-Urteil, Az.: 12 J 136/42 g // 2 H 51/43, BA-Ko R 60 I 505. Der Gruppe gehörten außer den am 8. September 1943 Hingerichteten der Augenarzt Dr. Georg Franta, der Postbeamte Vaclav Erban, der Postassistent Anton Franz Horak und der Polizeioberleutnant Jaroslav Sykora an. Die gegen Franta und Horak gefällten Todesurteile wurden in Zuchthausstrafen umgewandelt, die Vollstreckung der Urteile gegen Erban und Sykora zunächst ausgesetzt. Erban starb, bevor eine Entscheidung gefallen war, am 12. März 1944 in Plötzensee. Im Fall Sykora entschied der Justizminister am 24. Dezember 1944, daß das Urteil zu vollstrecken sei. Die Hinrichtung erfolgte am 22. Januar 1945 im Zuchthaus Brandenburg, BA-Hoppegarten, Mordregister O 170.

97 Brandes I, a.a.O., S. 60, 96, 244 f.

Der Major Matholina[98] zum Beispiel hatte aus der Gestapohaft entweichen können, nachdem er Eisenstücke verschluckt hatte und deshalb in ein Krankenhaus geschickt worden war. Die Mitglieder des Revolutionsausschusses verbargen ihn, wobei sie von dem Polizeioberleutnant Sykora gedeckt wurden. Ähnlich halfen die Königgrätzer dem flüchtigen Prager Professor Kratochvil, der Mitglied einer kommunistischen Gruppe war.

Kommunistischer Widerstand im Protektorat war zunächst stark isoliert. Er gewann an Kraft und Bedeutung, nachdem der Krieg mit der Sowjetunion begonnen hatte, und die tschechischen Kommunisten 1941 auf eine Volksfrontlinie eingeschwenkt waren und auch ihr Verhältnis zu Benesch revidierten. Brandes urteilt:

> »Der Änderung des KPČ-Programms entsprach auch eine Ausweitung der Tätigkeit der KPČ. Nach dem 22. Juni 1941 unternahmen kommunistische Gruppen zum erstenmal Sabotageakte. Nachdem die KPČ Anfang Oktober nach Verhängung des Standrechts die illegale Arbeit etwas eingeschränkt hatte, begann sie schon Mitte Oktober mit einer großangelegten Flugblattaktion. Außerdem nahm sie eine ›fabrikationsmäßige‹ Herstellung von Brandsätzen und Sprengkörpern auf ... Diese Entwicklung – Vernichtung der nationalen Widerstandsgruppen einerseits und Verstärkung der KPČ-Tätigkeit andererseits – sollte dann in der ersten Hälfte des Jahres 1942 zu einem allmählich immer weiter anwachsenden Übergewicht der KPČ über alle anderen Gruppen im Untergrund führen.«[99]

Hilfe für Verfolgte

Am 4. August 1943 verhandelte der Besondere Senat des Volksgerichtshofs gegen drei Ärzte, die bereits am 11. März zu Zuchthausstrafen verurteilt worden waren. Der Oberreichsanwalt hatte gegen dieses Urteil Außerordentlichen Einspruch eingelegt.

Der Besondere Senat verhängte daraufhin am 4. August 1943 Todesurteile über Dr. František Simer, Leitender Arzt der Inneren Abteilung des allgemeinen Krankenhauses in Pilsen, Dr. Vilem Hlinka, Assistenzarzt in Pilsen, und Dr. Karl Hradečky, Leitender Arzt der Inneren

98 Matholina wurde am 29. Juli 1943 vom Volksgerichtshof zum Tode verurteilt; er wurde am 8. Oktober 1943 in Dresden hingerichtet, BA-Hoppegarten, Mordregister M 1103.

99 Brandes I, a.a.O., S. 245.

Abteilung des Krankenhauses in Strakonitz.[100] Sie wurden am 8. September 1943 gehängt. Die Todesurteile wurden damit begründet, daß die Ärzte von der Gestapo verfolgten Landsleuten in ihren Krankenhäusern Unterschlupf gewährt hätten, »bis sie gute Ausweispapiere bekamen.« Dr. Simer hatte zwischen 1941 und 1942 drei Tschechen behandelt, die von der Gestapo gesucht wurden. Sie waren unter falschem Namen in das Krankenhaus gekommen. Dr. Simer hatte daran keinen Anstoß genommen. Die drei Ärzte hatten damit, wie der Volksgerichtshof in der Urteilsbegründung meinte, »mitgewirkt, ein besonderes Element der Sicherheit jedes modernen Staates zu untergraben, die polizeiliche Evidenz der Identität der Persönlichkeiten. Und das im Krieg!«
Der Volksgerichtshof verlangte, daß sich ein Arzt zum Zuträger der Polizei machte. Er sah in einem humanitären Akt, in der Hilfe, die der Angeklagte einem Gejagten durch sein Schweigen gewährte, ein Kapitalverbrechen. »Um der Sicherheit des Reiches willen kann so eine Tat ... nur mit dem Tode bestraft werden. Wer im Kriege dem Feind hilft, hat sich für immer ehrlos gemacht.«
»Die polizeiliche Evidenz der Identität der Persönlichkeit« konnte natürlich am ehesten von Melde- und Polizeibehörden verschleiert werden. Dies ist mehrfach geschehen. Der Polizeiaktuaradjunkt Jaroslav Koukolik und der Kanzleiangestellte Adalbert Rojik († 25. Juni 1943) hatten »in amtlicher Eigenschaft die ordnungsmäßige An- und Abmeldung von Personen bescheinigt, von denen ihnen bekannt war, daß sie wegen reichsfeindlicher Betätigung von der Geheimen Staatspolizei verfolgt wurden und aus diesem Grunde falsche Namen führten«. Bei denen, die auf solche Weise dem Zugriff der Gestapo entzogen werden sollten, handelte es sich unter anderem um einen Studenten, der an Unruhen an der Universität beteiligt war, und um einen Fallschirmspringer.[101]
Falsche Pässe hat auch der Aktuarobersekretär Zbynek Dienstbier aus Zlin für gejagte Landsleute ausgestellt.[102]

100 VGH-Urteil vom 4. August 1943, Az.: 12 J 283/42 g // BS 6 /43, BA-Ko R 60 I 274.

101 BA-Ko und Hoppegarten, Mordregister K 1698; Wagner, Volksgerichtshof, a.a.O., S. 629. Mit Koukolik und Rojik kam am 19. März 1943 Karl Baxa als zum Tode Verurteilter nach Plötzensee; ein Hinrichtungstermin hat sich nicht feststellen lassen.

102 Dies geht aus dem Gnadenantrag des Verteidigers, Rechtsanwalt Vogel aus Dresden, vom 18. Dezember 1942 hervor, Anlage zum VGH-Urteil (gegen Vaňa und andere) vom 26./27. November 1942, Az.: 12 J 184/42 g // 1 H 209/42, BA-Hoppegarten Z/C 20024, Akte 5. Unter den Gründen, die für eine Begnadigung Dienstbiers sprechen, führte der Rechtsanwalt an: »... auch das Gesetz von Anfang Dezember 1942, wonach im Protekto-

Tschechen haben auch flüchtigen Kriegsgefangenen geholfen. Wenzel Aubrecht aus Kommern (Sudetenland) zum Beispiel arbeitete in einer Kohlengrube, in der auch sowjetische Gefangene beschäftigt waren. Einer von ihnen, Michail Tritjakov, erhielt von diesem für seine Flucht einen Zivilanzug. Ferner versorgte Aubrecht den Russen, der sich zunächst in einem abgestellten Eisenbahnwagen versteckt hatte, mit Essen. Er nahm ihn dann in der Nacht zum 26. März 1943 mit in die elterliche Wohnung. Seine Eltern machten ihm zunächst Vorwürfe, aber Wenzels Vater gab dem Russen schließlich drei Reichsmark. Sein Bruder Matthias steckte ihm zehn Zigaretten zu, und die Mutter goß für ihn Kaffee auf und gab ihm Brot.

Wenzel Aubrecht wollte den Russen bis zur Grenze bringen. Aber der flüchtige Gefangene wurde noch in der gleichen Nacht verhaftet. Aubrecht entkam zunächst. Aber drei Tage später wurde auch er festgenommen.

Der Volksgerichtshof verurteilte Wenzel Aubrecht zum Tode, seine Eltern und seinen Bruder zu Zuchthausstrafen.[103]

Das Urteil ist insofern bemerkenswert als unter anderem der § 120 StGB (Gefangenenbefreiung) unter Berufung auf das »gesunde Volksempfinden« mit folgender Begründung Anwendung fand:

> »Zwar gibt es kein Strafgesetz, das die Kriegsgefangenenbefreiung verbietet. Wenn unser Recht verbotenen Umgang mit Kriegsgefangenen unter Strafe stellt, paßt diese Bestimmung nicht auf unseren Fall. Das Volk versteht unter verbotenem Umgang mit Kriegsgefangenen nicht die Fluchthilfe, sondern z.B. gesellschaftlichen Umgang, besonders zwischen deutschen Mädchen und Kriegsgefangenen, und das Zustecken von Lebens- und Genußmitteln u.a. Bei der Fluchthilfe ist aber mehr: Unser gesundes Volksempfinden sagt uns, daß der, der einem Kriegsgefangenen auf der Flucht hilft, bestraft werden muß. Zumal unser Strafrecht die Befreiung von Strafgefangenen ausdrücklich mit Strafe bedroht.«[104]

rat für Ausstellung falscher Pässe die Todesstrafe vorgesehen ist, bestand im Augenblick der Straftat noch nicht«. Der Volksgerichtshof hatte also eine gesetzliche Bestimmung rückwirkend angewendet.

103 VGH-Urteil vom 21. Juli 1943; Az.: 4 J 101/43 // 1 L 55/43, BA-Ko R 60 I 407.

104 Wagner, Volksgerichtshof, a.a.O., S. 255 f.

Polen

Die Tatsache, daß in Plötzensee 1942/43 mehr Tschechen und Deutsche als Polen ihr Leben ließen, darf nicht zu falschen Schlüssen verleiten. Der Blutzoll der Polen war sehr viel höher als der anderer Völker.[1] Das Programm des deutschen Generalgouverneurs in Polen, Hans Frank, hieß »liquidieren«.[2] In einer Notiz in seinem Diensttagebuch zog er einen Vergleich zum Terror gegenüber den Tschechen:

> »In Prag waren zum Beispiel große rote Plakate angeschlagen, auf denen zu lesen war, daß heute sieben Tschechen erschossen worden sind. Da sagte ich mir: Wenn ich für je sieben erschossene Polen ein Plakat aushängen lassen wollte, dann würden die Wälder Polens nicht ausreichen, das Papier herzustellen für solche Plakate.«[3]

Auch wenn man das Morden im Generalgouvernement und in den eingegliederten Ostgebieten außer Acht läßt und nur von zivilen Gerichten im Reich und in den eingegliederten Gebieten gefällte Urteile in Betracht zieht, dominieren die gegen Polen verhängten Todesurteile. In einer für Hitler bestimmten »Information« meldete der Reichsminister der Justiz, daß im ersten Halbjahr 1942 1146 Todesurteile gefällt

1 Siehe hierzu: Martin Broszat, Nationalsozialistische Polenpolitik 1939-1945, Fischer-TB, Frankfurt/M. [2]1965; Christoph Kleßmann, Die Selbstbehauptung einer Nation. NS-Kulturpolitik und polnische Widerstandsbewegung im Generalgouvernement, Düsseldorf 1971, S. 27 ff.; Hans Umbreit, Auf dem Weg zur Kontinentalherrschaft, in: Das Deutsche Reich und der Zweite Weltkrieg, Bd. 5/1, herausgegeben vom Militärgeschichtlichen Forschungsamt Freiburg, Stuttgart 1988, S. 183 ff.; S. 268 ff.; Walter Wagner, Der Volksgerichtshof im nationalsozialistischen Staat, Stuttgart 1974, S. 632 ff.

2 Eine bezeichnende Eintragung im »Diensttagebuch« des Generalgouverneurs Hans Frank lautet: »Wir brauchen diese Elemente« (gemeint ist die polnische Führungsschicht) »nicht in Konzentrationslager des Reiches abzuschleppen, ... sondern wir liquidieren die Dinge im Lande.« Das Diensttagebuch des deutschen Generalgouverneurs in Polen 1939-1945, herausgegeben von Werner Präg und Wolfgang Jacobmeyer; Veröffentlichungen des Instituts für Zeitgeschichte Bd. 20, Stuttgart 1975, S. 212.

3 Das Diensttagebuch, a.a.O., S. 104.

worden seien, 453 gegen Deutsche, 106 gegen Protektoratsangehörige, also Tschechen, und 530 gegen Polen.[4] Die meisten der gegen Polen gefällten Urteile dürften in Posen, Kattowitz und Breslau vollstreckt worden sein. Immerhin ist Posen die einzige Hinrichtungsstätte, für die zwei Scharfrichter bestellt waren, während der Henker von Plötzensee zugleich auch für Brandenburg zuständig war.[5] Die Hinrichtungen in Plötzensee vermitteln also nur ein ungenaues Bild der Verfolgung der Polen. Insonderheit wird nicht deutlich, daß es den Polen gelang, eine starke Untergrundarmee aufzubauen.[6]

Untergrund

Erstmals leistete diese Armee um die Jahreswende 1942/43 in größerem Umfang bewaffneten Widerstand, als Heinrich Himmler begonnen hatte, südöstlich von Lublin mehr als 100.000 polnische Bauern zu vertreiben, weil er eine deutsch besiedelte Brücke zu der beabsichtigten Ansiedlung von Südtirolern auf der Krim schlagen wollte.[7]
Bewaffnete polnische Kräfte im Untergrund gab es seit der Kapitulation der Festung Warschau. Damals wurde die Organisation »Sluzba Zwysiestwu Polski« (SZP = Dienst am Sieg Polens) von Offizieren, Vertretern der Volkspartei, der Nationalpartei und der Sozialdemokratischen Partei ins Leben gerufen und der Exilregierung unterstellt.[8] Aber schon wenige Wochen später wurde SZP in Zwiazek Walki Zbronej (ZWZ = Verband für den bewaffneten Kampf) umbenannt.[9] Der Oberreichsanwalt beim Volksgerichtshof, Lautz, hat sich in seinen Lageberichten wiederholt ausführlich mit dem polnischen Widerstand befaßt. Am 2. Oktober 1941 ging er auch kurz auf den Verband für den bewaffneten Kampf (ZWZ) ein, dessen »augenscheinlich aus ehemaligen Offizieren bestehende Leitung ihren Sitz in Krakau hatte . . . Die Zahl der bisher festgenom-

4 »Führerinformation« Nr. 90 vom 30.7.1942, BA-Ko R 22/4089.

5 Akten des Reichsministers der Justiz, Scharfrichter, BA-Ko R 22/1324; s. auch Anl. 1 + 2 zu der RMJ, Az.: 4417 - IV a 4 11 vom 17.1.1945, Richtlinien für Scharfrichter, ebd.

6 Wolfgang Jacobmeyer, Heimat und Exil. Die Anfänge der polnischen Untergrundbewegung im Zweiten Weltkrieg, Hamburg 1973, passim.

7 Enno Meyer, Grundzüge der Geschichte Polens, Darmstadt [3]1990, S. 102.

8 Jacobmeyer, a.a.O., S. 30 ff.

9 Jacobmeyer, a.a.O., S. 61 ff.; Tadeusz Bor-Komorowski, Histoire d'une armée secrète, Paris (1955), S. 70; Hanns von Krannhals, Der Warschauer Aufstand 1944, Frankfurt/M. 1962, S. 23.

menen Personen beläuft sich auf 97; eine größere Anzahl von Funktionären ist jedoch noch flüchtig.«[10] Man hatte also Kenntnis von der Umwandlung der SZP in ZWZ. Es ist daher verwirrend, wenn der Volksgerichtshof Mitte September 1942 Maximilian Jargon und Franz Spernol – beide starben am 6. November 1942 – zum Tode verurteilte, weil sie sich »in der polnischen Widerstandsbewegung SZP durch Aufstellen von Fünfergruppen ... hochverräterisch gegen das Reich betätigt hatten.«[11] SZP meinte aber hier nicht die Vorgängerin des Verbandes für den bewaffneten Kampf (ZWZ), sondern nach Meinung des Oberreichsanwalts die »Bewaffnete Macht Polens« (= Sila Zbrojna Polska), »eine Militärorganisation in Oberschlesien«;[12] 154 Mitglieder seien in Haft, die Mitgliederzahl belaufe sich in Oberschlesien auf 10.000-15.000 Personen. Andererseits gab der Oberreichsanwalt unter der Zwischenüberschrift »SZP« eine Gesamtübersicht, die sich eigentlich nur auf den ZWZ beziehen kann. Er schrieb:

> »Nach den getroffenen Feststellungen hat die Organisation in ständiger Verbindung mit der polnischen Emigrantenregierung gestanden und ist von dieser mit Weisungen und Geldmitteln versehen worden. Sie hat sich unter Führung ehemaliger polnischer Offiziere über das Gesamtgebiet der ehemaligen polnischen Republik einschließlich der eingegliederten Ostgebiete und des früheren sowjet-russischen Interessengebiets sowie benachbarte Teile des Altreichs verbreitet. Dem ›Hauptkommando‹ in Warschau unterstanden sechs ›Räume‹, und zwar die ›Räume‹ Warschau, Radom, Lublin, Krakau, Lemberg und Wilna. Die ›Räume‹ waren ihrerseits wieder in Gebiete untergeteilt. Das ›Gebiet Oberschlesien‹, das die gesamte derzeitige Provinz Oberschlesien umfaßte, gehörte zu dem auch als ›Raum IV‹ bezeichneten ›Raum Krakau‹. Entsprechend der allgemeinen Gliederung der Organisation war auch das ›Gebiet Oberschlesien‹ in ›Inspektionen‹, diese in ›Kreise‹, diese wieder in ›Kommandostellen‹ aufgeteilt.«[13]

10 Lagebericht des Oberreichsanwalts vom 2. Oktober 1941, Az.: 4206-2.27, geheim; BA-Ko R 22/3390.

11 BA-Ko, Mordregister J 335.

12 Zu der Abkürzung SZP siehe auch Wagner, Volksgerichtshof, a.a.O., S. 641, 643; die vom Oberreichsanwalt benutzte Abkürzung SZP ist bei Jacobmeyer, Heimat und Exil, a.a.O., S. 255 ff. nicht nachgewiesen; ebenso nicht bei Kleßmann, Die Selbstbehauptung, a.a.O., S. 9.

13 Lagebericht des Oberreichsanwalts vom 3. Dezember 1941, Az.: 4206 - 2.28, geheim; BA-Ko R 22/3390. Die Gliederung des ZWZ, wie sie sich aus polnischen Quellen ergibt, bei Jacobmeyer, Heimat und Exil, a.a.O., S. 67 f.

Als primäres Ziel der Organisation nannte der Oberreichsanwalt »die Entfesselung eines bewaffneten Volksaufstandes«. Gegen einen Unterführer des Gebiets Schlesien, den Architekten Schmechta, und sechs seiner Stabsmitglieder sei unter der Sachbezeichnung »Kornas und andere« (8 J 142/41) Anklage erhoben. Gegen 87 einfache Mitglieder der Organisation sei das Verfahren an den Generalstaatsanwalt in Kattowitz abgegeben.[14] Nach dem Mordregister wurden am 17. Juli 1942 sechs Polen, darunter der Architekt Paul Schmechta, der Lehrer Karl Kornas, der Angestellte Lazar, der Hauptmann Hupa und die Brüder Benedikt und Michael Rymer, letzterer ein Chemiker, hingerichtet, »weil sie sich hochverräterisch gegen das Reich betätigt und während des Krieges die Wehr- und Widerstandskraft des deutschen Volkes zu schwächen versucht« hätten. Kornas und Benedikt Rymer hätten außerdem Spionage gegen Deutschland getrieben.[15] Gegen eine Sabotagegruppe der Organisation, so heißt es weiter in dem obigen Lagebericht des Oberreichsanwalts, sei am 13. November 1941 ein Verfahren unter der Sachbezeichnung »Kwasnicki und andere« anhängig geworden. Kwasnicki ist in den Hinrichtungslisten des Bibliotheksbuchs nicht verzeichnet.
Seit Februar 1942 nannte sich der »Verband für den bewaffneten Kampf« Armja Krajowa (AK = Heimatarmee). Ihr, bzw. einem Sabotagetrupp der AK, dürfte Hermann Wrobel (hingerichtet am 5. Juni 1942) angehört haben, von dem es im Mordregister heißt: »Der Verurteilte war Mitglied einer Organisation, die die gewaltsame Wiedererrichtung Polens erstrebte. Den Leiter dieser Organisation hat er über die Durchführung von Sprengungen beraten und ihm hierzu Material zur Verfügung gestellt.«[16] Weil sie Sprengstoff beschafft hatten, waren bereits am 12. Mai 1942 fünf Polen hingerichtet worden, unter ihnen ein Diplom-Ingenieur namens Okrzanski und ein Bauleiter Stosik, der wohl die Gruppe führte.[17] Sprengstoff war für die Polen nicht nur der Sabotage wegen vonnöten. Er wurde auch gebraucht, um die geheime Waffenfertigung, insbesondere von Handgranaten und Panzernahbekämpfungsmitteln voranzutreiben.
Am 24. Juli 1942 starben der Tischler Stanislaus Szymanski, der Bienenzüchter Peter Slomkowski, der Arbeiter Zygmunt Nowicki und der

14 Lagebericht vom 3. Dezember 1941, s. Anmerkung 13.

15 BA-Ko, Mordregister K 1387.

16 BA-Ko, Mordregister W 811; Gnadenbericht des Oberreichsanwalts beim Volksgerichtshof vom 19. April 1942 an den RJM; BA-Ko R 22/4044.

17 BA-Ko, Mordregister S 1688.

Müller Edmund Dombrowski wegen Hochverrats und Feindbegünstigung.[18] Ob Stanislaus Szymanski mit jenem Szymanski identisch ist, gegen den zusammen mit 27 weiteren Angeklagten bei der Oberreichsanwaltschaft ein Verfahren schwebte, weil sie eine Untergruppe der ehemaligen Nationaldemokratischen Partei in Süd-Ostpreußen gebildet hatten,[19] erscheint möglich, ist aber nicht zu belegen.
Wegen Hochverrats und Schußwaffenbesitzes starben am 24. Juli 1942 außerdem Todeus Futter, Todeus Luczak und Todeus Olejniczak. Der Anführer dieser Gruppe namens Chodek war einige Wochen vorher in Plötzensee verstorben.[20] Näheres über die Gruppe ließ sich nicht ermitteln.
Im Herbst 1942 wurden 34 Polen, die alle in Posen ansässig waren, hingerichtet, für die keine Prozeßakten vorliegen. Auch in den erhalten gebliebenen Teilen des Mordregisters finden sich keine Eintragungen. Da diese Polen vom Volksgerichtshof verurteilt worden sein dürften, kann angenommen werden, daß sie einer Posener Widerstandsgruppe angehörten.
Auf die Tatsache, daß – zumindest vereinzelt – Polen und Deutsche sich zu Widerstandsgruppen zusammenschlossen, sei hingewiesen. Ein Beispiel ist im Zusammenhang mit dem Urteil gegen den Deutschen Althus erwähnt.[21]
Man mußte allerdings nicht aktiver polnischer Widerstandskämpfer sein, um in den Augen des Volksgerichtshofs als Hochverräter zu gelten. Als Vorbereitung zum Hochverrat, Schädigung des Reichswohls nach der Polenstrafrechtsverordnung und Feindbegünstigung wurde gewertet, wenn ein Pole, wie im Fall Stanislaus Kwiatkowski (Todesurteil: 24. Dezember 1942, Hinrichtung: 9. März 1943), »an seinen in deutscher Kriegsgefangenschaft befindlichen Schwager einen deutschfeindlichen Hetzbrief« schickte.[22]

Legt man zugrunde, daß sich die Verlustbilanz des ZWZ nach zweijähriger Tätigkeit auf 1830 Erschossene, Verhaftete, Inhaftierte und in Verstecke Geflüchtete belief (davon 1207 Offiziere), dann zeigt das, »wie eng am Feind der ZWZ operierte«; auch erlaubt diese Zahl »ein

18 BA-Ko, Mordregister S 1762.

19 Lagebericht des Oberreichsanwalts vom 2. Oktober 1941, s. Anmerkung 10.

20 BA-Ko, Mordregister, C 189.

21 siehe Kapitel »Deutsche«, S. 196.

22 BA-Ko, Mordregister K 1600.

Urteil über die Einsatzbereitschaft und Hingabefreudigkeit eben der Männer, die auf verantwortungsvollem Posten für den intensiven Ausbau des ZWZ wirkten«.[23] Es wird zugleich deutlich, daß die Verfolgung durch »ordentliche« Gerichte, d.h. nicht durch Standgerichte, eher eine große Ausnahme als die Regel war.

Flucht und Fluchthilfe

Unter den »Delikten«, die polnischen Frauen und Männern vom Volksgerichtshof zur Last gelegt wurden, dominieren – soweit die Fälle rekonstruierbar sind – die versuchte Flucht von Zwangsarbeitern und Kriegsgefangenen aus dem deutschen Machtbereich und – in den eingegliederten Ostgebieten – die Hilfe, die die Landbevölkerung auf der Flucht befindlichen Gefangenen leistete.

Acht Verfahren wurden angestrengt wegen Fluchthilfe für einen sowjetischen Kriegsgefangenen. Im Urteil gegen Stanislaw und Marianne Pietrzak wird der Fall folgendermaßen dargestellt:

> »Im September 1941 entwichen aus einem Gefangenentransport bei Kramsried, Kreis Konin, etwa zwölf russische Kriegsgefangene, unter denen sich auch der Kriegsgefangene Fiodor Asarow befand. Dieser hielt sich in der Umgebung des Fluchtortes bei polnischen Volkszugehörigen versteckt, und es gelang ihm mit Hilfe der Polen, sich bis zum 10. November 1941 seiner Festnahme durch deutsche Dienststellen zu entziehen.«[24]

Marianne Pietrzak, die Asarow ein Stück trockenes Brot und Tee gegeben hatte – insgesamt hielt sich der Russe 10 bis 15 Minuten auf dem Hof auf – wurde vom 2. Senat des Volksgerichtshofs am 28. Mai 1942 zum Tode verurteilt und am 22. September 1942 in Plötzensee enthauptet. Ihr Mann Stanislaw, polnischer Dorfschulze von Borki (Kreis Konin), wurde freigesprochen, weil er den Hof gerade verließ, als Asarow eintraf.

Einen Tag zuvor hatte der gleiche Senat den gleichfalls in Borki ansässigen früheren polnischen Bahnbeamten Waclaw Stasiak zum Tode verurteilt, der Asarow Suppe und Kartoffeln gegeben, ein Nachtquartier aber verweigert hatte.[25]

23 Jacobmeyer, Heimat und Exil, a.a.O., S. 243.

24 VGH-Urteil vom 28. Mai 1942, Az.: 11 J 20/42 g // 2 L 83/42; BA-Ko R 60 II 308.

25 VGH-Urteil vom 27. Mai 1992, Az.: 11 J 19/42 g // 2 L 40/42; BA-Ko R 60 II 492.

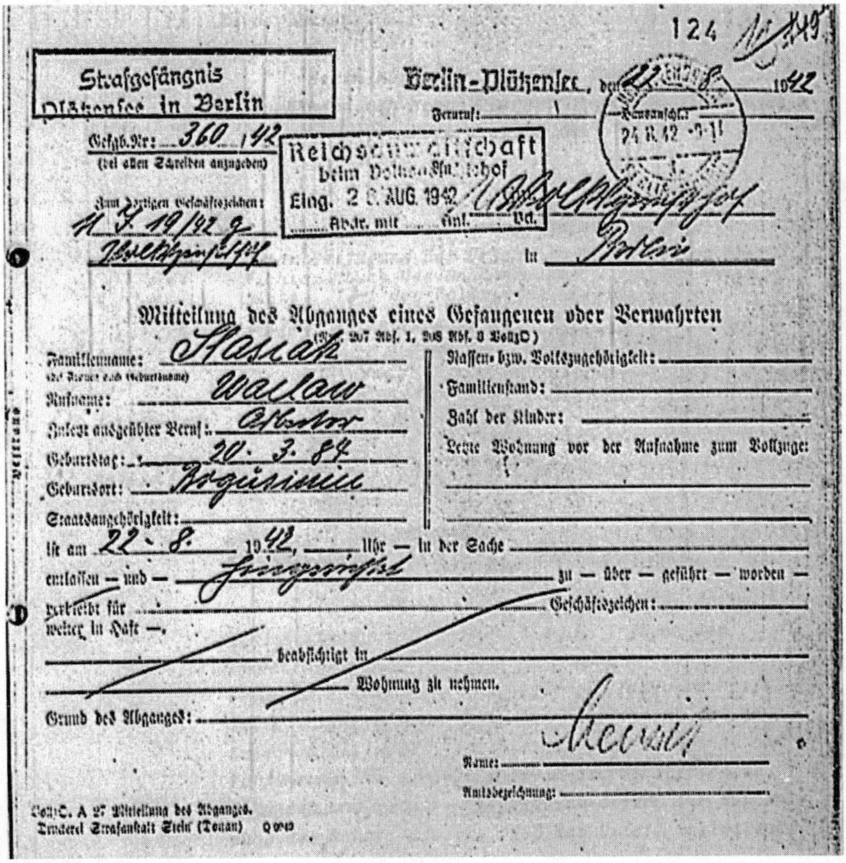
Strafgefängnis Plötzensee in Berlin

124

Berlin-Plötzensee, den 22. 8. 1942

Fernruf:

Gefgb.Nr.: 360/42
(bei allen Schreiben anzugeben)

Reichsanwaltschaft beim Volksgerichtshof
Eing. 26. AUG. 1942
Abdr. mit ... Anl. ... Bd.

Zum dortigen Geschäftszeichen: 11 J 19/42 g

in Berlin

Mitteilung des Abganges eines Gefangenen oder Verwahrten
(§§ 207 Abs. 1, 208 Abs. 3 VollzO)

Familienname: Stasiak
Rufname: Waclaw
Zuletzt ausgeübter Beruf: Arbeiter
Geburtstag: 20. 3. 84
Geburtsort:
Staatsangehörigkeit:

Rassen- bzw. Volkszugehörigkeit:
Familienstand:
Zahl der Kinder:
Letzte Wohnung vor der Aufnahme zum Vollzuge:

ist am 22. 8. 1942, ... Uhr — in der Sache ...
entlassen — und — Hingerichtet zu — über — geführt — worden —
verbleibt für ... Geschäftszeichen: ...
weiter in Haft —.
... beabsichtigt in ...
... Wohnung zu nehmen.
Grund des Abganges:

Name:
Amtsbezeichnung:

VollzO. A 27 Mitteilung des Abganges.
Druckerei Strafanstalt Stein (Donau)

Mitteilung des »Abgangs« eines Gefangenen

Am gleichen Tag wie Waclaw Stasiak, der am 22. August in Plötzensee starb, wurden Kasimierz Ruzycki, Peter Kicinski, Dominik Kujawa und Leokardia Zbierska hingerichtet.[26] Am 15. August 1942 starben Josef und Veronika Augustyniak,[27] am 2. September Agneska Laskiewicz;[28] bereits am 7. August war Josef Adamczyk enthauptet worden.[29] Sie alle hatten Asarow zu essen gegeben, teilweise hatten sie ihn auch beherbergt. In allen Fällen hatte der Senat landesverräterische Feindbegünstigung und Schädigung des Reichswohls nach der Polenstrafrechtsverordnung angenommen, die zur Tatzeit noch nicht erlassen war, die aber rückwirkend angewandt wurde.[30]

Im Lagebericht vom 2. Oktober 1941 stellte der Oberreichsanwalt fest, es häuften sich aus Vorarlberg eingehende Verfahren, in denen ehemals polnische Staatsangehörige beschuldigt würden, den illegalen Grenzübertritt in die Schweiz »zwecks Eintritt in eine dort aufgestellte polnische Legion versucht zu haben«. Es handele sich durchweg um Fälle aus dem August 1941; die Beschuldigten hätten ihre Arbeitsplätze unerlaubt verlassen. Ob eine planmäßige Aktion vorliege, sei noch nicht zu übersehen.[31] Auf den Fall des Lembergers Marzell Fluhr wird in einem anderen Zusammenhang hingewiesen.[32] Während Fluhr vor dem Grenzübertritt festgenommen wurde, gelang es dem Grubenarbeiter Florian Masur, dem Schlosser Mieczyslaus Kubisz und Alois Nowakowski die Grenze zu überschreiten. Sie wurden, wie es in dem gegen sie ergangenen Urteil heißt, »einige Stunden später von einem Schweizer Grenzbeamten angehalten, an die Grenze zurückgebracht und einem deutschen

26 VGH-Urteil vom 27. Mai, 3 J 19/42 g // 2 L 63/42; BA-Ko R 60 II 489 (Ruzycki). VGH-Urteil vom 26. Mai 1942, Az.: 11 J 18/42 g // 2 L 52/42; BA-Ko R 60 II 487 (Kicinski). VGH-Urteil vom 28. Mai 1942, Az.: unleserlich; BA-Ko R 60 II 307 (Kujawa). VGH-Urteil vom 27. Mai 1942, Az.: 3 J 18/42 g // 2 L 82/42; BA-Ko R 60 II 490 (Zbierska).

27 VGH-Urteil vom 28. Mai 1942; Az.: 11 J 21/42 g // 2 L 78/42; BA-Ko R 60 II 306.

28 VGH-Urteil vom 28. Mai 1942, Az.: 11 J 17/42 // 2 L 84/42; BA-Ko R 60 II 334.

29 VGH-Urteil vom 26. Mai 1942, Az.: 11 J 22/42 g // 2 L 57/42; BA-Ko R 60 II 491.

30 Die rechtsstaatlichen Grundsätzen widersprechende rückwirkende Anwendung der Ziffern I bis III der Polenstrafrechtsverordnung war auf Grund einer Ergänzung vom 31. Januar 1942 (Reichsgesetzblatt I, S. 52) möglich.

31 Lagebericht des Oberreichsanwalts beim Volksgerichtshof vom 2. Oktober 1941, Az.: 4206 - 2.27, geheim, S. 17; BA-Ko R 22/3390; s. auch zum Gesamtkomplex Wagner, Volksgerichtshof, a.a.O., S. 649 ff.

32 siehe S. 240 f.

Grenzbeamten übergeben.[33] Der Volksgerichtshof verhängte die Todesstrafe »wegen Schädigung des Wohls des deutschen Volkes und landesverräterischer Feindbegünstigung sowie Vorbereitung zum Hochverrat«. Er unterstellte, die drei Männer hätten in der Schweiz in die polnische Legion eintreten wollen, was diese bestritten. Über die polnische Legion in der Schweiz wird in der Begründung des Urteils gegen Marzell Fluhr ausgeführt:

> »Diese besteht aus Teilen der früheren polnischen Legion in Frankreich, die nach dessen Zusammenbruch in die Schweiz übergetreten sind. Sie hatte ursprünglich eine Stärke von 14.000 bis 15.000 Mann, ist aber im Laufe der Zeit auf 7000 bis 8000 Mann zurückgegangen. Sie ist in mehreren Lagern interniert und wird dort für einen neuen militärischen Einsatz unter dem Kommando ihrer Offiziere bereit gehalten. Anfangs wurde sie auch weiter militärisch ausgebildet. Diese Legion soll bei einem etwaigen deutschen Einmarsch in die Schweiz an deren Seite am Kampf gegen das Reich teilnehmen. Sie unterhält auch noch Verbindung nach England, wohin von ihr immer wieder auf dem Weg über das neutrale Ausland Polen in die dortige polnische Legion geschickt werden. Um den Bestand der Legion zu erhöhen, wird bis in die neueste Zeit von polnischen und Schweizer Offizieren für den Eintritt in dieselbe geworben ...
> Das politische Ziel der polnischen Legion besteht seit ihrer Gründung nach dem Zusammenbruch Polens darin, zusammen mit den Feinden des Deutschen Reiches dessen Niederlage herbeizuführen und alsdann auf Kosten des Reiches unter Einbeziehung ehemals polnischer und auch von Gebietsteilen des Altreiches einen neuen polnischen Staat zu errichten. Wegen dieser beabsichtigten Losreißung deutscher Gebietsteile vom Reiche sind die Bestrebungen der polnischen Legion hochverräterisch.«[34]

Tatsächlich dürften polnische Verbände, die im Rahmen eines französischen Krieges gegen die Wehrmacht gekämpft hatten, in der vom Volksgerichtshof angenommenen Stärke nach dem Grenzübertritt in der Schweiz interniert worden sein. Sie waren dabei aber nicht auf »mehrere Lager« aufgeteilt, so daß militärische Ausbildung möglich gewesen wäre. Sie waren vielmehr entwaffnet und in kleinen Gruppen in etwa 3000 bis 5000 Quartieren (Schulen, Turnhallen etc.) untergebracht

33 VGH-Urteil vom 12. August 1942, Az.: 10 J 234/41 g // 2 H 71/42; BA-Ko R 60 II 66. Auszug aus dem Urteil bei Wagner, Volksgerichtshof, a.a.O., S. 898 ff.

34 VGH-Urteil vom 13. August 1942 (Fluhr), Az.: 10 J 235/41 g // 2 H 55/42; BA-Ko R 60 II 309.

waren. Die meisten wurden in der Landwirtschaft beschäftigt; sie ersetzten dabei Schweizer Bürger, die zum Militärdienst einberufen waren. Die militärische Führung der Schweiz hat die Polen (und Franzosen) nicht in ihre Verteidigungspläne einbezogen. Allerdings nahm der deutsche Generalstab, der Angriffspläne gegen die Schweiz entworfen hatte, an, daß die in der Schweiz internierten polnischen Soldaten gegen die Wehrmacht eingesetzt würden.[35]

In der Regel unterstellte der Volksgerichtshof den Polen, die in die Schweiz zu flüchten versuchten, daß sie in die polnische Legion eintreten wollten. In einem Fall folgte das Gericht der Auffassung des Anklägers nicht; es sah nicht als erwiesen an, daß Kasimir Myslinski-Ledwon von der Existenz der Legion in der Schweiz Kenntnis gehabt habe. Gleichwohl wurde auf Todesstrafe erkannt, weil Myslinski-Ledwon seinen Arbeitsplatz in der deutschen Landwirtschaft eigenmächtig verlassen und beim versuchten Grenzübertritt gegenüber einem deutschen Zollbeamten Gewalt angewandt habe. Myslinski-Ledwon wurde am 2. Oktober 1942 hingerichtet.[36] Fluchtziel polnischer Kriegsgefangener war nicht nur die Schweiz. Franz Kolodziejeski und Roman Lonski hatten versucht, gemeinsam mit einem englischen Kriegsgefangenen über Belgien und Frankreich nach England zu fliehen, um dort in die polnische Legion einzutreten. Sie starben am 16. Mai 1943 gemeinsam mit ihrem Landsmann Julius Osowicki, der ihnen bei der Flucht geholfen hatte.[37] Marian Dyrschka (hingerichtet am 11. Mai 1943) hatte in die Türkei fliehen wollen, angeblich, um in das englische Heer einzutreten.[38] Im Zusammenhang mit einem Fluchtversuch polnischer Kriegsgefangener in die Sowjetunion starben am 27. April 1943 Josef und Maria Wrobinski; sie hatten den Gefangenen auf der Flucht weitergeholfen.[39]

35 Mündliche Auskünfte von Schweizer Militärhistorikern, insbesondere Walter Schaufelberger (Zürich) und Peter Schneider (Basel).

36 BA-Hoppegarten, Mordregister M 889; s. auch Wagner, Volkgerichtshof, a.a.O., S. 651.

37 BA-Ko, Mordregister L 692; VGH-Urteil vom 8. Februar 1943, Az.: 2 J 619/42 g // 1 L 44/42; BA-Ko R 60 II 76-4; Wagner, Volksgerichtshof, a.a.O., S. 652.

38 BA-Hoppegarten, Mordregister D 453.

39 BA-Hoppegarten, Mordregister W 930.

Niederländer, Belgier, Franzosen

Im Lagebericht vom 2. Oktober 1941 meldete der Oberreichsanwalt beim Volksgerichtshof dem Justizminister, im Zuge der Ermittlungen gegen die internationalen Schiffssabotageorganisationen – gegen etliche Mitglieder fänden auch in Dänemark und Schweden Prozesse statt – seien 15 Holländer, 15 Belgier und ein Franzose verhaftet und zunächst in ein Konzentrationslager eingewiesen worden. Sie hätten unter Führung des in der »Internationale der Seeleute und Hafenarbeiter« (ISH) tätigen Niederländers Rimbertus Schaap gestanden und, wie einwandfrei feststehe, im Auftrag der Komintern gehandelt.[1]

Sabotage

Vier Prozesse gegen 18 Angeklagte fanden vor dem Volksgerichtshof statt. Sie endeten mit elf Todesurteilen. Das Gericht befand die Angeklagten schuldig, als Mitglieder einer Terrororganisation Sprengstoffanschläge auf Schiffe auf hoher See verübt zu haben.
Während des Spanischen Bürgerkriegs, zu Anfang des Jahres 1937, gaben der Vorsitzende des ISH, der im Exil lebende deutsche Kommunist Ernst Wollweber[2] und der Niederländer Rimbertus Schaap in Amsterdam den Auftrag, »Sprengpackungen an Bord deutscher, italienischer und japanischer Schiffe zu bringen und durch Sprengstoffan-

1 Der Oberreichsanwalt beim Volksgerichtshof, Lagebericht vom 2. Oktober 1941, Az.: 4206-2.27; BA-Ko R 22/3390. – Das Konzentrationslager, in das die Beschuldigten eingewiesen worden waren, dürfte in der Nähe von Hannover gelegen haben. Im Mordregister (S 1978) ist angegeben, »... die bei Hannover wohnten«. Die »Internationale der Seeleute und Hafenarbeiter« (ISH) war eine kommunistische Gewerkschaft.

2 Ernst Wollweber (1898-1967) leitete die Untergrundarbeit der KPD und der Komintern von Skandinavien aus. Er wurde 1940 in Schweden verhaftet und 1944 in die Sowjetunion entlassen. 1945 kehrte er nach Deutschland zurück, war von 1955-57 Staatssicherheitsminister, bis 1958 auch Mitglied des ZK der SED. 1958 wurde er als Kritiker Ulbrichts »kaltgestellt«.

schläge den Antikominternmächten entgegenzuwirken«.[3] Dazu wurden Gruppen von Hafenarbeitern sowohl in Rotterdam als auch in Antwerpen gewonnen.
Die Sprengpackungen wurden vom Volksgerichtshof folgendermaßen beschrieben:

> »In Säckchen verpacktem Sprengstoff wurde ein Paketchen eingefügt, das aus einer Messingröhre bestand, in deren Mitte Schwefelsäure enthalten war, während die beiden Enden durch Pergamentpfropfen fest verstopft waren; um diese Röhre lag eine Mischung von Puderzucker und Kaliumchlorad. Die Packung funktionierte dadurch, daß im Laufe einer nach der Dicke der Pergamentpfropfen verschieden langen Zeit die Schwefelsäure sich zu der die Röhre umgebenden Mischung durchfraß und diese Mischung in einer Stichflamme, die eine Hitze von 3000 Grad erzeugte, in Brand setzte; dadurch kam der eingepackte eigentliche Sprengstoff zur Explosion.«[4]

Am 10. November 1937 nahm der italienische Frachter »Bocaccio« Fracht in Antwerpen auf; der Hafenarbeiter Schokkaert versteckte ein Sprengpaket auf der Steuerbordseite in einer Luke neben einigen Ölfässern unmittelbar an dem Schott zur nächsten Luke. Das Sprengpaket explodierte am 19. November vor der bretonischen Küste. Die 3027 Bruttoregistertonnen große »Bocaccio« sank; ein Seemann fand den Tod.
Am 24. Juli 1938 explodierte eine Ladung, die in Antwerpen an Bord des japanischen Frachters »Kasij Maru« verbracht worden war. Das Schiff erlitt im englischen Kanal eine schwere Havarie; verletzt wurde niemand.
Rimbertus Schaap leitete sowohl die Antwerpener als auch die Rotterdamer Gruppe. Als ihm der Boden in den Niederlanden zu heiß wurde, zog er sich nach Paris zurück. In Kontakt mit den Gruppen blieb er über den belgischen Korrektor René Wilfried Wouters und den niederländischen Autoschlosser Achille Beguin.
Die belgische Sabotagegruppe wurde von dem Kraftfahrer Frans Fictels (er verstarb vor dem Prozeß) geführt. Ihr gehörten die Hafenarbeiter Louis Schokkaert, Jean Mastbooms, Gummarus Vercammen und Karl Dieltjens sowie der Traktorenführer Gerardus Rodrigus und der Kraft-

3 VGH-Urteil vom 2. April 1943 (Schaap), Az.: 9 J 9/43 g // 1 H 37/43; BA-Ko R 60 II 76.

4 VGH-Urteil vom 11. November 1943 (Schokkaert und andere), Az.: 9 J 292/41 g // 1 H 227/42; BA-Ko R 60 II 76-1.

fahrer Frans van Welde an. Diese Gruppe stand mit Wouters am 11. November 1942 vor Gericht, das sechs Todesurteile aussprach (nur van Welde erhielt eine zehnjährige Zuchthausstrafe).[5]
Dem Mitangeklagten René Wilfried Wouters war eine Beteiligung an den Sprengstoffanschlägen nicht nachzuweisen; er war um die Zeit in einer der Internationalen Brigaden in Spanien, wurde jedoch später von der Komintern zurückgerufen und mit der Führung der Gruppe betraut. Das Gericht begründete das Todesurteil gegen Wouters – und die anderen – so:

> »Das deutsche Strafrecht enthält keine Bestimmung, die sich ausdrücklich auf einen solchen Fall bezieht. Es schreibt aber vor, daß jemand, der strafwürdig handelt – was vom gesunden Volksempfinden aus zu beantworten und in diesem Fall zu bejahen ist – so bestraft werden muß, wie es diejenige Strafbestimmung vorsieht, die am ehesten auf einen solchen Fall paßt (§ 2 StGB). Das ist im vorliegenden Fall die Bestimmung, die denjenigen mit Zuchthaus oder Todesstrafe bedroht, der durch einen Sprengstoffanschlag fremdes Eigentum oder gar Menschenleben gefährdet, oder der einen solchen Anschlag auf ein öffentliches Gebäude, also etwa ein seegehendes Schiff, macht (§ 5 des Sprengstoffgesetzes zusammen mit dem Gesetz zur Abwehr politischer Gewalttaten vom 4. April 1933). Denn wenn auch diese Bestimmung einen bestimmten Anschlag verlangt und wenn auch ein solcher Anschlag Wouters nicht nachgewiesen werden konnte, so wird das doch dadurch ausgeglichen, daß die erwähnte Bestimmung sich nicht nur auf den Führer einer Sabotagebande beschränkt, sondern schon jeden Teilnehmer an einem solchen Anschlag trifft, während es sich bei Wouters um den Bandenführer handelt.«

Für alle Verurteilten – außer Rodrigus – waren nach der Urteilsverkündung Gnadengesuche eingereicht worden; für Wouters hatten sich verwandt der Oberbürgermeister der Stadt Antwerpen, der Generalsekretär des Ministeriums des Innern und für Volksgesundheit in Brüssel sowie Königin Elisabeth von Belgien, letztere als Präsidentin des Belgischen Roten Kreuzes, da Wouters vor dem Krieg zu den belgischen Streitkräften eingezogen und im Krieg von den Deutschen gefangen genommen worden war. Wenn der Oberreichsanwalt im Falle Wouters die Umwandlung der Todes- in eine Freiheitsstrafe befürwortete, so war das nicht in den oben erwähnten Gnadengesuchen begründet, sondern in einer Stellungnahme des SS-Hauptamtes beim Reichsführer SS. Dem Oberreichsanwalt schienen die vom SS-Hauptamt geltend gemachten

5 s. Anmerkung 4.

politischen Erwägungen, »die sich aus dem Heldentod des Bruders des Verurteilten, aus der deutschfreundlichen Einstellung seiner Familie sowie aus Rücksichten auf die Fortführung der großgermanischen Bestrebungen ergeben, zwingend gegen eine Vollstreckung der Todesstrafe und für eine wesentliche Milderung des Urteils zu sprechen.«[6]
Als sich jedoch das Reichssicherheitshauptamt am 1. Februar 1943 gegen eine Begnadigung aussprach, war dies für den Justizminister das Signal, diese abzulehnen und die Vollstreckung des Urteils anzuordnen. Entgegen dem Antrag der Reichsanwaltschaft hatte der Volksgerichtshof seinem Urteil nicht Vorbereitung zum Hochverrat zugrundegelegt. Die Richter wollten nicht, daß die Sprengstoffanschläge politisch motiviert werden könnten. In der Urteilsbegründung heißt es, zwar hätten die Angeklagten »ihrem verbrecherischen Tun ein politisches Mäntelchen umhängen wollen. Aber terroristische kommunistische Einstellung ist keine politische Gesinnung, sondern Verbrechertum.«
Am 17. November 1942 fällte der Volksgerichtshof Todesurteile gegen die Niederländer Willem van Vreeswijk, Jan Hoorn und Jan van Schaik,[7] am 20. November gegen den Führer der Rotterdamer Gruppe, Achille Beguin.[8]
Im Gegensatz zu den Mitgliedern der Antwerpener und Rotterdamer Gruppe wurde Rimbertus Josef Schaap auch wegen Vorbereitung zum Hochverrat verurteilt, weil er von 1933 bis Mitte 1940 über die »Internationale der Seeleute und Hafenarbeiter« (ISH) kommunistische Schriften in das Reich eingeschleust hatte. Schaap, der mit der Zentrale der ISH zu Kriegsbeginn nach Dänemark übergesiedelt war, wurde am 1. August 1940 von der dänischen Polizei verhaftet und später den deutschen Behörden übergeben. Der Volksgerichtshof verhandelte am 2. April 1943 gegen ihn.[9] Er starb am 30. Juli 1943; alle anderen wurden im September 1943 gehenkt.

6 Der Oberreichsanwalt beim Volksgerichtshof, Bericht gemäß § 13 der Gnadenordnung vom 13. Januar 1943, Az.: 9 J 292/41 g an den Reichsminister der Justiz; BA-Ko R 60 II 76; s. auch Wagner, Volksgerichtshof, a.a.O., S. 267 ff.

7 VGH-Urteil vom 17. November 1942 (van Vreeswijk und andere), Az.: 9 J 292/41 g // 1 H 228/42; BA-Ko R 66 II 76-2.

8 VGH-Urteil vom 20. November 1942 (Beguin und andere), Az.: 9 J 292/41 g // 1 H 229/42; BA-Ko R 66 II 76-3; ein Mitangeklagter wurde zu einer Zuchthausstrafe verurteilt, zwei weitere Angeklagte wurden freigesprochen.

9 VGH-Urteil vom 2. April 1943 (Schaap) s. Anmerkung 3.

DER REICHSFÜHRER-SS
CHEF DES SS-HAUPTAMTES

V.S.Tgb.Nr. ..810../43 - geh.
I 3 Tgb.Nr. ..88../43-Dr.Kr./Gr.
Bitte in der Antwort vorstehendes Geschäftszeichen und Datum anzugeben

Berlin W 35, den 20.Februar 1943. 112
Lützowstraße 48/49
Postschließfach 43

32

Geheim

Betr.: René Wilfried W o u t e r s, geb.24.1.13 in Ramsel.
Bezug: G.J. 292/41 b.
Anlg.: ---

Herrn

Oberreichsanwalt beim
Volksgerichtshof,

B e r l i n W.9,
Bellevuestr.15.

23.FEB 1943

Das Reichssicherheitshauptamt hat sich mit Schreiben vom 1.2.1943, IV A 2 - B.Nr. 6246/40 g, gegen eine Begnadigung des W o u t e r ausgesprochen. Das SS-Hauptamt zieht daher ebenfalls die mit Schreiben vom 22.12.1942 ausgesprochene Befürwortung des Gnadengesuches des Vaters des Wouter zurück.

I.A.

SS-Hauptsturmführer
und Gerichts-SS-Führer.

1114 / 43

Kurz vor der Massenexekution, am 25. August 1943, verlor der niederländische Schiffer Jaring Woudstra sein Leben, weil er, wie es im Urteilstenor des Volksgerichtshofs heißt, »in den Jahren 1934 bis etwa 1938 durch Übersendung illegaler sozialdemokratischer Zeitungen an frühere Anhänger der SPD und durch Übersendung von Lebensmittelpaketen und Geld an Angehörige verhafteter Mitglieder der SPD organisatorisch und vom Ausland aus Hochverrat vorbereitet« habe. Außerdem wurde ihm zur Last gelegt, daß er »in weiterer selbständiger Handlung in Rotterdam in den Jahren 1940 bis 1942 durch Verbreitung der zu Sabotage und zum passiven Widerstand gegen die Besatzungsmacht aufhetzenden Druckschrift ›Vrejheid‹ landesverräterische Feindbegünstigung begangen« habe.[10]
Wagner ordnet den Fall Woudstra den »Nacht-und-Nebel«-Fällen zu.[11] Das würde bedeutet haben, daß Angehörige und Heimatbehörden weder über das Verfahren noch über das Urteil noch über die Vollstrekkung informiert wurden.

Wehrdienstentziehung

Noch bevor der Westfeldzug zu Ende war, verfügte Hitler per Erlaß vom 18. Mai 1940, daß die ehemals deutschen Gebiete Eupen und Malmedy und das frühere Kondominium Moresnet von Belgien abgetrennt und in das Reich eingegliedert werden sollten. Dabei wurden über 200 km^2 altbelgisches Gebiet, das nie zum Reich gehört hatte, in dem aber teilweise deutsch gesprochen wurde, ebenfalls annektiert.[12] Die Bewohner erwarben die deutsche Staatsangehörigkeit; das deutsche Wehrrecht galt und damit auch die allgemeine Wehrpflicht.[13]
Der katholische Priester Joseph Martin Hubert Peters aus Malmedy soll, wie es im Urteilstenor des VGH heißt, versucht haben, »in der Zeit vom November 1941 bis zum September 1942 in Malmedy in zahlreichen Fällen ... junge Deutsche durch Überredung der Erfüllung des Wehrdienstes zu entziehen und dadurch zugleich während eines Krieges

10 VGH-Urteil vom 12. März 1943 (Woudstra), Az.: 67/429 // 21/43; BA-Ko R 60 II 75.

11 Wagner, Volksgerichtshof, a.a.O., S. 437.

12 Hans Umbreit, Auf dem Weg zur Kontinentalherrschaft, in: Das Deutsche Reich und der Zweite Weltkrieg, hrsg. vom Militärgeschichtlichen Forschungsamt, Bd. 5/1: Organisation und Mobilisierung des deutschen Machtbereichs, S. 64.

13 Rudolf Absolon, Wehrgesetze und Wehrdienst 1935-1945. Das Personalwesen in der Wehrmacht, Schriften des Bundesarchivs 5, Boppard 1960, S. 7, 125.

gegen das Reich der Kriegsmacht des Reiches Nachteile zuzufügen und der feindlichen Macht Vorschub zu leisten«. Peters wurde daher am 4. Mai 1943 wegen Zersetzung der Wehrkraft in Verbindung mit landesverräterischer Feindbegünstigung zum Tode verurteilt[14] und am 1. Juli 1943 in Plötzensee hingerichtet. Peters war, wie der Volksgerichtshof konstatierte, Sohn eines Belgiers aus Verviers. Seine Mutter stammte von deutschen Vorfahren ab. Er fühlte sich als Belgier, was sich schon dadurch erwies, daß er im Ersten Weltkrieg nach dem Einmarsch deutscher Truppen versucht hatte, über die Niederlande in das noch nicht besetzte Belgien zu gelangen, um dort in das Heer einzutreten. 1940, nach der Besetzung Belgiens im Zweiten Weltkrieg, wurde er – damals in Malmedy ansässig – Reichsdeutscher auf Widerruf.

Nach der Einführung der allgemeinen Wehrpflicht in Eupen, Malmedy und Moresnet wandten sich junge Männer an ihn mit der Frage, ob sie der Einberufung Folge leisten sollten. Sie waren meist – wie Peters – probelgisch gesinnt. Peters antwortete nicht direkt mit »nein«, sondern appellierte an das Gewissen der jungen Männer. Er sagte ihnen, wie es im Urteil heißt, »sie müßten ihre Pflicht tun und im übrigen wissen, was sie zu tun hätten«. Von 22 jungen Männern, mit denen Peters nach den Feststellungen des Gerichts in diesem Sinne gesprochen hatte, flüchteten 19 nach Belgien, zwei rückten zur Wehrmacht ein. Der dritte meldete sich freiwillig zur Panzertruppe. Als Peters davon erfuhr, stellte er ihm vor, »daß es zwar schön sei, Soldat zu sein, aber nicht im Kriege; heute ermorde einer den anderen und die Jugend der Völker werde hingeschlachtet; Hitler wolle alle Länder haben«.

»Hitler wolle alle Länder haben« – das war wohl Peters' Überzeugung und hierin lag auch das Motiv für seinen seelsorgerischen Rat. Er wurde deutlicher als sonst gegenüber dem jungen Mann, der sich freiwillig gemeldet hatte und der belgischer Abstammung gewesen sein dürfte. Er will anderen, die deutsch gesinnt waren, geraten haben, daß sie dann wohl Wehrdienst leisten müßten. Er benannte solche jungen Männer als Zeugen; doch der Volksgerichtshof meinte, daß die »beantragte Beweiserhebung ... nicht zur Erforschung der Wahrheit erforderlich« sei. Offensichtlich wollten die Richter ein Exempel statuieren, denn die Anzahl der aus dem Gebiet Malmedy flüchtigen Wehrdienstverpflichteten war Ende 1942 bereits auf über 100 angestiegen.

14 VGH-Urteil vom 4. Mai 1943, Az.: 1 J 42/43 g // 2 L 43/43; BA-Ko R 60 II 221; siehe auch Benedicta Maria Kempner, Priester vor Hitlers Tribunalen, München 1966, S. 322 ff.

Der Gefängnispfarrer von Plötzensee, Peter Buchholz, berichtete über Peters' letzte Stunden im Strafgefängnis:

> »Als ich zur letzten Betreuung seine Todeszelle betrat, frage er mich: ›Herr Pfarrer, sagen Sie mir in aller Ehrlichkeit: Wieviel Zeit bleibt mir noch, bis man mich holt?‹ Mit einem Blick auf die Uhr mußte ich ihm sagen: ›Noch eine halbe Stunde.‹ Da meinte er: ›Herr Pfarrer, wir brauchen aber diese letzte halbe Stunde nicht nur zu beten. Ich bin vorbereitet.‹ Ich hatte ihm ... die heilige Kommunion schon am Morgen gebracht. Ich konnte das heimlich fast jeden Tag möglich machen. Und so sagte er: ›Ich bin vorbereitet. Ich hatte an diesem Morgen in der heiligen Kommunion meinen Gott und Herrn empfangen und weiß, daß er bei mir ist und mir hilft, auch das Schwerste und Letzte zu tragen. Im übrigen war mein ganzes Leben nichts anderes als Vorbereitung auf diese Stunde, die für jeden Menschen kommt. Deshalb meine ich, wir könnten noch etwas plaudern. Zwischendurch will ich den Abschiedsbrief an meinen Bischof schreiben.‹ Und so saßen wir denn in der engen Zelle einander gegenüber und sprachen von diesem und jenem, und er schrieb dabei den Brief. Ich mußte immer wieder staunen, wie ruhig und sicher seine Hand über das Papier glitt und wie nicht die geringste Erregung zu bemerken war.
> Dann kamen die letzten fünf Minuten. Als ich ihm das eröffnete, sagte er: ›Ja, Herr Pfarrer, dann möchte ich Sie bitten, mit mir niederzuknien und mit mir ein letztes Vaterunser zu beten.‹
> Dieses Vaterunser in der Todeszelle werde ich nie vergessen.«[15]

Die »Rückgliederung« von Eupen-Malmedy war zwar ein einseitiger Akt – es fehlte zur rechtlichen Wirksamkeit die »Gegenzeichnung« der Belgier –, aber immerhin war Hitlers Erlaß veröffentlicht worden. In diesem Sinne wurden Elsaß und Lothringen nie »rückgegliedert«; es fand vielmehr eine »verschleierte Annexion« statt.[16] Die Zollgrenzen des Reiches wurden nach Westen verschoben, die Militär- durch eine Zivilverwaltung abgelöst, Saarpfalz und Lothringen zum Gau »Westmark« zusammengefügt und das Elsaß mit Baden zum Gau »Oberrhein«. In der Zivilverwaltung sah man eine »Angliederungsverwaltung« für Territorien, die rechtlich jedoch immer noch als »besetzte Gebiete« galten. Im August 1942 folgten einige entscheidende Schritte im Sinne dieser »Angliederung«. Mit einer Verordnung vom 13. August 1942 wurden die deutschstämmigen Elsässer, Lothringer und Luxemburger deutsche

15 Anton Gundlach - Albert Panzer (Hrsg.), Pater Buchholz, der Seelsorger von Plötzensee, Meitingen 1964, S. 58 f.

16 Umbreit, Kontinentalherrschaft, a.a.O., S. 137 ff.

Staatsbürger.[17] Am 19. August 1942 wurde in Lothringen die allgemeine Wehrpflicht eingeführt; vier Tage später, am 23. August 1942 geschah dies im Elsaß.[18] Die »schleichende Annexion« war beendet.

Die Betroffenen waren nicht gefragt worden. Ihre Reaktionen waren zwiespältig. Der im Elsaß wohnende und arbeitende Bergarbeiter Robert Romann wurde im September 1942 für die Wehrmacht gemustert und für kriegsverwendungsfähig (kv) befunden. Als er in das Haus kam, das er gemeinsam mit dem Ehepaar Gsegner bewohnte, sagte er sofort, er werde sich auf keinen Fall stellen, sondern sofort ins Ausland gehen. Auch die Gsegners waren dazu bereit; sie verkauften ihr Mobiliar; alle drei versuchten, wie man ihnen geraten hatte, bei Konstanz die Grenze zur Schweiz zu überschreiten. Schon bei der ersten Grenzerkundung wurden sie festgenommen.

Der Volksgerichtshof, der am 23. August gegen Romann und das Ehepaar Gsegner verhandelte, verurteilte den Bergarbeiter mit der Begründung zum Tode:

> »Wer als Deutscher sich jetzt im Kriege seinem Dienst als Soldat zu entziehen versucht, der kann nichts anderes erwarten, als daß er zum Tode verurteilt wird (§ 5 KSSVO). Denn er hat sich durch solche Drükkebergerei für immer ehrlos gemacht.«

Eugen Gsegner erhielt eine Zuchthausstrafe von acht Jahren, weil er »seinen wichtigen Arbeitsplatz als Betriebselektriker verließ«. Irma Gsegner wurde »nur« zu eineinhalb Jahren Zuchthaus verurteilt; denn sie »macht nicht den Eindruck, in der Kriegswirtschaft einen vollen Platz einnehmen zu können. Wenn sie ins Ausland gekommen wäre, wäre das kein großer Verlust für unsere Kriegsführung gewesen.«[19] Romann wurde Opfer der Massenexekution.

Er hatte zu seiner Verteidigung offensichtlich nicht geltend gemacht, daß die Zugehörigkeit des Elsaß zum Reich völkerrechtlich nicht geklärt sei. Das aber hatten junge Elsässer getan, die sechs Wochen vor Romann vor dem Volksgerichtshof gestanden hatten. Sie verteidigten sich damit, daß sie die Musterung und Einführung der Dienstpflicht für rechtswidrig gehalten hätten. Das Gericht antwortete darauf, indem es formales Recht für zweitrangig erklärte, wörtlich:

17 Reichsgesetzblatt I 1942, S. 533.

18 Absolon, Wehrgesetz und Wehrpflicht, a.a.O., S. 7.

19 VGH-Urteil vom 23. August 1943 (Romann und andere), Az.: 1 J 376/43 g // 1 L 62/43; BA-Ko R 60 I 275.

»Zunächst: Jede rein formale Rechtslage hätte gegenüber dem materiellen Lebensrecht unseres Volkes und damit der Opferpflicht junger deutscher Männer unbedingt zurückstehen müssen. Aber weiter: Jedem Deutschen im Elsaß war, wenn auch nicht juristisch (was nebensächlich ist), so doch gefühls- und gewissensmäßig klar, daß Frankreich auf seine an sich schon höchst zweifelhaften ›Ansprüche‹ aus einem Versailler Zwangsdiktat jedenfalls deshalb nicht mehr zurückgreifen konnte, weil es durch seine deutschfeindliche Politik, sein Hintreiben zum Kriege mit Deutschland und seine Kriegserklärung an Deutschland die wenigen, dafür aber umso selbstverständlicheren Pflichten aus dem Versailler Dokument verletzte, diesen ›Vertrag‹ also selbst annuliert hatte.«

Die Beschuldigten hätten »ihr eigenes Blut, unser Volk«, verraten.[20]

Am 18. Mai 1943 waren Lucian Rohmer und seine Schwägerin Anna Rohmer, die in Mühlhausen ein Hotel betrieben, in Berlin zum Tode verurteilt worden, »weil sie zusammen mit anderen viele Personen – darunter auch Kriegsgefangene – heimlich aus dem Elsaß nach Frankreich geschafft und dadurch im Kriege dem Feind des Reiches geholfen« hatten. Lucian Rohmer war Elsässer, seine Schwägerin französische Staatsangehörige. Ihr Hotel diente als Anlaufstelle für einen Mann namens Servet – er wurde von einem Feldgericht zum Tode verurteilt –, der vom Herbst 1941 an Transporte von je sieben bis acht Flüchtlingen in etwa zweiwöchigem Rhythmus über die Grenze brachte. Die Flüchtlinge brachte er unter anderem im Hotel der Rohmers unter, wo sie nicht in das Fremdenbuch eingetragen wurden.[21] Rohmer wurde im September 1943 gehängt; ob und wann seine Schwägerin hingerichtet wurde, ist unklar.

20 VGH-Urteil vom 7. Juli 1943 (Adam und andere), Az.: 5 J 80/43 // 1 H 142-146/43; BA-Ko R 60 I 4. Die Namen der in diesem Prozeß zum Tode Verurteilten sind im Bibliotheksbuch nicht verzeichnet.

21 VGH-Urteil vom 18. Mai 1943 (Rohmer und andere), Az.: 2 J 626/42 g // 1 L 34/43; BA-Ko R 60 II 76-9; s. auch Wagner, Volksgerichtshof, a.a.O., S. 472.

Deutsche

Hitler führte auch einen Krieg gegen das eigene Volk, soweit es nicht nationalsozialistisch dachte und handelte. Die Konzentrationslager sind ein deutliches Zeichen; aber auch die politische Justiz war eher Waffe denn Waage, ein »überlegen zu handhabendes Schwert«, wie Freisler sich ausdrückte. Im Krieg setzte die Justiz dieses »Schwert« unbarmherzig ein. Nicht nur Thierack, nicht nur Freisler, die nacheinander Präsidenten des Volksgerichtshofs waren und dem 1. Senat vorstanden, kannten keine Gnade. Alle Senate fällten Todesurteile in einer Zahl, die in der deutschen Geschichte ihresgleichen sucht. Dem 2. Senat des Volksgerichtshofs, der unter der Leitung des VGH-Vizepräsidenten Engert stand, sagte man im Reichsjustizministerium nach, daß er in Hochverratsprozessen grundsätzlich die Todesstrafe verhänge, auch dann, wenn es sich um Bagatellfälle handelte, etwa um bloße Mitläufer, Zettelverteiler und Spender für die Rote Hilfe.[1]

Nonkonformisten

Wer Zweifel am Endsieg äußerte, hatte dies in aller Regel mit dem Tod zu büßen. Auf die Fälle Kreiten und Buchin ist bereits bei der Darstellung der Massenvollstreckung in Plötzensee im September 1943 hingewiesen worden.

Der Fall des Malermeisters Josef Eder aus Augsburg – auch er wurde ein Opfer der Massenexekution – ist dem Fall Kreiten nicht unähnlich. Der Volksgerichtshof brandmarkte, daß Eder »systematisch bei deutschen Frauen, darunter bei einer Soldatenfrau, den Glauben an den Führer zu erschüttern versuchte, unsere kämpfenden Soldaten schwer beleidigte und defätistische Propaganda gemacht (habe), um unseren Wehrwillen zu zersetzen«. Diese angeblich »systematische« Zersetzung des Wehrwillens wies der Volksgerichtshof in zwei Fällen nach. In einem Fall sagte

1 Wagner, Volksgerichtshof, a.a.O., S. 804.

Eder in einem Gespräch unter vier Augen zu einer Frau – gerade waren die Lebensmittelzuteilungen gekürzt worden –, Hermann Göring (dieser war auch Beauftragter für den Vierjahresplan) habe erklärt, wir hätten für acht Jahre Getreide. Nun sehe man, was von solchen Reden zu halten sei. Als die Frau erwiderte, wir müßten auch die besetzten Gebiete miternähren, soll Eder entgegnet haben, die Deutschen hätten diese Gebiete ja zuerst ausgeraubt. Einer anderen Frau soll Eder geraten haben, in alten Zeitungen nachzulesen, was der Führer versprochen habe. Er soll auch darauf hingewiesen haben, daß in den besetzten Gebieten Frauen und Kinder erschossen würden. Da sei es nicht verwunderlich, wenn deutsche Städte wie Augsburg bombardiert würden.[2]

Am 9. März 1943 starb der 50jährige Rundschleifer Willy Müller aus Berlin-Neukölln unter dem Fallbeil. Er hatte in der Nacht zum 23. April 1942, als er in seiner Firma in Köpenick zum Betriebsluftschutzdienst eingeteilt war, im Wachraum auf ein Führerbild »mit deutlich lesbarer Schrift das Wort ›Massenmörder‹« geschrieben. Der Betriebsobmann, der fünf Tage später von der »Besudelung« Kenntnis erhielt, erstattete Anzeige. Mittels Handschriftenvergleich wurde Müller als Täter ermittelt. Der Volksgerichtshof verurteilte den Mann, der im Ersten Weltkrieg zweimal verwundet worden war, mit folgender Begründung zum Tode:

> »Der Angeklagte hat durch öffentliche Verunglimpfung des Führers den Willen des Deutschen Volkes zur wehrhaften Selbstbehauptung zu lähmen versucht und zum Hochverrat vorbereitet.«[3]

Wie weit der Volksgerichtshof den Begriff »Öffentlichkeit« auslegte, geht aus einem Urteil vom 17. Juni 1943 hervor. Der kaufmännische Angestellte Johannes Riedel, damals in Hamburg wohnhaft, hatte seinem Herzen in zwei Briefen vom 24. Januar 1943 an seine Mutter und an seinen erkrankten Bruder Fritz Luft gemacht; er schrieb von »Räubern«, »Banditen«, »Verbrechern« und »Lumpen« und meinte diejenigen, die »das deutsche Volk nur als Schlachtvieh und Sklaven« betrachteten. Man könne »heute ja wieder Hoffnung haben, daß ihnen ihre Freveltaten heimgezahlt werden, wenn es auch noch eine Zeit dauern wird«. Zwar werde die Gesamtheit Leidtragende sein; aber die Verbrecher müßten hängen, und es sei schade auch um die kleinen Lumpen, die davonkämen. Riedel, der in dem Brief die Lage für das Reich sehr

2 VGH-Urteil vom 14. Juli 1943, BA-Ko R 60 I 553 und Mordregister E 270.

3 VGH-Urteil vom 14. November 1942, Az.: ? 159/42 // 2 H 298/42, BA-Ko R 60 II 533.

pessimistisch zeichnete, meinte mit Blick auf Stalingrad, in den letzten Monaten sei »allerhand gefällig gewesen«. Und das, nachdem man die Russen schon so oft totgesagt habe. »Da hat IHN (Hitler) die Eingebung aber arg betrogen«, auch in Afrika wende sich das Blatt. Das planmäßige Absetzen vom Feind sei eine wunderliche Umschreibung für einen Rückzug von mehr als 1600 km. »Das sind so die erfolgreichen Rückzüge; womit wir vor Jahren die Engländer nicht genug verhöhnen konnten . . . Nur so weiter, denn für uns kann es nur die eine Hoffnung geben in dieser trostlosen Zeit.«
Die Gestapo fand die beiden Briefe an die Mutter und an den Bruder, als sie gegen den Bruder, der als Wachtmeister der Reserve zur Schutzpolizei eingezogen war, wegen angeblich staatsfeindlicher Äußerungen ermittelte. Sie waren in keine anderen Hände gekommen, gleichwohl stellte der 4. Senat des Volksgerichtshofs in seinem Urteilstenor fest, der Angeklagte habe »im Januar 1943 in Hamburg und Chemnitz fortgesetzt (!) versucht, öffentlich (!) den Willen des Deutschen Volkes zur wehrhaften Selbstbehauptung zu zersetzen«.[4]

Am 7. Januar 1943 verhängte der Volksgerichtshof die Todesstrafe über den Bergmann Dietrich Tembergen aus Kamp-Lintforst (Niederrhein), der in einer Straßenbahn nach einem Bombenangriff auf die benachbarte Stadt Moers der Schaffnerin britische Flugblätter gezeigt und dazu gesagt hatte, »das Volk solle sich die Hand reichen und Revolution machen, dann käme Frieden«.
Der Verteidiger versuchte geltend zu machen, »der Angeklagte sei doch nur ein Meckerer«. Dem widersprach das Gericht mit folgenden typisch Freislerischen Phrasen:

> »Wer mit feindlichen Flugblättern in der Hand öffentlich sagt, das Volk solle Revolution machen, der höhlt höchst gefährlich die innere Front aus, während der deutsche Soldat in schwerem Kampf sein Leben einsetzt. Der versetzt unserem Heer einen Dolchstoß. Höchst gefährlich – wie 1917/18 zeigt . . . Und das weiß auch jeder, so auch der freilich etwas beschränkte Angeklagte! Er ist also kein Meckerer, sondern ein gefährlicher Feind des kämpfenden Volkes. Er tut gerade das, worauf der Engländer spekuliert, wenn er Bomben und Flugblätter gemischt abwirft: das Volk zersetzen, seine Wehrkraft im totalen Krieg schwächen, den Feind begünstigen (§ 91 b StGB).
> Davon, daß das Handeln des Angeklagten dem Reich nur geringen Schaden zufügen kann, kann keine Rede sein. Denn sein Handeln ist ein

4 VGH-Urteil vom 17. Juni 143, Az.: 9 J 95/43 // 4 L 74/43; BA-Ko R 60 II 447.

> Gewicht, das in der Schicksalswaage auf die Waagschale ›Versagen unseres Volkes‹ geworfen wird. Deshalb hat sich der Angeklagte aus dem kämpfenden deutschen Volk ausgeschlossen und den Tod verdient.
> Als Verräter an unseren Soldaten ist er für immer ehrlos geworden.«[5]

Man hat den Eindruck, Freisler habe eine neue Dolchstoßlegende vorbereiten wollen und dies wegen des Delikts eines, wie er selbst sagte, einfach strukturierten Bergmannes, der dafür am 8. April 1943 sein Leben lassen mußte.

Malermeister wie Josef Eder war auch Louis Birck (gestorben im September 1943) aus Wiesbaden. Auch er sagte wiederholt Frauen, in deren Wohnungen er arbeitete, seine Meinung, daß Deutschland den Krieg verlieren werde. Gegenüber einem Wehrmachtsbeamten äußerte er zudem, Juden würden mit Gas vergiftet.

Das Besondere am Fall Birck ist, daß er vor 1933 einige Jahre dem Stahlhelm angehört hatte und bis 1929 förderndes Mitglied der SS war. Diese Mitgliedschaft habe er aus wirtschaftlichen Gründen – damals begann die wirtschaftliche Rezession – aufgegeben, stellte das Gericht fest. Bemerkenswert ist auch, daß die Richter den Angeklagten nicht wegen der Vorbereitung eines Hochverrats verurteilten, und zwar mit folgender Begründung:

> »Der äußere Tatbestand dieses Verbrechens ist durch die Tat zwar erfüllt, da als weitere Folge der Wehrkraftzersetzung durch den Angeklagten neben dem Verlust des Krieges auch der Sturz der nationalsozialistischen Regierung eintreten würde. Da der Angeklagte aber früher niemals einer staatsfeindlichen, insbesondere marxistischen Organisation angehört hat, läßt sich nicht feststellen, daß er auch diese Folge bei seinem Handeln in Betracht gezogen hat. Von einer Heranziehung der Strafbestimmung des § 91 b StGB ist aus dem Grunde abgesehen worden, weil die verletzte Vorschrift der Kriegssonderstrafrechtsverordnung bereits eine angemessene Bestrafung des Angeklagten ermöglicht.
> Durch § 5 der Kriegssonderstrafrechtsverordnung ist für den Regelfall die Todesstrafe angedroht ... Er (der Angeklagte) hat die Zersetzung planmäßig unter Mißbrauch seiner Berufsarbeit, die ihn fortgesetzt mit fremden Personen in Berührung brachte, und überdies zur Zeit einer schweren militärischen Krise betrieben.«[6]

5 VGH-Urteil vom 7. Januar 1943, Az.: 8 J 385/42 g // 1 H 328/42; BA-Ko R 60 II 69; s. auch Wagner, Volksgerichtshof, a.a.O., S. 251.

6 VGH-Urteil vom 13. Juli 1943, Az.: 9 J 291/43 g // 6 H 86/43; BA-Ko R 60 II 9; s. auch Wagner, Volksgerichtshof, a.a.O., S. 286 f.

Der Schuhmacher Werner Leege und der Laufbursche Heinz Baak, beide aus Bielefeld, hatten den Londoner und Moskauer Rundfunk abgehört und handschriftlich Flugzettel hergestellt, die sie nachts anklebten oder auslegten. Auf diesen Zetteln ließen sie England, Stalin, auch Rudolf Heß und die Freiheit hochleben. »Nieder mit Hitler« war auch eine ihrer Parolen. Es waren Parolen, die sie aufschrieben, keine Wiedergabe der Nachrichten der Sender, die sie abgehört hatten. Die beiden, die wegen köperlicher Schwäche nicht zum Wehrdienst eingezogen waren, wollten vor Gericht das, was sie getan hatten, als Dumme-Jungen-Streiche gewertet wissen; eine politische Zielrichtung vermochten auch die Richter nicht nachzuweisen, zumal mindestens Baak den Eindruck verminderter Zurechnungsfähigkeit machte.
Gleichwohl verhängte der Senat über beide die Todesstrafe wegen Feindbegünstigung, Verstoßes gegen die Volksschädlingsverordnung und wegen Abhörens ausländischer Rundfunksender. Der Senat nannte für das Strafmaß, das im September 1943 vollstreckt wurde, folgende Gründe:

> »Die Angeklagten haben in höchstem Maß verwerflich gehandelt. Wie sie zugegeben haben, ist ihnen vom nationalsozialistischen Deutschland nicht das geringste zuleide getan worden, sondern sie haben vielmehr in vollem Umfange an allem teilgenommen, womit das Dritte Reich den werktätigen Volksgenossen ihr Los erleichtert. Zu einer Zeit, in der ihre Altersgenossen im Felde stehen und ihr Leben aufs Spiel setzen, haben sie in der Heimat bleiben und an ihr eigenes Wohlergehen denken können. Wertvolle Arbeit für die Allgemeinheit haben sie weder vor noch in der Kriegszeit geleistet. ... Stattdessen haben sie sich mit den erklärten Feinden ihres Volkes verbündet, auf die Vernichtung ihres Vaterlandes hingearbeitet und noch obendrein an der durch ihre Tat bei ihren Volksgenossen hervorgerufenen Angst und Verwirrung ihre Freude empfunden. Hierin offenbart sich ein kaum zu überbietender moralischer Tiefstand und eine solche Entartung, daß die Volksgemeinschaft derartige Schädlinge nicht mehr erträgt. Für die Angeklagten kann daher nach dem gesunden Volksempfinden nur die Todesstrafe als das Reinigungsmittel der Gemeinschaft, als das Instrument zur Ausmerzung Entarteter in Betracht kommen. Dies gilt nicht nur bezüglich des in vollem Umfange verantwortlichen Angeklagten Leege, sondern auch bei dem vermindert zurechnungsfähigen Baak, da § 51 Abs. 2 StGB eine Strafmilderung nicht zwingend vorschreibt, sondern lediglich in das pflichtgemäße Ermessen des Gerichts stellt.«[7]

7 VGH-Urteil vom 4. Mai 1942, Az.: 9 J 314/41 g // 2 H 146/41; BA-Ko R 60 I 519, s. auch Wagner, Volksgerichtshof, a.a.O., S. 176 f.

In den Septembernächten 1943 wurde der Hausschlächter Alwin Wätzlich hingerichtet. Er hatte zwei Feldwebeln geraten, sie sollten doch »den Dreck hinhauen«, wie er es im Ersten Weltkrieg auch getan habe. Er hatte damals tatsächlich den Dienst verweigert und war deshalb zu einer Gefängnisstrafe verurteilt worden. Solche Milde kannten nationalsozialistische Richter nicht. Sie fällten das Todesurteil, zumal Wätzlich, wie es in den Urteilsgründen heißt, »bei keiner der großen nationalsozialistischen Volksabstimmungen wählte. Und als er einmal zum Wählen geholt wurde, gab er einen weißen Zettel ab ... Man kann daraus ersehen, wes Geistes Kind er ist.«[8]

Der Regierungsrat Theodor Korselt aus Rostock hatte am 1. August 1943 in der Straßenbahn gegenüber einem Bekannten die Meinung vertreten, der Krieg müsse bald beendet werden. Er stand unter dem Eindruck der Bombardierung Hamburgs. Es müsse kommen wie in Italien – Mussolini war gerade gestürzt worden –, der Führer müsse zurücktreten. Man müsse Frieden schließen um jeden Preis, »oder ob wir denn alle bei lebendigem Leibe braten wollten?«
Korselt wurde drei Wochen später, am 23. August, zum Tode verurteilt, am 24. kam er nach Plötzensee und tags darauf wurde er enthauptet. In den Urteilsgründen heißt es, Korselts Eid auf den Führer, den er als höherer Verwaltungsbeamter geschworen habe, begründe »ein germanisches Treueverhältnis, das den ganzen Mann ergreift«. Das Gericht suggerierte damit, daß Korselt die damals häufig zitierte »germanische Gefolgschaftstreue« verletzt habe.[9]
Gerade das hatte er jedoch nicht getan. Treue beruhte nach germanischer Auffassung immer auf Gegenseitigkeit. Der frühere Präsident des Bundesgerichtshofs, Hermann Weinkauff, stellte in einem Gutachten fest:

> »In den Staaten des germanischen Rechts ... wurde das Widerstandsrecht in wechselnden Formen geübt und anerkannt ... Wo über die rechtliche Begründung des Widerstandsrechtes nachgedacht wurde, wurde es immer darauf gegründet, daß es eine elementare Ordnung des Rechtes gebe, die auch den Herrscher binde, daß dieser seine Herrschermacht nur unter der Bedingung habe, daß er das Recht achte und

8 VGH-Urteil vom 27. August 1943, Az.: 9 J 39/43 // 1 L 61/43; BA-Ko R 60 I 272; s. auch Wagner, Volksgerichtshof, a.a.O., S. 288.

9 VGH-Urteil vom 22. August 1943, Az.: 1 J 443/43 g // 1 L 66/43; BA-Ko R 60 I 467; »... für immer ehrlos«. Aus der Praxis des Volksgerichtshofs, Beiträge zum Widerstand 8, Informationszentrum Berlin, ³1981, S. 5 ff.

dem Wohl des Volkes diene, und daß der Widerstand gegen ihn erlaubt sei, wenn er dem entgegenhandele.«[10]

Der Regierungsrat Korselt stand dem Nationalsozialismus reserviert gegenüber. Der Volksgerichtshof hielt fest, daß er früher einmal höherer Verwaltungsbeamter in politischen, dann jedoch »wegen auffälliger Vorbehalte in seinem Aufnahmegesuch in die NSDAP in unpolitischen Ämtern« gewesen sei. Korselt war kein aktiver Widerstandskämpfer. Er hatte lediglich seine Meinung gesagt, wozu er nach »germanischem Recht« legitimiert war. Doch die Richter meinten:

> »Unserem Siege ist es der Volksgerichtshof schuldig, einen solchen treulosen Verräter zum Tode zu verurteilen. Denn er ist unserem kämpfenden Volk in den Rücken gefallen.«

Am 22. Juli 1943 starb der ehemalige preußische Landtagsabgeordnete Eduard Zachert in Plötzensee; er hatte der SPD-Fraktion angehört. Auch er hatte gegenüber Arbeitskollegen geäußert, der Krieg müsse beendet werden, wenn das deutsche Volk einer Katastrophe entgehen wolle.[11]
Daß der Volksgerichtshof den Arbeiter Erich Deibel aus Wetzlar dem kommunistischen Widerstand zuordnete, gibt zu Zweifeln Anlaß. Zwei Abort-Kritzeleien wurden ihm zum Verhängnis. Eine war eindeutig SPD-orientiert. Mit Tintenstift hatte Deibel drei Pfeile gezeichnet, Zeichen des ehemaligen Reichsbanners, und daneben dessen Losung geschrieben: »Frei heil«. Deibel hatte vor 1933 der SPD nahe gestanden und diese Partei auch gewählt. Will man Schlüsse aus der »Inschrift« ziehen, liegt es nahe, ihn nach wie vor als sozialdemokratisch gesinnt anzusehen. Die zweite »Inschrift« – mit Kreide geschrieben – lautete: »Arbeiter – helft Rußland – streikt – auf für die KBD«. Sie war vier Wochen nach Ausbruch des Krieges gegen Rußland gekritzelt. Deibel mochte in dieser Situation Sympathien für die Sowjets haben, zumal sein Vater seit 1918 in Leningrad ansässig war. Daraus zu schließen, daß er, »ein alter Marxist«, sich, wie die Tat bezeuge, »im Laufe der Zeit zum Kommunisten entwickelt« habe, ist voreilig und entbehrt eines Beweises.
Der Volksgerichtshof sah in dem Wort »streikt« einen Verstoß nach § 91 b StGB, also Feindbegünstigung. Mit »helft Rußland – auf für die KBD« habe Deibel die Ziele der KPD gefördert, »mit Gewalt die Verfassung des Deutschen Reiches zu ändern und an ihre Stelle eine Arbeiter-

10 Hermann Weinkauff, Die Militäropposition gegen Hitler und das Widerstandsrecht; auszugsweise in Hans-Adolf Jacobsen, 20. Juli 1944, Bonn ^{3}1960, S. 260.

11 BA-Hoppegarten, Mordregister Z 333; s. auch Wagner, Volksgerichtshof, a.a.O., S. 144.

und Bauerndiktatur nach sowjetrussischem Vorbild zu errichten«, also den Hochverrat vorbereitet.
Weil er den Londoner Rundfunk – »zufällig«, sagte Deibel; »absichtlich« der Volksgerichtshof – gehört habe, sei er eines »Verbrechens nach § 1 der Verordnung über außerordentliche Rundfunkmaßnahmen vom 1. September 1939« schuldig. Wieder bemühte das Gericht die Dolchstoßlegende und konstatierte: »Ein solcher Verräter und Saboteur hat im heutigen Deutschland sein Leben verwirkt.«[12]

Am 27. Oktober starb der 17jährige Helmuth Günter Hübener aus Hamburg in Plötzensee. Der Volksgerichtshof hatte ihm am 11. August 1942 »das Abhören eines Auslandssenders und Verbreitung der abgehörten Nachrichten in Verbindung mit Vorbereitung zum Hochverrat und landesverräterischer Feindbegünstigung« zur Last gelegt.
Hübener – er war Mitglied der »Kirche Jesu Christi der Heiligen der letzten Tage« (Mormonen)[13] – hatte Nachrichten des Londoner Rundfunks hektographiert und verbreitet und auf Flugblättern zum Widerstand gegen das nationalsozialistische Unrechtregime aufgerufen. Ein Flugblatt mit dem Titel »Wochenendkarzer« war an seine Altersgenossen, die Mitglieder der Hitler-Jugend, gerichtet. Es begann so:

> »Deutsche Jungen!
> Kennt Ihr das Land ohne Freiheit, das Land des Terrors und der Tyrannei? Nun, Ihr wißt es wohl und gut, nur Ihr mögt es nicht aussprechen. Man hat Euch schon so weit unterdrückt, daß Ihr es aus Furcht vor der Strafe nicht wagt. Ja, Ihr habt Recht; Deutschland ist es, das Hitler-Deutschland.«[14]

Hübener hatte dies im Alter von 16 bis 17 Jahren geschrieben. Gleichwohl wurde er am 27. Oktober 1942 nach dem Erwachsenen-Strafrecht verurteilt. Die formelle Handhabe hierzu bot die graduelle Verschärfung des Jugendstrafrechts seit 1934. Bis dahin wurden Jugendliche (14- bis 18jährige) stets und Heranwachsende (18- bis 21jährige) im allge-

12 VGH-Urteil vom 6. Juni 1942, Az.: 9 J 216/41 g // 2 L 89/42; abgedruckt in ». . . für immer ehrlos«. Aus der Praxis des Volksgerichtshofs, a.a.O., S. 13 ff.; Anklageschrift S. 8 ff.

13 Merkwürdigerweise ist im Bibliotheksbuch, S. 112, unter der Rubrik »Konfession« gottlos eingetragen.

14 Detlev Peukert, Protest und Widerstand von Jugendlichen im Dritten Reich, in: Widerstand und Verweigerung in Deutschland 1933-1945, hrsg. von Richard Löwenthal und Patrik von zur Mühlen, Berlin-Bonn 1982, S. 194.

meinen von Jugendrichtern und -kammern nach dem Jugendstrafrecht abgeurteilt. Mit dem gleichen Gesetz, das auch den Volksgerichtshof ins Leben rief, konnten Jugendliche und Heranwachsende wegen politischer Delikte auch vor diesem Gericht angeklagt werden. Allerdings durfte der Volksgerichtshof nur die im Jugendstrafrecht vorgesehenen Strafen verhängen; ein Jugendlicher konnte also weder zu einer Zuchthausstrafe noch zum Tode verurteilt werden. Das änderte sich zu Kriegsbeginn mit der Verordnung zum Schutz gegen jugendliche Schwerverbrecher vom 4. Oktober 1939. Die Gerichte erhielten die Befugnis, die gegen Erwachsene angedrohten Strafen zu verhängen, »wenn der Täter nach seiner geistigen und sittlichen Entwicklung einer über 18 Jahre alten Person gleichzuachten ist und wenn die bei der Tat gezeigte besonders verwerfliche verbrecherische Gesinnung oder der Schutz des Volkes eine solche Bestrafung erforderlich machen.«[15] Im Fall Hübener konstatierte der Volksgerichtshof:

> »Hübener ... hat in der Hauptverhandlung eine weit über dem Durchschnitt von Jungen seines Alters stehende Intelligenz gezeigt ... Daß er schon immer Fähigkeiten über dem Durchschnitt aufgewiesen hat, zeigt seine Zuteilung zum ›Oberbau‹ (nach Abschluß der Volksschule). Dann hat er für seine Abschlußprüfung einen politischen Aufsatz: ›Der Krieg der Plutokraten‹ vorgelegt, der zwar vorwiegend eine Zusammenstellung enthält, aber in seiner Art nicht vermuten läßt, daß er damals erst im 15. und 16. Lebensjahr gestanden hat. Die Arbeit ist in ihrem inneren Gehalt und der Reife nach die Arbeit einer Person von weit über 18 Jahren. Das gleiche Bild gibt der Inhalt der Flugschriften, die von Hübener in Anlehnung an die Nachrichten verfaßt worden sind. Auch hier würde niemand, selbst wenn er wüßte, daß ihr Inhalt nach Aufzeichnungen verfaßt worden ist, vermuten, daß sie von einem erst 16- und 17jährigen Jungen verfaßt worden sind ...
> Damit war er als Erwachsener zu bestrafen.«[16]

Wegen Feindbegünstigung und Verstoß gegen die Rundfunkverordnung vom 1. September 1939 starb am 19. März 1943 der Tabakwarenhändler Wilhelm Lönnecker aus Niedersachsen. Er hatte schon lange vor dem Krieg regelmäßig deutschsprachige Sendungen ausländischer Radiostationen gehört und über ihren Inhalt in seiner Umgebung berichtet; er

15 Wagner, Volksgerichtshof, a.a.O., S. 200 f., 821 ff.

16 VGH-Urteil vom 11. August 1942, Az.: 8 J 127/42 g // 2 H 141/42; teilweise abgedruckt in: Das Gewissen steht auf. 65 Lebensberichte aus dem deutschen Widerstand 1933-1945, gesammelt von Annedore Leber, hrsg. in Zusammenarbeit mit Willy Brandt und Karl Dietrich Bracher, Berlin-Frankfurt/M. 1963, S. 14 ff.

soll im Krieg auch Bekannte aufgefordert haben, das gleiche zu tun.[17] Er kam am 16. Dezember 1942 in die Strafanstalt Plötzensee. Unter dem Datum vom 12. Februar vermerkte ein Wachtmeister: »Achtung! Lönnecker Gesichtsrose.« Am 14. Februar ist seine Verlegung in das Lazarett notiert. Von dort kam er am 19. März in den Hinrichtungstrakt und wurde enthauptet.

Vom Ausland aus hatten die in Dresden geborene und in Brüssel ansässige Büroangestellte Ruth Österreich und der in Rheydt geborene, in Verviers (Belgien) wohnhafte Kaufmann und Chemiker Stephan Mathar Schriften nach Deutschland eingeführt, deren Inhalt nach Meinung des Volksgerichtshofs »zersetzend« war. Sie sollen damit den Feind des Reiches begünstigt und den Hochverrat vorbereitet haben.[18] Deshalb starb Mathar am 28. Mai und Frau Österreich am 25. Juni 1943.

Einige Fragen gibt der Fall des im September 1943 gehenkten Dresdner Radiohändlers Alfred Althus auf. Er hatte Kontakt zu einem nahe Posen ansässigen Polen namens Ignaz Hulka, der gleichfalls Radiohändler war. Diesem lieferte er Radioapparate und Ersatzteile gegen Fleisch, Eier, Butter, Geflügel und Wild. Dazu der Volksgerichtshof:

> »Dies skandalöse gewerbliche Tauschgeschäft, durch das er seine Ware deutschen Volksgenossen entzog und sie um verbotener Lebensmittelsendungen willen einem Polen gab, hat Althus in einer Weise geführt, die ihn als Volksverräter entlarvt.«

Nicht Wirtschaftsverbrechen (für die auch ein Sondergericht zuständig gewesen wäre), sondern Volksverrat ist das Stichwort. Weiter noch: eine »marxistisch reichsfeindliche« Korrespondenz. Althus hatte seinem Posener Partner geschrieben:

> »Ich wäre Ihnen dankbar, wenn Sie mir auch privat einmal mitteilten, wie die Zustände dort augenblicklich sind, da man sich aus den Schilderungen der Soldaten keinen richtigen Überblick machen kann.«

Hulka tat dies; denn Althus bedankte sich für die Information, die bestätige, was er immer schon gewußt habe. »Wir kennen das aus eigener Erfahrung«, fuhr er fort, »da wir vor 1933 in der Arbeiterbewegung tätig waren und bei der Machtübernahme gar vieles durchgemacht

17 VGH-Urteil vom 16. Dezember 1942, Az.: 8 J 341/42 g // 1 H 272/42; BA-Ko R 60 I 142; Wagner, Volksgerichtshof, a.a.O., S. 252.

18 VGH-Urteil vom 18. Februar 1943, Az.: 6 J 248/41 g // 1 H 14/43; BA-Ko R 60 II 117 (nur Urteilstenor).

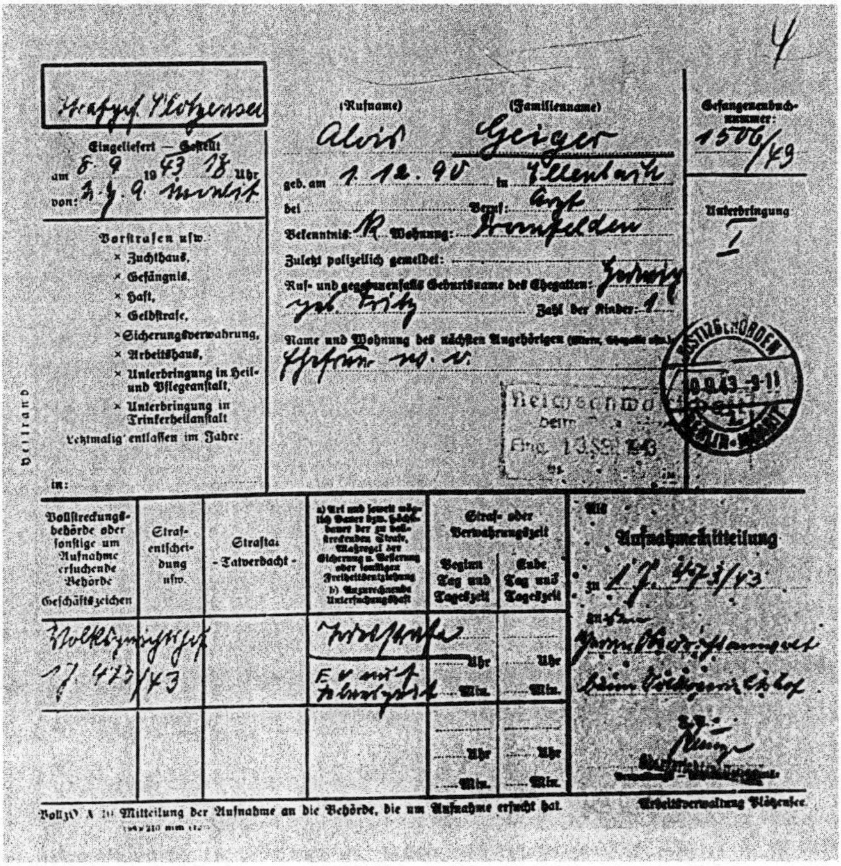

Strafgef. Plötzensee

Eingeliefert — Gestellt

am 8. 9. 1943 18 Uhr

von: [illegible]

Vorstrafen usw.:

× Zuchthaus,
× Gefängnis,
× Haft,
× Geldstrafe,
× Sicherungsverwahrung,
× Arbeitshaus,
× Unterbringung in Heil- und Pflegeanstalt,
× Unterbringung in Trinkerheilanstalt

Letztmalig entlassen im Jahre:

in:

(Rufname) Alois (Familienname) Geiger

geb. am 1. 12. 95 in [illegible]

bei ... Beruf: Arzt

Bekenntnis: K. Wohnung: [illegible]

Zuletzt polizeilich gemeldet:

Ruf- und gegebenenfalls Geburtsname des Ehegatten: Hedwig geb. [illegible] Zahl der Kinder: 1

Name und Wohnung des nächsten Angehörigen (Eltern, Ehegatte usw.): Ehefrau wie v.

Gefangenenbuchnummer: 1506/43

Unterbringung: I

Vollstreckungsbehörde oder sonstige um Aufnahme ersuchende Behörde Geschäftszeichen	Strafentscheidung usw.	Straftat - Tatverdacht -	a) Art und soweit möglich Dauer bzw. Höchstdauer der zu vollstreckenden Strafe, Maßregel der Sicherung u. Besserung oder sonstigen Freiheitsentziehung b) Anzurechnende Untersuchungshaft	Straf- oder Verwahrungszeit Beginn Tag und Tageszeit	Ende Tag und Tageszeit
Volksgerichtshof 1 J. 473/43			Todesstrafe E.V. [illegible]	... Uhr ... Min.	... Uhr ... Min.
				... Uhr ... Min.	... Uhr ... Min.

Als Aufnahmemitteilung zu 1 J. 473/43 an den Herrn Oberreichsanwalt beim Volksgerichtshof

Arbeitsverwaltung Plötzensee

VollzO A 10 Mitteilung der Aufnahme an die Behörde, die um Aufnahme ersucht hat.

Mitteilung der Strafanstalt Plötzensee über die Aufnahme eines Gefangenen

haben.« Althus schloß: »Vernichten Sie aber diesen Brief.« Das tat Hulka nicht; er vergrub ihn. Er vermerkte sogar auf der Rückseite des Briefes von Althus:

> »Das ist die Firma, die gleichfalls gegen Hitler arbeitet. Sie liefert mir sämtliche Empfangsgeräte und fertige Empfangsapparate. Mit derselben arbeite ich vom 16.12.1939 bis zum heutigen Tage.
> Neustadt, den 5.1.1941
> Der Leiter:
> Ignacy Hulka«

Kein Zweifel, Hulka leitete eine Widerstandsgruppe im sogenannten Warthegau. Er brauchte die Radioapparate, um die Stimme der Exilregierung hören zu können. Das Reichssicherheitshauptamt meldete, am 14. Oktober 1942 sei eine Gruppe von 32 Polen und sechs Volksdeutschen aus dem Gebiet um Posen festgenommen worden; sie hätten einer »nicht näher bezeichneten, von Ignaz Hulka geleiteten Widerstandsgruppe angehört. Fest stehe, daß in »Hörgemeinschaften« ausländische Sender gehört und die Nachrichten weiter verbreitet worden seien. Fünf Radioapparate hätten sichergestellt werden können.[19]
Inwieweit die Korrespondenz Althus-Hulka »marxistisch« war, ist offen. Hulkas Briefe lagen dem Gericht nicht vor; Althus hatte sie vernichtet. Hulka konnte auch nicht gefragt werden, er war verstorben. Da keine Beweise vorlagen, »schloß« der Volksgerichtshof aus der Tatsache, daß der Angeklagte einmal Sozialdemokrat gewesen war, auf eine »marxistisch-reichsfeindliche« Korrespondenz. In dem Urteil vom 25. August 1943 heißt es:

> »Wer jetzt im Kriege einem Polen als Deutscher zu erkennen gibt, daß es Deutsche gibt, die mit ihm gemeinsame Sache machen ... wer besonders dabei auf seine eigene marxistische Gesinnung und marxistischen Erlebnisse nach der Machtergreifung hinweist, ... der stärkt dem staatsfeindlichen Polen das Rückgrat, der schädigt uns in unserer totalen Kriegsführung (§ 91 b StGB). Bei der unbeschreiblichen Gemeinheit der Gesinnung des Althus, der dem Polen sagt, er glaube seiner Schilderung politischer Zustände mehr als der unserer Soldaten ... kann ... nur die Todesstrafe die richtige Antwort sein.«[20]

19 Reichssicherheitshauptamt, Amt IV, »Meldung wichtiger staatspolizeilicher Ereignisse«, BA-Ko R 58/208.

20 VGH-Urteil vom 25. August 1943, Az.: 5 J 132/43 // 1 L 65/43; BA-Ko R 60 I 271; Wagner, Volksgerichtshof, a.a.O., S. 258 ff.

Deutsche Hitlergegner, die ins Ausland geflüchtet waren, waren im Krieg nur in Sicherheit, wenn sie Schweden, die Schweiz oder die britischen Inseln erreicht hatten. Mit denjenigen, die ins Garn der Gestapo gingen, rechneten die Nationalsozialisten gnadenlos ab, sei es in den Konzentrationslagern, sei es in den Gerichtssälen. Die Vergeltung traf insbesondere die Frauen und Männer, die früher einmal mit dem Nationalsozialismus sympathisiert hatten. Einer von ihnen war Dr. Helmut Klotz. Im Ersten Weltkrieg war er Seeoffizier, später Fliegeroffizier; er wurde mit dem Eisernen Kreuz Erster Klasse ausgezeichnet. Nach dem Krieg studierte er Staatswissenschaften und wurde 1922 – als Student – Mitglied der NSDAP. Am 9. November 1923 nahm er in München am Marsch zur Feldherrnhalle teil. Aber ein Jahr später, 1924, brach er mit dieser Partei, wurde nach eigenem Bekenntnis »schärfster Gegner der Hitlerbewegung«. Klotz, der als ehemaliger Offizier dem Gedanken einer »Volksmiliz« anhing, fand 1929 den Weg zum Reichsbanner. Den Kampf gegen die Nationalsozialisten führte er als Publizist – er gab eine »Antifaschistische Korrespondenz« heraus – und politisch als Mitglied der SPD. 1933, nach der Machtergreifung, war für Klotz kein Platz mehr in Deutschland. Mit Hilfe des Vorsitzenden des »Volksvereins für das katholische Deutschland« glückte es ihm, in die Tschechoslowakei zu flüchten. Noch einmal kam Klotz nach Deutschland zurück; aber am 1. Mai 1934 kehrte er seiner Heimat endgültig den Rücken, nahm seinen Wohnsitz in Paris und bekämpfte von dort aus als Publizist mit Aufsätzen, Broschüren und Büchern die nationalsozialistische Politik. Nach dem Zusammenbruch Frankreichs geriet Klotz in die Fänge der Gestapo. Der 1. Senat des Volksgerichtshofs unter Vorsitz von Dr. Freisler sprach am 27. November 1942 das Todesurteil mit folgendem Tenor:

> »Der Angeklagte hat als Emigrant im Ausland seit 1933 und bis in die Mitte 1940 mit einzigartiger Folgerichtigkeit und Tatkraft das fortgesetzte Leben eines Landes- und Hochverräters gelebt und dabei Ehre und Ansehen des deutschen Volks in der Welt aufs schwerste geschädigt und beschimpft und wesentlich als Kriegshetzer die Atmosphäre zwischen den Völkern und Staaten vergiftet und dadurch zum Ausbruch des Krieges beigetragen.«[21]

21 VGH-Urteil vom 27. September 1942, Az.: 8 J 261/41 g // 1 H 237/42, BA-Ko R 60 II 95, fol. 1; s. auch Wagner, Volksgerichtshof, a.a.O., S. 189.

Klotz kam am Tag nach dem Urteil, am 28. November, nach Plötzensee († 3. Februar 1943).[22] Seine Hinrichtung ist im Bibliotheksbuch nicht verzeichnet.

Auch der aus Bonn stammende Kaufmann Emil Schulz wandelte sich von einem begeisterten Nationalsozialisten zu einem entschiedenen Gegner. 1936 flüchtete er von Düsseldorf nach den Niederlanden; zuvor hatte er 600 Reichsmark, die er für die Stadtwerke Düsseldorf erhoben hatte, unterschlagen. Zunächst fand Schulz Aufnahme bei einem ihm bekannten Funktionär der »Nationalsozialistischen Niederländischen Arbeiterpartei«, mit dessen Hilfe er seine Erlebnisse in Deutschland als Broschüre zu veröffentlichen gedachte. Tatsächlich wurde die Broschüre auch gedruckt; vor der Auslieferung wurde Schulz jedoch von der niederländischen Polizei festgenommen und nach Belgien abgeschoben. Unterstützt wurde er nunmehr von der Roten Hilfe. Von 1936 bis 1939 war Schulz Internationaler Brigadist in Spanien, wurde als solcher nach Francos Sieg in Frankreich interniert und fiel 1940 in die Hände der Gestapo. Der 2. Senat des Volksgerichtshofs fällte am 26. Juni 1942 das Todesurteil »wegen Vorbereitung zum Hochverrat in Verbindung mit Volksverrat durch Lügenhetze«.[23] Er starb am 22. September 1942.

Theo Hespers[24] leitete bis 1933 die »Christlich-Soziale Jugend« in Mönchengladbach. Er war zugleich Mitglied der »Christlich-Sozialen Reichspartei«, einer Splittergruppe, die politisch links vom Zentrum rangierte. Noch bei den Märzwahlen 1933 kandidierte er erfolglos sowohl für den Reichstag als auch für die Stadtverordnetenversammlung auf »Einheitslisten« christlicher und linker Splittergruppen. Eine Hausdurchsuchung Anfang April war für ihn Zeichen, daß er nicht länger in Deutschland arbeiten konnte. In den Niederlanden fand er eine neue Bleibe, zunächst in Roermond und später, als das Deutsche Reich sich bei den Niederlanden über einige Aktionen beschwerte, die Hespers im Grenzland unternahm, in Brabant.

1937 konnte Hespers zusammen mit Hans Ebeling[25] eine Zeitschrift

22 Bibliotheksbuch, S. 140; Gefangenen-Buch-Nr. 2029/42. Er wurde als »Franzose« eingetragen; der Hinrichtungstermin ergibt sich aus dem Sterbe- sowie dem Mordregister, K 1573.

23 VGH-Urteil vom 26. 6.1942, Az.: 6 J 143/41 g // 2 H 73/42, BA-Ko R 60 II 97, fol. 1.

24 Ein Lebensbild in Das Gewissen steht auf, a.a.O., S. 193 f.

25 Dr. Hans Ebeling war Leiter bündischer Jugendgruppen, des »Jungnationalen Bundes« und der »Pfadfinderschaft Westmark«. Er verließ 1939 die Niederlande und ging nach Großbritannien.

gründen, die »Kameradschaft«, die eine Stimme der unterdrückten jungen Generation sein sollte. Hespers schrieb 1938 in dieser Exil-Zeitschrift:

> »Die katholische Jugend hat einen zu hohen Begriff von wirklicher nationaler Einheit und Freiheit, als daß sie sich und ihre Ideen der Nazi-Demagogie opfern könnte. Für sie ist die Einheit des Volkes nicht die Zerstörung der Eigenartigkeit seiner Kirchen, Stämme und Schichten, sondern bedeutet eine sinnvolle Zusammenarbeit und Ergänzung aller Kräfte für eine gemeinsame Aufgabe: die Erneuerung des Volkes auf einer wirklich ethischen und sozialen Basis. Und es ist nur zu selbstverständlich, daß die Freiheit als erste Voraussetzung nicht Zwang, sondern Freiwilligkeit hat. Wir werden unserer Pflicht nie gerecht, wenn wir uns auf die Sakristei zurückziehen und ins Getto gehen! Terror und Angst vor der Illegalität darf uns nie davor zurückhalten, als Christen unsere Pflichten zu erfüllen.«

Als Hitler am 10. Mai 1940 auch in die Niederlande einfiel, gelangte Theo Hespers auf der Flucht mit seiner Familie bis nach Dünkirchen. Dort wurde er von der Wehrmacht eingeholt. Er kehrte nach Belgien zurück und wurde von Freunden verborgen gehalten. Derselbe Theo Hespers, der unmittelbar nach dem Ersten Weltkrieg von Belgiern verhaftet worden war wegen einer Teilnahme an antiseparatistischen Aktionen, wurde jetzt von Belgiern vor seinen eigenen Landsleuten geschützt. Im Februar 1942 wurde er von der Gestapo ausfindig gemacht, verhaftet und vom Volksgerichtshof zum Tode verurteilt. In seiner Zeitschrift hatte Theo Hespers geschrieben:

> »Keine der bis 1933 führenden politischen und kulturellen Gruppen brachte die Kraft auf, den Machtantritt dieses Gewaltregimes zu verhindern oder sich in ihm zu behaupten. Was war die tiefste Ursache dafür, daß kein genügender Widerstand da war, um den Ausbruch der totalen Barbarei zu verhindern? War das deutsche Volk nicht mündig genug oder nicht gewillt, für seine innere Freiheit zu kämpfen? Verfügte man nicht über die nötigen Machtpositionen? Nein, das war nicht das Entscheidende! Was fehlte, war die tiefste Überzeugung in den führenden Kreisen aller Richtungen, war das Verantwortungsbewußtsein und die Opferbereitschaft für die eigene Sache ...
> Die wichtigste Aufgabe wird sein, wieder ein Vertrauensverhältnis unter den deutschen Menschen herzustellen. Diese Arbeit kann aber auch nur durch Menschen und Gruppen geleistet werden, die aus der Vergangenheit und Gegenwart unbelastet sind und durch ihre geradlinige Haltung und ihren persönlichen Einsatz überzeugen.«

Der Oberreichsanwalt versuchte, Hespers eine Zusammenarbeit mit Kommunisten anzulasten, um ihn auf diese Weise zu diskreditieren.[26] Tatsächlich war Hespers in den Niederlanden auch mit Kommunisten und Sozialisten zusammengetroffen. Dabei dürfte es sich wohl nicht um politische Bindungen im Sinne einer Volksfront gehandelt haben, sondern eher um technische Kontakte. Kommunisten, Sozialdemokraten und auch Christen waren bestrebt, ihre Publikationen ins Reich einzuschleusen. Die Wege, die es hierzu gab, nutzte man gemeinsam. Hespers kam als zum Tode Verurteilter am 23. Juli 1943 nach Plötzensee. Er wurde Opfer der Massenexekution im September.

Karl Minster war 78 Jahre alt, als der 2. Senat des Volksgerichtshofs ihn am 27. Juli 1942 zum Tode verurteilte. Er hatte ein bewegtes Leben hinter sich. 1896 in die Vereinigten Staaten ausgewandert, hatte er 1905 die amerikanische Staatsbürgerschaft erworben. 1912 kehrte er nach Deutschland zurück; nach dem Kriegseintritt der USA setzte er sich, da er amerikanischer Staatsbürger war, nach Holland ab. Nach Kriegsende war er zeitweise Staatssekretär in der zu Frankreich tendierenden »Autonomen Regierung der Pfalz«, später Schriftleiter sozialdemokratischer Zeitungen. Als Hitler regierte, flüchtete Minster zuerst an die Saar und agitierte gegen die Rückgliederung ins Reich, 1935 emigrierte er nach Frankreich. Politisch aktiv war er in verschiedenen Emigranten-Organisationen, die ihren Sitz in Metz hatten. Als dort 1940 deutsche Truppen einrückten, verlegte er seinen Wohnsitz nach Paris. Dort blieb er lange unbehelligt. Am 8. März 1941 richtete er ein Schreiben an die amerikanische Botschaft in Paris und bat unter Hinweis auf seine amerikanische Staatsbürgerschaft um Schutz, den zu leisten der amerikanische Vizekonsul sich zwar nicht verpflichtet fühlte, zu dem er – unter Bedingungen – gleichwohl bereit war. Das Schreiben des Vizekonsuls lautet in der Übersetzung des Volksgerichtshofs:

> »Aus Ihrem Gesuch für einen Paß geht hervor, daß Sie im Jahre 1912 von Amerika fortgingen und Sie sich seit 1935 in Frankreich aufhalten, nachdem Sie in Deutschland, Holland und im Saargebiet wohnhaft waren.
> Nach dem Gesetz vom 2. März 1907 wurde die Mutmaßung, daß Sie Ihre Staatsbürgerschaft verloren hätten, gegen Sie vorgebracht, weil Sie so lange im Ausland wohnten, und das Department der Vereinigten Staaten von Amerika ist der Meinung, daß Sie es versäumt haben zu zeigen, daß

26 Die Anklageschrift des Oberreichsanwalts datiert vom 30. Mai 1943, Az.: 8 J 148/42 g, BA-Ko R 60 II 104, fol. 1; s. auch Wagner, Volksgerichtshof, a.a. O., S. 190 f.

Sie in der Lage sind, die Mutmaßung abzuwehren, daß Sie die Staatsangehörigkeit verloren haben, und deshalb sind Sie nicht berechtigt, um Schutz zu fordern, wenn Sie so lange im Ausland sind. Dieses sagt jedoch nicht, daß Sie die amerikanische Staatsangehörigkeit verwirkt haben, und wenn es Ihr Wunsch ist, nach den Vereinigten Staaten sofort zurückzukehren, um dort immer wohnen zu bleiben, ist es möglich, daß für diesen Zweck die Bevollmächtigung erteilt wird, daß ein Paß ausgestellt wird. Wegen dieser Angelegenheit werden Sie gebeten, in dem Büro vorzusprechen und dort legen Sie klar, daß Sie sofort in die Vereinigten Staaten zurückkehren wollen.«[27]

Warum Minster diese Chance nicht nutzte, ist nicht ersichtlich. Der 78jährige verstarb am 10. Februar 1943 im Strafgefängnis Plötzensee.

Der Fall des aus der Nähe von Bad Kreuznach stammenden Johann Machwirth zeigt, wie ein Mitglied der separatistischen Bewegung des Rheinlandes zwischen den Fronten zerrieben wurde. Von Oktober 1923 bis Februar 1924 war er im Auftrag des »Aktionsausschusses der Rheinischen Republik« Bürgermeister in Stromberg (Hunsrück); anschließend übte er die gleiche Funktion im Auftrag der französischen Besatzungsmacht aus. Obwohl er, der mehrfach seinen Aufenthalt in Frankreich genommen hatte, 1932 endgültig emigrierte, erhielt er als »naturalisierter Franzose« wohl erst 1937 einen französischen Paß. Gleichwohl wurde Machwirth, der im September 1939 zu einem französischen Flakregiment einberufen worden war, sehr bald als »unzuverlässiger Volksdeutscher« interniert. In den Urteilsgründen des Volksgerichtshofs werden Machwirths weitere Lebensstationen folgendermaßen beschrieben:

»Aufgrund freiwilliger Meldung wurde er ab 1940 im Verband der französischen Fremdenlegion in Nordafrika (Algerien und Tunesien) eingesetzt, bei dem Angriff englischer Streitkräfte auf Dakar auch angeblich leicht verwundet. Nach seiner Demobilisierung im Mai 1941 war er bei der Abrüstungszentrale in Lyon tätig und arbeitete später, nachdem seine Meldung zu der für den Kampf gegen den Bolschewismus aufgestellten französischen Legion keinen Erfolg gehabt hatte, als Bauleiter und Werber von Arbeitskräften für Unternehmen, die im besetzten Westfrankreich im Auftrag der Organisation Todt Bauten ausführten. Aus dieser Tätigkeit heraus wurde er am 3. Juni 1942 in Paris vorläufig festgenommen.«[28]

27 VGH-Urteil vom 27. Juli 1942, Az.: 8 J 165/42 // 2 H 137/42, BA-Ko R 60 II 86, fol. 1.

28 VGH-Urteil vom 1. Juni 1943, Az.: 8 J 334/42 // 2 H 83/43, BA-Ko R 60 I 110; Wagner, Volksgerichtshof, a.a.O., S. 194 f.

Weil er »durch zum Teil maßgebliche Mitarbeit in Vereinigungen der rheinischen Separatisten den Hochverrat gegen das Reich organisatorisch vorbereitet« haben soll, fällte der Volksgerichtshof am 1. Juni 1943 das Todesurteil, das am 30. Juli 1943 in Plötzensee vollstreckt wurde. Machwirth, der von den Franzosen im Krieg zeitweise mit Argwohn betrachtet wurde (Internierung als »unzuverlässiger Volksdeutscher«, obwohl er einen französischen Paß hatte), versuchte beim Militär unterzutauchen. Das gelang ihm für kurze Zeit in der Fremdenlegion. Daß er nicht in die an der Seite der Wehrmacht in Rußland kämpfende französische Legion aufgenommen wurde, muß nicht in politischen Bedenken der Franzosen begründet sein; es dürfte sich am ehesten aus der Tatsache erklären, daß Machwirth zum Zeitpunkt seiner Meldung 51 Jahre zählte, also für einen Fronteinsatz als zu alt angesehen wurde.

Michael Himmer aus Lissingen (Eifel), der der separatistischen Bewegung des Rheinlandes nach dem Ersten Weltkrieg angehört hatte und später nach Diedenhofen (Lothringen) ausgewandert war, wurde dort im Kriege aufgespürt, vom Volksgerichtshof zum Tode verurteilt[29] und am 1. Februar 1943 in Plötzensee hingerichtet.
An sich schützten völkerrechtliche Amnestievereinbarungen, die zwischen den Siegern des Ersten Weltkrieges und dem Reich anläßlich der Londoner Konferenz 1924 und vor der Räumung der im Westen besetzten Gebiete 1929 abgeschlossen worden waren, ehemalige Separatisten. Wenn sich die Emigranten jedoch später im Ausland in einem Sinne politisch betätigt hatten, der in irgendeiner Weise gegen die nationalsozialistische Gesetzgebung verstieß, wurden sie deshalb verurteilt. Hierzu genügte, daß sie Funktionäre einer Emigrantenorganisation waren. Der Volksgerichtshof wertete dabei frühere separatistische Betätigung mit.[30]

Gerhard Neumann, der der SPD nahestand und bis 1930 auch Mitglied war, emigrierte, nachdem er 1936 in einem politischen Prozeß mit einem Freispruch davongekommen war, in die Tschechoslowakei. An der Grenze unterhielt er einen sogenannten Stützpunkt. Er befragte Grenzgänger und gab deren Berichte an die SPD wie auch die tschechische Polizei weiter. Er fiel der Gestapo in die Hände, wurde vom Volksgerichtshof verurteilt und starb am 20. August 1943.[31]

29 Wagner, Volksgerichtshof, a.a.O., S 193.

30 Wagner, Volksgerichtshof, a.a.O., S. 187.

31 Wagner, Volksgerichtshof, a.a.O., S. 159 f.

Ein Emigrant mit einem besonderen Schicksal war der katholische Geistliche Jacob Georg Gapp. Geboren war er in Wattens/Tirol. Sein Wohnsitz war Valencia. Die Gestapo hatte ihn bei Hendaye unter dem Vorwand, Juden bedürften seiner Hilfe und seines Beistands, über die Grenze ins besetzte Frankreich gelockt. Gapp ging in die Falle; er wurde festgenommen.

Gapp wurde aus Spanien entführt, obwohl er keiner Widerstandsgruppe oder -organisation vorstand oder angehörte. Aber überall, wo er war, zunächst in Frankreich und später in Spanien, verkündete er, der Nationalsozialismus sei der Todfeind christlicher Religion. Der Volksgerichtshof kreidete Gapp an, daß er, der in Tirol Geborene, 1938 nicht für den Anschluß votiert hatte, sondern von Dollfuß begeistert gewesen sei:

> »Als das deutsche Blut in mächtigem Strome von den Alpen bis zur Nordsee sich sein Großdeutsches Reich schuf, blieb er abseits, ja feindlich. Denn er hielt den Nationalsozialismus für einen Todfeind der Religion und der katholischen Kirche. So konnte er weder als Theologieprofessor noch als Priester in den verschiedenen Ämtern, die er nacheinander bekleidete, bleiben.«

Warum er nicht bleiben konnte, hat er in seiner Vernehmung durch die Gestapo am 25. Januar 1943 deutlich gesagt. Er wurde im März 1938 von Graz, wo er Religionslehrer gewesen war,

> »nach Freistadt/Oberdonau versetzt, weil ich dem Direktor der Anstalt erklärte, ich könnte es mit meinen Grundsätzen und mit meiner Aufgabe als Erzieher nicht vereinbaren, den Hitler-Gruß zu erweisen, den ich in früheren Jahren aus Gewissensgründen abgelehnt hatte ... Auf das Ansuchen meines Direktors, mir ein Hakenkreuzabzeichen anzustecken, erklärte ich ihm, daß wir (das Lehrerkollegium und ich) früher ... unsere antinationalsozialistische Einstellung stets vor den Schülern und in der Öffentlichkeit bekundet hätten und daß ich mich deshalb außerstande sähe, aus Gründen meiner Ehre und meines Gewissens, eine solche Schwenkung zum Nationalsozialismus vorzunehmen.«[32]

Dieser Haltung blieb Pfarrer Gapp auch in Bordeaux und in Spanien treu; er bewahrte sie auch in der Hauptverhandlung des Volksgerichtshofs. Freisler hielt dem Angeklagten vor, »daß der Führer und das Parteiprogramm, die bevorrechtigte öffentlich-rechtliche Stellung der Kirche und ihre Subvention eine Behauptung über Religionsfeindschaft

32 Vernehmungsprotokoll der Gestapo vom 25. und 27. Januar 1943, abgedruckt in Benedicta Maria Kempner, Priester vor Hitlers Tribunalen, München 1966, S. 93 ff.

des Nationalsozialismus von vornherein zur Lüge stempelte«. Gapp ließ sich nicht beirren, verwies auf Schließung katholischer Schulen, auf Rosenbergs »Mythos«, führte das Zeugnis des Vatikans an und erklärte noch einmal, für ihn gehe das Gebot der Kirche über die Stimme des Blutes. Er sehe in diesem Krieg zwei Gefahren für das deutsche Volk: die eine, daß England siege. Das würde das deutsche Volk schädigen. Die zweite Gefahr sei, daß Deutschland siege. Dieser Sieg sei gefährlicher, weil es ein Sieg des Nationalsozialismus sei.
Freisler schloß die Urteilsgründe pathetisch:

> »Wer so die Stimme des Blutes in sich verrät ... ein solcher Deutscher hat für immer, für unser Geschlecht und die Reihe der deutschen Geschlechter nach uns, seine Ehre verwirkt; und er muß deshalb als verräterischer Helfer unserer Kriegsfeinde (§ 91 b StGB) mit dem Tode bestraft werden.«[33]

Am 13. August 1943 endete Gapps Leben auf dem Schafott.[34]
Der Chef der Sicherheitspolizei und des Sicherheitsdienstes (SD) in Berlin schrieb wenige Tage nach dem Urteilsspruch, noch vor der Hinrichtung an den Oberreichsanwalt, Gapps Leichnam sei nicht zur öffentlichen Beerdigung freizugeben. In dem Schreiben heißt es:

> »... Gapp selbst ... hat seine Handlungsweise ausschließlich religiös begründet. Unter der konfessionell gebundenen Bevölkerung würde Gapp als Märtyrer seines Glaubens gelten, und seine Bestattung könnte von katholischen Volksgenossen zum Anlaß einer stillen Demonstration für einen angeblich um seines Glaubens willen hingerichteten Volksverräter genommen werden ...«[35]

Schon lange bevor Hitler an die Macht kam, war der in Hamburg geborene Werner Blanck in den Niederlanden und in Belgien ansässig. Bei Kriegsausbruch gehörte er der sowjetischen Handelsmission in Antwerpen an, wurde als Deutscher interniert, nach Frankreich gebracht, konnte aber nach dem Waffenstillstand zurückkehren. Einerseits versuchte er, Mitglied der NSDAP zu werden, andererseits hielt er Kontakt zu kommunistischen Emigranten. Bei einem Tumult am 1. Januar 1942,

33 VGH-Urteil vom 2. Juli 1943, Az.: 1 J 167/43 g // 1 L 50/43; abgedruckt bei Kempner, a.a.O., S. 106 ff. und in »... für immer ehrlos«, a.a.O., S. 40 ff.; s. auch Wagner, Volksgerichtshof, a.a.O., S. 400 f.

34 Vollstreckungsmeldung BA-Ko R 60 II 526: »Die Vollstreckung dauerte von der Vorführung bis zur Vollzugsmeldung 9 Sekunden«, abgedruckt bei Kempner, a.a.O., S. 109.

35 Schreiben vom 13. Juli 1943, abgedruckt bei Kempner, a.a.O., S. 93.

der bei einer Flugblattverteilung entstanden war, kamen zwei deutsche Soldaten ums Leben; Blanck wurde verdächtigt, beteiligt gewesen zu sein, und festgenommen. Der Volksgerichtshof sprach am 1. Dezember 1942 das Todesurteil,[36] das am 8. Februar 1943 in Plötzensee vollstreckt wurde.

Illegale KPD

Die Funktionäre der KPD, die zwischen April 1942 und September 1943 in Plötzensee hingerichtet wurden, spiegeln einige wesentliche Etappen der Untergrund-Arbeit der Partei wider.
Das Urteil, das gegen Kurt Granzow am 19. August 1943 gefällt wurde, war späte Rache dafür, daß Alfred Kattner, der den Parteiführer Ernst Thälmann der Gestapo verraten hatte, liquidiert worden war. Im Urteilstenor liest sich das so:

> »Kurt Granzow, ein in Moskau auch im Sprengstoffwesen geschulter Kommunist, den das Deutsche Reich ausgebürgert hat, hat kurz nach der Machtergreifung einen früheren Kommunisten, der der Polizei half, Ordnung zu schaffen, ermorden lassen ...«

Thälmann war von der Gestapo am 3. März 1933 im Untergrund aufgespürt und festgenommen worden. Kattner, ein Vertrauter Thälmanns, der zu den Nationalsozialisten übergelaufen war, hatte den Aufenthalt seines Chefs verraten. Er wurde, um die Spur dieses Verrats zu verwischen, ebenfalls verhaftet und in ein KZ gebracht, allerdings schon im Oktober 1933 entlassen.
Kattners Verrat – er betraf auch andere KP-Funktionäre – war für den Abwehrapparat der KPD offenkundig. Am 1. Februar 1934 wurde er auf Befehl von Kurt Granzow erschossen. Der Attentäter und sein Auftraggeber flüchteten nach Frankreich. Im Kriege wurde Granzow in einem Lager in Nordafrika aufgespürt.[37] Er wurde am 10. September 1943 gehängt.

In die Zeit der früheren unerbittlichen Verfolgungen zurück weist auch das Schicksal zweier Emigranten der oberen Parteiführung.
Siegfried Rädel, Mitglied des Reichstags von 1924 bis 1939, später auch (1939) in das Zentralkomitee der Partei gewählt, emigrierte im Oktober

36 Wagner, Volksgerichtshof, a.a.O., S. 198.

37 VGH-Urteil vom 19. August 1943, Az.: 10 J 520/43 // 1 H 213/43; BA-Ko R 60 I 280.

1933 auf Weisung der kommunistischen Führung. Mehrfach verhaftet und abgeschoben, war er zuletzt im unbesetzten Teil Frankreichs interniert und wurde 1942 von den Vichy-Behörden nach Deutschland ausgeliefert, am 25. Februar 1943 zum Tode verurteilt und am 10. Mai hingerichtet.[38]

Das gleiche Schicksal erlitt Josef (Sepp) Wagner,[39] der bis 1935 den Abschnitt Saar geleitet hatte, von wo aus Parteiarbeit in der Pfalz gefördert werden sollte. Nach der Rückgliederung des Saargebiets an das Reich emigrierte Wagner nach Frankreich. 1939 wurde er – wie Rädel – in das Zentralkomitee der Partei gewählt, 1942 im nichtbesetzten Frankreich festgenommen und der Gestapo überstellt.[40] Er starb am 1. September 1943 unter dem Fallbeil, wenige Tage vor dem Beginn der Massenexekution.

1934 hatte die KPD begonnen, von »Grenzstellen« im benachbarten Ausland aus die illegale Parteiarbeit zu steuern. Ab 1937 waren dies drei bis vier Personen umfassende Kollektive, sogenannte »Abschnittsleitungen«. Die für Norddeutschland zuständige Abschnittsleitung Nord hatte ihren Sitz in Kopenhagen.[41] Ihre Mitglieder fielen nach der Besetzung Dänemarks durch die Wehrmacht nahezu vollzählig in die Hände der Gestapo.

Seit 1937 war Heinrich Wiatrek ihr Leiter. Er gehört dem Zentralkomitee der Partei an und war zugleich Vertreter der KPD im Mitteleuropäischen Sekretariat der Komintern. Ende 1939 faßte die Parteiführung den Beschluß, wieder Bezirksleitungen im Reich und eine zentrale Landesleitung möglichst in Berlin einzurichten.[42] Wiatrek, der zu diesem

38 Ausführliche biographische Angaben in: M.d.R. Die Reichstagsabgeordneten der Weimarer Republik in der Zeit des Nationalsozialismus. Politische Verfolgung, Emigration und Ausbürgerung 1933-1945. Eine biographische Dokumentation, hrsg. und eingeleitet von Martin Schumacher, Düsseldorf 1992, S. 446 ff.; Horst Duhnke, Die KPD von 1933 bis 1945, Köln 1972, S. 185 f., 193, 311 f., 357; Herbert Wehner (Zeugnis, hrsg. von Gerhard Jahn, Bastei-Lübbe TB 65064, Bergisch-Gladbach, [2]1985, S. 475 f.) ist der Meinung, Rädel sei in Brandenburg hingerichtet worden. Das trifft nicht zu. Er starb, wie sich aus dem Bibliotheksbuch ergibt, in Plötzensee; s. auch Wagner, Volksgerichtshof, a.a.O., S. 189.

39 Wagner kam am 22. April nach Plötzensee. Möglicherweise war er vorher im KZ Mauthausen (Duhnke, a.a.O., S. 352). Seine Gefangenenbuch-Nummer in Plötzensee war 160/43.

40 Duhnke, a.a.O., S. 352.

41 Duhnke, a.a.O., S. 192 f.

42 Duhnke, a.a.O., S. 184 ff., 312; Klaus Mammach, Widerstand 1933-1939. Geschichte der deutschen antifaschistischen Widerstandsbewegung im Inland und in der Emigration

Ziel illegal die Grenze überschreiten sollte, weigerte sich. Er entkam der Gestapo dennoch nicht, wurde vielmehr mit anderen Mitgliedern der Abschnittsleitung Nord im Mai 1941 in Kopenhagen festgenommen. Ein Prozeß gegen ihn fand jedoch erst zwei Jahre später statt. Es gibt Anhaltspunkte dafür, daß Wiatrek der Gestapo Angaben gemacht hat, die zur Zerschlagung einer kommunistischen Gruppe in Hamburg führten.[43] Es ist ungeklärt, ob Wiatreks angebliche Aussagebereitschaft auf »verschärfte Vernehmungsmethoden«, also Folter, zurückzuführen ist, oder ob die von Mammach mitgeteilte Behauptung zutrifft, Wiatrek sei seiner defätistischen Haltung wegen als Abschnittsleiter abgesetzt und durch »Richard Stahlmann« ersetzt worden.[44] Das könnte zu einem Bruch mit der Parteiführung geführt haben, der natürlich Wiatreks Widerstandskraft gelähmt haben könnte. Gestützt wird Mammachs These durch die Tatsache, daß Herbert Wehner, der Anfang 1941 in Stockholm eintraf, in seinen Erinnerungen Wiatrek nicht erwähnt, wohl aber einen »Richard«.[45] »Richard« aber kann nicht, wie Gestapo und Volksgerichtshof vermuteten, Wiatrek gewesen sein. Es muß sich, da »Richard«, wie sich aus Wehners Erinnerungen ergibt, noch nach Wiatreks Festnahme in Stockholm agierte, um Arthur Illner gehandelt haben, der den Decknamen »Richard Stahlmann« führte.[46]

Wiatrek war wenige Tage vor der Massenexekution nach Plötzensee gekommen. Sein Name ist in der September-Liste handschriftlich hinzugefügt. Wann er hingerichtet wurde, hat sich nicht ermitteln lassen.[47]

Der Abschnittsleitung Nord gehörten auch Konrad Blenkle, Karl Nieter und Wilhelm Boller an.

Blenkle war 1901 in Berlin geboren, während der vierten Wahlperiode des Reichstags (1928-1930) Mitglied der Fraktion der Kommunistischen Partei Deutschlands.[48] 1933, bei Hitlers Machtergreifung, war er Bezirks-

(zit.: Mammach I), Köln 1984, S. 144 f.; Klaus Mammach, Geschichte der deutschen antifaschistischen Widerstandsbewegung im Inland und in der Emigration 1939-1945, Köln 1987, S. 39 (zit.: Mammach II).

43 Duhnke, a.a.O., S. 358.

44 Mammach II, a.a.O., S. 43.

45 Wehner, a.a.O., S. 281 ff.

46 Duhnke, a.a.O., S. 357.

47 Wiatrek ist im Bibliotheksbuch nicht als TU-Zugang verzeichnet. Die (kaum lesbare) Gefangenenbuch-Nr. in der September-Liste 1371/43 läßt vermuten, daß er um die Monatswende nach Plötzensee kam.

48 Schumacher, M.d.R., a.a.O., S. 127.

sekretär der Partei in Oberschlesien. Er habe, schreibt Wehner, nach dem 30. Januar 1933 seinen Bezirk fluchtartig verlassen, »ohne für Nachfolge zu sorgen«. In Berlin, wohin er geflüchtet sei, habe er sich heimischer gefühlt und wieder für die Partei zu arbeiten begonnen.[49] Als ihm der Boden wegen der Massenverhaftungen in Berlin zu heiß wurde, emigrierte Blenkle nach Kopenhagen. Dort wurde er Ende 1941 von der Gestapo aufgespürt und festgenommen. Er kam am 26. November als zum Tode Verurteilter nach Plötzensee und wurde am 20. Januar 1943 hingerichtet.

Wilhelm Boller war bereits 1934 nach Kopenhagen geflüchtet. In der Urteilsbegründung des Volksgerichtshofs ist von einem dreifachen Aufgabenbereich in der Abschnittsleitung Nord die Rede. Er habe erstens der »Verhörkommission«, zweitens der »Überprüfungskommission« angehört; in beiden Fällen ging es wohl darum, agents provocateurs von der Abschnittsleitung fernzuhalten. Drittens sei Boller »Kurier« gewesen. Als solcher habe er von auswärts kommende Funktionäre der Partei von einem Anlaufpunkt zum Abschnittsleiter bringen, die Verbindung zwischen Abschnittsleitung und Funktionären sicherstellen und die illegale Post besorgen müssen. Der Volksgerichtshof urteilte:

> »Boller ... war sich darüber klar, daß die ganze ... Arbeit darauf hinauslief, in unserem Reich unsere nationalsozialistische Lebensart zu unterhöhlen, in Deutschland den Kommunismus ans Ruder zu bringen. Er leugnet dies auch gar nicht. Wer so handelt, hat seine Ehre fortgeworfen. Deshalb ist Boller auch 1938 mit Schimpf und Schande aus der Volksgemeinschaft ausgestoßen worden (Aberkennung der Reichsangehörigkeit durch Bekanntmachung vom 30. August 1938).
>
> Dieser ehrlose Hochverräter (§ 83 II und III StGB) mußte deshalb um der Sicherheit unseres Volkes willen mit dem Tode bestraft werden. Denn unserer ... Aufbauarbeit, unserem Streben nach einem Reich der Freiheit, Kraft, Schönheit und Gerechtigkeit ist er in den Rücken gefallen.«[50]

Er starb erst im Oktober 1943 in Plötzensee.

Am 2. Oktober 1942 war der ebenfalls der Abschnittsleitung Nord zugehörige Karl Nieter[51] enthauptet worden.

Bruno Henschke leitete zeitweilig den Grenzabschnitt der KPD in der

49 Wehner, a.a.O., S. 105 f.

50 VGH-Urteil vom 21. Juli 1943, Az.: 10 J 382/43 // 1 H 189/43; BA-Ko R 60 I 409; BA-Hoppegarten, Mordregister B 1410.

51 Duhnke, a.a.O., S. 358.

Tschechoslowakei. Er flüchtete und wurde schließlich in den Niederlanden festgenommen.[52] Ein Hinrichtungstermin ist nicht bekannt.

Um den Aufbau von Untergrundorganisationen der KPD bemühten sich, vor allem in Berlin, sogenannte Instrukteure des Zentralkomitees.[53] Rudolf Hallmeyer war Instrukteur für kommunistische Zellen und Betriebszellen in Berlin-Moabit und -Marienfelde. Er war nach der Machtergreifung der Nationalsozialisten zunächst emigriert, aber mindestens zweimal von Schweden aus wieder ins Reich gekommen. Auf seiner letzten Instruktionsreise traf er am 30. Juni 1940 in Berlin ein, wurde aber schon am 24. August verhaftet.[54] Lange mußte er auf seinen Prozeß warten. Der Volksgerichtshof fällte das Todesurteil am 5. August 1943.[55] Arthur Emmerlich traf als ZK-Instrukteur im August 1941 in Berlin ein, nachdem er vorher schon dreimal von Stockholm aus in die Reichshauptstadt gekommen war. Er bereitete mit Kurt Steffelbauer und Johannes Gloger die Bildung einer Landesleitung vor.[56] Hinzugezogen werden sollte auch Alfred Grünberg, der sich allerdings zurückhielt, weil gegen ihn ein Gerichtsverfahren im Gange war. Trotzdem wurde auch er verhaftet. Alle wurden am 10. Januar 1940 vom Volksgerichtshof zum Tode verurteilt[57] und – außer Gloger, der in Plötzensee den Freitod gewählt hatte – am 21. Mai 1942 hingerichtet.

Kommunisten, die früher einmal in der Parteiarbeit gestanden hatten, versuchten immer wieder Zellen zu bilden. Herbert Bochow hatte in seiner Heimatstadt Leipzig in der Agit-Prop-Abteilung aktive Parteiarbeit geleistet. Er zog 1940 nach Berlin, fand dort eine Stellung im Buchhandel und nahm Kontakt »zu staatsfeindlich eingestellten Künstlern auf, um sie für die Ziele der KPD zu gewinnen«.[58] Im Juni 1941

52 Der Oberreichsanwalt beim Volksgerichtshof, Lagebericht vom 1. Oktober 1940, Az.: 4205-2.20, geheim, BA-Ko R 22/3390.

53 Eine Übersicht über die illegale kommunistische Organisation in Berlin bei Duhnke, a.a.O., S. 225 f.

54 Mammach II, a.a.O., S. 56 f.

55 VGH-Urteil vom 5. August 1943, BA-Hoppegarten, Mordregister H 1069.

56 Duhnke, a.a.O., S. 226.

57 Mammach II, a.a.O., S. 56 ff.; VGH-Urteil vom 10. Januar 1942, BA-Ko R 60 II.

58 Das geht aus dem Urteil gegen Hans Joachim Günther vom 9. Oktober 1942 hervor, Az.: 10 J 215/41 // 2 H 130/42, BA-Ko R 60 II 73.

wurde Bochow verhaftet. Er starb gemeinsam mit Mitgliedern sächsischer kommunistischer Zellen – Albert Hensel, Fritz Schulte und Karl Stein[59] – am 5. Juni 1942.
Herbert Bochow hatte über einen Bekannten aus der Leipziger Zeit, den Musiklehrer Alfred Schmidt-Sas, in Berlin Kontakt zu einer Gruppe junger Leute um den Bäckergesellen Hans Joachim (Hanno) Günther. Diese Gruppe war nicht in die illegale Parteiarbeit integriert; sie hatte sich spontan gebildet. Günther, ein ehemaliger »Junger Pionier«, entwarf und vervielfältigte Flugblätter, in denen gegen den Nationalsozialismus und gegen den Krieg Stellung bezogen wurde. Kommunistische Parolen sind kaum erkennbar. Die Gruppe, zu der auch der jüdische Arbeiter Wolfgang Pander, der Dreher Bernhard Sikorski, der Büroangestellte Emmerich Schaper und die Stenotypistin Dagmar Petersen gehörten, traf sich zu Gesprächsabenden, bei denen allerdings auch marxistische und kommunistische Literatur erörtert wurde.
Alfred Schmidt-Sas, der wegen seiner kommunistischen Vergangenheit aus dem Schuldienst entlassen worden war und in Berlin Musikstunden gab, hatte über eine Bekannte, in deren Haus er Unterricht gab, Kontakt zu Hanno Günther geknüpft. Er unterstützte die Flugblattaktionen, indem er zum Beispiel Vervielfältigungsgeräte beschaffte und bei sich aufbewahrte. Er war es auch, der Herbert Bochow auf die jungen Leute aufmerksam machte. Dieser versuchte, die Gruppe in die Praxis illegaler Arbeit einzuführen. Er veranlaßte, daß die Flugblattaktionen eingestellt wurden. Grund dafür war möglicherweise, daß sie zwar antinationalsozialistisch, aber nicht erkennbar kommunistisch waren. Seine Verhaftung im Juni 1941 führte auch dazu, daß die Gesprächsabende nicht fortgesetzt wurden. Die Gruppe – Günther war inzwischen Soldat geworden – fühlte sich gefährdet. Möglicherweise fand die Gestapo über Bochow die Spur der jungen Leute; möglich ist auch, daß die Überwachung und Verhaftung von Schmidt-Sas den Weg gewiesen hat.
Am 9. Oktober 1942 stand die Gruppe vor dem Volksgerichtshof, der die »Angeklagten Günther, Pander, Sikorski, Schaper und Schmidt . . . wegen Vorbereitung zum Hochverrat, von Günther begangen in Tateinheit mit landesverräterischer Feindbegünstigung« (weil er auf Flugblättern auch zu langsamem Arbeiten aufgefordert hatte) zum Tode verur-

59 Mammach (II, a.a.O., S. 50 f.) schreibt, daß Hensel, Schulze und Stein, zunächst auch Bochow, die kommunistische Organisation in Dresden neu aufbauten. Er zählt auch Kurt Maßloff und Walter Zimmermann zu den Hingerichteten, wofür sich aber im Bibliotheksbuch kein Beleg finden läßt.

teilte. Dagmar Petersen erhielt wegen Beihilfe zum Hochverrat eine Zuchthausstrafe von sieben Jahren.[60]
Günther, Pander und Sikorski starben am 3. Dezember 1942 unter dem Fallbeil, Schmidt-Sas erst am 5. April 1943.[61] Emmerich Schaper, der an Epilepsie litt, war den Haftbedingungen nicht gewachsen; er war vor der Urteilsvollstreckung tot.[62]
Paul Winzen, der mit Josef Kasel am 12. Juni 1942 hingerichtet wurde, war von der Wehrmachtsgerichtsbarkeit dem Volksgerichtshof überstellt worden. Schon im Oktober 1940 hatte der Oberreichsanwalt beim Volksgerichtshof in seinem Lagebericht darauf hingewiesen, daß eine unter der Leitung des Arbeiters und Schriftstellers Winzen stehende Geheimorganisation in Dortmund ausgehoben worden sei. Die Mitglieder seien in regelmäßigen Zusammenkünften »im marxistischen Sinne für den revolutionären Einsatz im Falle eines ungünstigen Kriegsausgangs geschult worden«.[63]

60 VGH-Urteil vom 9. Oktober 1942, Az.: 10 J 215/41 // 2 H 130/42; BA-Ko R 60 II 73; Duhnke, a.a.O., S. 459; Weisenborn, a.a.O., S. 173 f.

61 Die Tatsache, daß Schmidt-Sas nicht mit den anderen hingerichtet wurde, mag zu Spekulationen Anlaß geben. Er war offensichtlich auch schon vor dem Prozeß in Plötzensee inhaftiert. Dies ergibt sich aus der Gefangenenbuch-Nr. 520/42. Danach müßte er im Juni 1942 nach Plötzensee gekommen sein. Nachzuweisen ist allerdings nur, daß er am 10. Oktober unter obiger Gefangenenbuch-Nr. in Haus III registriert ist.

62 Schaper kam, wie das Bibliotheksbuch ausweist, am 10. Oktober 1942 mit den übrigen Verurteilten nach Plötzensee. Er wurde am 29. Oktober in die Zelle 7/295 – eine der Hinrichtungszellen! – verlegt. Am 14. November kam er in das Haus IV (Lazarett). Dort muß er gestorben sein.

63 Der Oberreichsanwalt beim VGH, Lagebericht vom 1. Oktober 1940, Az.: 4206 – 2.20, geheim; BA-Ko R 22/3390; Wagner, Volksgerichtshof, a.a.O., S. 160; Mammach ordnet den Fall sozialdemokratischem Widerstand zu (II, a.a.O., S. 86).

Die Hinrichtungen der der sogenannten »Roten Kapelle«[64] zugezählten Frauen und Männer begannen am 22. Dezember 1942. Im »Bibliotheksbuch« verzeichnet sind:

1. Heilmann, Horst
2. Coppi, Hans
3. Schulze, Kurt
4. Stöbe, Ilse
5. Schulze-Boysen, Libertas
6. Schumacher, Elisabeth
7. Graudenz, Johannes
8. Harnack, Arvid
9. von Scheliha, Rudolf
10. Schulze-Boysen, Harro
11. Schumacher, Kurt

Die Liste mit diesen Namen ist im Anschluß an eine Liste mit sechs Todeskandidaten in das »Bibliotheksbuch« eingeklebt. Es sind weder Gefangenenbuch- noch Zellennummern vermerkt, ein Zeichen dafür, daß die drei Frauen und acht Männer unmittelbar vor der Hinrichtung nach Plötzensee kamen. Sie waren nicht vom Volksgerichtshof, sondern vom Reichskriegsgericht verurteilt worden. Einige der Männer wurden erhängt. Das geschah auf ausdrückliche Weisung Hitlers. Zu diesem Zweck hatte in aller Eile eine Schiene im Hinrichtungsraum der Strafanstalt angebracht werden müssen.

Über die letzten Stunden liegen einige Zeugnisse vor, die die Hingerichteten charakterisieren.[65] Harro Schulze-Boysen begehrte trotzig auf: »Wenn ihr hier wärt . . ., ihr würdet mich lachen sehen angesichts des Todes, ich habe ihn längst überwunden. In Europa ist es einmal so üblich, daß geistig gesät wird mit Blut.« Bevor er hingerichtet wurde, rief er: »Ich sterbe als Kommunist.« Seine Frau Libertas hingegen war niedergeschlagen und verzweifelt. Sie hatte sich während der gerichtlichen Untersuchung in die Rolle einer »Kronzeugin« gesteigert und

64 Zur »Roten Kapelle« ist eine Fülle von Literatur erschienen, zuletzt Regina Griebel/Marlies Coburger/Heinrich Scheel, Erfaßt? Das Gestapo-Album zur Roten Kapelle. Eine Foto-Dokumentation, hrsg. in Verbindung mit der Gedenkstätte Deutscher Widerstand, Halle 1992 (zit. »Erfaßt?«.) Eine Literaturübersicht findet sich S. 360 ff.

65 Margret Boveri, Verrat im 20. Jahrhundert, Bd. II: Das unsichtbare Geschehen, Hamburg 1956, S. 58 ff.; Günter Weisenborn, Der lautlose Aufstand. Bericht über die Widerstandsbewegung des deutschen Volkes, Hamburg 1962, S. 284 ff.

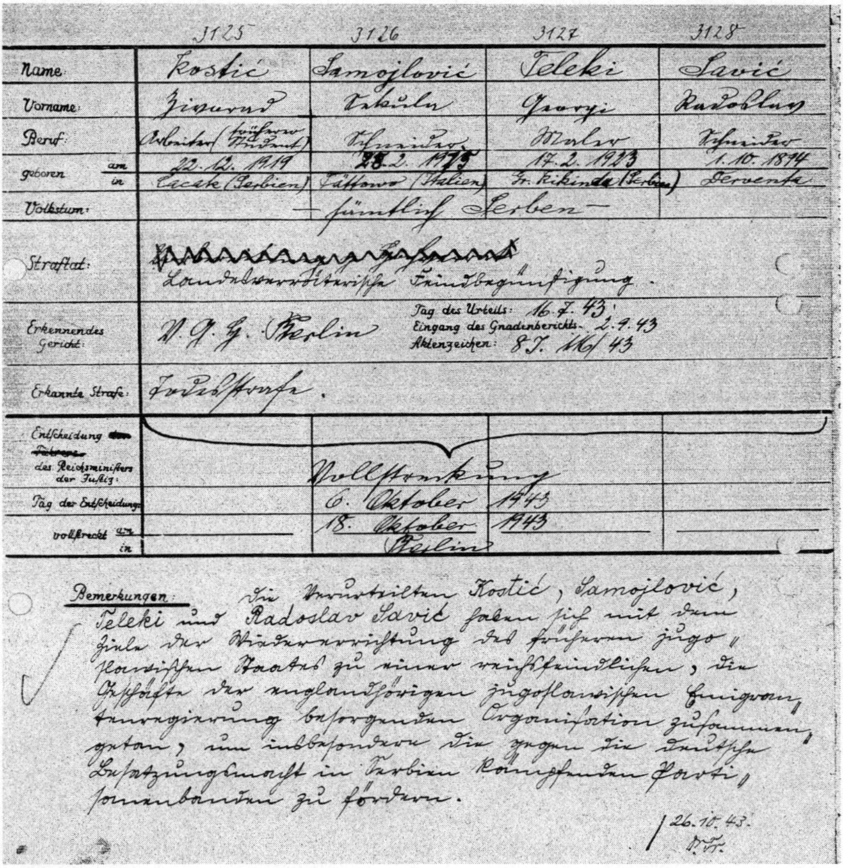

	3125	3126	3127	3128
Name	Kostić	Samojlović	Teleki	Savić
Vorname	Živorad	[illegible]	Georgi	Radoslav
Beruf	Arbeiter (früher Student)	Schneider	Maler	Schneider
geboren am	22.12.1919	23.2.1915	17.2.1923	1.10.1894
geboren in	Čačak (Serbien)	[illegible] (Italien)	Gr. Kikinda (Serbien)	Derventa
Volkstum	sämtlich Serben			

Straftat: ~~[illegible]~~ Landesverräterische Feindbegünstigung.

Erkennendes Gericht: V.G.H. Berlin — Tag des Urteils: 16.7.43 — Eingang des Gnadenberichts: 2.9.43 — Aktenzeichen: 8 J. 116/43

Erkannte Strafe: Todesstrafe.

Entscheidung des Reichsministers der Justiz	Vollstreckung			
Tag der Entscheidung	6. Oktober 1943			
vollstreckt am	18. Oktober 1943			
vollstreckt in	Berlin			

Bemerkungen: Die Verurteilten Kostić, Samojlović, Teleki und Radoslav Savić haben sich mit dem Ziele der Wiedererrichtung des früheren jugoslawischen Staates zu einer reichsfeindlichen, die Geschäfte der englandhörigen jugoslawischen Emigrantenregierung besorgenden Organisation zusammengetan, um insbesondere die gegen die deutsche Besatzungsmacht in Serbien kämpfenden Partisanenbanden zu fördern.

26.10.43.

Vollstreckungsmeldung

geglaubt, ihren Kopf retten zu können. Außerdem hatte sie erfahren müssen, daß sie, da eine Gestapo-Agentin ihr Vertrauen erschlichen hatte, ihre Freunde verraten hatte. Sie rief: »Laßt mir doch mein junges Leben!« Der Bildhauer Kurt Schumacher fühlte sich der Tradition eines Veit Stoß verpflichtet, des Mitkämpfers der rebellischen Bauern im 16. Jahrhundert. Er träumte von einem »sozialistischen Europa«. Dr. Arvid Harnack hörte die Weihnachtsgeschichte und Goethes »Urworte orphisch«.

Schon diese wenigen Zeugnisse deuten die Verschiedenartigkeit der Charaktere an.

»Rote Kapelle« war der Name, mit dem Abwehr, Gestapo und SD eine von dem Polen Leopold Trepper geleitete sowjetische Spionageorganisation in Westeuropa bezeichnete, deren Funksprüche die Deutschen zwar hörten, die sie zunächst jedoch nicht dechiffrieren konnten. Deutsche waren zunächst in dieses System nicht integriert. Erst als die Gruppen um Harro Schulze-Boysen und Arvid Harnack Schwierigkeiten mit der Nachrichtenübermittlung nach Moskau hatten – die Funkkontakte waren abgebrochen –, wurden die Netze miteinander verknüpft. Im Sommer 1942 konnte die deutsche Abwehr Funksprüche aus Moskau, die bereits 1941 aufgefangen worden waren, entschlüsseln. Dies führte zur Enttarnung der Gruppen Schulze-Boysen und Harnack. Im September 1942 begannen die Verhaftungen. Die Gestapo ordnete alle Ermittlungen in die bereits laufenden Untersuchungen gegen die »Rote Kapelle« ein, gleichgültig, ob die Verhafteten politischen Widerstand geleistet oder Spionage getrieben hatten.[66] Die Trennungslinie zwischen Hoch- und Landesverrat, nach der man die Mitglieder der »Roten Kapelle« oftmals beurteilt hat, war übrigens sehr fließend. Kommunisten, die politischen Widerstand leisteten, wurde a priori auch Landesverrat unterstellt. Aber auch dann, wenn der Landesverrat von Anklägern und Gerichten als erwiesen angesehen wurde, ist Vorsicht am Platze, spätestens seit Ulrich Sahm seine Untersuchungen über Rudolf von Scheliha vorgelegt hat,[67] die ein klassischer Indizienbeweis dafür sind, daß der »käufliche Landesverräter von Scheliha« ein Konstrukt der Anklage ist, dem die Historiographie mangels anderer Quellen bisher folgte. Sahm

66 Über die Gruppen siehe Weisenborn, a.a.O., S. 188 ff.; Duhnke, a.a.O., S. 463; Koch, Volksgerichtshof, a.a.O., S. 162 f.; Hermann Weber, Die KPD in der Illegalität, in: Widerstand und Verweigerung in Deutschland 1933-1945, Berlin-Bonn 1982, S. 100 f.

67 Ulrich Sahm, Rudolf von Scheliha 1897-1942. Ein deutscher Diplomat gegen Hitler, München 1990.

weist nach, daß Scheliha, wo immer er konnte, Opfern der Diktatur half, daß er sich im Dienst gegen das Regime engagierte und auf diese Weise seine Widersacher im Reichssicherheitshauptamt herausforderte. Sahm unterzieht die Quellen, die das herkömmliche Bild von Schelihas bestimmten, einer kritischen Würdigung und kommt zu dem Schluß, daß sie sehr dubios sind. Es ist höchst plausibel, wenn Sahm schreibt, daß dem Mord im Jahr 1942 nach 1945 der Rufmord folgte. Es bleibt festzuhalten:

> »Für das, was er getan hatte, wurde Scheliha nicht verurteilt. Und das, wofür er verurteilt wurde, hatte er nicht getan. Er hat nicht spioniert, er hat keinen Landesverrat zugunsten der Sowjetunion begangen, und er hat sich erst recht nicht dafür bezahlen lassen. Aber die Gestapo brauchte eine Handhabe, um gegen Scheliha vorgehen zu können ... Entscheidend für die Gestapo war, daß sie Scheliha eines als verächtlich geltenden, todeswürdigen Verbrechens, begangen aus niederen Motiven, bezichtigen und seine Schuld durch ein – wie auch immer zustande gekommenes – Geständnis bestätigen lassen konnte. So bedurfte es letztlich keiner weiteren Beweise, und dem Reichskriegsgericht blieb gar nichts anderes übrig, als das geforderte Todesurteil auszusprechen.«[68]

Auch das Bild vom »Agentenpaar« von Scheliha – Ilse Stöbe spiegelt nicht Wirklichkeit wider, läßt vielmehr die Regie der Gestapo erkennen.

> »Nachdem sie der Tätigkeit als sowjetische Agentin ›überführt‹ war, hatte sie vor Gericht anscheinend nur noch als Belastungszeugin gegen Scheliha zu dienen. Wahrscheinlich hat sich das Gericht in der ja ohnehin kaum einen Tag dauernden Verhandlung gegen sie und Scheliha eine ausführliche Erörterung ihrer Tätigkeit als Agentin erspart, zumal es ja gar nicht um Wahrheitsfindung ging. Da sie voll geständig gewesen sein soll, war der Fall damit erledigt.«[69]

Die Toten des 22. Dezember 1942 gehören also nicht einer einzigen Gruppe an. Rudolf von Scheliha steht für sich alleine; Ilse Stöbe[70] ist allenfalls mit dem Funker Schulze zusammen zu sehen.
Arvid Harnack,[71] Sproß einer berühmten Familie, hatte sich in den zwanziger Jahren dem Marxismus zugewandt. Er gründete die prosowje-

68 Sahm, a.a.O., S. 264 f.

69 Sahm, a.a.O., S. 266; s. auch S. 52 ff., S. 105 ff., S. 124 ff.

70 Kurzbiographie in »Erfaßt?«, S. 86 f.

71 Duhnke, a.a.O., S. 467 ff.; Boveri, a.a.O., S. 59 ff.; »Erfaßt?«, S. 60 f.

tische »Arbeitsgemeinschaft zum Studium der sowjetrussischen Planwirtschaft« (Arplan). Vermutlich knüpfte er 1932 bei einer Reise in die Sowjetunion die ersten Fäden zum sowjetischen Nachrichtendienst. Politisch war er für eine Ostorientierung deutscher Politik, wobei die Souveränität des Reiches nicht infrage gestellt werden sollte. Harnack, der nie Mitglied der KPD wurde, trat 1933 in das Reichswirtschaftsministerium ein, dem er bis zu seiner Verhaftung, zuletzt als Oberregierungsrat, angehörte.

Harro Schulze-Boysen,[72] Sohn eines Marineoffiziers und Großneffe des Großadmirals von Tirpitz, hatte, wie manche andere der »Roten Kapelle«, den Weg zur radikalen Linken als »Rechter« begonnen. Er war Mitglied des »Jungdeutschen Ordens« gewesen, hatte aber zu Beginn der dreißiger Jahre den Sozialismus für sich entdeckt. Otto Strassers »Schwarzer Front« stand er zeitweise nahe. Als Hitler mit Strasser brach, war das für Schulze-Boysen Verrat am Sozialismus. Er übernahm die redaktionelle Leitung der Zeitschrift »Der Gegner«, in der sich Nonkonformisten verschiedener Richtungen ein Sprachrohr geschaffen hatten. Das Programm lautete: Gegnerschaft gegen Parteien und »System«, Gegnerschaft gegen westliche, liberale Ideen. Nur im sowjetischen Rußland sahen diese jungen Revolutionäre keinen Gegner.

Als Hitler an die Macht kam, rechneten seine Gefolgsleute auch mit Harro Schulze-Boysen ab. Bei einem Spießrutenlauf in einem »wilden KZ« kam einer seiner Freunde um. Harro Schulze-Boysen schwor den Nationalsozialisten Rache. Er trat in die Wehrmacht ein und wurde schließlich – der Zufall spielte mit – ein Protegé von Hermann Göring. Harro Schulze-Boysen heiratete 1936 Libertas Haas-Heye, in deren Familie der Oberbefehlshaber der Luftwaffe verkehrte. Göring war Trauzeuge. Schulze-Boysen fand Beschäftigung im Reichsluftfahrtministerium.

Er saß in einer Zentrale nationalsozialistischer Macht und blieb doch alten Sinnes. Nach dem Ausbruch des spanischen Bürgerkrieges begann er, die Informationen, die er erhalten konnte, der sowjetischen Botschaft zuzustellen. Daneben verfaßte er Flugschriften gegen den Nationalsozialismus und verbreitete sie in Berlin. Libertas Schulze-Boysen,[73] ehemals eine kritiklose Nationalsozialistin, wurde bald schon zur Kampfgenossin ihres Mannes.

Die Gruppe Schulze-Boysen war zahlenmäßig die stärkste; nicht alle, die

72 Duhnke, a.a.O., S. 465 ff.; Boveri, a.a.O., S. 58 f.; Weisenborn, a.a.O., S. 116 f.; »Erfaßt?«, S. 58 f.

73 »Erfaßt?«, S. 66 f.

ihr angehörten, waren nachrichtendienstlich aktiv. Zum Kern der Gruppe zählte das Ehepaar Kurt und Elisabeth Schumacher.[74] Schulze-Boysen und Schumacher kannten sich von gemeinsamer Arbeit an der Zeitschrift »Gegner«. Sie hielten in Berlin Kontakt und entfalteten gemeinsam ihre nachrichtendienstliche wie politische Tätigkeit. Horst Heilmann[75] arbeitete als Soldat in der Dechiffrierabteilung des Oberkommandos des Heeres und war einer von Schulze-Boysens Informanten. Hans Coppi[76] war der Funker der Gruppe. Er hatte einem jungkommunistischen Kreis angehört, der aus der Berliner Scharfenbergschule hervorgegangen war, und über Freunde den Weg zu Schulze-Boysen gefunden. Johannes Graudenz[77] hinwiederum war einer der Informanten aus dem Bereich der Flugzeugindustrie. Dank vielfältiger Verbindungen konnte er detaillierte Angaben über Rüstungsplanungen und Produktionsziffern machen. Er war auch in die publizistische Arbeit der Gruppe eingeschaltet. Kurt Schulze[78] schließlich galt als der beste Funker im Berliner Untergrund.

Am 10. Februar 1943 wurde der Oberst Erwin Gehrts in Plötzensee enthauptet.[79] Sein Tod ist im Bibliotheksbuch nicht verzeichnet. Er war wie Schulze-Boysen im Reichsluftfahrtministerium tätig und mit diesem befreundet. Mit Schulze-Boysen war er vor dem Reichskriegsgericht angeklagt. Das Verfahren wurde, nachdem die Anklage die Todesstrafe gefordert hatte, ausgesetzt, am 10. Januar 1943 jedoch wieder aufgenommen; es endete mit einem Todesurteil wegen »Zersetzung der Wehrkraft«.

Gehrts war ab 21. Januar im Militärgefängnis Lehrter Straße in Berlin inhaftiert. Von dort dürfte er am 10. Februar zur Hinrichtungsstätte in Plötzensee gebracht worden sein.

Am 16. Februar 1943 folgte Mildred Harnack,[80] eine Amerikanerin, die Arvid bei seinem Aufenthalt in den USA kennengelernt und geheiratet hatte, ihrem Mann in den Tod. Sie war in einem ersten Prozeß, demje-

74 »Erfaßt?«, S. 102 f. (Elisabeth) und 130 f. (Kurt); Duhnke, a.a.O., S. 466 ff.

75 »Erfaßt?«, S. 64 f.

76 »Erfaßt?«, S. 84 f.

77 »Erfaßt?«, S. 98 f.

78 »Erfaßt?«, S. 104 f.; Alexander Dallin, Die Sowjetspionage. Prinzipien und Praktiken, Köln 1956, S. 293.

79 »Erfaßt?«, S. 200 f.

80 »Erfaßt?«, S. 164 f.; Boveri, a.a.O., S. 60 f.

nigen, in dem ihr Mann sein Todesurteil hörte, zu einer Zuchthausstrafe verurteilt worden. Hitler hob dieses Urteil auf; er verlangte die Todesstrafe. Das Gericht willfahrte ihm.

Auch Erika von Brockdorff,[81] die vielfältige Kontakte unterhielt und in deren Wohnung zeitweilig Coppis Funkgerät aufgestellt war, war zunächst zu einer Zuchthausstrafe verurteilt worden. In einer zweiten Hauptverhandlung fällte ein anderer Senat des Reichskriegsgerichts im Januar 1943 das Todesurteil, das am 13. Mai 1943 in Plötzensee vollstreckt wurde.

Am gleichen Tag starben einige Alt-Kommunisten. Walter Küchenmeister,[82] Teilnehmer am Kieler Matrosenaufstand 1918 und Mitglied der KPD seit 1920, war allerdings 1926 wegen Abweichung von der Parteilinie ausgeschlossen worden. Dies führte auch zu Differenzen mit anderen Kommunisten in der »Roten Kapelle«. Einer der Kontrahenten könnte Wilhelm Guddorf[83] gewesen sein, der 1922 in die KPD eingetreten war und in der nationalsozialistischen Zeit schweren Verfolgungen ausgesetzt war. Gleichwohl war er immer zu illegaler Arbeit bereit. Guddorf hatte im Zuchthaus Luckau den Sinologen Dr. Philipp Schaeffer[84] kennengelernt, der seit 1928 KP-Mitglied war und auch nach Hitlers Machtergreifung Schulungen in der marxistisch-leninistischen Theorie geleitet hatte. Er seinerseits hatte Kontakt zum Ehepaar Schumacher. Heinz Strelow,[85] ehemals Mitglied des Kommunistischen Jugendverbandes Deutschlands (KVJD), beteiligte sich an der Herstellung von Flugschriften. 1941 trennte er sich von Harro Schulze-Boysen, blieb aber anderen Gruppen verbunden. Walter Husemann[86] war wie Walter Küchenmeister ein ehemaliger Redakteur kommunistischer Zeitungen. Im KZ Buchenwald lernte er den Schriftsteller Ernst Wiechert kennen. In Schulze-Boysens nachrichtendienstliche Tätigkeit war er zumindest insofern verwickelt, als er Coppi zur Funkausbildung an Kurt Schulze vermittelte. Fritz Thiel,[87] früher Angehöriger der KVJD, hatte als Soldat – er hatte sich freiwillig zur Luftwaffe gemeldet – eine Ausbildung als

81 »Erfaßt?«, S. 158 f.

82 »Erfaßt?«, S. 118 f.

83 »Erfaßt?«, S. 198 f.

84 »Erfaßt?«, S. 190 f.

85 »Erfaßt?«, S. 188 f.

86 »Erfaßt?«, S. 240 f.

87 »Erfaßt?«, S. 126 f.

Funker erhalten. Im Krieg wurde er für die Industrie »unabkömmlich« gestellt. Auch er beteiligte sich an Flugblattaktionen und half bei der Reparatur defekter Funkgeräte. Richard Weissensteiner[88] hatte seine Wohnung für die Reparatur eines Funkgerätes zur Verfügung gestellt und zeitweise einen aus der Sowjetunion kommenden Fallschirmspringer beherbergt. Der Zahnarzt Helmut Himpel[89] und der Nervenarzt Dr. John Rittmeister[90] beteiligten sich an Flugblattaktionen. Der Chemiker Dr. Erhard Tohmfohr,[91] Abteilungsleiter in einem Werk in Berlin-Steglitz, hatte dem gleichfalls dem Widerstand zugehörigen Hans-Heinz Kummerow[92] dort eine Anstellung verschafft und sabotierte mit ihm Produktion und Forschung. Karl Behrens[93] war 1929 Mitglied der NSDAP geworden, brach aber bald mit ihr, sympathisierte zunächst mit Strassers »Schwarzer Front«, dann mit den Kommunisten. Über Mildred Harnack, seine Lehrerin an einer Oberschule, fand er Kontakt zu Dr. Arvid Harnack und überbrachte mehrfach dessen verschlüsselte Botschaften dem Funker Hans Coppi. Friedrich Rehmer[94] wurde im Lazarett verhaftet.

Unter dem 5. August ist im Bibliotheksbuch der Tod von drei Männern verzeichnet, die der »Roten Kapelle« zuzuordnen sind: Adam Kuckhoff, Emil Hübner und Stanislaus Wesolek. Nicht notiert sind jedoch die Namen von 13 Frauen, alle im weitesten Sinn der »Roten Kapelle« verbunden, die am gleichen Tag in Plötzensee enthauptet wurden.[95] Aus den Meldungen läßt sich ablesen, daß alle drei Minuten eine Exekution stattfand: Stanislaus Wesolek 19.00 Uhr, Emil Hübner 19.03 Uhr, Dr.

88 »Erfaßt?«, S. 124 f.

89 »Erfaßt?«, S. 120 f.

90 »Erfaßt?«, S. 180 f.

91 »Erfaßt?«, S. 254 f.

92 Dr. Hans Heinrich Kummerow hatte seit Ende der 20er Jahre Kontakt zu sowjetischen Stellen und vermittelte ihnen Fachinformationen. Er wurde am 18. Dezember 1942 zum Tode verurteilt, kam im Februar 1943 nach Plötzensee (Er ist in der September-Liste verzeichnet, wurde aber nicht in Plötzensee hingerichtet). Er starb erst am 24. Januar 1944 im Zuchthaus Halle. S. »Erfaßt?«, S. 256 f.

93 »Erfaßt?«, S. 166 f.

94 »Erfaßt?«, S. 183.

95 Die Frauen kamen aus dem Berliner Frauengefängnis Barnimstraße am Tag der Hinrichtung nach Plötzensee. Eine Liste ist möglicherweise vorhanden gewesen, aber nicht ins Bibliotheksbuch eingeklebt. Die Namen der Männer sind handschriftlich notiert.

Adam Kuckhoff 19.06 Uhr, Frida Wesolek 19.09 Uhr, Ursula Goetze 19.12 Uhr, Maria Terwiel 19.15 Uhr, Oda Schottmüller 19.18 Uhr, Rosa Schlösinger 19.21 Uhr, Hilde Coppi 19.24 Uhr, Klara Schabbel 19.27 Uhr, Else Imme 19.30 Uhr, Eva-Maria Buch 19.33 Uhr, Annie Krauss 19.36 Uhr, Ingeborg Kummerow 19.39 Uhr, Cato Bontjes van Beek 19.42 Uhr, Liane Berkowitz 19.45 Uhr. Ein grauenhafter »Fahrplan« des Todes!

Emil Hübner[96] zählte zum Zeitpunkt seiner Hinrichtung 81 Jahre. Er war Mitglied der KPD seit ihrer Gründung. Er lebte zurückgezogen in Berlin, hatte aber für alle Fälle Hilfsmittel für die Herstellung falscher Pässe, nicht für sich, sondern für andere, in einem Geheimfach. Im Mai 1942 kamen aus der Sowjetunion Erna Eifler und Wilhelm Fellendorf zu Hübner. Sie waren kurz zuvor mit dem Fallschirm bei Allenstein abgesprungen.[97] Hübners Adresse hatten sie von dessen in Moskau lebenden Sohn Artur erhalten. Emil Hübner gab ihnen für einige Tage Quartier in seinem Haus, das er gemeinsam mit seiner Tochter Frida und deren Ehemann Stanislaus Wesolek[98] bewohnte. Alle drei wurden »wegen Beihilfe zur Vorbereitung eines hochverräterischen Unternehmens und zur Spionage« verurteilt. Dr. Adam Kuckhoff,[99] Chefredakteur der »Tat«, Schriftsteller und Filmschaffender, stand seit 1933 in Verbindung mit dem Ehepaar Harnack. 1939 lernte er auch Harro Schulze-Boysen kennen. Er arbeitete an den illegalen Schriften mit und beschaffte auch Informationen, die Harnack sowjetischen Stellen übermittelte.

Am 9. September 1943 wurden aus dem Kreis der »Roten Kapelle« Eugen Neutert, Wolfgang Thiess und Wilhelm Schürmann-Horster gehängt. Die Todesurteile waren am 20./21. August vom Volksgerichtshof ausgesprochen worden, weil sie »während des Krieges die hochverräterischen Bestrebungen der illegalen kommunistischen Partei gefördert« haben sollten.[100]

96 »Erfaßt?«, S. 232 f.

97 »Erfaßt?«, S. 222 f.; Erna Eifler wurde am 15. Oktober 1942 in Hamburg verhaftet; sie kam im KZ Ravensbrück ums Leben. Fellendorf fiel kurze Zeit später ebenfalls in Hamburg in die Hände der Gestapo; er wurde 1943 erschossen.

98 »Erfaßt?«, S. 234 f.

99 »Erfaßt?«, S. 72 f.; seine Frau Greta, die zunächst zum Tode verurteilt worden war, deren Strafe jedoch in eine Zuchthausstrafe umgewandelt wurde, schrieb später ihre Erinnerungen auf. Greta Kuckhoff, Vom Rosenkreuz zur Roten Kapelle. Ein Erlebnisbericht, Berlin 1972; s. auch Duhnke, a.a.O., S. 468 ff.

100 »Erfaßt?«, S. 348, 355.

Rudolf Scheffel, Richard Hinkelmann, Kurt Bietzke und Felix Tucholla, die ebenfalls Opfer der Massenexekution wurden, waren auf indirekte Weise mit der Spionage der »Roten Kapelle« verbunden. Das ergibt sich aus dem Urteil, das der Volksgerichtshof gegen sie gefällt hat.[101] Danach meldete sich am 10. Juni 1942 in der Berliner Wohnung des Bücherrevisors, des im Krieg dienstverpflichteten Polizeiwachtmeisters Rudolf Johannes Scheffel, ein gewisser »Rudi«, dessen eigentlicher Name Erwin Panndorf war. Dieser kannte Scheffel aus der Zeit gemeinsamer Mitgliedschaft in der KPD vor 1933. Als Hitler an die Macht kam, war Panndorf in die Sowjetunion geflüchtet; Scheffel hatte alle kommunistischen Aktivitäten aufgegeben. Panndorf, in der Sowjetunion zum Fallschirmspringer ausgebildet, sprang gemeinsam mit »Willy« (Willi Börner) hinter der deutschen Frontlinie ab. Die beiden trennten sich – oder verloren sich aus den Augen. Panndorf kam schließlich an sein Ziel, nach Berlin, fand aber offensichtlich den Kontakt nicht, den zu knüpfen ihm aufgegeben war. Also suchte er Zuflucht bei seinem alten Bekannten Scheffel. Dieser trachtete wohl danach, den ungebetenen Gast loszuwerden. Er brachte ihn zum Ehepaar Tucholla. Die Tuchollas konnten den Agenten gleichfalls nicht lange bei sich behalten. Richard Hinkelmann und Kurt Bietzke wurden eingeschaltet, um eine sichere Bleibe ausfindig zu machen. Frau Käthe Tucholla versuchte auf Panndorfs Bitte, einen Kontakt mit »Willy«, dem zweiten Fallschirmspringer, herzustellen. Treffs waren jeweils am 5., 15. und 25. eines Monats zu bestimmter Stunde im Wunderlichpark von Meerane (Thüringen) verabredet. Eine bestimmte Zeitung und ein Frage- und Antwortcode sollten als Erkennungszeichen dienen. Der erste Versuch, sich zu treffen, verlief ergebnislos, beim zweiten war nicht »Willy«, sondern die Gestapo zur Stelle. Frau Tucholla wurde festgenommen. Börner, der eine Zeitlang in Österreich untergetaucht war, war als erster von der Gestapo entdeckt und verhaftet worden. Er muß den Treffpunkt Meerane preisgegeben und damit die Verhaftung Panndorfs und derjenigen, die ihn versteckt hatten, ermöglicht haben. Die beiden Fallschirmspringer wurden nicht vor Gericht gestellt, sondern in Konzentrationslagern umgebracht.[102]

Das Urteil über die »Rote Kapelle« in der Historiographie ist widersprüchlich. Gehörte sie zur Widerstandsbewegung oder nicht? Es gab Stimmen, die die Frage verneinten im Hinblick auf die nachrichten-

101 VGH-Urteil vom 17. August 1943, BA-Ko R 60 I 279.

102 Mammach II, a.a.O. S. 160.

dienstliche Tätigkeit für Moskau. Duhnke stellt nach Abwägen der verschiedenen Meinungen fest:

> »In ihren Motiven, Methoden und Zielen unterschied sich die Schulze-Boysen/Harnack-Gruppe beträchtlich von anderen Widerstandsgruppen in Deutschland. Sie unterschied sich aber auch von den immer auf der richtigen ›Linie‹ liegenden Apparatschiks, von Leuten wie Ulbricht oder Pieck, die eine ›nationale‹ deutsche Politik immer der ständig fluktuierenden sowjetischen Außenpolitik anpaßten. In der deutschen Widerstandsbewegung nimmt die Gruppe einen einzigartigen Platz ein. Man kann die wahrscheinlichen Konsequenzen ihrer Tätigkeit nicht übersehen; man kann ihr aber ihre idealistischen Motive nicht absprechen – ihren Haß auf den Nazi-Totalitarismus und ihre Hoffnung auf eine bessere Zukunft. Sieht man von den ›alten‹ KPD-Genossen ab, so muß man feststellen, daß die einflußreicheren Mitglieder der Gruppe den Weg zum Marxismus aus Abscheu gegen den Nazismus einschlugen – einen Abscheu, der ebenso ethisch fundiert war wie bei anderen Widerstandskämpfern ... Man kann der Gruppe Schulze-Boysen/Harnack politische Naivität und Kurzsichtigkeit vorwerfen (aber auch erst im Rückblick), man kann ihr jedoch nicht die moralische Überzeugung absprechen. Man kann ihre politischen Ziele und ihre Methoden ablehnen; man kann ihr aber deswegen ihren Platz unter den legitimen Oppositionellen nicht streitig machen.«[103]

Bereits 1956 hatte Dallin folgendermaßen argumentiert:

> »Von verschiedenen Seiten, insbesondere in der Sowjetischen Besatzungszone Deutschlands ist der Versuch gemacht worden, die Tätigkeit der Gruppe Schulze-Boysen als reinen Widerstand gegen das nationalsozialistische Regime hinzustellen, wobei man die Spionagetätigkeit absichtlich unerwähnt läßt. Die Behauptung ist unwahr. Es trifft zu, daß die ungefähr hundert Personen, die sich um die innere Kerngruppe sammelten, nichts von den geheimen Berichten wußten, die nach Moskau gingen, nichts von sowjetischen Kurieren, die mit Fallschirmen abgesetzt wurden und nichts von den Kontakten mit den Spionageagenten in den Nachbarländern. Aber die Köpfe des Netzes dienten dem sowjetischen Nachrichtendienst und die ›Rote Kapelle‹ gehörte zum Spionagesystem. Andererseits hat es während der Zeit des Nationalsozialismus und später nicht an Versuchen gefehlt, der ›Roten Kapelle‹ jeden Einschlag von Widerstand abzusprechen und sie lediglich als eine Gruppe von Spionen darzustellen. Auch diese Behauptung ist falsch. Ein reiner Spionagering hätte niemals eine solch große Zahl von Personen umfassen können. Ohne eine gemeinsame Idee wären diese Männer und Frauen niemals

103 Duhnke, a.a.O., S. 478 f.

> in der Lage gewesen, sich zu einer politischen Organisation zusammenzuschließen und eine Tätigkeit auf sich zu nehmen, die für alle die größten Gefahren barg. Trotz der Tatsache, daß einige schlecht orientierte Nichtkommunisten und einige junge Feuerköpfe, die von dem wirklichen Charakter der Gruppe keine Vorstellung hatten, in diesen Kreis hineinstolperten, war die Gruppe Schulze-Boysen – Harnack im wesentlichen eine kommunistische Organisation, die sich aus mehreren klar unterscheidbaren Elementen zusammensetzte. Da waren zunächst die Leute aus den Überresten der alten KPD, durch die in Gefängnissen und KZ verbrachte Zeit und durch die langen Jahre einer Untergrundexistenz hart gemacht, die jetzt schon zu älteren Generationen gehörten und einiges von ihrer Vitalität und Kampfenergie eingebüßt hatten. Während der Jahre erzwungener Ruhe hatten sie sich in winzigen Gruppen getroffen. Ab und zu traf ein Kurier aus dem Ausland ein, hin und wieder wurde ein Flugblatt gelesen und diskutiert und manchmal tauchte ein alter Genosse aus dem KZ auf.
>
> Daneben stand die junge Generation, die nur geringe Kenntnisse des Leninismus-Marxismus besaß und erbärmlich falsche Vorstellungen über die Sowjetunion und den Westen hatte, dafür aber leicht entflammbar, dynamisch und voll Haß auf den Führer, seine Partei und den Krieg war. Befreiung vom Hitlertum war der Grundstock ihrer Philosophie und der Hauptpunkt ihres Programms. Sie glaubte, ein künftiges Sowjetdeutschland werde ein freies Land sein. Sie glaubte, daß sie zunächst diesem Sowjetdeutschland und erst in zweiter Linie der Sowjetunion diene. Antifaschismus, dieses zuerst von Moskau scheinheilig in die Welt gesetzte Schlagwort, war für die jungen Männer und Frauen blutiger Ernst. Für sie war alles, ihr winziger Kreis, die Zusammenkünfte, die Lehrer, die zu ihnen sprachen, etwas Neues, eine große Erfahrung . . .«[104]

Auffällig ist die Zahl der Frauen, die hingerichtet wurden. Fünf sind im »Bibliotheksbuch« verzeichnet. Neunzehn waren es im ganzen. Zwei brachten in der Haft Kinder zur Welt: Hilde Coppi und Fritz Rehmers Freundin Liane Berkowitz. Margret Boveri weist darauf hin, daß die »liberalen Sozialisten« der »Roten Kapelle« noch »in der Gedankenwelt der Französischen Revolution lebten und diese weiterentwickelten«. Sie glaubten,

> »daß Gleichberechtigung zwischen Mann und Frau mit Gleichheit identisch sei, daß der Frau, auch in der Politik, dieselben Aufgaben zufallen wie dem Mann. Wogegen die Kreisauer auch in dieser Hinsicht ein modernes Bild von Wesen und Auftrag der Frau hatten. Die Witwen der Moltke und York, Trott und Haeften beweisen es; sie sind tätig wirkend,

104 Dallin, a.a.O., S. 286 ff.

aber in Formen, die die frühen Ideale der Frauenemanzipation längst hinter sich gelassen haben.«[105]

Abschließend sei darauf verwiesen, daß wegen der Heterogenität der »Roten Kapelle« die Zuordnung zum kommunistischen Widerstand problematisch ist. Ulrich Thamer spricht im Hinblick auf die Kerngruppen von einem »linksintellektuellen Zirkel um Oberleutnant Harro Schulze-Boysen und Oberregierungsrat Arvid Harnack . . ., der mit der Sowjetunion in Verbindung stand und eine zukünftige Zusammenarbeit mit der UdSSR anstrebte, ohne daß die Beteiligten orthodoxe Kommunisten gewesen wären.«[106] Die Differenzierung muß noch stärker sein, wenn man alle Gruppen und Einzelpersonen ins Auge faßte, die Gestapo, Reichskriegsgericht und Volksgerichtshof als »Rote Kapelle« etikettierten.

Österreichische Kommunisten

Der Oberreichsanwalt widmet in seinen Lageberichten der »Ostmark« besondere Aufmerksamkeit, und dies nach zwei Richtungen. Einmal ist der »österreichische Legitimismus« im Visier, zum anderen die illegale Kommunistische Partei Österreichs, die KPÖ.
Ein Legitimist war zweifellos der Tiroler Geistliche Jacob Gapp, über den im Abschnitt »Emigranten« berichtet wurde.[107] Legitimist war auch der gleichfalls emigrierte Dr. Charles Leon, der seine Absicht bekundet hatte, in einer »Österreichischen Legion« gegen Deutschland zu kämpfen und der auch eine Zeitlang Dienst in der französischen Armee geleistet hatte.[108] Dies waren in Plötzensee Ausnahmen; es dominierten die Kommunisten.
Im Lagebericht vom 1. Oktober 1940 meldete der Oberreichsanwalt, daß die Staatspolizei zahlreiche Anhänger der KPÖ festgenommen habe:

»Im Dezember 1939 hob die Staatspolizeileitstelle in Wien den ›technischen Apparat‹ der KPÖ in Wien aus; insgesamt wurden 206 Personen festgenommen, darunter auch der führende Funktionär Ludwig Schmidt.

105 Boveri, a.a.O., S. 62 f.

106 Hans-Ulrich Thamer, Verführung und Gewalt. Deutschland 1933-1945, Berlin o.J., S. 734.

107 s. oben, S. 205.

108 Handakte Reinecke, Beisitzer beim VGH, S. 111; BA-Hoppegarten, ZGH Gen. 266/1.

Schmidt, der sich Anfang 1938 von Wien nach Paris begeben und dort Verbindung mit einer kommunistischen Zentralstelle aufgenommen hatte, kehrte im August 1939 mit dem Auftrag, in den ehemaligen österreichischen Bundesländern die KPÖ zu reorganisieren, nach Wien zurück. Dort trat er mit mehreren führenden Kommunisten in Verbindung und errichtete mit deren Hilfe in Wien und Umgebung zahlreiche kommunistische Gruppen und stellte die Verbindung mit bereits bestehenden Gruppen her. Er schuf ein eigenes ›Redaktionskomitee‹ zwecks Herstellung von Hetzschriften und verfaßte auch selbst die Texte solcher Schriften, die in großen Mengen verbreitet wurden ...«[109]

Ein Ludwig Schmidt wurde am 14. Januar 1943 in Plötzensee enthauptet; er dürfte der vom Oberreichsanwalt erwähnte KPÖ-Funktionär gewesen sein.[110] Die große Mehrheit der 206 Beschuldigten ist wohl in Wien abgeurteilt worden.
Warum einige Fälle, auch wenig spektakuläre, in Berlin verhandelt wurden, ist nicht klar ersichtlich. Marie Urich zum Beispiel hatte nichts anderes getan als Beiträge für die Rote Hilfe zu kassieren. Die Gelder hatte sie dem Maurer Karl Mayer übergeben, »der die Verurteilte Urich zu der von ihr begangenen Tat« veranlaßt hatte. Marie Urich wurde am 22. Oktober 1942 zum Tode verurteilt, weil sie sich mit dem Sammeln für die Rote Hilfe als »hartnäckige, gefährliche Gegnerin der nationalsozialistischen Staatsführung erwiesen« habe.[111] Karl Mayer war am 14. Mai 1942 vom Oberlandesgericht in Wien zu acht Jahren Zuchthaus verurteilt worden. Möglicherweise erhob die Reichsanwaltschaft gegen Frau Urich Anklage in Berlin, weil sie mit diesem Verfahren eruieren wollte, ob das Urteil gegen Mayer revidiert werden solle. Eine derartige Überprüfung hat stattgefunden – mit einem überraschenden Ergebnis:

Die gegen Mayer verhängte Strafe, so der Oberreichsanwalt, »erscheint auf den ersten Blick im Verhältnis zu der gegen die Urich erkannten Strafe als gelinde. Jedoch ist in den Gründen des Urteils gegen Mayer nicht sicher festgestellt, daß er die erhaltenen Gelder ihrer Zweckbe-

109 Der Oberreichsanwalt beim Volksgerichtshof, Lagebericht vom 1. Oktober 1940, geheim, Az.: 4206 – 2.20; BA-Ko R 22/3390.

110 Ludwig Schmidt kam am 6. November 1942 mit Johann Schober, Richard Reinhard, Henry Stumpe und Edmund Wagner als zum Tode Verurteilter nach Plötzensee. Schober starb am gleichen Tag, Richard Reinhard am 22. Dezember 1942, Edmund Wagner, am 21. April 1943, von Stumpe ist nichts weiter bekannt.

111 VGH-Urteil vom 23. Oktober 1942, Az.: 7 J 360/42 // 5 H 34/42; BA-Ko R 60 II 554, fol. 1 (nur Urteil ohne Gründe).

stimmung zugeführt hat.« Vielmehr gebe es Gründe für die Annahme, daß er das Geld für sich verbraucht habe; so jedenfalls habe er im Prozeß ausgesagt. Treffe aber diese Einlassung zu, »so tritt sein hochverräterischer Vorsatz, der sich dann in der Aufforderung an die Verurteilte Urich zu kommunistischer Betätigung erschöpfen würde, an Bedeutung gegenüber deren Tätigkeit zurück, da diese die Gelder einem vermeintlichen kommunistischen Funktionär zur Unterstützung von Angehörigen kommunistischer Gefangener ausgehändigt hat«. Hiernach verspreche er sich von der Einlegung des Außerordentlichen Einspruchs, »um gegen ihn dieselbe Strafe wie gegen Frau Urich zu erwirken, keinen sicheren Erfolg. Andererseits bietet das Urteil gegen Mayer ... meines Erachtens keinen Grund, die gegen die Ehefrau Urich erkannte Strafe im Gnadenwege der gegen Mayer erkannten Strafe anzugleichen, da sich inzwischen die Erkenntnis durchgesetzt hat, daß hochverräterischen Umtrieben kommunistischer Funktionäre während des Krieges mit der schwersten Strafe begegnet werden muß ...«[112]

Die Frage ist nur, ob Frau Urich, die am 8. April in Plötzensee ihr Leben verlor, wegen des Einsammelns von Rote-Hilfe-Spenden als »kommunistischer Funktionär« anzusehen ist.

In der »Führerinformation« vom 29. Mai 1942, also zwei Wochen nach dem Urteilsspruch gegen Mayer, hatte der Justizminister gemeldet, in Besprechungen mit dem Präsidenten des Volksgerichtshofs und dem Oberreichsanwalt sei festgelegt worden, daß kommunistischer Hochverrat während des Krieges gegen Rußland regelmäßig mit dem Tode bestraft werden solle, weil er jetzt zugleich den Charakter von Landesverrat habe.[113]

Eine Funktionärin war wohl auch die 23jährige Rosa Hofmann aus Salzburg nicht. Sie sammelte ebenfalls Beiträge ein (bei drei Personen, was monatlich 1,50 Mark ausmachte), legte allerdings auch kommunistische Schriften in Telefonzellen vor einer Kaserne und in Eisenbahnabteilen aus. Der Volksgerichtshof verurteilte Rosa Hofmann »wegen Zersetzung der Wehrkraft des deutschen Volkes in Verbindung mit landesverräterischer Begünstigung des Feindes und Vorbereitung zum Hochverrat zum Tode und zum Verlust der bürgerlichen Ehrenrechte auf Lebenszeit«.[114] Am 9. März 1943 starb sie unter dem Fallbeil.

112 Der Oberreichsanwalt beim Volksgerichtshof, Stellungnahme zum Gnadenverfahren Urich vom 20. November 1942, ebenfalls BA-Ko R 60 II 554, fol. 1.

113 BA-Ko R 22/4089.

114 VGH-Urteil vom 15. Dezember 1942, Az.: 7 J 339/42 // 6 H 3/42; BA-Ko R 60 II 317.

Am gleichen Tag wie Rosa Hofmann wurde der 42jährige Weichenwärter der Reichsbahn Johann Pöttler, ebenfalls aus Salzburg, verurteilt. Er war Zellenkassier der illegalen KPÖ. Erschwerend wertete der Volksgerichtshof, daß Pöttler als Soldat auf Hitler vereidigt worden war. Er hatte als Freiwilliger im österreichischen Bundesheer gedient und war nach dem Anschluß bis Oktober 1938 Soldat der Wehrmacht. 1939 bewarb er sich zudem um die Mitgliedschaft in der NSDAP und wurde aufgenommen.

Es ist beinahe Freislersches Pathos, wenn der Vorsitzende Richter im 6. Senat des Volksgerichtshofs, Hartmann, das Todesurteil – es wurde am 1. Juni 1943 vollstreckt – folgendermaßen begründet:

> »Pöttler hat als Soldat den Treueeid auf den Führer geleistet. Er war, wenn auch nicht Beamter, so doch Angestellter der Deutschen Reichsbahn, und zwar bekleidete er dort einen außerordentlich wichtigen Posten als Weichenwärter in einem Gebiet, durch das erfahrungsgemäß in erheblichem Umfange Transporte von und nach der Front gehen. Der Angeklagte hat seine verbrecherische Tätigkeit bis nach Beginn des Krieges gegen den Bolschewismus in unverminderter Einsatzbereitschaft fortgesetzt. Er ist . . . der kämpfenden Front aus seiner kommunistischen Einstellung heraus in den Rücken gefallen und hat die Geschäfte des Feindes besorgt. Wer in dem schweren Schicksalskampf, den das deutsche Volk und seine Verbündeten zu führen gezwungen sind, so handelt, muß im Interesse der Volksgemeinschaft und der kämpfenden Front physisch vernichtet werden und hat sich selbst als ehrlos gestempelt . . .«[115]

Wohlgemerkt: Pöttler hat keine Weiche falsch gestellt, er hat keinen Zug entgleisen lassen. Er hat Beiträge kassiert; das war sein Verbrechen. Ein Funktionär war allerdings der Mechanikergehilfe Leopold Morawetz. Bis zum Sommer 1940 war er »Bezirksobmann« der illegalen KPÖ in einem Wiener Bezirk. Außer dem organisatorischen Hochverrat wurde ihm zur Last gelegt, daß er »Hetzschriften« verbreitet und Kontakte zu Genossen im Burgenland unterhalten habe.[116] Das Todesurteil wurde am 26. Januar 1943 vollstreckt.

Dem Lagebericht des Oberreichsanwalts vom 3. Oktober 1942, in dem er dem Justizminister den Fall Morawetz meldet, ist übrigens zu entneh-

115 VGH-Urteil vom 15. Dezember 1942, Az.: 7 J 429/42 // 6 H 14/42; BA-Ko R 60 II 341.

116 Das geht aus dem Lagebericht des Oberreichsanwalts vom 3. Oktober 1942 hervor, der bei Koch, Volksgerichtshof, a.a.O., S. 274 ff., abgedruckt ist. Das Urteil wurde am 17. Dezember 1942 gefällt; BA-Hoppegarten, Mordregister M 952.

men, daß die »Neueingänge« der Strafsachen aus den Alpen- und Donau-Reichsgauen 244 Beschuldigte beträfen. Die Zahl der der Gestapo bekannten »marxistischen Hochverräter« sei jedoch weit höher, Festnahmen würden »zu gegebener Zeit« erfolgen. Die Verzögerung sei darin begründet, »daß entweder immer noch nicht genügend Haftraum zur Verfügung steht oder daß durch die Festnahme dieser Beschuldigten die Leistungsfähigkeit kriegswichtiger Betriebe (zum Beispiel der Deutschen Reichsbahn) gefährdet werden würde . . .«[117]
Die Anschluß-Stimmung des Jahres 1938 dürfte zwei, drei Jahre später teilweise in das Gegenteil umgeschlagen sein; vor allem wohl in Arbeitervierteln.

Der Vorstand der Untersuchungshaftanstalt Wien I berichtete am 17. Februar 1943 dem Oberreichsanwalt beim Volksgerichtshof:

> »Dem hier einsitzenden, zum Tode verurteilten Vollstreckungshäftling Leopold Hörbinger wurde am 15. Feber 1943 verlautbart, daß ein Gnadenerweis abgelehnt und die Hinrichtung für den gleichen Tag 18 Uhr festgesetzt wurde. Hörbinger hat bei der Verlautbarung die Bitte um Anbringung eines Wiederaufnahmeantrages vorgebracht, welcher durch einen Urkundsbeamten aufgenommen und daraufhin seitens der Vollstreckungsbehörde die Hinrichtung abberaumt wurde. Hörbinger hat am 17. Feber in seiner Zelle eine Fensterscheibe zerschlagen und sich mit einem Glasscherben in selbstmörderischer Absicht die in mit folgendem ärztlichen Bericht angeführten Beschädigungen zugefügt . . .
> Dem Ersuchen des Herrn Oberstaatsanwaltes beim Landgericht in Wien um Überstellung des Hörbinger an das Strafgefängnis Plötzensee in Berlin mit Rücksicht auf den von ihm gestellten Wiederaufnahmeantrag kann dzt. nicht nachgekommen werden. Die Transportfähigkeit wird nach Angabe des Anstaltsarztes in etwa 8 Tagen gegeben sein.«[118]

Nach dem Bericht des Arztes hatte sich Hörbinger Schnittwunden an der linken Halsseite, am linken Unterarm und am linken Ellenbogen zugefügt. Die Wunden wurden chirurgisch versorgt.
Am 26. Februar kam Hörbinger mit der Kennzeichnung T.U. nach

117 s. Anmerkung 116.

118 Der Bericht des Vorstands der Untersuchungshaftanstalt Wien I findet sich in BA-Ko R 60 II 556; dort auch der »Verletzungsbericht« des Anstaltsarztes, die Meldung über die Vollstreckung des Urteils, die Ablehnung des Gnadenantrags, der Vollstreckungserlaß des RMJ und der Urteilstenor des VGH vom 11. November 1942, Az.: 7 J 286/42 // 2 H 201/42.

Plötzensee;[119] am 16. März wurde er dort hingerichtet. Die fünf Männer, die mit ihm verurteilt worden waren, starben schon am 15. Februar in Wien.

Hinrichtungen wegen angeblichen Hochverrats verurteilter Österreicher in ihrer Heimat waren die Regel, Hinrichtungen in Plötzensee die Ausnahme. Wie diese »Ausnahmen« zustande kamen, ist nicht klar ersichtlich. Auch die Verurteilung und Verfolgung einer Gruppe um Karl Peter Wyt aus Wien läßt außer der Tatsache, daß man Kleingruppen organisierte, Mitgliedsbeiträge einzog und Broschüren unter die Bevölkerung zu bringen versuchte, keine besonderen »hochverräterischen« Aktionen erkennen. Aus den erwähnten Gründen wurden am 2. März 1943 der Dreher Karl Peter Wyt, der Werkzeugfräser Josef Anton Baldrmann, der Eisendreher Heinrich Belohlavek, der Kraftfahrzeugmechaniker Artur Jäger sowie die Automateneinrichter Emil Leibetseder und Johann Schöner zum Schafott geführt.[120]
Ähnlicher Delikte wegen wurde eine andere Wiener Gruppe – Franz Blauensteiner, Heinrich Lochner, Anton Menich und Adolf Schmutzer – in den Septembernächten hingerichtet.[121] Das gleiche Schicksal erlitten Ernst Terkola und der in Wien ansässige Tscheche Josef Mikesch, deren Urteil der Volksgerichtshof am 2. September 1943 sprach[122] und die am 8. September 1943 kurz nach Mitternacht gehängt wurden.

119 Hörbinger erhielt am 26. Februar in Plötzensee die Gefangenenbuch-Nr. 2867/42; im Untersuchungsgefängnis Wien hatte er am 17. Februar die Gefangenen-Nr. 3469/42. Auch hieraus läßt sich ablesen, daß die Gefängnisse im ehemaligen Österreich sehr stark belegt waren.

120 Anklageschrift des Oberreichsanwalts beim VGH vom 16. Juni 1942, Az.: 7 J 146/42, BA-Ko R 60 II 94-11; VGH-Urteil vom 8. Oktober 1942, BA-Hoppegarten, Mordregister W 882.

121 VGH-Urteil vom 25. August 1943, BA-Hoppegarten, Mordregister S 2243.

122 VGH-Urteil vom 2. September 1943, Az.: 7 J 303/43 // 5 H 80/43; BA-Ko R 60 II 266.

Strafanstalt Plötzensee, Innenansicht

Widerstand und Verfolgung von Juden

Daß Juden wehrlose Opfer der Nationalsozialisten und ihrer Helfer gewesen seien, daß sie, ohne Widerstand zu leisten, sich hätten »liquidieren« lassen, ist eine Legende, die der Grundlage entbehrt. Nicht nur der Aufstand im Warschauer Ghetto ist Beweis des Gegenteils. Mit Recht weist Arnold Paucker, Direktor des Londoner Leo-Baeck-Instituts für Erforschung der Geschichte der deutschen Juden, darauf hin, »daß über anderthalb Millionen jüdischer Männer (und auch viele Frauen) in den Armeen der antifaschistischen Allianz gekämpft haben ... Wenn man von den von Hitler schnell überrannten Gebieten absieht und bedenkt, daß in Palästina ein Teil der Männer zum Schutz des bedrohten Jischaws (der jüdischen Einwohnerschaft des damaligen Palästina) zurückbleiben mußte, so steht fest, daß fast alle waffenfähigen Juden, wo sie es nur konnten, eine Pflicht erfüllten, die auch eine jüdische war. Hunderttausende haben sich freiwillig gemeldet; und sie kämpften ferner in den Partisaneneinheiten aller europäischen Länder. Und schon vorher, in Spanien in den Internationalen Brigaden, waren über 15 Prozent der 45.000 Brigadisten Juden.«[1]

Deutsche selbst, so Paucker, hätten praktisch keinen bewaffneten Widerstand geleistet. Nur ein Irrsinniger könne also nachträglich den deutschen Juden Vorhaltungen darüber machen, daß sie sich unter der NS-Diktatur nicht in militärische Abenteuer gestürzt hätten.

Erwiesen sei jedoch, daß jüdische Organisationen den Nazis in den Jahren vor der Machtübernahme erbitterten Widerstand geleistet und einen – freilich getarnten – Propagandafeldzug zur Unterstützung der demokratischen Parteien gegen das Gesamtprogramm der NSDAP entfaltet hätten. Bereits 1930 hätten Juden klar erkannt, daß es für sie nur eine totale Abwehr des Faschismus geben könne. Nach der nationalso-

1 Arnold Paucker, Jüdischer Widerstand in Deutschland. Beiträge zum Widerstand 1933-1945, Nr. 37, Gedenkstätte Deutscher Widerstand, Berlin 1989, S. 3.

zialistischen Machtergreifung sei es mit den Formen demokratischer Gegenwehr allerdings sehr schnell vorbei gewesen.
Aus den im Bibliotheksbuch festgehaltenen Opfern der NS-Justiz ist ablesbar, daß Juden teilhatten am Widerstand in den von Deutschland okkupierten Gebieten. Sie haben in Kenntnis der gegen die Juden gerichteten Vernichtungspolitik Hitlers als Juden *und* Polen oder Tschechen gehandelt.

Die Gruppe Baum

Im Bibliotheksbuch verzeichnet sind die Namen der deutschen Jüdinnen und Juden, die entschiedenen Widerstand in Deutschland geleistet haben, so vor allem die Angehörigen der »Gruppe Baum«.[2]
Am 18. August 1942 wurden in Plötzensee fünf Männer und fünf Frauen hingerichtet, die dieser jüdischen Gruppe direkt angehörten oder aber mit ihr eng verbunden waren:

Marianne Therese Baum,
Sala Kochmann[3]
Irene Walther (Walter),
Suzanne Wesse,
Hildegard Jadamowitz (Jadamowicz),
Gerhard Meyer,
Heinz Joachim,
Hans Mannaberg,
Joachim Franke und
Werner Steinbrink.

Irene Walter, die Übersetzerin Suzanne Wesse – sie war französischer Herkunft und hatte einen Deutschen geheiratet – und die bei einem Berliner Arzt beschäftigte Hildegard Jadamowitz waren keine Juden, ebenso Werner Steinbrink, Joachim Franke und Hans Mannaberg. Die Frauen standen in enger Verbindung zur jüdischen Gruppe; die Männer gehörten einer von Joachim und Steinbrink geleiteten Gruppe des Widerstandes in Berlin an.

2 Die umfassendste Darstellung über diese Gruppe gibt Wolfgang Wippermann, Die Berliner Gruppe Baum und der jüdische Widerstand. Beiträge zum Thema Widerstand Nr. 19, Informationszentrum Berlin, Berlin 1981; Weisenborn, a.a.O., S. 250 f.; Horst Duhnke, Die KPD von 1933-1945, Köln 1972, S. 479 f.; Mammach II, a.a.O., S. 139.

3 Als Vorname erscheint im Bibliotheksbuch Sara; dies war jedoch nur der für Jüdinnen zwangsweise verordnete Zusatz-Vorname.

Bekanntmachung.

Die am 10. Dezember 1942 vom Volksgerichtshof wegen Vorbereitung zum Hochverrat und landesverräterischer Feindbegünstigung zum Tode verurteilten

Heinz Israel Rotholz, 21 Jahre alt,
Heinz Israel Birnbaum, 22 Jahre alt,
Lothar Israel Salinger, 23 Jahre alt,
Helmuth Israel Neumann, 21 Jahre alt,
Siegbert Israel Rotholz, 23 Jahre alt,
Hella Sara Hirsch, 21 Jahre alt,
Hanni Sara Mayer, 22 Jahre alt,
Marianna Sara Joachim, 21 Jahre alt, und
Hildegard Sara Loewy, 20 Jahre alt,

sämtlich aus Berlin, sind heute hingerichtet worden.

Berlin, den 4. März 1943.

Der Oberreichsanwalt beim Volksgerichtshof.

Druck: Säulenreklame, Berlin C 2, Grünstr. 17-20 (K.-Nr. C/1380)

Ein Sondergericht beim Landgericht Berlin hatte am 16. Juli 1942 die Todesurteile gefällt, weil die Gruppe am 18. Mai 1942 einen Brandanschlag auf die vom Propagandaministerium inszenierte antibolschewistische Ausstellung »Das Sowjetparadies« gewagt hatte.[4] Der Anschlag am hellen Tag »mittels einer Sprengbombe und eines Brandsatzes«[5] verübt, gelang, aber er wurde keineswegs, wie die Gruppe erwartet hatte, zu einem Fanal. Die Zeitungen schwiegen ihn tot; schon wenige Tage später setzten die Verhaftungen ein.

Der Anschlag ist von beiden Gruppen (Baum und Steinbrink) verübt worden. Sprengmaterial und Brandkörper zu beschaffen, dürfte für Juden äußerst schwierig gewesen sein; hingegen waren die am Kaiser-Wilhelm-Institut beschäftigten Chemotechniker Steinbrink und Franke dazu sehr wohl in der Lage.

Es wird in der Literatur darauf hingewiesen, daß der Plan zu dem Brandanschlag, mindestens aber die Ausführung, verraten worden sei.[6] Als Verräter gilt, ohne daß dies zwingend erwiesen wäre, Joachim Franke. Er soll die Führung der Gruppe Baum, in der die Aktion umstritten war, für den Anschlag gewonnen und wohl auch den Sprengstoff beschafft haben. Für diese These spricht, daß die Beteiligten bereits am 22. Mai alle in Haft waren. Auch die Tatsache, daß Franke in der DDR-Literatur keine Erwähnung findet, könnte ein Indiz sein.[7] Gegen die Verrats-These kann jedoch eingewendet werden, daß die Verhaftungen wohl noch schneller erfolgt wären, wenn die Gestapo informiert gewesen wäre; auch hätte man einen agent provocateur vermutlich – wenigstens eine Zeitlang – »geschont«. Franke ist aber mit den anderen am 18. August hingerichtet worden. Herbert Baum, der Leiter der Gruppe, war schon vor dem Prozeß in der Haft verstorben, sei es infolge von Folterungen, sei es, weil er Selbstmord verübt hatte.

4 Am Tag des Urteils (16. Juli 1942) wurden die Männer nach Plötzensee gebracht. Dies ergibt sich sowohl aus dem Bibliotheksbuch (S. 104) als auch aus Einlieferungs-Formularen des Strafgefängnisses Plötzensee; die Frauen kamen am Abend vor der Hinrichtung in das Strafgefängnis, BA-Ko R 60 II 132.

5 Die Formulierung »Sprengbombe und Brandkörper« findet sich im Urteil gegen Rotholz u.a., BA-Ko R 60 II 132.

6 Wippermann, a.a.O., S. 7.

7 Mammach II, a.a.O., erwähnt den Namen Franke nicht; hingegen deutet er an, daß Werner Schaumann (in Plötzensee hingerichtet am 11. Mai 1943) und Karl Kunger (am 18. Juni 1943 enthauptet) der Gruppe behilflich und verbunden gewesen seien. Dies läßt sich aber aus anderen Quellen nicht belegen; auch die Hinrichtungstermine sprechen gegen eine engere Verbindung zur Gruppe Baum.

Die kurzen Prozesse und Hinrichtungen waren nicht die einzige Form nationalsozialistischer »Vergeltung« für den Anschlag. Da fünf Juden unmittelbar beteiligt waren, wurden in Berlin 500 Juden festgenommen. 250 wurden in einer Kaserne in Lichterfelde sofort erschossen; 250 kamen in ein Konzentrationslager. »Hier wurde den Ehefrauen der ermordeten Geiseln bei der Aufnahme der Personalien sarkastisch mitgeteilt, daß sie inzwischen zu Witwen geworden seien.«[8]

Ein zweiter Prozeß gegen zwölf Mitglieder der Gruppe Baum, alle jüdischen Glaubens, fand vor dem 2. Senat des Volksgerichtshofs am 10. Dezember 1942 statt. Für neun Angeklagte endete er mit dem Todesurteil, und zwar für Heinz und Siegbert Rotholz, Heinz Birnbaum, Lothar Salinger, Helmut Neumann, Hella Hirsch, Hanni Meyer, Marianne Joachim und Hildegard Loewy. Die Hinrichtung fand am 4. März 1943 statt. Der Oberreichsanwalt ließ die Vollstreckung an den Litfaßsäulen in Berlin plakatieren.

Alle waren, wie der Volksgerichtshof ausdrücklich feststellte, nicht am Brandanschlag auf die Ausstellung »Das Sowjetparadies« beteiligt. Aber sie hatten sich – jeweils in kleineren Gruppen – ziemlich regelmäßig getroffen, hatten die allgemeine und ihre Lage diskutiert, dabei auch neben jüdischen kommunistische Materialien zugrundegelegt. Sie hatten gelegentlich illegale Druckschriften verschickt, in Briefkästen geworfen oder auch angeklebt. Dies war in den Augen der Richter »kommunistischer Hochverrat in organisatorischem Zusammenhang.«[9]

Heinz Birnbaum wurde auch der Amtsanmaßung bezichtigt, weil er sich »wissentlich unbefugt als Angehöriger der deutschen Polizei ausgegeben hat«. Dieser Anklage zugrunde lag eine spezielle Aktivität der Gruppe, nämlich »das Bestreben, die Deportation von Berliner Juden zu verhindern, indem man ihnen die Flucht ermöglichte. Zu diesem Zweck wurden gefälschte Ausweise hergestellt. Das dazu notwendige Geld beschaffte man, indem man Wertsachen konfiszierte, die noch im Besitz von Juden waren. Einige dieser Einbrüche in die Wohnungen und Unterkünfte von Juden, über die am 9. Mai 1942 einige Berliner Zeitungen berichteten, sind offensichtlich im Einvernehmen mit den Betroffenen durchgeführt worden, da die Wertsachen ja ohnehin an die Behörden abgeliefert werden mußten.«[10] Am 7. Mai 1942 beispielsweise

8 Wippermann, a.a.O., S. 8.

9 VGH-Urteil vom 10. Dezember 1942, Az.: 10 J 207/42 g // 2 H 314/42, BA-Ko R 60 II 132.

10 Wippermann, a.a.O., S. 5.

hatten Herbert Baum und Heinz Birnbaum, wie der Volksgerichtshof in einem späteren Urteil schrieb, »als Gestapobeamte getarnt, von vermögenden Juden echte Teppiche und andere Wertsachen erpreßt«.[11] Außerdem sammelte die Gruppe Geld »zum Ankauf von Personalausweisen französischer Zivilarbeiter«.

Mit Hilfe solcher Ausweise konnten Martin Kochmann, Felix Heymann und Herbert Budzislawski sich eine Zeitlang verborgen halten. Sie wurden jedoch später gefaßt, am 29. Juni 1943 verurteilt[12] und im September gehängt. Das Urteil erlaubt Rückschlüsse auch auf die politische Herkunft der Mitglieder der Gruppe Baum. Die drei kamen eher aus deutsch-jüdischem als aus kommunistischem Milieu. Von Martin Kochmann heißt es, daß er »politisch ... bis zum Jahre 1935 verschiedenen jüdischen Jugend- und Sportvereinen« angehörte. Er war übrigens gleichaltrig mit Herbert Baum (Jahrgang 1912) und in der Schule dessen Klassenkamerad. Von Ende Mai bis Oktober 1942 gelang es ihm, mit Hilfe eines »falschen belgischen Passes« in Berlin unterzutauchen. Felix Heymann gehörte »politisch ... vor der Machtübernahme dem Republikanischen Pfadfinderbund und später bis zum Jahre 1937 einem jüdischen Jugendbund an«. Herbert Budzislawski war bis zu dessen Auflösung Mitglied des »Bundes deutscher Juden«. Die Hinwendung zum Kommunismus setzte bei den drei Angeklagten des letzten »Baum-Prozesses« erst zwischen 1937 und 1940 ein. Gegenüber dem Gericht bekundeten die Angeklagten, daß sie bewußt gehandelt hätten mit dem Ziel, zum Sieg der Sowjetunion über die »nationalsozialistische Staatsführung« Deutschlands beizutragen. »Sie begründeten ihre Tätigkeit damit, daß in Nazi-Deutschland kein Jude menschlich behandelt wird, während in der Sowjetunion alle Menschen gleich welcher Rasse und Nation die gleichen Rechte haben.« Wie schon gesagt, im Vordergrund stand das jüdische Überleben; dies war das primäre Motiv.

Dies ist zu beachten, will man eine Antwort auf die Frage, ob die Gruppe Baum dem jüdischen oder dem kommunistischen Widerstand zuzuordnen sei. In diesem Zusammenhang mögen Hinweise von Bedeutung sein, daß die Kommunistische Partei Kontakte zu Juden abgebrochen hatte. Genossen jüdischer Herkunft sollten, wie ein Überlebender der Gruppe Baum mitgeteilt hat, aus konspirativen Gründen nicht mehr in kommunistischen Widerstandsgruppen arbeiten. Diese Anweisung der

11 Urteil gegen Kochmann u.a., VGH vom 29.7.1943, BA-Ko R 60 II 77 – 14 und R 60 II 80 – 2.

12 s. Anmerkung 11.

kommunistischen Parteiführung soll bereits 1936/37 ergangen sein; ein dokumentarischer Beweis liegt jedoch nicht vor.[13] Gestützt wird die These durch die DDR-Geschichtsschreibung. Mammach behauptet, daß Robert Uhrig, Führer einer starken kommunistischen Gruppe in Berlin, 1939 Kontakt zur Gruppe Baum gehabt habe. Danach habe man sich noch zwei oder dreimal getroffen, »bis der dann von Kurt Ziemer gehaltene Kontakt zwischen Uhrig und Baum im September 1941 aus Sicherheitsgründen abgebrochen werden mußte.«[14]
Das wesentliche Argument, daß Herbert Baum und seine Gruppe jüdischem Widerstand zuzuordnen sind, liegt jedoch in den Motiven des Handelns. Man wollte Juden helfen und tat dies auch. Wenn die Gruppe den Brandanschlag auf die antisowjetische Ausstellung verübte, so erklärt sich das vor allem daraus, daß man in der Sowjetunion den entschiedensten Widerpart des für Juden lebensbedrohenden Nationalsozialismus sah.
Am 8. Juli 1943 starben in Plötzensee Gerhard Redlich, Heinz Riechert und Max Gottheimer, die von einem Sondergericht verurteilt worden waren, weil sie, »unter der Vorgabe, Beamte der Gestapo zu sein, räuberische Erpressungen und Bandenüberfälle verübt haben«.[15] Lag hier tatsächlich eine kriminelle Aktivität vor, ein schamloses Ausnutzen der Situation entrechteter Juden – denn um Juden, wen sonst, muß es sich bei den Opfern der falschen Gestapo-Beamten gehandelt haben? Oder gab es humanitäre Motive wie bei der Gruppe Baum? Lag vielleicht sogar ein Einverständnis der »Beraubten« vor, das allerdings niemals eingestanden zu werden brauchte? Es spricht manches gegen die These von der kriminellen Energie; einen Beweis für das Gegenteil aber gibt es nicht.

Odysee durch Europa

Dr. Karl Goldmann, ein in Leipzig geborener deutscher Jude, war in den frühen 30er Jahren in die Tschechoslowakei ausgewandert und hatte offensichtlich die tschechoslowakische Staatsbürgerschaft erworben, denn er wurde in den Akten der deutschen Justiz als Tscheche

13 Wippermann, a.a.O., S. 5.

14 Mammach II, a.a.O., S. 48.

15 BA-Ko, Mordregister G 859. Redlich, Riechert und Gottheimer (im Mordregister Gottscheer) werden im Bibliotheksbuch als »Geltungsjuden« bezeichnet.

geführt.[16] Er war, als Hitler diesen Staat besetzen ließ, weitergeflohen, und zwar nach Brüssel. Dort wurde er von der Gestapo aufgespürt und verhaftet. Man warf ihm Spionage vor. Er starb am 11. Januar 1943 in Plötzensee.
Spionage war ein Delikt, das die nationalsozialistische Justiz oftmals zur Last legte. Das sollte diffamieren. Es ist daher geboten, vorsichtig zu urteilen.

An die Grenze der Freiheit

Jakob Marzell Fluhr, ein »getaufter Jude« und polnischer Staatsbürger studierte bei Ausbruch des Krieges Maschinenbau an der Technischen Hochschule Lemberg. Er wurde am 1. September 1939 zum polnischen Heer eingezogen und geriet am 19. September in deutsche Kriegsgefangenschaft. Anfang November wurde er aus der Gefangenschaft entlassen, weil er sich verpflichtet hatte, in Deutschland zu arbeiten. Offensichtlich war dies die bessere Möglichkeit, seine jüdische Herkunft zu verschleiern. Er arbeitete auf einem Gut im Kreis Nabburg in der Oberpfalz. Am 24. August 1941 versuchte er, in die Schweiz zu fliehen. Über München und Lindau kam er nach Feldkirch und versuchte, zwischen Nofels und Tofers Schweizer Territorium zu erreichen. An der Grenze wurde er jedoch festgenommen. Dieser Grenzabschnitt dürfte damals gut bewacht gewesen sein, weil vorher andere Polen diesen Fluchtweg gewählt hatten.
Der Volksgerichtshof[17] unterstellte Fluhr, er habe in der Schweiz in die polnische Legion eintreten wollen. Er legte seinem Urteil auch die Polenstrafrechtsverordnung zugrunde, obwohl diese bei Fluhrs Flucht noch nicht erlassen war:

> »Er (Fluhr) hat seinen Arbeitsplatz ... verlassen, weil er als Jude bei seiner deutschfeindlichen Einstellung nicht länger für das deutsche Volk arbeiten wollte. Der Angeklagte hat somit als aus dem ehemaligen Polen stammender Jude bewußt das Wohl des deutschen Volkes geschädigt und dadurch den äußeren und inneren Tatbestand eines Verbrechens nach Ziffer I Abs. 3 letzter Halbsatz der Polenstrafrechtsverordnung vom 4. Dezember 1941 verwirklicht. Diese Verordnung kann auf die Tat des

16 Dr. Goldmann war jüdischer Abstammung, aber evangelischer Konfession, BA-Ko und Hoppegarten, Mordregister G 765.

17 Urteil des Volksgerichtshofs vom 13. August 1942, Az.: 10 J 236/41 g // 2 H 56/42, BA-Ko R 60 II 309.

> Angeklagten nach der Ergänzungsverordnung vom 31. Januar 1942 deshalb Anwendung finden, weil der Oberreichsanwalt der rückwirkenden Anwendung zugestimmt hat.«

Marzell Fluhr starb am 20. Dezember 1942.

Versperrter Weg

Der Prager Arzt Dr. Alfred Tausik, dem wegen seiner jüdischen Abstammung die Approbation entzogen worden war (der Volksgerichtshof spricht von dem »früheren Arzt«) wollte nach Kriegsausbruch nach Jugoslawien emigrieren. Er gedachte, in Belgrad wieder eine Praxis zu eröffnen und brauchte dazu Geld.[18] Auf seine Bitte hin stellte ihm einer seiner Prager Patienten sein Guthaben bei einer Belgrader Bank zur Verfügung, indem er ihm eine entsprechende Anweisung auf die Bank aushändigte. Wieder ein anderer Patient, Vasil Škrach (er wurde übrigens nach einem anderen Verfahren am 25. Mai 1943 in Plötzensee hingerichtet), sagte Dr. Tausik die »sichere und heimliche Übermittlung der Anweisung nach Jugoslawien« zu, und zwar sollte dies durch Frau Častek (sie starb ebenfalls am 25. Mai 1943) geschehen, die Kontakte zu dem ehemaligen tschechischen Gesandten in Belgrad, Lipa, hatte. Im Januar 1940 wurde die Anweisung auf geheimem Weg nach Belgrad geschickt; in einem Brief vom 12. Februar schrieb Frau Častek nach Belgrad, das Guthaben, auf das sich die Anweisung beziehe, sei »nicht nur für Tausik, sondern auch für die Abwehr« bestimmt. Dieser Brief fiel der Gestapo in die Hände. Er wurde für alle Beteiligten zum Verhängnis, auch für Dr. Tausik, der seine Auswanderungspläne noch nicht hatte realisieren können, weil er sich die erforderlichen Papier noch nicht verschafft hatte. Es bleibt ungeklärt, ob der Arzt dem Widerstand tatsächlich einen Teilbetrag des ihm geliehenen Geldes zugesagt hat. Gestützt auf den Brief stellte das Gericht im Urteilstenor fest:

> »Der Jude Alfred Tausik hat anfangs des Jahres 1940 den Feind des Reiches dadurch begünstigt, daß er einer tschechischen Widerstandsorganisation, die hochverräterische Ziele gegen das Reich verfolgte und mit dem feindlichen Ausland in Verbindung stand, einen Geldbetrag zur Verfügung stellte. Er wird deshalb zum Tode verurteilt.«

Am 1. Juli 1943 wurde er hingerichtet.

18 Urteil des Volksgerichtshofs vom 12. April 1943, Az.: 12 J 137/41 g // 1 H 81/43, BA-Ko R 60 I 91.

Daß in Plötzensee relativ wenige Juden starben, rund 50, überrascht nicht. Lager und »polizeiliche Maßnahmen« waren die bevorzugten Mittel, sie zu liquidieren. Der Justiz wurden Juden nur in seltenen Fällen überstellt. Daß sich unter den Juden, die in Plötzensee starben, neben Deutschen und Emigranten auch zahlreiche Tschechen finden, ist Plötzensee-eigentümlich.

Attentäter und »Attentäter«

Am 8. September 1943 wurde der in Berlin wohnhafte Angestellte Richard Scheer gehängt, von dem es im Mordregister heißt, er »machte sich im Dezember 1942 auf die Reise nach Prag, um sich bei katholischen Priestern eine Bombe zu verschaffen und damit für Geld den Führer zu ermorden.«[1]

Richard Scheer

Tatsächlich hatte er, nachdem er seiner Frau das Reisegeld entwendet hatte, die Fahrt angetreten. Von Aussig aus schickte er seiner Frau einen Brief mit einer Zeitungsmeldung über die Hinrichtung von 14 Personen in Prag. Dazu schrieb er, daß es ihm vielleicht ähnlich ergehen werde. Als ein Beamter der Reichsbahn feststellte, daß Scheer keine Einreiseerlaubnis in das Protektorat hatte und ihm die Weiterfahrt verwehrte, kehrte er nach Berlin zurück, ohne, wie es in der Anklageschrift heißt, »weitere Schritte zur Ausführung seines Attentatsplans getan zu haben. Ende November 1942 verließ er die eheliche Wohnung und trieb sich die nächsten Wochen in Berlin herum. Am 17. Dezember 1942 schließlich stellte er sich der Geheimen Staatspolizei, da er ohne Geld, ohne Nahrung und ohne Wohnung war, und legte über sein Attentatsunternehmen freiwillig ein Geständnis ab.«[2]

Schon der Ablauf der Ereignisse, insbesondere die Selbstbezichtigung, läßt Zweifel aufkommen, daß sich hier ein wirklicher Attentäter ans Werk begeben hatte. Auch die Geistlichen, bei denen angeblich die Bombe beschafft werden sollte, bleiben fiktive Gestalten. Auf Prag als Reiseziel will Scheer unter dem Eindruck der Zeitungsnachrichten über die Mörder des stellvertretenden Reichsprotektors und deren Hinter-

1 BA-Hoppegarten, Mordregister S 2210.

2 Anklageschrift vom 15. Juni 1943, Az.: 6 J 3/43 g und Urteil vom 26. Juli 1943, Az.: 1 H 181/43, BA-Ko R 60 II 467.

männer gekommen sein. Ebenso bleibt unklar, wie, wann und wo Scheer das Attentat ausführen wollte. Bei den Vernehmungen gab er an, er habe »bei passender Gelegenheit, so bei einer Kundgebung, auf der der Führer sprechen würde, die Bombe nach dem Führer werfen (wollen), um ihn zu töten«.
Ein Motiv ergibt sich erst, wenn man Scheers Leben ins Auge faßt. Er war beruflich heruntergekommen. Er, der immerhin nach dem Besuch des Gymnasiums Rechtswissenschaften studiert hatte, war zuletzt Bote einer Berliner Firma und als solcher entlassen worden, weil er – wie schon zuvor mehrfach – Geld unterschlagen hatte. Der fünfmal vorbestrafte Scheer litt an einer syphilitischen Erkrankung; er war »nach dem Gutachten des Sachverständigen geistig minderwertig im Sinne des § 51 Abs. 2 StGB«. All dies hinderte den Volksgerichtshof jedoch nicht, das Todesurteil zu fällen. Im Gegenteil: Freisler nannte ihn im Urteilstenor »ein moralisch minderwertiges und deshalb besonders gefährliches Subjekt«.
Urner kommt zu dem Schluß, daß Scheer den angeblichen Plan eines Attentats »geradezu als Mittel gewählt (hat), um mit dem Leben Schluß zu machen«.[3] Auf Suizid deutet auch der Brief aus Aussig an seine Frau hin, in der er die Möglichkeit andeutet, daß auch er einmal hängen könne. Dieser Brief war Signal und Drohung zugleich. Möglicherweise wollte Scheer mit seinem angeblichen Attentatsplan die Aufmerksamkeit der Öffentlichkeit auf sich lenken. Aber die Öffentlichkeit nahm in diesen wirren Zeiten von dem wirren Mann keine Notiz.

Zwei Monate vor Scheer war Paul Schreiber ebenfalls zum Tod verurteilt worden, weil er auf Postkarten, die er an Hitler und andere Parteiführer gerichtet hatte, seinem Unmut über diese drastisch Ausdruck gegeben hatte. Zum Verhängnis wurde ihm, dem der Sachverständige im Prozeß »epileptoide Psychopathie« bescheinigt hatte, daß auf einer dieser Postkarten stand, das deutsche Volk brauche nur eine Leiche, die des Führers.[4]

3 Urner, a.a.O., S. 111 f.; Wagner, a.a.O., S. 257 f.

4 VGH-Urteil vom 21. Mai 1943; BA-Hoppegarten, Mordregister S ohne Nummer; Wagner, a.a.O., S. 285; Schreiber dürfte am 9. Juli 1943 hingerichtet worden sein (Sterberegister); im Bibliotheksbuch ist unter diesem Datum allerdings Jaroslav Schreiber notiert.

Ein Kranker war auch der Franzose Marcel Gerbohay, der am 9. April 1943 enthauptet wurde. Im Mordregister wird als Beruf »Gärtner« angegeben. In den »Bemerkungen« heißt es, daß er »1938 den Schweizer Bavaud dazu bestimmt (haben soll), ein Attentat auf den Führer zu versuchen.«[5] Gerbohay hatte eine Gärtnerlehre absolviert und war dann, im Jahre 1934, in ein katholisches Seminar für Spätberufene in Saint-Ilan eingetreten; er wollte Priester werden. Damals war er 17 Jahre alt, sicher kein Spätberufener im eigentlichen Sinn, aber das Seminar nahm auch junge Männer auf, die, wie Gerbohay, einen praktischen Beruf erlernt hatten.[6] Im Normalfall hätte er sein Ziel, zum Priester geweiht zu werden, in zehn Jahren erreicht – vier Jahre Saint-Ilan, sechs Jahre Studium. Gerbohays Lebensweg verlief jedoch anders. Somnambules Verhalten im Schlafsaal, Halluzinationen, die in Schüben auftraten, erzwangen 1935 eine Unterbrechung der Studien. 1936 kam Gerbohay jedoch nach Saint-Ilan zurück. Doch 1937 verschlechterte sich sein Zustand wiederum.

> »Nicht nur in Saint-Ilan, wo sein angeblich somnambules Verhalten im Schlafsaal Aufregung verursachte, sondern auch zu Hause während der Ferien halluzinierte er fast jede Nacht. Manchmal saß er mit geöffneten Augen aufrecht im Bett und starrte Mutter oder Schwester in einer Weise an, die sie zutiefst erschrecken ließ. Immer wieder wähnte er sich in Rußland, am Zarenhof und hielt sich in seiner Megalomanie selbst für den Zarewitsch. Der Schwester erzählte er, in Wirklichkeit sei er der Doppelgänger ihres Bruders. Stellte man ihm ungläubige Fragen, so wurde er böse, ließ sich manchmal zu einer Antwort herbei, wenn man auf ihn als Zarensohn einging ... Die Schwester war derart verängstigt, daß sie nicht mehr im Zimmer neben dem Bruder, sondern bei der Mutter schlief. War er vielleicht doch ein Russe, ein Doppelgänger? Nachts sprach er in einer unverständlichen Sprache, die Mutter und Tochter für Russisch hielten, da ständig russische Namen wiederkehrten, insbesondere ein gewisser Boris, mit dem er Zwiegespräche führte und dabei ab und zu lachte.«[7]

Kurz vor den Sommerferien 1938 mußte Marcel Gerbohay das Seminar endgültig verlassen.

5 BA-Hoppegarten, Mordregister B 823.

6 Urner, a.a.O., S. 203 f.

7 Urner, a.a.O., S. 213.

Inzwischen hatte er den Schweizer Maurice Bavaud kennengelernt. Dieser, ältester Sohn eines Postangestellten in Neufchâtel, äußerte nach einer Lehre als technischer Zeichner und unbefriedigender Arbeit in einer Fabrik den Wunsch, Missionar zu werden. Er brach diese Ausbildung in Saint-Ilan jedoch 1938 ab.[8]
Maurice war das älteste von sechs Kindern, von denen er sich stark unterschied.

> »Gerade Maurice hätte« – so urteilt Klaus Urner – »besondere Zuwendung und Einfühlungsvermögen erfordert. Er war von allen der Sensibelste. Nach Gemüt und Begabung konnte er sich in der amusischen, starr konventionell fixierten Ordnung (der Familie) nur mit Mühe zurechtfinden. Schon vierzehneinhalb Monate nach seiner Geburt erhielt er einen Bruder, der sich – von einem ungebrochenen Selbstbewußtsein erfüllt – im Gegensatz zu ihm durchzusetzen wußte. Der Gedanke liegt nahe, daß sich Maurice verdrängt fühlte ... Der jüngere Bruder war Realist, robust und lebenstüchtig; er hatte seine eigenen Kollegen, während Maurice kaum Freunde besaß. Obwohl der Älteste groß und kräftig war, wußte er sich nicht zu wehren. Gewalt verabscheute er und war doch selbst Zwängen ausgesetzt.«[9]

1937, in Saint-Ilan, kamen Marcel Gerbohay und Maurice Bavaud einander näher. Gerbohay ließ seinen Freund wissen, daß er, ein Romanow, fest damit rechne, bald den Zarenthron zu besteigen. Bavaud glaubte ihm. Urner sieht das Verhältnis der beiden als eine mindestens »partielle Wahngemeinschaft« an.[10]
Wie aber kam es zu dem Plan, Hitler zu töten? Es hätte nahegelegen, daß die beiden Seminaristen, die Antikommunisten waren, in Hitler einen willkommenen Helfer gesehen hätten zum Sturz der Sowjetherrschaft. Das war zeitweilig auch der Fall. Aber 1938, nach dem Münchner Abkommen, »offenbarte« sich für Gerbohay, »daß Hitler Deutschland nicht zum Krieg gegen Osten führen wollte und daher verschwinden müßte«.[11]
Jetzt dürfte Bavaud die Weisung erhalten haben, seinen Auftrag, Hitler zu töten, auszuführen.
Dieser Auftrag ist vorher in einem Briefwechsel, den die beiden Freun-

8 Urner, a.a.O., S. 150, 193.

9 Urner, a.a.O., S. 189.

10 Urner, a.a.O., S. 226 ff.

11 Urner, a.a.O., S. 232.

de führten, nachdem sie beide Saint-Ilan verlassen hatten, bestimmt worden. Bavaud war bereit, für Gerbohay das Hindernis Hitler auf dessen Weg zum Zarenthron zu beseitigen. Er bat brieflich

> »um Ratschläge, Anweisungen und um Benennung von Gehilfen. Daß die Romanows über große Geldmittel und über Gefolgschaft verfügten, hatte ihm Gerbohay eindrucksvoll geschildert. Dessen Antwort lautete jedoch, er müsse allein handeln. Um allfällige Bedenken auszuräumen, schrieb Gerbohay ... (eine) Schutzerklärung, die Bavaud in Deutschland bei sich getragen hat und auf deren Wirksamkeit er blind vertraute: ›Cet homme est sous ma protection immédiate et n'a rien fait qui ne soit selon mes ordres.‹«[12]

Am 9. Oktober brach Bavaud nach Deutschland auf zu seiner »seltsamen Jagd auf Hitler«.[13] Die ersten Wochen verbrachte er bei Verwandten in Baden-Baden und suchte wohl auch Arbeit zu finden. Dabei geriet er erstmals in den Überwachungsmechanismus der Gestapo. Als seine Versuche zu arbeiten ohne Erfolg blieben, kehrte er noch einmal in die Schweiz zurück, nicht nach Neuenburg, sondern nach Basel. Dort kaufte er eine Schmeißer-Pistole, Kaliber 6,35 Millimeter, sowie zehn Patronen. Das war eine Waffe, mit der man sich auf kurze Distanz verteidigen kann, die aber für ein Attentat höchst ungeeignet ist. Mit dieser Waffe fuhr Bavaud nach Berlin, mußte aber bald feststellen, daß Hitler nicht in der Reichshauptstadt weilte, sondern – zeitweilig wenigstens – auf dem Obersalzberg bei Berchtesgaden. Also reiste Bavaud dorthin. Im Wald veranstaltete er Schießübungen – er hatte in Berlin 25 weitere Patronen gekauft.

Es erwies sich jedoch als unmöglich, an Hitler heranzukommen. Bavaud erhielt den Tip, nach München zu fahren; wenn er den von ihm angeblich verehrten Führer sehen wolle, biete sich am 9. November, dem Tag, an dem jedes Jahr ein Marsch zur Erinnerung an den fehlgeschlagenen Putsch des Jahres 1923 stattfinde, eine Gelegenheit. Er erhielt mit Glück als einziger Ausländer einen Platz auf einer Ehrentribüne, ohne daß er sich hatte ausweisen müssen. Er saß dort in der ersten Reihe. Aber vor der Tribüne baute sich ein SA-Spalier auf.

> »... Maurice Bavaud (erwartete) den Zug, in der Manteltasche die geladene Pistole. Eine Patrone befand sich im Lauf, sechs weitere hatten

12 Urner, a.a.O., S. 231 f.

13 Urner, a.a.O., S. 149 ff.

im Magazin Platz. Erst beim Herannahen der Führergruppe realisierte er, wie groß die Entfernung war.« (Seine Schießübungen in Berchtesgaden, später auf dem Ammersee und in der Nähe von Pasing waren auf eine Distanz von sechs bis acht Metern abgestellt!) »In der Spitzengruppe marschierten bis zu dreizehn Mann, je nach Straßenbreite. In der ersten Reihe konnte er Hitler erkennen, doch schritt dieser in der Mitte, zu beiden Seiten je fünf prominente Parteigenossen ... Die Distanz war viel zu weit; die SA-Leute und das Publikum entboten den Hitlergruß. Jetzt zum Tribünenausgang zu stürzen und dem Diktator mit erhobener Schußwaffe entgegenzulaufen, dies erwies sich als undurchführbar. Schon war die erste Reihe vorbeimarschiert, und Bavaud blieb nichts anderes übrig, als das Ende des Zuges abzuwarten und ins Hotel zurückzukehren.«[14]

Mit Empfehlungsschreiben, die er fälschte, versuchte Bavaud anschließend in Berchtesgaden und München, von Hitler empfangen zu werden – vergeblich. Er hatte kein Geld mehr und beschloß, in die Schweiz zurückzufahren. Als Schwarzfahrer wurde er gestellt, in Augsburg der Bahnpolizei und von dieser als Ausländer der Gestapo übergeben. Die Pistole und Munition führte er mit sich, ebenso Gerbohays Schutzbrief und die gefälschten Empfehlungsschreiben.

Am 20. November 1939 klagte der Oberreichsanwalt beim Volksgerichtshof Bavaud an, »im Oktober und November 1938 in Baden-Baden, Berlin, Berchtesgaden und Bischofswiesen fortgesetzt es unternommen zu haben, den Führer und Reichskanzler zu töten, Verbrechen gegen § 5 Nr. 1 der Verordnung des Reichspräsidenten zum Schutz von Volk und Staat vom 28. Februar 1933 (RGBl. I, S. 83)«.[15]

Im Prozeß, der am 18. Dezember 1939 vor dem Volksgerichtshof stattfand und der mit dem Todesurteil endete, gab Bavaud den Namen seines Freundes Gerbohay nicht preis. Erst als er zu Anfang des Jahres 1940 auf seine Hinrichtung wartete, wies er in seinem Abschiedsbrief an seine Angehörigen auf den Freund aus Saint-Ilan als Anstifter hin. Dies führte zu erneuten Vernehmungen durch die Gestapo. Nun nannte er den Namen: Marcel Gerbohay. Dieser wurde nach dem Fall Frankreichs gesucht, aber – zunächst – nicht gefunden. Ein Jahr später, am 14. Mai, 1941 starb Maurice Bavaud.

Rolf Hochhuth hat Maurice Bavaud ein literarisches Denkmal gesetzt, hat den jungen Schweizer mit dem legendären Wilhelm Tell vergli-

14 Urner, a.a.O., S. 160.

15 Faksimile der Seite 1 der Anklageschrift, Urner, a.a.O., S. 165.

chen.[16] Doch hält seine Darstellung der Fakten kritischer Überprüfung kaum stand.[17]

Auch »Hitlers Phantasie hat sich an diesem Attentatsvorhaben in einer Weise entzündet, die vom wirklichen Bavaud weit entrückt war. Dabei hat er maßlos übertrieben, behauptete, der Schweizer habe ihm auf dem Obersalzberg drei Monate nachgestellt und ihn bei seinen Spaziergängen nur durch Zufall verfehlt. Damit konnte er sich und seiner engsten Umgebung imponieren; das faszinierte Erschaudern über diese Gefahr, über den dank der Vorsehung unterbliebenen Sturz in den Abgrund erhöhte zugleich das Selbstgefühl in die eigene Bedeutung. Ein irregeführter Bavaud, der den Diktator umbringen wollte, damit Freund Gerbohay mit besseren Chancen den Zarenthron besteigen könne – diese Geschichte war zu absurd, um von Hitler aufgenommen zu werden. Wenn er, von seiner Phantasie angeregt, nach der Hinrichtung Bavauds von Schillers ›Tell‹ nichts mehr wissen wollte (die Aufführung des Schauspiels wurde am 3. Juni 1941 verboten), so besagt das manches über seine verborgenen Ängste. Aber daraus abzuleiten, daß der abtrünnige Seminarist tatsächlich der moderne Tell gewesen sei, ist selbst als dichterischer Einfall eine peinliche Fehlleistung. Möglich, daß Hitler aus seiner Perspektive einen fanatischen Helden guillotinieren ließ, ohne den Gnadenappell des Vaters zu beachten, aber der junge Mensch, der getötet wurde, war ein tragisches Opfer.«[18]

Gerbohay, nach dem die Gestapo in dessen bretonischer Heimat zunächst ergebnislos gefahndet hatte, weil er ins unbesetzte Frankreich geflüchtet war, ging seinen Häschern schließlich doch ins Garn, als er Ende des Jahres 1941, aus welchen Gründen auch immer, in seine Heimat zurückkehrte. Am 1. Januar 1942 wurde er festgenommen.[19] Anklage wurde im November 1942 erhoben. Am 12. Januar 1943 kam er als zum Tode Verurteilter in die Strafanstalt Plötzensee.

Sowohl im Falle Bavaud als auch im Fall Gerbohay hat der Volksgerichtshof Phantastereien offensichtlich Kranker »als umsichtiges Handeln in uneingeschränkter strafrechtlicher Verantwortung ausgelegt und

16 Rolf Hochhuth, »Tell 38«. Dankrede für den Basler Kunstpreis 1976, Reinbek 1979.

17 Die erste auf Quellen basierende Darstellung stammt von Peter Hoffmann, Maurice Bavaud's Attempt to Assasinate Hitler in 1938; in: Georges L. Mosse: Police Forces in History, London 1975; grundlegend heute Urner, a.a.O., S. 145 ff.

18 Urner, a.a.O., S. 179.

19 Urner, a.a.O., S. 171.

blutig gerächt.«[20] Die Richter hätten es besser wissen können; sie wollten jedoch nicht.

Wilhelm Lehmann

Die besondere Willfährigkeit – und Brutalität – der Justiz offenbarte sich immer dann, wenn ein Angriff oder gar Anschlag auf den »Führer« auf irgendeine Weise schriftlich oder verbal zum Ausdruck gebracht wurde, auch wenn von einer Möglichkeit der Realisierung überhaupt nicht die Rede sein konnte. Das gilt beispielsweise für den Rentner Wilhelm Lehmann, der am 10. Mai 1943 in Plötzensee hingerichtet wurde.[21]
In einem Schreiben zum »Ermittlungsverfahren gegen den Rentner Wilhelm Lehmann wegen Vorbereitung zum Hochverrat«, das der Generalstaatsanwalt bei dem Landgericht Berlin an den Oberreichsanwalt beim Volksgerichtshof richtete, heißt es:[22]

> ». . . Der Buchdrucker R. stellte seit dem Sommer des Jahres wiederholt fest, daß in der Bedürfnisanstalt am Mariannenplatz in Berlin an der Wand etwa folgende Anschrift angeschrieben war: Hitler, du Massenmörder, mußt ermordet werden, dann ist der Krieg zu Ende.
> Am 28. Oktober des Jahres gegen 17.00 Uhr ertappte er den Beschuldigten dabei, wie er mit Blaustift an die Wand der Bedürfnisanstalt die Worte: Hitler, du Massenmörder, schrieb. -
> Der Beschuldigte gibt zu, wiederholt derartige hetzerische Anschriften in der Bedürfnisanstalt angebracht zu haben. Er will aus Verärgerung über seine schlechte wirtschaftliche Lage gehandelt haben. Nach seinen Angaben erhält er zwei Renten im Gesamtbetrag von nur 78,80 RM monatlich und muß monatlich 34,05 RM Miete bezahlen . . .
> Wenn auch der bereits 73jährige Beschuldigte in politischer Hinsicht sonst noch nicht nachteilig in Erscheinung getreten ist, so läßt sich doch der Verdacht eines Verbrechens nach den §§ 80 ff. StGB nicht von der Hand weisen . . .«

Der alte Mann geriet mit der Übergabe der Akten in das Räderwerk der »Sonderjustiz«. Zwar war der Bericht der Kriminalpolizei vom 23. Januar, der die Angaben Lehmanns zu seiner wirtschaftlichen Lage bestätigte, relativ wohlwollend. Es heißt darin zum Schluß:

20 Urner, a.a.O., S. 305.

21 Wilhelm Lehmann wurde am 13. Januar 1869 geboren; er war also Ende 1942 fast 73 Jahre alt, wohnhaft in Berlin.

22 Die nachstehend wiedergegebenen Dokumente finden sich auszugsweise bei Weisenborn, a.a.O., S. 250 ff.

»... lebte im Hause zurückgezogen. Politisch abfällige Äußerungen will man im Hause von ihm nicht gehört haben. Eine bestimmte Zeitung wurde von ihm nicht gelesen, ebenso wurde bei besonderen Anlässen nicht geflaggt. Seine Ehefrau hat sich jedoch an Spenden pp. trotz ihres geringen Einkommens beteiligt, was allgemein anerkannt wird ...«

Aber ein kleiner Aktenvermerk eines Staatsanwaltes zeigte Gefahr an. Er lautete:

»Fernmündlich machte ich Amtsrat T., 1. Senat, darauf aufmerksam, daß an der vorl. Sache der Gauleiter von Berlin interessiert sei.«

Bereits am 22. Januar hatte, wie aus einem anderen Vermerk hervorgeht, der »Leiter der Hauptstelle Rechtsbetreuung im Gauamtsstab der Gauleitung Berlin« beim Gericht angerufen und mitgeteilt:

»Trotz des Alters des Beschuldigten sei es im Hinblick auf die Schwere des Angriffs, den der Beschuldigte gegen den Führer gerichtet habe, der Wunsch des Gauleiters von Berlin, daß Lehmann hingerichtet werde.«

In einem Gespräch mehrerer Vertreter der Anklagebehörde mit dem Oberreichsanwalt wurde festgelegt:

»Die Sache soll möglichst schnell mit dem Ziele der Erwirkung eines Todesurteils ... hier angeklagt werden ...«

Die Gauleitung wurde in diesem Sinne unterrichtet, die Anklageschrift vom 25. Januar entsprechend formuliert. Es heißt darin, obwohl die Ermittlungen nichts anderes als wiederholte Kritzeleien in der Bedürfnisanstalt zutage förderten:

»Den Rentner Wilhelm Lehmann ... klage ich an, vom Sommer bis Ende Oktober 1942 in Berlin durch dieselbe fortgesetzte Handlung
1. dazu aufgefordert zu haben, den Führer zu töten,
2. das hochverräterische Unternehmen, mit Gewalt die Verfassung des Reiches zu ändern, vorbereitet zu haben, wobei die Tat auf Beeinflussung der Massen durch Herstellung von Schriften gerichtet war,
3. es unternommen zu haben, während eines Krieges gegen das Reich der feindlichen Macht Vorschub zu leisten und der Kriegsmacht des Reiches einen Nachteil zuzufügen ...«

Zwar heißt es in einer »gutachtlichen Äußerung« des Anstaltsarztes von Plötzensee vom 23. Februar 1943:

»... Indessen wird man auch die schon normalerweise dem Greisenalter eigentümliche egozentrische Einstellung und die Unfähigkeit, sich neuen Verhältnissen anzupassen, berücksichtigen müssen. Unter diesen Umständen möchte ich die Voraussetzungen des § 51 Abs. II, StGB für gegeben halten ...«

Dennoch wurde vom 1. Senat des Volksgerichtshofes am 8. März 1943 »für Recht« erkannt:[23]

»Der Angeklagte Lehmann hat vom Spätsommer bis Oktober 1942 wiederholt in einer öffentlichen Bedürfnisanstalt im Südosten Berlins die Anschrift angebracht: Hitler, du Massenmörder, mußt ermordet werden, dann ist der Krieg zu Ende.
Er wird deshalb zum

T o d e

verurteilt.«

In der Urteilsbegründung heißt es:

»... Der Wortlaut der schriftlichen Sätze ist klar, an ihm und seinem Sinn ist nichts zu deuteln. Er enthält angesichts der Wahl des Ortes für die Anbringung der Schrift die Aufforderung an die Allgemeinheit, den Führer des Deutschen Reiches zu töten. Die Aufforderungen entbehren nicht des ernstlichen Wollens.«
»Der Angeklagte erstrebte aus seinem gegen den Führer erwachsenen Haß mit dessen Tötung eine Beendigung des Krieges, weil er hierdurch die wirtschaftliche Besserung seiner Verhältnisse erhoffte.«

Zudem seien die Bezeichnung des Führers als Massenmörder und die Ankündigung, daß mit dessen Tod der Krieg beendet sein werde, geeignet gewesen, bei den Besuchern der Bedürfnisanstalt den Anschein zu erwecken, es gebe in Berlin reichsfeindliche Strömungen. Nicht gesinnungsfeste Volksgenossen hätten zu einem gewaltsamen Vorgehen gegen das NS-Regime aufgeputscht werden können. Gegenüber dem Schutz von Führer, Volk und Reich könnten für den Angeklagten weder die Tatsache, daß er sich bisher straffrei geführt habe, noch die bei seinem hohen Alter für möglich erachtete verminderte Zurechnungsfähigkeit strafmildernd berücksichtigt werden. Nur die Todesstrafe trage »bei der Ruchlosigkeit der Tat ... dem deutschen Volksempfinden Rechnung«.
Der Fall Lehmann ist typisch für die politisch korrumpierte Justiz. Die Berliner Gauleitung der Partei hatte einen Wink gegeben und der

23 Urteil auch im BA-Ko, R 60 I 467; s. auch Wagner, a.a.O., S. 176 ff.

Volksgerichtshof hatte die Enthauptung angeordnet. Die »autoritären Willenskundgebungen des Führers« entschieden über Leben und Tod. Die Richter entschieden sich regelmäßig gegen das Leben und für den Tod, wenn jemand den Tod des Massenmörders Hitler wünschte – und sei es auch nur in einer Kritzelei.

William Bauer

Der Kaufmann William Otto Bauer aus Meißen, geboren 1886, wurde am 31. März 1943 vom 6. Senat des Volksgerichtshofs zum Tode und zum Verlust der bürgerlichen Ehrenrechte auf Lebenszeit verurteilt. Das Gericht hatte für Recht erkannt:

> »Der Angeklagte hat im Juni 1942 als Reisender einem ihm nicht näher bekannten Ehepaar gegenüber, damit öffentlich, vor allem durch die Äußerung, es gebe nur zwei Möglicheiten, entweder mache uns Hitler tot oder wir machten Hitler tot, den Willen des deutschen Volkes zur wehrhaften Selbstbehauptung zu zersetzen gesucht.«[24]

In den Urteilsgründen wird dazu noch ausgeführt:

> »Die Verantwortung für die festgestellten Äußerungen lastet ... in ihrer vollen Schwere auf dem Angeklagten ... Insbesondere durch die Äußerung über die Tötung des Führers hat der Angeklagte nicht weniger behauptet, als daß der Führer den Untergang des deutschen Volkes bedeute und daß dem Volk deshalb nur die Wahl bleibe, entweder selbst zugrunde zu gehen oder Hitler zu töten. Durch eine derartige Fragestellung wird nicht nur das Vertrauen des Volkes zum Führer untergraben, sondern das Volk geradezu zur Ermordung des Führers angeregt, also zu einer verbrecherischen Handlung, die unabsehbare Folgen in dem Existenzkampf des deutschen Volkes haben müßte.«

Der Senat ging dann auf die Frage ein, ob Bauers Äußerungen, die er im übrigen bestritt, als öffentlich anzusehen seien oder nicht. Bauer hatte sich nach Meinung des Gerichts nach Geschäftsschluß in einem Bäckerladen, dessen Zugangstür verschlossen war, gegenüber dem Ladeninhaber und seiner Frau geäußert; er selbst behauptete, er habe in der Backstube nur gegenüber dem Bäcker lediglich gesagt, »entweder machten wir den Kram mit Hitler weiter mit und gingen langsam tot oder wir hingen ihn auf und seien sofort tot; kaputt gingen wir auf

24 VGH-Urteil vom 31. März 1943, Az.: 9 J 36/43 // 6 H 50/43; Faksimile in: »... für immer ehrlos«, a.a.O., S. 33 ff.

jeden Fall.«[25] Das Gericht schenkte ihm keinen Glauben. Es stellte fest:

> »Der Angeklagte hat die ihm zur Last fallenden Äußerungen ... öffentlich ausgesprochen. Diese sind zwar nicht unmittelbar von einem unbeschränkten Personenkreis gehört worden, da dabei außer den Eheleuten T. niemand zugegen und der Laden geschlossen war. Der Angeklagte kannte aber die Eheleute T. nur sehr oberflächlich von einer einmaligen Geschäftsverbindung in den Jahren 1934 bis 1936 her ... Der Angeklagte hat somit die Äußerungen vor ihm nahezu fremden Personen getan. Er besaß deshalb keineswegs die Gewißheit, daß diese das Gehörte für sich behalten würden, es lag vielmehr die Annahme nahe, daß diese seine Äußerungen weiter erzählen würden. Unter derartigen Umständen gemachte Äußerungen sind aber solchen, die in aller Öffentlichkeit gemacht worden sind, gleichzusetzen.«

Das Gericht fällte sein Urteil nach § 5, Ziff. 1 der Kriegssonderstrafrechtsverordnung; dieser Paragraph betrifft die Zersetzung der Wehrkraft. Die »Öffentlichkeit« mußte angenommen werden, wenn eine Äußerung gegenüber jemandem, der nicht der Wehrmacht angehörte, Zersetzung in diesem Sinne sein sollte.

Ludwig Schmitt

Am 17. Januar 1942 waren der in Basel gebürtige Kellner Ludwig - Schmitt und der Landwirt Leonhard Rust[26] – beide waren damals im elsässischen Kreis Mühlhausen wohnhaft – hingerichtet worden, weil sie »im November 1939 in Mühlhausen im Elsaß einen Mordanschlag auf den Führer verabredet« haben sollen. Angeblich erbot sich »der französische Staatsangehörige elsässischer Herkunft Louis Schmitt ... beim französischen Spezialkommissariat in Mühlhausen zur Ausführung eines Attentats.« Er habe vergeblich in Paris versucht, von deutschfeindlichen Juden Geld zur Ausführung des Anschlags zu erlangen. Schmitt, der zuletzt der französischen Armee in Tunis angehört hatte, wurde im besetzten französischen Gebiet festgenommen.[27]

25 VGH-Urteil vom 31. März 1943, S. 3; »... für immer ehrlos«, a.a.O., S. 35, s. Anmerkung 24.

26 Beide sind im Bibliotheksbuch nicht verzeichnet; s. Peter Hoffmann, Widerstand, Staatsstreich, Attentat. Der Kampf der Opposition gegen Hitler, München 1969, S. 301; Urner, a.a.O., S. 115 f.

27 Lagebericht des Oberreichsanwalts beim Volksgerichtshof, Az.: 4206-2.20 vom 1. Oktober 1940, BA-Ko R 22/3390.

Der Eisenbahn-Schrankenwärter St.

In die Nähe eines Attentäters wurde der Eisenbahn-Schrankenwärter St. gerückt. Er wurde am 20. Juli 1943 vom 6. Senat des Volksgerichtshofs »wegen landesverräterischer Begünstigung des Feindes und Vorbereitung zum Hochverrat zum Tode und zum Verlust der bürgerlichen Ehrenrechte auf Lebenszeit verurteilt«.[28] Er hatte, wie es im Urteil heißt, »bis April 1942 kommunistische Mundpropaganda getrieben und dabei u.a. einen Anschlag auf den Zug des Führers und sonstige Sabotagehandlungen erörtert.«
Was lag diesen Vorwürfen zugrunde? In den Urteilsgründen heißt es:

> »Ende März oder Anfang April unterhielt sich F. mit dem Angeklagten St. über die einige Tage vorher angeblich erfolgte Durchfahrt des Führerzuges. Dabei erklärte dieser, da hätte er gern ein Maschinengewehr links und rechts von den Gleisen aufgestellt, um ›einen Großkopf‹ nach dem anderen herauszuschießen. Abschließend betonte er: ›No ja, ich lege ihm – dem Führerzug – schon noch einmal etwas unter‹, wobei er auch in Kauf nehme, daß der Anschlag einen anderen Zug treffen könne.«

In der Hauptverhandlung gab St. die Bemerkung zu, er wolle dem Führerzug mal was unterlegen, will dies aber nicht ernst gemeint haben. Es dürfte wohl auch zutreffen, daß seine Äußerungen verbale Ausfälle waren, fern von jeder Realisierungsmöglichkeit, eben Ausweis antinazistischer Gesinnung. F., der mögliche Belastungszeuge, lebte bei der Hauptverhandlung nicht mehr. Der Verhandlung zugrundegelegt wurde lediglich ein Vernehmungsprotokoll, das der Bürgermeister und Ortsgruppenleiter der NSDAP des Heimatortes von St. gefertigt hatte und das dann die Basis der Anklage bildete. Auffallend ist zudem, daß ein mitangeklagter Kollege von St., dem u.a. auch das Abhören ausländischer Sender zur Last gelegt wurde, freigesprochen wurde. Das Gericht glaubte ihm! War er der eigentliche Belastungszeuge? Es hat den Anschein, daß hier ein Prozeß inszeniert wurde, um St., den ehemaligen kommunistischen Ortsgruppenleiter, auszuschalten.
Bestraft wurde vor allem die Gesinnung. Wer kommunistisch dachte – und gelegentlich auch redete – war in den Augen der nationalsozialistischen Justiz mindestens ein potentieller Hoch- und Landesverräter, ja Hoch- und Landesverrat gingen im Hinblick auf Kommunisten stets

28 VGH-Urteil vom 20. Juli 1943, Az.: 6 J 63/43 g // 6 H 98/43; Fotokopie in Privatbesitz.

ineinander über. Bezeichnend ist, daß im Mordregister zu St. in der Spalte »Straftat« »Landesverrat« eingetragen ist und in der Spalte »Bemerkungen«: »Der Verurteilte hat sich in besonders schwerer Weise hochverräterisch gegen das Reich betätigt.«[29] Und die Staatspolizeistelle München der Gestapo spricht in ihrer Stellungnahme im Gnadenverfahren von St. als einem »unverbesserlichen Kommunisten«, der »in seinem Haß gegen den Nationalsozialismus sogar die Beseitigung des Führers durch einen Anschlag auf dessen Sonderzug in ernste Erwägung gezogen hat«, so daß ein Gnadenerweis nicht zu befürworten sei.[30] Als die Ehefrau des St. in einem Gesuch an den Führer »im Namen ihrer vier kleinen Söhnchen« bat, den Ehemann »der Kinder wegen zu begnadigen und von der Todesstrafe abzusehen«,[31] war das für den zu einer Stellungnahme aufgeforderten Oberreichsanwalt beim Volksgerichtshof kein Grund, »die ablehnende Stellungnahme zur Gnadenfrage« zu revidieren.[32]

29 BA-Hoppegarten, Mordregister S 2204.

30 Geheime Staatspolizei – Staatspolizeileitstelle München – 10108/73 II Schd./Stroh vom 10. August 1943, Fotokopie in Privatbesitz.

31 Gesuch vom 5. August 1943, eingegangen in der »Kanzlei des Führers der NSDAP« am 9. August 1943, Fotokopie in Privatbesitz.

32 Der Oberreichsanwalt beim Volksgerichtshof, Az.: 6 J 63/43 vom 19. August 1943; Fotokopie in Privatbesitz.

Agenten und Spione

Die Ausspähung staatlicher und militärischer Geheimnisse kann sehr verschiedenartigen Motiven entspringen. Sind diese politischer Natur, so ist »Spionage« Teil des Widerstands. Von solchen Fällen ist im folgenden weniger die Rede, sondern eher von Agenten und Spionen, die zumeist »gewerbsmäßig« tätig waren.

Rund 150 Frauen und Männer starben im hier behandelten Zeitraum als Spione in Plötzensee. Die meisten waren »kleine Fische«, Grenzgänger und Bewohner von Grenzgebieten vor allem. Abwehr und Geheime Staatspolizei kamen auf ihre Spur, nachdem mit der Eroberung fremder Territorien auch die Archive der Geheimdienste zu großen Teilen für die Sieger offen lagen. Der Oberreichsanwalt meldete am 4. April 1940 dem Reichsminister der Justiz, die Eingänge aus Polen hätten gegenüber dem Vorquartal zwar etwas abgenommen, seien aber »infolge der Auswertung des aufgefundenen polnischen Materials immer noch stark und werden offensichtlich in gleicher Stärke noch längere Zeit so anhalten«. Verfahren von besonderer Bedeutung seien jedoch nicht anhängig geworden.[1]

Tschechoslowakei

Hingegen hätten, so der Oberreichsanwalt, die Eingänge aus der ehemaligen Tschechoslowakei zugenommen. »Aus einer Bemerkung in einem Aktenstück ist zu entnehmen, daß der lange gesuchte und bedeutende tschechische Nachrichtenagent Dobianer, vor dem seinerzeit in der deutschen Presse öffentlich gewarnt wurde, im Februar d.J. in Prag festgenommen worden ist.«[2]

1 Lagebericht des Oberreichsanwalts beim Volksgerichtshof, Az.: 4206-2.15 vom 4. April 1940, geheim; Abschrift C II (ehemaliges Polen) BA-Ko R 22/3390; zu »Landesverrat und Spionage« s. Wagner, Volksgerichtshof, a.a.O., S. 206 ff.

2 Lagebericht des Oberreichsanwalts vom 4. April 1840, Abschnitt C III (ehemalige Tschechoslowakei), s. Anmerkung 1.

Franz Josef Dobianer, 1886 in Mähren geboren, jedoch, obwohl er dies gelegentlich bestritt, deutscher Abstammung, hatte ein bewegtes Leben hinter sich, ehe er sich dem tschechischen Nachrichtendienst anschloß. Als Soldat diente er im Ersten Weltkrieg Österreich, danach kurze Zeit der Ukraine. Dieser Einsatz endete mit der Internierung in der gerade gegründeten Tschechoslowakei. Dort, in seiner Heimat, blieb Dobianer nicht, wanderte vielmehr über Wien und die Schweiz nach Berlin aus. Im Auftrag einer deutschen Firma arbeitete er sodann in Rußland. Er muß Gespür fürs Geldmachen gehabt haben: Mit 5000 Dollar Kapital kehrte er schon bald in die Tschechoslowakei zurück. Nachdem er sein Geld angelegt hatte, lockte ihn wiederum Berlin, vielleicht, weil er dort bessere Möglichkeiten sah, schnell Geld zu verdienen. Als er in der Reichshauptstadt seine Papiere als tschechoslowakischer Staatsbürger erhalten hatte, entzogen ihm die deutschen Behörden die Aufenthaltserlaubnis. Der Grund ist nicht bekannt. Möglicherweise setzte diese Kränkung in Dobianer die Bereitschaft frei, dem Reich zu schaden, wenn es denn zugleich für ihn Nutzen brächte. Er sei vielleicht ein besserer Deutscher als der Beamte, der ihm die Aufenthaltserlaubnis verweigerte, soll er gesagt haben.
1929 war Dobianer wieder in der Tschechoslowakei. Mit 200.000 Tschechenkronen Eigenkapitel betrieb er in Reichenberg ein Darlehensmakler- und Darlehensgebergeschäft. Der tschechische Nachrichtendienst wurde auf ihn aufmerksam, suchte und fand Kontakt zu Dobianer. Eine finanzielle Beihilfe, die die Tschechen zahlten, ermöglichte Dobianer den Ausbau seines Geschäfts zu einem Bankhaus in Bodenbach, dessen Geschäfte folgendermaßen abliefen:[3] Dobianer warb durch Vertreter und Makler in Deutschland Kunden »und führte diese dem tschechischen Nachrichtendienst zu. Der suchte die für ihn Geeigneten zusammen mit Dobianer aus: möglichst Offiziere und Soldaten, Polizei- und Zollbeamte.« Vor allem »Leichtsinnige« bestellte man nach Bodenbach, verhandelte über die Darlehen, erleichterte die Rückzahlung durch »Gegengeschäfte«. Von 1931 bis 1937 florierte dieses Geschäft. Dann trat ein Bruch ein. Dobianer war in einen Betrugsfall verwickelt. Die tschechischen Behörden ermittelten und verurteilten den Bankier bedingt zu einer Freiheitsstrafe. Der Boden in Bodenbach war damit für ihn zu heiß geworden.

3 Biographische Angaben sowie »Geschäftspraktiken« sind den Urteilsgründen des Volksgerichtshofs entnommen; VGH-Urteil vom 8. Juni 1943, Az.: 4 J 251/40 g // 1 L 45/43, BA-Ko R 60 I 588; s. auch Wagner, a.a.O., S. 236 ff.

Dobianer, dessen Strafe bald gelöscht wurde, wurde Geschäftsführer der Firmen »Deutsche Kreditvermittlung Direktor Josef Müller«. Hinter Josef Müller verbarg sich, wie der Volksgerichtshof ermittelt haben will, ein tschechischer Offizier des 2. Büros des Generalstabs namens Caska. Die Firma befaßte sich offiziell mit der Verwertung von Sperrmarkguthaben. Die Geschäftspraxis ähnelte der des Bankhauses Dobianer. Man suchte über Makler deutsche Kreditnehmer, wählte geeignete aus, verhandelte und machte sie spionagegefügig. Sitz der Firma war eine Villa in Tetschen; im Erdgeschoß residierte Dobianer, in der ersten Etage der tschechische Nachrichtendienst, der Dobianers Verhandlungen mithören konnte. Die Villa, so der Volksgerichtshof in seinem Urteil, »lag in Tetschen unmittelbar an der deutsch-böhmischen Bahnlinie, die an ihrem Garten entlangführte, ehe sie von Deutschland her in den Tetschener Bahnhof einmündet. Erst hier im Bahnhof fand die deutsche Zollkontrolle statt. Tschechische Spionageagenten konnten also vor Passieren dieser Kontrolle, aber schon auf tschechischem Staatsboden, das Spionagematerial, das sie aus Deutschland mitbrachten, in den Villengarten werfen.« Das System der Nachrichtenübermittlung war einfach, aber sicher. Es hatte nur einen Nachteil. Tetschen und Bodenbach waren benachbart. Dobianer war in dieser vorwiegend deutsch besiedelten Gegend eine zwielichtige Gestalt. Die dort ansässigen Deutschen mißtrauten ihm, nicht zuletzt deshalb, weil sein Umgang mit Tschechen, in denen man Offiziere vermutete, zu Gerüchten Anlaß gab. Eine sudetendeutsche Zeitung recherchierte und veröffentlichte schließlich 1937 eine Warnung vor Dobianer und der Firma, deren Geschäftsführer er war. Diese Warnung, die auch im Reich Widerhall fand, zerstörte die Geschäftsgrundlage.

Mit Dobianer konnte der tschechische Nachrichtendienst fürderhin nicht mehr rechnen. Man zog ihn in die größere Anonymität der Hauptstadt Prag zurück und gab ihm per Namensänderungsverfahren eine neue Identität. Aus Franz Josef Dobianer wurde Franz Josef Dvořák. Zum nachrichtendienstlichen Einsatz kam er nicht mehr. Als im Frühjahr 1938 das Sudetenland dem Reich eingegliedert wurde, verbot die tschechische Regierung die Spionage gegen das Reich. Dvořák floh nach Warschau, als deutsche Truppen schließlich auch Prag besetzt hatten. Er hielt sich eine Zeitlang in der polnischen Hauptstadt auf; bleiben wollte er nicht. Sein Ziel war London. Ehe er jedoch emigrieren konnte, entbrannte der deutsch-polnische Krieg. Dvořák flüchtete zurück nach Prag. Einige Monate konnte er sich versteckt halten. Im Februar 1940 wurde er aufgespürt und festgenommen.

Zu seiner Verteidigung wandte Dobianer/Dvořák verschiedene Strategien an. Er sei vom tschechischen Nachrichtendienst erpreßt worden, sagte er und widerrief dies bald. Zuletzt suchte er sich dadurch zu retten, daß er mit Dvořák seinen wirklichen Namen zurückerhalten habe. Er sei Tscheche und habe seinem Vaterland gedient. Wäre dies so gewesen, so hätte er nicht bestraft werden können; denn Hitler hatte für Mitarbeiter des tschechischen Nachrichtendienstes eine Amnestie erlassen. Der Volksgerichtshof, der ein Urteil wollte, bemühte sich nachzuweisen, daß Dobianer/Dvořák Deutscher sei. Eine Stellungnahme des Oberlandrats zu dieser Frage mußte die Richter enttäuschen; er stufte den Beschuldigten als »nichtdeutsch« ein. Freislers »Beweisführung«, die Dobianers Deutsch-Sein konstatierte und damit schließlich das Todesurteil ermöglichte, verdient es, festgehalten zu werden:

> »Dobianer ist nicht Tscheche, sondern ist Deutscher. Zwar hat der Oberlandrat festgestellt, daß er nicht Reichs- sondern Protektoratsangehöriger ist, und zwar als Nichtdeutscher. Aber der Oberlandrat hat in seiner Feststellung hervorgehoben, daß Dobianer deutscher Herkunft ist. Er hat ihn zum Nichtdeutschen und damit zum Protektoratsangehörigen gestempelt, weil er sich durch seine Verratstätigkeit und jetzt im Verfahren und auch im Fragebogen nicht als Deutscher sondern als Tscheche bekannt hat. Dem Volksgerichtshof ist vollkommen verständlich, warum der Oberlandrat so verfahren ist. Schließlich drängt sich das Deutsche Reich nicht jemandem auf, der erklärt, daß er gar nicht Deutscher sein will. Aber das ist etwas ganz anderes als die Frage, ob Dobianer deutschen Blutes ist. Und diese Frage erscheint dem Volksgerichtshof entscheidend dafür, ob er unter die Amnestie des Führers fällt oder nicht. Und dazu ist folgendes zu sagen: Die amtlichen Herkunftspapiere Dobianers, die dem Volksgerichtshof vorlagen, beweisen das Deutschtum seiner Eltern. Dobianer selbst hat in seiner anwaltlichen Vernehmung in Breslau vor der Polizei gesagt, daß in seinem Elternhaus deutsch gesprochen wurde und seine Eltern deutsch waren. Er hat auch ... eine deutsche Schule besucht ... Dobianer hat weiter, was er freilich auch bestreitet, nach der amtlichen Bestätigung, die hierüber vorliegt, sich bei der Volkszählung im Jahr 1930, also in tschechischer Zeit, als Deutscher bekannt. ... Das alles zeigt: Der Angeklagte ist nicht jener allerdings tschechische Dvořák, dessen Papiere und Namen er 1937 bekommen hat, sondern ... ein Mann deutschen Blutes. Er fällt also nicht unter die Amnestie des Führer.«

Der Urteilstenor des 1. Senats des Volksgerichtshofes unter Vorsitz von Freisler lautete demgemäß:

»Franz Josef Dobianer, der seit 1937 Franz Josef Dvořák heißt, hat als Volksdeutscher tschechischer Staatsangehörigkeit von 1931 bis 1938 im Dienst der tschechischen Spionage raffiniert ausgeklügelte Fangnetze für Deutsche ausgelegt, dem tschechischen Nachrichtendienst zugeführt, viele, die sich verfingen, gewissenlos zu Landesverrätern gemacht und mit besonderem Eifer am Heranholen von wichtigen Spionagenachrichten mitgearbeitet. Für diesen seinen Landes- und zugleich Volksverrat wird er mit dem Tode bestraft.«

Der Fall Dobianer löste naturgemäß eine Reihe weiterer Verfahren aus. Ein Leipziger Fabrikant hatte sich zu verantworten, weil er den Tschechen über Dobianer eine mobile Funkstation geliefert hatte. Das Urteil ist nicht bekannt. Der Oberreichsanwalt meldete bereits in seinem Lagebericht vom 1. Oktober 1940, zu den von Dobianer den tschechischem Nachrichtendienst zugeführten Personen habe u.a. der vom Reichskriegsgericht inzwischen zum Tode verurteilte Rittmeister Dempwolff gehört, ferner der vom Volksgerichtshof wegen Beihilfe zur Ausspähung zu zwölf Jahren Zuchthaus verurteilte Polizeiinspektor Gast und der Gendarmeriewachtmeister Ulbricht, der vom Volksgerichtshof wegen Geheimnisbruchs und schwerer Urkundenfälschung ebenfalls zu zwölf Jahren Zuchthaus verurteilt wurde.[4] Prozesse, die von Dobianers Tätigkeit ausgelöst worden waren, waren also längst abgeschlossen, ehe sein eigener Prozeß begann. Die mehr als dreijährige Frist zwischen Festnahme und Prozeßbeginn erklärt sich wohl daher, daß man von Dobianer in immer erneuten Vernehmungen Hinweise auf andere gewinnen wollte.

Dobianer, der in der Nacht vom 7. zum 8. September 1943 in Plötzensee hingerichtet wurde, war ein wichtiger Agent der Tschechen, aber er war kein Spitzenagent wie Paul Thümmel, der Prag den für den 15. März 1939 festgesetzten Termin des Einmarschs der Wehrmacht gemeldet hatte. Dieser wurde nie vor ein Gericht gestellt, weder vor das Reichskriegsgericht noch vor den Volksgerichtshof, wie es mit Dobianer geschah und anderen, weniger bedeutenden Agenten; er wurde in einem KZ erschossen.

Anton Reichert, ein Sudetendeutscher, war seit 1930 Agent der tschechischen Polizei und des militärischen Nachrichtendienstes. Da er in Aussig Zugang zur Bezirksführung der Deutschen Nationalsozialistischen

4 Lagebericht des Oberreichsanwalts vom 1. Oktober 1940, Az.: 4206-2.20, geheim, Abschnitt B III; BA-Ko R 22/3390.

Arbeiterpartei hatte, vermochte er Interna weiterzugeben. Da er außerdem, ohne Verdacht zu erregen, oft nach Deutschland fuhr, konnte er militärische Anlagen im Grenzgebiet ausspähen und die Berichte anderer kontrollieren.[5] Reichert, der am 14. Mai 1943 als zum Tode Verurteilter nach Plötzensee kam, starb am 22. Juli unter dem Fallbeil.

Der Gärtner Anton Kusebauch, zeitweise Funktionär der Sudetendeutschen Partei, war zunächst dem deutschen Nachrichtendienst nützlich; er wechselte aber die Seite und enttarnte den Vertrauensmann der deutschen Abwehr, für den er bis dahin gearbeitet hatte, so daß dieser von den Tschechen verhaftet werden konnte. Der Volksgerichtshof fällte am 5. April 1943 das Todesurteil;[6] am 25. Juni 1943 wurde Kusebauch hingerichtet.

Kleinere Agenten waren auch der Tscheche Otto Walitza aus Mährisch-Ostrau und seine Verlobte, die Deutsche Elisabeth Scheitza. Sie haben, wie der Volksgerichtshof meinte, »vermeintliche Staatsgeheimnisse« an die Tschechen verraten, wurden am 27. Februar 1943 verurteilt[7] und starben am 1. Juli 1943.

Polen

Wie Kusebauch diente auch der Pole Maximilian Porbadnik zwei Seiten. In Thorn als Sohn deutscher Eltern geboren, war er Kriegsfreiwilliger im Ersten Weltkrieg. Als mit den Eisernen Kreuzen erster und zweiter Klasse ausgezeichneter Leutnant schied er 1919 aus, schloß sich dann der polnischen Pilsudski-Armee an, die sowjetische Truppen an der Weichsel schlug und mit diesem Sieg Polens Ausweitung nach Osten erwirkte. Porbadnik brachte es bis zum Hauptmann, wurde jedoch 1930 von einem Militärgericht »wegen Unterschlagung und unanständigen Benehmens« verurteilt und unehrenhaft aus der Armee entlassen.

Nach der Entlassung aus dem Gefängnis kam Porbadnik illegal nach Deutschland und ließ sich für den deutschen Nachrichtendienst anwerben; ab Juli 1933 siedelte er nach Danzig über und arbeitete für die dortige Residentur der Abwehr. Im Urteil des Volksgerichtshofs ist, offensichtlich aufgrund von Zeugenaussagen, festgestellt:

5 Anklageschrift des Oberreichsanwalts beim Volksgerichtshof, Az.: 4 J 51/42 g vom 25. März 1943, BA-Ko R 60 II 522.

6 VGH-Urteil vom 5. April 1943, Az.: 4 J 61/41 g // 1 L 26/43; BA-Ko R 60 II 69-4.

7 VGH-Urteil vom 27. Februar 1943, Az.: 3/4 J 196/39 g // 1 L 13/43 i; BA-Ko R 60 II 88.

»Er (Porbadnik) lieferte einmal gutes Material über den polnischen Generalstab, galt im übrigen nur als mittelmäßiger Agent, dem die deutsche Abwehr infolge seiner Neigung zum übermäßigen Alkoholgenuß kein volles Vertrauen schenkte. Für seine Tätigkeit wurde er vom deutschen Nachrichtendienst entlohnt und zwar entsprechend dem geringen Wert seines Materials nicht besonders gut.«

Der in Geldnöten befindliche Porbadnik suchte auf einer Danziger Werft eine feste Anstellung und sah sich dabei gezwungen, Bedenken auszuräumen, die das polnische Generalkonsulat gegen seine Anstellung erhoben hatte. Das gelang ihm nur, indem er sich der II. (Nachrichten-)Abteilung des polnischen Generalstabs verpflichtete. Sein Auftrag: Ausspähung der deutschen militärischen Abwehrstelle in Danzig.[8]

Der Fall schien dem Oberreichsanwalt immerhin so bemerkenswert, daß er – mit ungenauen Personalangaben – im Lagebericht vom 2. Juni 1941 festhielt, Porbadnik habe sich »von Ende 1933 an in die Kreise der deutschen Abwehr in Danzig eingeschlichen und über seine dort gemachten Beobachtungen laufend dem polnischen Nachrichtendienst berichtet. Dabei hat er den Polen einige deutsche Nachrichtenagenten verraten, die von polnischen Gerichten später zu langjährigen Zuchthausstrafen verurteilt worden sind.«[9] Porbadnik wurde am 12. April 1943 hingerichtet.

Die Brüder Kwiecinski starben wegen Landesverrats in Plötzensee, Czeslaus am 3. Dezember 1942, Bruno am 1. Juli 1943. Letzterer war Wehrmachtsangestellter gewesen, Lehrer für die polnische Sprache an der Offiziersschule, beim Wehrbezirkskommando und der Standortverwaltung Hannover. Er lieferte über seinen in Bromberg wohnhaften Bruder Czeslaus Informationen über die Organisation der Dienststellen, den Schulbetrieb (Lehrbücher), die Administration der Reserve und statistische Angaben über die Ausschöpfung der Jahrgänge.[10]

Vergleichsweise harmlos war die nachrichtendienstliche Tätigkeit des Landwirts Herbert Magner aus Petrikau. Seit 1933 hatte er gegen geringes Entgelt polnische Mitbürger zu beobachten, die als kommunistische Sympathisanten galten. Hierüber berichtete er. Da er Verwandte in Deutschland hatte, gab er dem polnischen Nachrichtendienst auch die

8 VGH-Urteil vom 19. Januar 1943, Az.: 3 J 125/41 g // 3 L 85/42; BA-Ko R 60 II 69-3.

9 Lagebericht des Oberreichsanwalts beim Volksgerichtshof vom 2. Juni 1941, Az.: 4206 E-2.25, geheim, Abschnitt B II, BA-Ko R 22/3390.

10 Lagebericht des Oberreichsanwalts vom 31. März 1942, Az.: 4206 E-2.30, geheim, BA-Ko R 22/3390.

Informationen weiter, die er brieflich oder durch Befragen von Reisenden in Erfahrung gebracht hatte. Von großer Bedeutung können diese Mitteilungen nicht gewesen sein, wenn der Volksgerichtshof verfügte, daß das »für die Tat empfangene Geld in Höhe von 71,40 Zloty« einzuziehen sei;[11] aber Magner war Jude. Das erklärt die Härte des Urteils. Er starb am 12. April 1943.

Der reichsdeutsche Roman Lebek aus Gleiwitz, der dem Bahnschutz angehörte, ließ sich von seinem polnischen Schwager für eine nachrichtendienstliche Tätigkeit gewinnen.[12] Der Oberpostsekretär August Golombeck und der Reichsbahnsekretär Georg Gerlich, beide ehemalige Unteroffiziere der Reichswehr, hatten »vier Jahre lang wertvolle militärische Geheimnachrichten den Polen verraten«, so der Urteilstenor des Volksgerichtshofs.[13] Sie starben gemeinsam am 10. Juni 1943. Als »recht bedeutend« stufte der Oberreichsanwalt den ehemaligen Drogisten Wladilaus Znaniecki ein. Er war in Thorn geboren, ließ sich aber im Auftrag des polnischen Nachrichtendienstes in Berlin nieder und betrieb im wesentlichen militärische Spionage.[14] Er wurde am 12. April 1943 enthauptet.

Sowjetunion

Im Hinblick auf die Sowjetunion sind Landes- und Hochverrat schwer zu trennen. Die nachrichtendienstliche Tätigkeit eines Teils der Berliner »Roten Kapelle« ist sicherlich auch zugleich Widerstand.[15]

Weniger gilt dies für die »Rote Kapelle«, die Leopold Trepper, ein polnischer Jude, in Frankreich, Belgien und den Niederlanden aufgebaut hatte.[16] Gewiß wirkten in ihr auch überzeugte Kommunisten und von den Nationalsozialisten Verfolgte mit, die auf diese Weise ihren

11 VGH-Urteil vom 25. Januar 1943, Az.: 3 J 217/41 g // 4 L 110/42; BA-Ko R 60 II 346.

12 VGH-Urteil vom 3. April 1943, Az.: 11 J 62/41 g // 1 L 28/43; BA-Ko R 60 I 57; s. auch Wagner, Volkgsgerichtshof, a.a.O., S. 229 f.

13 VGH-Urteil vom 9. März 1943, Az.: 11/3 J 295/40 g // 1 L 36/42; BA-Ko R 60 I 23; s. auch Wagner, Volksgerichtshof, a.a.O., S. 229.

14 Lagebericht des Oberreichsanwalts beim Volksgerichtshof vom 2. Februar 1942, Az.: 4206-2.29, geheim; BA-Ko R 22/3390.

15 Siehe Kapitel »Deutsche«, Abschnitt »Die Rote Kapelle«.

16 Zur »Roten Kapelle« siehe Gilles Perrault, Auf den Spuren der Roten Kapelle, Wien-Zürich 1990; Heinz Höhne, Kennwort: Direktor. Die Geschichte der Roten Kapelle, Frankfurt/M. 1970; David J. Dallin, Sowjetspionage, Köln 1956.

Beitrag zum Kampf gegen Hitler leisteten. Die Schlüsselpositionen hatten jedoch Mitglieder des sowjetischen Geheimdienstes inne; sie waren Offiziere und Soldaten der Roten Armee.

Im Gegensatz zur Berliner Gruppe befaßte sich die »Rote Kapelle« in Westeuropa ausschließlich mit dem Sammeln und Weiterleiten politischer, wirtschaftlicher und militärischer Nachrichten. Leopold Trepper selbst überlebte. Er war zwar aufgespürt und festgenommen worden, hatte aber fliehen können.

Am 28. Juli und am 20. August 1943 wurden 20 Angehörige der westeuropäischen Gruppe in Plötzensee enthauptet, am 28. Juli zwölf Männer und eine Frau, am 20. August sieben Frauen.[17]

Käthe Voelkner[18] – sie war die Frau, die gemeinsam mit den Männern den Tod erlitt – war für Trepper und damit für Moskau eine sehr wichtige Quelle. Immerhin war sie Sekretärin des Leiters der deutschen Dienststelle für den Arbeitseinsatz der Franzosen, Dr. Kleefeld. Käthe Voelkner wußte, in welchen Industrien des Reichs Mangel an Arbeitskräften herrschte, welche Kontingente die besetzten westeuropäischen Länder zu stellen hatten, welche Prioritäten in Deutschland festgelegt waren. Aus solchen Informationen ließen sich in Moskau Schlüsse ziehen.

Wie Käthe Voelkner Kleefelds Vertrauen gewinnen konnte, ist schwer zu erklären. Sie, eine gebürtige Danzigerin, war akrobatische Tänzerin gewesen, war jahrelang durch Europa getingelt, hatte in Leningrad Kontakt zum sowjetischen Geheimdienst bekommen. Mit Moskaus Hilfe hatte sie ein Engagement in einem Pariser Kabarett gefunden. 1939 jedoch, als ihr in Frankreich die Internierung drohte, war sie untergetaucht. Dies »empfahl« sie Kleefeld, als sie sich 1940 ihren Landsleuten zur Verfügung stellte. Offenbar haben keine weiteren Überprüfungen stattgefunden.

Käthe Voelkner war am 28. Juli als erste zur Richtstätte geführt worden. Ihr folgte ihr Lebensgefährte und Manager Johann Podsialdo,[19] der wie sie in Danzig geboren, aber tschechoslowakischer Staatsangehöriger war. Auch er war in der deutschen Dienststelle für den Arbeitseinsatz der Franzosen, wenngleich in untergeordneter Position untergekommen.

17 Die Namen der an diesen Tagen Hingerichteten sind nicht im Bibliotheksbuch verzeichnet; sie ergeben sich aus dem Sterbe-Register des Standesamtes.

18 Perrault, a.a.O., S. 182 ff., 265 ff., 298 ff., 344.

19 Perrault, a.a.O., S. 182, 266, 344.

Am gleichen Tag starben aus der französischen Gruppe Alfred Corbin,[20] Direktor der Simex, jener Firma, die mit den Deutschen umfangreiche, auch kriegswirtschaftlich bedeutsame Geschäfte abwickelte, die aber von Trepper ins Leben gerufen worden war und gelenkt wurde. Mit ihren nicht unbeträchtlichen Gewinnen wurde das Spionagenetz finanziert. Der Kaufmann Jesekiel Schreiber[21] war bis Juni 1941 Mitarbeiter des sowjetischen Militärattachés in Frankreich gewesen und 1942 in Lyon verhaftet worden. Ferner wurden der Zahnarzt Robert Breyer,[22] ein Aktionär der Simex, der Reisende Medardo Griotto,[23] der zum Apparat der Komintern gehörte und »Robert« Giraud[24] enthauptet. Letzterer hatte mit seiner Frau Kurierdienste geleistet.
Aus dem belgischen Netz der »Roten Kapelle« fanden am gleichen Abend den Tod Nazarin Drailly,[25] Direktor der Simexco, einer Schwestergesellschaft der französischen Simex, der Rechtsanwalt Maurice Beublet,[26] eine Art Syndikus der Firma, und der Fotograf Eduard Vanderzypen[27] sowie der Radiotelegraph Augustin Sésée,[28] der eine Funkstelle in Ostende bedient hatte.
Zwei Angehörige des niederländischen Netzes, der Diamantenhändler Maurice Peper[29] und der Musiker Wilhelm Vögler, wurden ebenfalls am 28. Juli 1943 in Plötzensee enthauptet.
Die bedeutendste Agentin aus der Gruppe der Frauen, die am 20. August 1943 starben, war zweifellos Anna Maximowitsch,[30] Tochter eines zaristischen Generals, die in den Wirren der russischen Revolution nach Frankreich emigriert war, dort vom hohen französischen Klerus prote-

20 Perrault, a.a.O., insbes. S. 231 ff., 240 ff., 325 ff., 339 ff.

21 Schreiber ist bei Perrault nicht erwähnt, der Hinweis auf seine Tätigkeit als Gehilfe des sowjetischen Militärattachés ist als Notiz der Sterbeurkunde des Standesamts vorgeheftet.

22 Perrault, a.a.O., S. 322 f., 332, 340.

23 Perrault, a.a.O., S. 316, 326 f., 344.

24 »Robert« war Girauds Deckname. Nach Perrault, a.a.O., S. 183, 194, 196 war sein Vorname Pierre.

25 Perrault, a.a.O., S. 156 f., 331 f., 344.

26 Perrault, a.a.O., S. 262, 332.

27 Möglicherweise van der Zypen; bei Perrault nicht erwähnt.

28 Perrault, a.a.O., S. 331.

29 Perrault, a.a.O., S. 145, 148 f.

30 Perrault, a.a.O., S. 171 ff., 175 f., 179 ff., 264 f., 365

giert wurde und Medizin studierte. Als Neurologin gründete sie eine Klinik, in der sich im Krieg nicht nur hohe Angehörige der deutschen Besatzung erholten, sondern auch Treppers Agenten Zuflucht fanden. Anna Maximowitsch hatte vielfältige Kontakte, die Trepper zustatten kamen.
Tochter eines französischen Generals war Suzanne Cointe,[31] die während ihres Studiums Kommunistin geworden war.
Für Abwehr und Gestapo wichtig wurde Rita Arnould,[32] die im »Netz« eine untergeordnete Rolle spielte, die sich aber als sehr aussagewillig erwies. Simone Pheter,[33] Angestellte des Pariser Büros der belgischen Handelskammer, vermittelte von dieser Position aus den Briefkontakt zwischen der französischen und der belgischen Gruppe. In Lyon festgenommen wurde die Sekretärin Flora Springer,[34] in Marseille ihre Kollegin Marguerite Marivet,[35] in Paris die Lehrerin Georgette Erlik.

Der Berliner Lektor Johann Mohr wurde am 22. Juni 1941, dem Tag des Angriffs auf die Sowjetunion, zusammen mit einer Russin, der in Berlin ansässigen Gertrude Racaita festgenommen, die ihn für den sowjetischen Nachrichtendienst angeworben hatte.[36] Beide starben am 18. September 1942.
Der Bauingenieur Jurgaitis, ein ehemals litauischer Staatsangehöriger, der beim staatlichen Hochbauamt in Tilsit angestellt war, wurde angeworben, als er im sowjetischen Generalkonsulat in Königsberg die Frage geklärt haben wollte, ob er nach dem »Anschluß« Litauens an die UdSSR nunmehr sowjetischer Staatsbürger sei. Er erklärte sich zur Zusammenarbeit bereit und erhielt u.a. den Auftrag, »in Tilsit eine möblierte Wohnung mit gesondertem Eingang ausfindig zu machen, die zum Aufstellen eines Geheimsenders geeignet sei.«[37] Dazu kam es nicht mehr. Jurgaitis wurde verhaftet und am 12. April 1943 hingerichtet.

31 Perrault, a.a.O., S. 162 f., 231 f., 241 ff., 321 f., 344.

32 Perrault, a.a.O., S. 85 ff., 97 f., 344

33 Perrault, a.a.O., S. 227.

34 Perrault, a.a.O., S. 344.

35 Perrault, a.a.O., S. 263.

36 Lagebericht des Oberreichsanwalts beim Volksgerichtshof vom 2. Oktober 1941, Az.: 4206-2.27, geheim, BA-Ko R 22/3390.

37 Lagebericht des Oberreichsanwalts beim Volksgerichtshof vom 2. Oktober 1941, s. Anmerkung 36.

Litauen

Spektakulärer waren die Fälle der beiden aus Memel stammenden Litauer Heinz Hennig († 5. Januar 1943) und Theodor Hertel († 1. Juni 1943). Beide exponierten sich, als das Memelland noch zu Litauen gehörte, in der volksdeutschen Bewegung und tarnten auf diese Weise ihr Engagement für den litauischen Nachrichtendienst. Hertel war, nachdem er Litauen verlassen hatte, hauptamtlicher Funktionär der NSDAP. Dies veranlaßte den Reichsminister der Justiz, nachdem Hertel verhaftet und verurteilt worden war, zu folgender »Führerinformation«:

> »Der jetzt 45jährige Kaufmann Theodor Hertel aus Königsberg (Pr.), der im Herbst 1930 als einer der ersten in Memel der NSDAP beigetreten war und seitdem als Organisationsleiter und Geschäftsführer der Memelländischen Volkspartei bis 1932 eine herausgehobene Stellung im Kampf des Memeldeutschtums eingenommen hat, hat zur gleichen Zeit – von 1929 bis Sommer 1932 – als festbesoldeter Spionageagent im Dienste des litauischen Nachrichtendienstes gestanden. Durch Preisgabe der Beziehungen des Memeldeutschtums zu reichsdeutschen Partei- und Regierungsstellen hat Hertel in großem Umfange deutsche Staatsgeheimnisse verraten.
> Von 1933 bis Mai 1935 war er hauptamtlicher Gau-Geschäftsleiter der NSDAP in Königsberg. Aus der Partei ist er wegen Landesverratsverdachtes Mitte September 1940 ausgestoßen worden.
> Der Volksgerichtshof hat Hertel wegen Landesverrats zum Tode verurteilt. Das Todesurteil ist bereits vollstreckt worden.«[38]

Westen

Am 15. September 1942 fällte der 4. Senat des Volksgerichtshofs ein Todesurteil über den Kaufmann Alberto Blumberg († 14. Dezember 1942), einen italienischen Juden, der viel in der Welt herumgekommen, aber nie in Italien seßhaft gewesen war. Er ließ sich schließlich in Brüssel nieder, kam in Kontakt mit dem französischen Nachrichtendienst, für den er militärische Anlagen in Westdeutschland auskundschaftete. Das war für Blumberg insofern nicht allzu schwer, als er einen italienischen Paß besaß.[39]

38 Der Reichsminister der Justiz, Führerinformation Nr. 157 vom 22. Juni 1943; BA-Ko R 22/4089.

39 VGH-Urteil vom 15. September 1942, Az.: 1 J 11/42 g // 4 L 45/42; BA-Ko R 60 I 451; s. auch Koch, Volksgerichtshof, a.a.O., S. 169.

Der Schlosser Hans Mindermann und der Stewart Karl Maike waren über die deutsche Marinerüstung mit Geld zur Spionage verlockt worden; beide waren für die westlichen Nachrichtendienste wichtige Quellen, vor allem Mindermann, der als Schlosser auf einer Werft arbeitete. Beide waren sich der Gefährlichkeit ihres Tuns bewußt, versuchten auch aufzugeben, vermochten sich jedoch nicht aus der Verstrickung zu lösen. Maike ließ sich von der Gestapo gegen seine Auftraggeber verpflichten, lieferte auch einiges Material. Schließlich arbeitete er aber wieder mit seinen ursprünglichen Auftraggebern zusammen. Die Nachrichten gingen in der Regel an Deckadressen; sie wurden mit Zitronensaft zwischen Zeilen mit privatem, harmlosem Inhalt gepinselt.[40] Beide wurden am 20. Juni 1942 enthauptet.

40 VGH-Urteil vom 24./25. Februar 1942, Az.: 1 J 161/40 g // 3 L 114/41; BA-Ko R 60 II 78-7.

Strafanstalt Plötzensee, Innenansicht

»Innere Front«

»Nach alter germanischer Rechtsauffassung war immer der Führer des Volkes sein oberster Richter. Wenn also der Führer einen anderen mit dem Amt des Richters belehnt, so bedeutet das, daß dieser nicht nur seine richterliche Gewalt vom Führer ableitet und ihm verantwortlich ist, sondern auch, daß Führertum und Richtertum wesensverwandt sind. Der Richter ist demnach auch Träger der völkischen Selbsterhaltung. Er ist der Schützer der Werte eines Volkes und der Vernichter der Unwerte. Er ist der Ordner von Lebensvorgängen, die Krankheiten im Leben des Volkskörpers sind ...«

So leitete Justizminister Thierack im November 1942 den ersten »Richterbrief« ein, ein neues Mittel zur Lenkung der Justiz.[1] Offensichtlich »funktionierten« selbst die Sondergerichte noch nicht im gewünschten Sinne. Also unterzog der Minister bestimmte Urteile der Kritik, andere, d.h. harte Urteile, stellte er als beispielhaft dar; denn »der Verbrecher darf im vierten Kriegsjahr nicht den Eindruck gewinnen, daß der Kampf der Gemeinschaft gegen ihn nachläßt, sondern muß im Gegenteil stets erneut spüren, daß der deutsche Richter auf die Feinde der inneren Front ebenso unerbittlich einschlägt, wie der Soldat draußen auf den äußeren Feind«.[2]
Die Sprache der Richterbriefe des Ministers ist entlarvend. Sie offenbart, daß die Richter die Waage mit dem Schwert vertauschen sollten. Die Tatsache, daß sich Thierack zu einer derart massiven »Lenkung« der Gerichte veranlaßt sah, offenbart zugleich, daß viele Richter, auch solche, die an Sondergerichten eingesetzt waren, das Liquidieren und Ausmerzen angeblich unwerten Lebens nicht mit der gewünschten Härte praktizierten.
Eine Auswertung der Kriminalitätsstatistik der Berliner Sondergerichte

1 Heinz Boberach (Hrsg.), Richterbriefe. Dokumente zur Beeinflussung der deutschen Rechtsprechung 1942-1944, Schriften des Bundesarchivs 21, Boppard 1975, S. 5 f.

2 Richterbriefe, a.a.O., S. 10.

zeigt beispielsweise, daß die Quote der Todesurteile derjenigen des Volksgerichtshofs nicht gleichkam. Schimmler hält das Bild für falsch, daß von den Sondergerichten serienweise Todesurteile verhängt worden seien. »Die Wirkung der Sondergerichte lag weniger in der Abschreckung durch viele Todesurteile als in Aburteilung alltäglichen oppositionellen Verhaltens und sei es nur eines Witzes.«[3]

Gleichwohl praktizierten die Berliner Sondergerichte, wie zu zeigen sein wird, Abschreckung auch in der Form nicht nur vereinzelter Todesurteile. Der Generalstaatsanwalt beim Kammergericht Berlin, Dr. Hanssen, zog in seinem Lagebericht vom 30. November 1942 eine vorläufige Jahresbilanz der Sondergerichtsbarkeit, wobei er die »Lage« mit dem Vorjahr verglich. Er stellte fest:

> »Im einzelnen ergibt die zahlenmäßige Gegenüberstellung der Eingänge in Strafsachen in der Zeit vom 1. Januar bis 15. November 1941 mit den Eingängen in demselben Zeitraum dieses Jahres folgendes Bild:
> Sondergerichte in Berlin:
> 861 Eingänge im Vorjahr gegenüber 1682 neuen Sachen im laufenden Jahr. Hiervon entfallen auf Straftaten gegen die Volksschädlingsverordnung 378 Sachen im Vorjahr gegenüber 823 Sachen im laufenden Jahr. Die Entwendung von Postgut betrafen 70 Sachen im Vorjahr gegenüber 185 Sachen im laufenden Jahre. Die Kriegswirtschaftsverbrechen stiegen von 147 Eingängen im Vorjahre auf 323 Eingänge im laufenden Jahre, die Gewaltverbrechen von 21 Eingängen im Vorjahre auf 45 Eingänge im laufenden Jahre ...«[4]

Die Hälfte der zur Aburteilung anstehenden Straftaten waren solche gegen die Volksschädlingsverordnung, die in den ersten Tagen des Krieges erlassen worden war.[5] Danach wurden Diebstähle (zum Beispiel in wegen des Luftkriegs geräumten Häusern) grundsätzlich mit der Todesstrafe geahndet. Mit dem Tode »gesühnt« werden konnten zudem alle Verbrechen und Vergehen, die unter Ausnutzung der zur Abwehr der Luftkriegsgefahr getroffenen Maßnahmen begangen wurden. »Eine überragende Bedeutung für die Rechtsprechung der Sondergerichte

3 Bernd Schimmler, Recht ohne Gerechtigkeit. Zur Tätigkeit der Berliner Sondergerichte im Nationalsozialismus, Berlin 1984, S. 24. Schimmler hat errechnet, daß die Berliner Sondergerichte I (von 1939-1945) und II (1939 bis Ende März 1941 und 1945) mehr als 1600 Urteile fällten, unter denen »nur« 79 Todesurteile gewesen sind; a.a.O., S. 23.

4 Lagebericht des Generalstaatsanwalts beim Kammergericht Berlin vom 30. November 1942, BA-Ko R 22/3356.

5 RGBl I 1939, S. 1679; siehe auch »Gerichte und Gesetze, Richter und Henker«, S. 50.

erhielt der § 4 ... Dort hieß es sehr allgemein, daß derjenige, der eine Straftat vorsätzlich unter Ausnutzung der ›durch den Kriegszustand verursachten außergewöhnlichen Verhältnisse‹ begeht, mit Zuchthaus bestraft werde. Auch der § 4 drohte die Todesstrafe an, ›wenn dies das gesunde Volksempfinden wegen der besonderen Verwerflichkeit der Straftat erfordert‹.«[6]

Als Volksschädlinge galten nicht nur Gewaltverbrecher und Plünderer, die die Verdunkelung ausgenutzt hatten, sondern auch Diebe, die nachts in Häuser oder Lauben einbrachen oder auf Bahnhöfen Koffer stahlen, ferner Bedienstete der Post und Bahn, die Päckchen aufbrachen oder Frachtgut entwendeten. Volksschädlinge waren auch Betrüger jedweder Art bis hin zu Heiratsschwindlern, denn auch sie nützten die »durch den Kriegszustand verursachten außergewöhnlichen Verhältnisse« aus. Man wird unterstellen dürfen, daß die große Mehrheit der in Plötzensee aufgrund von Sondergerichtsurteilen Hingerichteten als Volksschädlinge eingestuft waren.

Vom 17. April 1942 bis 13. September 1943 wurden in Plötzensee mehr als 300 Todesurteile vollstreckt, die von Sondergerichten gefällt worden waren. Die Urteile gliedern sich folgendermaßen auf:

Eigentumsdelikte (Diebstahl/Einbruch): 149
Darunter waren 17 Fälle von Plünderung bei oder nach Luftangriffen und 34 Fälle von Entwendung von Post- und Bahngut.
Gewaltverbrechen (Tötungsdelikte/Überfälle/Raub): 81
Darunter waren 30 Tötungsdelikte.
Brandstiftungen: 3
Betrugsdelikte (einschließlich Fälschung, Unterschlagung, Veruntreuung und Hehlerei): 32
Kriegswirtschaftsdelikte: 26
Sie betrafen sowohl Fälschung, Unterschlagung und Diebstahl von Lebensmittelmarken als auch Schwarzschlachtungen und Schwarzhandel.
Sittlichkeitsstraftaten: 22
Nicht eingeschlossen hierin sind drei Fälle sogenannter Rassenschande.

Politische Straftaten wurde selten vor Sondergerichten verhandelt. Der wichtigste Prozeß in dieser Hinsicht war der erste Prozeß gegen zehn Angehörige der »Gruppe Baum«.[7] Die Todesurteile wurden wegen Hoch- und Landesverrats gefällt; den Männern, die Feuer in der vom

6 Schimmler, a.a.O., S. 11.

7 Siehe »Widerstand und Verfolgung von Juden«, S. 234.

Propaganda-Ministerium inszenierten Ausstellung »Das Sowjetparadies« gelegt hatten, wurde auch »Gewaltverbrechen« zur Last gelegt. In einem Fall begründete ein Sondergericht ein Todesurteil mit »Schädigung des Reichswohls« (Polenstrafrechtsverordnung).[8] Der verurteilte Pole war aus einer Haftanstalt entwichen, hatte ins Ausland zu fliehen versucht und auf der Flucht Diebstähle begangen.

Zwangsarbeiter

Etwa zwei Drittel der von Sondergerichten Verurteilten und in Plötzensee Hingerichteten waren Deutsche, ein knappes Drittel Ausländer. Deren Anteil nahm zu, je länger der Krieg andauerte.[9] In dem bereits erwähnten Lagebericht des Berliner Generalstaatsanwalts heißt es, es sei eine außerordentliche Vermehrung der Strafverfahren gegen Ausländer zu verzeichnen. »Während in der Zeit vom 1. Januar bis 15. November 1941 bei den Berliner Sondergerichten nur drei Verfahren gegen Ausländer anhängig wurden, beträgt die Zahl dieser Verbrechen im gleichen Zeitraum dieses Jahres 114 ...«[10]

Ein halbes Jahr später, am 31. Mai 1943, also nach Stalingrad und der Kapitulation des Afrikakorps, schrieb der Generalstabsanwalt zum Problem der »Kriminalität unter den ausländischen Arbeitern«:

> »Offensichtlich infolge der stets sehr schnell bekannt werdenden Schwierigkeiten an den ... Fronten, aber auch auf Grund der immer mehr bewußt werdenden Unentbehrlichkeit ihrer Arbeitskraft für das Reich ist ein ständig zunehmendes Frecherwerden der ausländischen Arbeitskräfte festzustellen. Das gilt in gleichem Maße für Kriegsgefangene (Franzosen und Polen) wie für zivile Arbeiter (außer Franzosen vor allem Polen und Holländer), aber auch Ostarbeiter.«

Vier Monate später, am 25. September 1943, zwei Wochen nach der Massenexekution in Plötzensee, stellte der Generalstaatsanwalt fest, daß Ereignisse wie die Kapitulation Italiens vor allem auf Ausländer ihre

8 Sondergerichtsurteil vom 13. April 1943, BA-Hoppegarten, Mordregister K 1718.

9 Über den Einsatz von Kriegsgefangenen und Fremdarbeitern im Reich siehe Hans Umbreit, Auf dem Wege zur Kontinentalherrschaft, sowie Bernhard R. Kroener, Die personellen Resourcen des Dritten Reiches im Spannungsfeld zwischen Wehrmacht, Bürokratie und Kriegswirtschaft, beide in: Das Deutsche Reich und der Zweite Weltkrieg, hrsg. vom Militärgeschichtlichen Forschungsamt Freiburg, Bd 5/1 »Organisation und Mobilisierung des deutschen Machtbereichs«, Stuttgart, S. 258 ff. und 774 ff.

10 s. Anmerkung 4.

Wirkung nicht verfehlt hätten. Polen schrieben in Briefen von einem »baldigen guten Ende«. Franzosen und Belgier seien, als die Kapitulation Italiens bekanntgeworden sei, »mit Schlipsen und Schleifen zur Arbeit erschienen, um auszudrücken, daß für sie ein Festtag sei«. Viele trügen neuerdings eine Art nationaler Abzeichen. Und wiederum meldete der Generalstaatsanwalt eine Zunahme der Strafverfahren gegen Ausländer vor den Sondergerichten.[11]

Der Verdacht liegt nahe, daß die Justiz Ausländer mit harten Strafen zu disziplinieren versuchte. Einige Fälle, die in etwa rekonstruiert werden konnten, mögen dies belegen. Sie offenbaren zugleich die Brutalität der Volksschädlingsverordnung.

Das Sondergericht VII beim Landgericht Berlin verurteilte am 1. September 1943 den Polen Kasimir K. wegen »Volksschädlingsverbrechens« zum Tode, weil er »bei Aufräumungsarbeiten aus einem von einer Fliegerbombe fast völlig zerstörten Haus dem Kaufmann B. gehörige Gegenstände (einen Rasierapparat, drei Vorhängeschlösser und zwei bis drei Feuerzeuge) entwendet hat.«[12] Der Tscheche Karl S., ein Bäcker aus Brünn, soll auf Berlins Bahnhöfen vier Koffer gestohlen haben.[13] Seinem Landsmann Bohuslav S.[14] war ebenso wie dem Franzosen Marius C.[15] vorgeworfen worden, in einem Haus, das wegen eines Bombenschadens nicht bewohnt war, geplündert zu haben. Der Niederländer Wilhelm E. hatte nach dem Urteilstenor gleichfalls Koffer entwendet und einen Einbruch in eine Drogerie verübt.[16] Der Tscheche Karl L. war gefaßt worden, als er in Berlin in eine Gartenlaube einbrach und Kleidungsstücke stahl.[17] All diese Männer starben während der Massenexekution im September 1943, Eigentumsdelikte ähnlicher Art, die mit der Todesstrafe geahndet wurden, lassen sich für den vom Bibliotheksbuch erfaßten Zeitraum in vielen Fällen nachweisen.

Der Belgier Jean F. und der Franzose Roger P. sollen »in großem Umfang Postgut, darunter Feldpostpäckchen, gestohlen« haben. Glei-

11 Alle Lageberichte des Generalstaatsanwalts BA-Ko R 22/3356.

12 BA-Ko, Mordregister K 1925.

13 BA-Ko, Mordregister S 2236.

14 BA-Ko, Mordregister S 2235.

15 BA-Ko, Mordregister C 261.

16 BA-Ko, Mordregister E 273.

17 BA-Ko, Mordregister L 758.

ches wurde dem Franzosen Albert O. vorgeworfen, der die Post-Diebstähle gemeinsam mit dem Deutschen Robert G. verübt haben soll.[18]

An Wirtschaftsverbrechen waren ausländische Arbeiter verständlicherweise nur in Ausnahmefällen beteiligt. Der nachfolgend geschilderte Fall ist eine Kombination von Einbruchdiebstahl mit Hehlerei. Zwei Franzosen, Gabriel N. und Charles V., lieferten das, was sie auf Diebeszügen erbeutet hatten, dem deutschen Kammerjäger Heinrich G. und dem Hausdiener Otto F. ab, die die gestohlenen Gegenstände verkauften.[19]
In einem anderen Fall verleitete die Inhaberin einer Berliner Gaststätte zwei Männer und eine Frau, die sich zur Arbeit in Deutschland verpflichtet hatten, zu Einbrüchen. Die Wirtin betrieb mit den gestohlenen Waren Schwarzhandel. Ein Sondergericht verurteilte alle vier wegen Kriegswirtschaftsverbrechen.[20]

Auch an Gewaltverbrechen waren Ausländer beteiligt. 22 Tötungsdelikte, die Deutsche verübt hatten, stehen sechs gegenüber, die Ausländern zur Last zu legen sind. Bei Raubüberfällen ist das Verhältnis acht zu achtzehn. Als Gewaltverbrechen galt übrigens schon der (mißglückte) Versuch, einer Frau die Handtasche zu entreißen. Louis B. war dessen für schuldig befunden worden; er wurde am 9. September 1943 gehängt.[21]

Hitler hatte am 20. August 1942, als Dr. Thierack Reichsjustizminister wurde, im Tischgespräch erklärt, daß man »unabänderliche und starre Gesichtspunkte« bei der Strafzumessung »nicht aufstellen kann«.[22] Hitler wählte ein Beispiel, das in etwa dem Fall des Franzosen B. entsprach, als er sagte:

> »Wenn im Frieden ein Junge mit 18 Jahren ein Täschchen entreißt, so werde ich ihn deshalb nicht zum Tode verurteilen. Nun haben wir Krieg, wir haben die Verdunkelung. Frauen arbeiten im größten Ausmaß in der

18 BA-Ko, Mordregister F 410 und G 771.

19 BA-Hoppegarten, Mordregister G 235 (SG-Urteil vom 20. Februar 1943).

20 BA-Hoppegarten B o.Nr. (SG-Urteil vom 13. Juli 1943).

21 BA-Ko, Mordregister B 1401.

22 Lothar Gruchmann, Hitler über die Justiz. Das Tischgespräch vom 20. August 1942, Vierteljahreshefte für Zeitgeschichte 1/1964, S. 86 ff.

Wirtschaft mit. Wenn nun hier nicht durch die abschreckendsten Maßnahmen verhindert wird, daß man ihnen die Verrichtung ihrer Aufgaben erschwert, dann können wir die Kriegsproduktion nicht mehr aufrecht erhalten.«

Ein anderes Beispiel, das Hitler im gleichen Tischgespräch lieferte, entspricht in etwa dem oben geschilderten Fall des Tschechen L.:

»Wenn einer einem Hendel auf den Kopf haut, so ist das nicht ein Verbrechen, das ansteckend wirkt. Das ist ein Fall ohne Infektionsgefahr. Während ich im anderen Fall sagen muß, wenn einer planmäßig die Lauben ausräubert, wo ein armer Teufel sein bißchen Gemüse baut, da kann man nicht brutal genug vorgehen, um dergleichen Versuche überhaupt zu ersticken!«

Hitler mochte des Beifalls vieler sicher sein, wenn er so emotional gefärbte Beispiele wählte, wenn er Frauen zu schützen, wenn er das kleine Eigentum armer Teufel vor Dieben zu sichern vorgab. Aber einen Dieb, einen Mundräuber gar, mit dem Tode zu bestrafen, löscht jede Gerechtigkeit aus und löst auch die Ordnung auf, die angeblich mit »brutalen« Mitteln geschützt werden sollte. Hitler gab am 20. August 1942 dem neu ernannten Reichsminister der Justiz eine Marschroute mit; er formulierte im Tischgespräch seine Erwartungen, die im Führerstaat Befehle waren. Er erklärte unmißverständlich,

»daß der Staat entschlossen ist, mit den barbarischsten Mitteln jeden Versuch der Störung auszulöschen, wobei man immer die zwangsläufige Geringschätzung des menschlichen Lebens an der Front und der Überschätzung des Lebens der schlechten Elemente als eine Gegebenheit vor Augen haben muß, die eine Gesamtgefahr bedeutet: Der Richter ist der Träger der völkischen Selbsterhaltung.«

Dr. Thierack hatte die Lektion verstanden. Schon wenige Wochen später erklärte er in einer Rede:

»... Draußen an der Front fallen unsere Besten, unsere Idealisten, und drinnen sitzen unsere Asozialen in den Zuchthäusern und werden konserviert ... Also rechnen Sie damit, daß unsere so gut konservierten Asozialen ihr Asyl bei uns verlassen ...«[23]

23 Gruchmann, a.a.O., S. 91.

Thierack mochte an die Übergabe von Gefangenen, insbesondere auch von zur Entlassung anstehenden, an die Gestapo denken, die sie oft genug mit der Sklavenarbeit in den Konzentrationslagern »vernichtete«. Aber der Reichsminister der Justiz löste das von Hitler aufgeworfene Problem auch mit seinen Mitteln, indem er auf Todesurteile und deren beschleunigte Vollstreckung drängte.

Kasimir K., über den oben berichtet wurde, hörte am 1. September 1943 sein Urteil; genau eine Woche später war er tot; Louis B. war ein Tag mehr »vergönnt«.[24]

Die Männer, die wegen kleiner Delikte ihr Leben ließen, waren durch den Krieg entwurzelt worden. Sie wurden Opfer dieses Krieges. Sie waren Zwangsarbeiter, auch wenn sie sich »freiwillig« gemeldet hatten. Es ist Zynismus, wenn ein Sondergericht, das zwei Franzosen wegen eines Einbruchs zum Tode verurteilte, als erschwerend feststellen zu müssen meint, »die Verurteilten« hätten »als ausländische Arbeiter in Deutschland Arbeit und Brot gefunden«.[25]

Feindbegünstigung

Zwangsarbeiter, denen man politische Delikte vorwarf, wurden in der Regel nicht von Sondergerichten verurteilt, sondern vom Volksgerichtshof, auch dann, wenn die Vergehen aus heutiger Sicht Lappalien waren. Die Urteile wurden meist wegen der berüchtigten Feindbegünstigung gesprochen.

Das Delikt der Feindbegünstigung war sehr weit gefaßt. Es wurde nicht nur den aktiven Widerstandskämpfern zur Last gelegt, sondern auch vielen »kleinen Leuten«. Wenn zum Beispiel Levin B., ein Niederländer, sich »hämisch« über Niederlagen, die die Wehrmacht erlitt, freute und dies auch noch »bildlich« darstellte (was immer darunter zu verstehen ist), so hatte er den Feind begünstigt. Er starb am 9. September 1943,[26] am gleichen Tag wie der Schlachter Eugène C. aus Lyon, der in Deutschland arbeitete und unter seinen Landsleuten angeblich Propaganda für Charles de Gaulle gemacht haben soll.[27] Der Belgier Charles G. soll in

24 Urteil eines Sondergerichts beim Landgericht Berlin am 1. September 1943; Hinrichtung am 9.9.1943; BA-Ko, Mordregister B 1401.

25 Urteil eines Sondergerichts beim Landgericht Berlin vom 7. Januar 1943; BA-Ko, Mordregister C 226.

26 BA-Ko, Mordregister B 1387.

27 BA-Ko, Mordregister C 258.

einem Lager im Ruhrgebiet ständig gegen Deutschland gehetzt und zur Arbeitssabotage aufgefordert haben.[28] Auch er starb in einer der Septembernächte 1943.
Feindbegünstigung wurde von den Richtern oft mit anderen Delikten gekoppelt. Ein Beispiel für eine derartige Kumulation ist der Fall des Polen Stanislaus K. Er hat, wie es im Urteilstenor heißt, »an seinen in deutscher Kriegsgefangenschaft befindlichen Schwager einen deutschfeindlichen Hetzbrief übersandt und dadurch das Wohl des Reiches geschädigt, den Hochverrat vorbereitet und den Feind des Reiches begünstigt«.[29] Am 24. Dezember wurde er als zum Tode Verurteilter nach Plötzensee verbracht und dort am 9. März 1943 enthauptet.
Zwangsarbeiter wurden mit Terror zur Arbeitsdisziplin gezwungen. Dabei galt auch für sie das Gefälle, das die NS-Rassenpolitik vorgezeichnet hatte. Bernhard R. Kroener schreibt:

> »Während die Masse der ausländischen Beschäftigten in ihrem jeweiligen Heimatland zunächst freiwillig zur Arbeitsleistung im Reich angeworben worden war, hatte man den größeren Teil der polnischen Arbeitnehmer zwangsweise rekrutiert. Dieses Vorgehen praktizierte man wenig später auch bei den sowjetischen Zivilarbeitern. Während den Fremdarbeitern grundsätzlich die für deutsche Arbeitnehmer gültigen Lohnsätze zu zahlen waren, fand diese Bestimmung für die Beschäftigten polnischer Herkunft keine Anwendung. Das NS-Regime etablierte damit bewußt ein rassisch orientiertes Sozialgefälle, das sich von gleichgestellten germanischen Arbeitern über weitgehend gleichgestellte romanische Arbeiter zu slawischen Zwangsarbeitern erstreckte.«[30]

Dabei ist erwähnenswert, daß tschechische Arbeiter im Reich den »germanischen« im wesentlichen gleichgestellt waren. Sie mußten auch nicht in Lagern leben, sondern konnten – mit Einschränkungen – ihre Wohnungen wählen.[31]

28 BA-Ko, Mordregister G 854.

29 BA-Ko, Mordregister K 1600.

30 Kroener, a.a.O., S. 778.

31 Koch, Volksgerichtshof, a.a.O., S. 259 f.

Anhang

Die September-Liste

Die September-Liste, die im folgenden wiedergegeben ist, ist, soweit möglich, ergänzt worden durch Geburtsjahr, die Zeit der Urteilsvollstreckung,[1] Nationalität, Beruf, Wohnort, Gericht, Datum des Urteils und Straftat, letztere bisweilen stichwortartig ergänzt durch Hinweise, die sich aus den Justizakten ergeben.
Die Zugehörigkeit einzelner zu einer Gruppe ist durch Verweis auf die anderen Gruppenmitglieder deutlich gemacht. Die Namen Begnadigter und später Hingerichteter sowie derer, deren Schicksal nicht geklärt werden konnte, sind kursiv gedruckt.

Schlüssel für die in den Tabellen verwendeten Abkürzungen:

B	= Belgier
CH	= Schweizer
D	= Deutscher
D.a.W.	= Deutscher auf Widerruf
F	= Franzose
Fbg	= Feindbegünstigung
Hv	= Hochverrat
It	= Italiener
KPČ	= Kommunistische Partei der Tschechoslowakei
KPD	= Kommunistische Partei Deutschlands
KPÖ	= Kommunistische Partei Österreichs
LG	= Landgericht

1 Die Vollstreckungszeit ist dem Sterberegister des Standesamtes entnommen. Das Register ist, was die Uhrzeit der Vollstreckung angeht, nicht ganz zuverlässig. Für Wouters beispielsweise ist 15.30 Uhr (7. September) angegeben, was bedeuten würde, daß er nachmittags allein gehenkt worden wäre, zu einem Zeitpunkt, da Vollstreckungen nicht angeordnet waren. Am 8. September ist zehnmal die Uhrzeit 2.10 Uhr eingetragen, was nicht stimmen kann, weil immer nur acht Vollstreckungen gleichzeitig stattfinden konnten. Die Hektik der Massenexekution hat auch die Beurkundung erschwert. Erst am 9. September wurden die Todesfälle des 7./8. September standesamtlich registriert.

Lv	= Landesverrat
NL	= Niederländer
Ö	= Österreicher
P	= Pole
PStrVO	= Polenstrafrechtsverordnung
RKG	= Reichskriegsgericht
SG	= Sondergericht
T	= Tscheche
T.U.	= Todesurteil
Ukr	= Ukrainer
VGH	= Volksgerichtshof
VzHv	= Vorbereitung zum Hochverrat
Z	= Zuchthausstrafe

Name	geb.	gest.	Wohnort	Beruf	Nat.	Urteil
Aubrecht, Alois	1915	8.9.1943, 1.40 Uhr	Chotzen	Tischler	T	VGH 16.6.1943: VzHv (KPČ) mit → Faltus, → Kodytek
Agnello, Jean	1921	8.9.1943, 1.40 Uhr	zuletzt Berlin	Arbeiter	F	
Aubrecht, Wenzel	1921	9.9.1943, 20.00 Uhr	Kommern	Steinmetz	T	VGH 21.7.1943: Lv, Fbg (Fluchthilfe für Kriegsgef.)
Andres, Gustav	1895	8.9.1943, 2.40 Uhr	Bike	Landwirt	T	
Althus, Alfred	1888	8.9.1943, 1.40 Uhr	Dresden	Rundfunkhändler	D	VGH 25.8.1943: Fbg (Brief- u. Geschäftsverkehr mit einem Polen)
Beguin, Achille	1909	7.9.1943, 20.05 Uhr	Amsterdam	Motorenschlosser	NL	VGH 20.11.1942: Sprengstoffanschläge mit → Schokkaert, → Vercammen, → Mastbooms, → K. Dieltjens, → Rodrigus, → Wouters, van Vreeswijk, → Hoorn, → van Schaik (4 Prozesse zwischen 11. und 20.11.1942)
Blahak, Vlastimil, Dr.	*1905*	*kein Vollstreckungsnachweis*	*Libochowitz*	*Ingenieur*	*T*	*VGH 30.11.1942: VzHv*
Böhme, Karl	*1914*	*29.10.1943 Halle*	*Berlin*	*Rundfunk-Ing.*	*D*	*RKG 30.1.1943: VzHv, Fbg, Beihilfe zur Spionage (Rote Kapelle)*
Bunge, Walter	*1898*	*27.11.1944 Brandenburg*		*Süßmoster*	*D*	*VGH 9.2.1943/1.11.1944: VzHv, Wehrkraftzersetzung*
Bedrich, Rudolf	*1921*	*T.U. in Z. umgewandelt*		*Schlosserlehrling*	*T*	*VGH 18.3.1943: VzHv (KPČ)*
Barutzki, Olaf	*1906*	*T.U. in Z. umgewandelt*	*Berlin*	*Meßtechniker*	*D*	*VGH 19.3.1943: VzHv (KPD)*
Bauer, William	1886	7.9.1943, 20.05 Uhr	Meißen	Kaufmann	D	VGH 31.3.1943: Wehrkraftzersetzung
Balcar, Milos	1909	8.9.1943, 4.55 Uhr	Kladno	Religionslehrer	T	VGH 29.4.1943: VzHv, Lv (Kontakt mit sowj. Nachrichtendienst) mit → Sara, → Zilina, → Klima, → Spalek, → Vycpalek
Bek, Josef	1899	8.9.1943, 19.30 Uhr	Zaunfeld/ Königgrätz	Postbeamter	T	VGH 7.5.1943: VzHv, Fbg (Nat. Revolutionsausschuß) mit → Otava, → Dr. Franta, → Dr. Milostny, → Ondraček, → Erban, → Drabek, → Horak, → Sykora
Bursa, Karl	1887	7.9.1943, 20.30 Uhr	Cejetice (?)	Arbeiter	T	VGH 18.5.1943: VzHv (KPČ) mit → Mach, → Hornaček, → Vichorec, → J. Dienelt, → Forman, → Janski, → Kaura
Boublik, Karl	1902	8.9.1943, 19.30 Uhr	Horaschdowitz	Gastwirt	T	VGH 21.5.1943: Fbg, »Rundfunkverbrechen«
Brache, Roger	1921	8.9.1943, 19.00 Uhr	zuletzt Berlin	Arbeiter	F	SG Berlin 9.6.1943: schwerer Diebstahl
Bracq, Roger		*kein Vollstreckungsnachweis*			*F*	
Budzislawski, Herbert	1920	7.9.1943, 22.15 Uhr	Berlin	Arbeiter	D	VGH 29.6.1943: VzHv, Fbg (Gruppe Baum) mit → Heymann, → Kochmann
Brosio, Josef	1921	8.9.1943, 0.01 Uhr	zuletzt Berlin	Arbeiter	F	SG Berlin 2.7.1943: Raub
Barbier, Lewin	1921	7.9.1943, 20.05 Uhr		Hilfsarbeiter	NL	VGH 6.7.1943: Fgb (»Hämische Bemerkungen« im Betrieb)
Birck, Louis	1887	7.9.1943, 20.05 Uhr	Wiesbaden	Maler	D	VGH 13.7.1943: Wehrkraftzersetzung

Name	geb.	gest.	Wohnort	Beruf	Nat.	Urteil
Broul, Josef	1906	8.9.1943, 2.40 Uhr	Hostiwitz	Kapitän a.D./ Sekretär	T	VGH 20.7.1943: VzHv (Fingerring-Organisation) mit → Švarč, → Rožanek, → Till
Boller, Wilhelm	*1904*	*10.10.1943 Plötzensee*	*Hamburg/ Kopenhagen*	*Funktionär*	*D (staatenlos)*	*VGH 21.7.1943: VzHv (KPD)*
Baumgärtner, Rudolf	1920	10.9.1943, 18.25 Uhr	Berlin	Postarbeiter	D	SG Berlin 31.7.1943: Diebstahl/Gewahrsamsbruch
Beutels, Augustinus	1901	8.9.1943, 19.30 Uhr	zuletzt Berlin (Postlager)	Arbeiter	B	SG Berlin 2.8.1943: Diebstahl von Postgut mit → Willeart, → Walgrave, → J.B. Dieltjens
Beneš, Josef	1904	8.9.1943, 2.40 Uhr	Prag	Privatbeamter	T	
Bietzke, Kurt	1894	8.9.1943, 1.40 Uhr	Berlin	Maler	D	VGH 17.8.1943: LV (Hilfe f. Fallschirm-Agenten) mit → Hinkelmann, → Scheffel, → Tucholla
Blauensteiner, Franz	1903	8.9.1943, 1.05 Uhr	Wien	Maschinen-schlosser	Ö	VGH 25.8.1943: VzHv, Fbg (KPÖ) mit → Lochner, → Menich, → Schmutzer
Bouchage, Emile A.	1920	8.9.1943, 0.01 Uhr	zuletzt Berlin	Fleischer	F	
Berta, Louis	1921	9.9.1943, 19.30 Uhr	zuletzt Berlin	Dreher	F	SG Berlin 31.8.1943: Raubversuch
Carpentier, René	1905	8.9.1943, 19.00 Uhr	zuletzt Berlin	Tischler	F	SG Berlin 9.6.1943: Einbrüche
Collard, Auguste		8.9.1943, 19.00 Uhr	zuletzt Berlin	Arbeiter	F	
Coufal, Antonin	1894	8.9.1943, 0.30 Uhr	Olmütz	Polizeiinspektor i.R.	T	VGH 29.6.1943: VzHv, Fbg (»Geheimorganisation«) mit → Misak, → Hanak, → Sorm, → Jurena, → Klejch, → Zabloudil
Carpentier, Marius	1924	8.9.1943, 0.01 Uhr	zuletzt Berlin	Arbeiter	F	SG Berlin 21.7.1943: Plünderung
Chvatal, Ladislav	1912	8.9.1943, 6.00 Uhr	Prag	Angestellter	T	
Croze, Eugen	1919	8.9.1943, 6.35 Uhr	zuletzt Braunschweig	Schlachter	F	VGH 12.8.1943: Fgb, Lv (Propaganda für de Gaulle)
Chantier, André	1923	8.9.1943, 0.01 Uhr	zuletzt Berlin	Bäcker	F	
Comte, Henri		8.9.1943, 8.05 Uhr		Chauffeur	F	
Dürr, Rudolf	1898	7.9.1943, 20.05 Uhr		Major a.D.	T	VGH 5.11.1942: Hv, Lv (»Geheimorganisation«)
Dieltjens, Karl	1900	7.9.1943, 20.30 Uhr	Amsterdam	Hafenarbeiter	NL	VGH 11.11.1942: Sprengstoffanschläge (s. Beguin)
Dedek, Vaclav	1918	8.9.1943, 19.30 Uhr	Böhm.-Trübau	Aushilfsbeamter	T	
Drabek, Franz	1893	8.9.1943, 19.30 Uhr	Königgrätz	Postangestellter	T	VGH 7.5.1943: VzHv, Fbg (s. Bek)
Dienelt, Josef	1913	7.9.1943, 20.00 Uhr	Laun	Maschinist	T	VGH 18.5.1943: VzHv, Fbg (s. Bursa)
Dvořak, Franz Josef (ehem. Dobianer)	1886	8.9.1943, 19.30 Uhr	Prag	Kaufmann	T	VGH 8.6.1943: Lv, Volksverrat

Name	geb.	gest.	Wohnort	Beruf	Nat.	Urteil
Dieltjens, Jan Baptist	1887	9.9.1943, 19.30 Uhr	Berlin (Postlager)	Arbeiter	B	SG Berlin 2.8.1943: Diebstahl (Post)
Dobřensky, Alois	1912	8.9.1943, 7.37 Uhr	Brünn	Mitfahrer/ Tischler	T	VGH 3.9.1943: VzHv, Fbg (KPČ) mit → Kominek, → Mifek, → Straka, → M. Svoboda, → Žižlavsky
Erban, Pavel	1896	7.9.1943, 20.05 Uhr	Horschitz	Verwalter E-Werk	T	VGH 19.4.1943: VzHv (»V boj«) mit → F. Jaros, → Prazak
Erban, Wenzel[2]	*1900*	*T.U. in Z. umgewandelt*	*Königgrätz*	*Postbeamter*	*T*	*VGH 7.5.1943: VzHv, Fbg (s. Bek)*
Eder, Josef	1894	13.9.1943, 18.45 Uhr	Augsburg	Maler	D	VGH 14.7.1943: Wehrkraftzersetzung
Ekhart, Wilhelm	1921	7.9., 21.15 Uhr	zuletzt Berlin	Arbeiter	NL	SG Berlin 5.8.1943: Raub/Diebstahl
Evald, Karl	1896	8.9.1943, 3.45 Uhr	Tabor	Landgerichtsrat	T	VGH 27.8.1943: VzHv (»V boj«) mit → Hrubes, → Posadovsky
Franta, Georg, Dr.	*1899*	*T.U. in Z. umgewandelt*	*Königgrätz*	*Augenarzt*	*T*	*VGH 7.5.1943: VzHv, Fbg (s. Bek)*
Forman, Jiri	1912	7.9.1943, 20 Uhr	Spaschitz	Arbeiter	T	VGH 18.5.1943: VzHv, Fbg (s. Bursa)
Franssen, Theodor		*11.10.1943 Plötzensee*			*NL*	*VGH 24.5.1943*
Faltus, Josef	1902	8.9.1943	Breschtan	Lagerhalter	T	VGH 16.6.1943: VzHv, Fbg (s. A. Aubrecht)
Festersen, Hans[3]	1907	8.9.1943, 0.01 Uhr	Lobetal	Klavierstimmer	D	SG Berlin 13.7.1943: Sittlichkeitsdelikt mit → Hirning, → Lemme, → Riemann
Fischer, Karl	*1897*	*13.9.1943 Brandenburg*[4]	*Berlin*	*Polizeihauptwachtmeister*	*D*	*LG Berlin 10.4.1943: Fälschung (von Wehrerfassungsunterlagen), Bestechung mit → Ringler*
Frömpter, Otto	1900	8.9.1943, 7.05 Uhr	Prag	Korrespondent/ Buchhalter	T	
Fučik, Julius	1903	8.9.1943, 4.55 Uhr	Prag	Schriftleiter/ Schriftsteller	T	VGH 25.8.1943: VzHv, Fbg (KPČ) mit → Klecan

2 Erban ist am 12.3.1944 in der Haft verstorben; Mordregister O 170, BA-Hoppegarten.

3 Festersen war wie Hirning, Lemme und Riemann in Lobetal bei Bernau, dem Sitz einer Einrichtung des Diakonischen Werks, wohnhaft. Im Tenor des Urteils heißt es, die Männer seien »geistesschwach und nicht voll zurechnungsfähig« gewesen (Mordregister F 509, BA-Hoppegarten). Trifft dies zu, dann waren Urteil und Hinrichtung Akte der »Vernichtung nicht lebenswerten Lebens«.

4 Auf Weisung des Justizministeriums wurde das Todesurteil an den beiden Polizisten Wilhelm Ringler und Karl Fischer »nicht durch Erhängen vollzogen. Sie wurden der Richtstätte in Brandenburg zur Fallbeilvollstreckung zugeführt.« (Der Generalstaatsanwalt bei dem Landgericht als Leiter der Anklagebehörde bei dem Sondergericht vom 17. September 1943; BA-Ko R 22/5019).

Name	geb.	gest.	Wohnort	Beruf	Nat.	Urteil
Ganty, Charles	1920	7.9.1943, 21.15 Uhr	Gelsenkirchen	Bergmann	B	VGH 21.5.1943: Fbg, Lv (»Hetze gegen Deutschland«)
Giemza, Anton	1896	7.9.1943, 19.30 Uhr	zul. Hamburg	Autoschlosser	P	VGH 11.6.1943: VzHv (Komm. Prop.) mit → Plesinski, → Szalanski
Girelli, Veris	1922	8.9.1943, 8.05 Uhr	Berlin	Hausdiener	It	SG Berlin 13.7.1943: Kriegswirtschaftsverbrechen mit → Parisot
Grothe, Willi	1905	8.9.1943, 3.45 Uhr	Potsdam	Kutscher	D	SG Berlin 15.7.1943: Diebst. von Frachtgut mit → Schulzek
Gersing, Kurt	1912	7.9.1943, 22.15 Uhr	Berlin	Arbeiter	D	VGH 23.7.1943: VzHv
Gransee, Gustav	*1893*	*15.10.1943 Brandenburg*	*Berlin*	*Facharbeiter*	*D*	*SG Berlin 30.7.1943: Diebstahl von Postgut*
Gröbe, Kurt	1900	8.9.1943, 5.25 Uhr	Halle	Schlosser	D	VGH 30.7.1943: VzHv, Fbg (Komm. Mundpropaganda)
Großmann, Kurt	1898	8.9.1943, 0.01 Uhr	Hohenneuen-burg	Triebwagenführer	D	SG Berlin 3.8.1943: Entwendung von Bahnbeförderungsgut
Granzow, Kurt	1909	10.9.1943, 18.25 Uhr	zuletzt Djelfa (Afrika)	Goldschmied	D (staatenlos)	VGH 19.8.1943: VzHv (KPD)
Guth, Ludwig	*1901*	*11.10.1943 Plötzensee*		*Kraftfahrer*	*D*	*VGH 23.8.1943: Wehrkraftzersetzung*
Hoorn, Jan	1905	7.9.1943, 20.30 Uhr	zuletzt Lübeck	Hafenarbeiter	B	VGH 17.11.1942: Sprengstoffanschläge (s. Beguin)
Halbhuber, Jaromir	*kein Vollstreckungs-Nachweis*		*Raudnitz*	*Oberst a.D.*	*T*	
Helwin, Franz	1890	8.9.1943, 4.55 Uhr	Rakonitz	Major a.D./ Obersekretär	T	VGH 27.1.1943: VzHv, Fbg (milit. Geheimorganisation) mit → Novy, → Stanek, → Štoviček, → Šulč
Heinrich, Friedrich	*1890*	*T.U. in Z. umgewandelt*	*Berlin (?)*	*Schuhwarenhändler*	*D*	*SG Berlin 18.3.1943: Erpressung*
Hanus, Josef	*1899*	*13.12.1943 Plötzensee*	*Prag*	*Maschinenbau-Ing.*	*T*	*VGH 20.1.1943: VzHv mit → Peroutka*
Horak, Anton	*1904*	*T.U. in Z. umgewandelt*	*Kunzendorf*	*Postassistent*	*T*	*VGH 7.5.1943: VzHv, Fbg (s. Bek)*
Hornaček, Stefan	1913	7.9.1943, 20.30 Uhr	Prag	Kaufm. Angest.	T	VGH 18.5.1943: VzHv (s. Bursa)
Hudec, Franz	1891	8.9.1943, 0.30 Uhr	Olmütz	Schuldirektor i.R.	T	VGH 7.6.1943: VzHv (»Geheimorganisation«) mit → Nemeč, → Opočenski
Hora, Alois	1893	7.9.1943, 22.15 Uhr	Prag	Straßenbahn-schaffner	T	VGH 7.6.1943: VzHv, Fbg (KPČ) mit → Kapič, → Kožlovsky
Heymann, Felix	1917	8.9.1943, 1.40 Uhr	Berlin	Eisendreher	D	VGH 29.6.1943: VzHv, Fbg (s. Budzislawski)
Hanak, Josef	1888	8.9.1943, 5.25 Uhr	Olmütz	Distriktsinspektor	T	VGH 29.6.1943: VzHv (s. Coufal)
Hirning, Ernst[5]	1913	7.9.1943, 21.15 Uhr	Lobetal	Stuhlflechter	D	SG Berlin 13.7.1943: Sittlichkeitsdelikt (s. Festersen)
Hespers, Theodor	1903	9.9.1943, 20.30 Uhr	Halle (Belgien)	Kaufmann	D (staatenlos)	VGH 22.7.1943: Hv, Lv, Wehrkraftzersetzung

5 siehe Anmerkung 3

Name	geb.	gest.	Wohnort	Beruf	Nat.	Urteil
Hajek, Zdenek	1919	7.9.1943, 21.15 Uhr	zuletzt Berlin	Schlosser	T	SG Berlin 21.7.1943: Kleintier-Diebstähle mit → J. Matyas
Hlinka, Vilem, Dr.	1912	8.9.1943, 7.37 Uhr	Pilsen	Arzt	T	VGH (BS) 4.8.1943: Fbg (Hilfe für staatspolizeilich Gesuchte) mit → Dr. Hradecky, → Dr. Simer
Hradecky, Karl, Dr.	1904	8.9.1943, 1.40 Uhr	Strakonitz	Chefarzt	T	VGH (BS) 4.8.1943: Fbg (s. Dr. Hlinka)
Harmuth, Wolfgang	*1908*	*T.U. in Z. umgewandelt*			*D*	*SG Berlin 5.8.1943: Versuchter Raub*
Holy, Jiri	1896	8.9.1943, 6.00 Uhr		Landwirt	T	
Hampeis, Vaclav	1894	8.9.1943, 1.05 Uhr		Vers.-Inspektor	T	
Hallmeyer, Rudolf	1908	8.9.1943, 1.40 Uhr	Berlin	Klempner	D	VGH 5.8.1943: VzHv (KPD)
Hoosemanns, Jan	*1910*	*T.U. in Z. umgewandelt*	*zuletzt Berlin*	*Schweißer*	*NL*	*SG Berlin 5.8.1943: Versuchter Raub (s. Harmuth)*
Hausmann, Franz	1889	10.9.1943, 18.15 Uhr		Färber	D	VGH 6.8.1943: VzHv, Fbg, Wehrkraftzersetzung
Hanek, Franz	1889	8.9.1943, 2.40 Uhr	Prag	Modelltischler	T	
Hinkelmann, Richard	1895	8.9.1943, 1.40 Uhr	Berlin	Korrektor	D	VGH 17.8.1943: Lv (s. Bietzke)
Hautenne, Charles	1921	8.9.1943, 0.01 Uhr	zuletzt Berlin	Mechaniker	F	SG Berlin 23.8.1943: Einbrüche mit → Pardonce, → Tessier, → Maurer
Hrubes, Josef, Dr.	1896	8.9.1943, 1.05 Uhr	Tabor	Staatsanwalt	T	VGH 27.8.1943: VzHv (s. K. Evald)
Jaroš, Franz	1888	7.9.1943, 19.30 Uhr	Horschitz	Schuldiener	T	VGH 19.4.1943: VzHv (s. Erban)
Jandera, Miroslav	1920	8.9.1943, 19.30 Uhr	Böhm.-Trübau	Eisenbahn-Angest.	T	
Janski, Josef	1909	7.9.1943, 20.30 Uhr	Prag	Arbeiter	T	VGH 18.5.1943: VzHv (s. Bursa)
Jetoničky, Bedrich	1908	9.9.1943, 20.30 Uhr	Tschaslau	Oberleutnant a.D./ Sekretär	T	VGH 28.5.1943: VzHv (»Illegale Postorganisation«) mit → Kulička, → Lukeš, → Malina, → Oliva, → Weil
Jiskra, Wenzel	1902	8.9.1943, 0.30 Uhr	Prag	Straßenbahn-schaffner	T	VGH 3.6.1943: VzHv (KPČ) mit → Masek, → Popelka, → J. Pospisil, → Žerovničky
Jecht, Erich	*1909*	*T.U. in Z. umgewandelt*	*Berlin*	*Rangierarbeiter*	*D*	*SG Berlin 11.6.1943: Diebstahl*
Jurena, Stefan	1900	8.9.1943, 5.25 Uhr		Gärtner	T	VGH 29.6.1943: VzHv, Fbg (s. Hanak)
von Jablonowski, Emil	1887	9.9.1943, 20.00 Uhr	Bialetten (Ostpreußen)	Müller	D	VGH 22.7.1943: Lv
Jahrmatter, Otto	*1897*	*T.U. in Z. umgewandelt*	*Berlin*	*Meister der Schutzpolizei*	*D*	*LG Berlin 13./15.5.1943: Wehrentziehung, Bestechung*
Jasonovski, Vaclav	1896	8.9.1943, 2.10 Uhr	Raudnitz	Beamter	T	
Ickler, Friedrich	*1893*	*11.10.1943 Plötzensee*	*Remscheid*	*Zimmermann*	*D*	*VGH 13.8.1943: Wehrkraftzersetzung mit → Illigmann*

Name	geb.	gest.	Wohnort	Beruf	Nat.	Urteil
Illigmann, Emil	*1895*	*11.10.1943 Plötzensee*	*Remscheid*	*Bohrer*	*D*	*VGH 13.8.1943: Wehrkraftzersetzung (s. Ickler)*
Kummerow, Hans, Dr.	*1903*	*4.2.1944 Halle*	*Berlin*	*Chemiker*	*D*	*RKG 18.12.1942 (Rote Kapelle)*
Klima, Jan	1915	8.9.1943, 2.10 Uhr	Kladno	Techn. Beamter	T	VGH 29.4.1943: Lv, Fbg, VzHv (s. Balcar)
Klünsch, Johann	*1903*	*11.10.1943 Plötzensee*		*Generatorheizer*	*D*	*VGH 14.5.1943: VzHv (»Hetzerische Äußerungen«) mit → Vollerthum*
Kaura, Karl	1904	7.9.1943, 20.30 Uhr	Prag	Maschinen-schlosser	T	VGH 18.5.1943: VzHv, Fbg (s. Bursa)
Kulička, Antonin	1902	9.9.1943, 20.00 Uhr	Prag	Postsekretär	T	VGH 28.5.1943: VzHv (s. Jetoničky)
Kapič, Adam	1900	8.9.1943, 6.35 Uhr	Prag	Straßenbahn-schaffner	T	VGH 7.6.1943: VzHv, Fbg (s. Hora)
Kožlovski, Johann	1899	7.9.1943, 23.25 Uhr	Prag	Straßenbahn-schaffner	T	VGH 7.6.1943: VzHv, Fbg (s. Hora)
Kodytek, Ludwig	1920	8.9.1943, 7.05 Uhr		Tischler	T	VGH 16.6.1943: VzHv, Fbg (s. A. Aubrecht)
Kowal, Andreas	1913	8.9.1943, 19.00 Uhr	zuletzt Berlin	Schmied/ Baggerführer	Ukr.	SG Berlin 23.6.1943: Diebstahl/Plünderung mit → Person
Kuchyna, Ludwig	1922	7.9.1943, 21.45 Uhr	zuletzt Berlin	Kellner	T	VGH 25.6.1943: Lv (Fluchtversuch ins Ausland)
Kochmann, Martin	1912	8.9.1943, 2.10 Uhr	Berlin	Arbeiter	D	VGH 29.6.1943: VzHv, Fbg (s. Budzislawski)
Klejch, Milos	1905	8.9.1943		Drogist	T	VGH 29.6.1943: VzHv, Fbg (s. Coufal)
Kiziewicz, Alexander	1918	7.9.1943, 19.30 Uhr	Grodno	Steinschläger	P	VGH 7.7.1943: Lv
Kostic, Zivorad	*1919*	*18.10.1943 Plötzensee*		*Arbeiter (früher Stud.)*	*Serbe*	*VGH 16.7.1943: Landesverräterische Fbg mit → Savic, → Samojlowicz, → Teleki*
Kotlarek, Leo	1911	13.9.1943, 18.00 Uhr	Berlin	Handelshilfsarb.	D	SG Berlin 23.7.1943: Diebstahl
Krüger, Alfred	1894	8.9.1943, 3.15 Uhr	Berlin	E-Installateur	D	LG Berlin 7.8.1943: Betrug
Klaus, Vaclav	1907	8.9.1943, 0.30 Uhr	Prag	Keramiker	T	
Kral, Otto	1904	8.9.1943, 0.30 Uhr	Prag	Buchhalter	T	
Konieczko, Johann	1900	8.9.1943, 4.55 Uhr	Berlin	Eisenbahner	P	VGH 14.8.1943: Lv mit → Mikosch
Kleebaum, Walter	1905	8.9.1943, 0.01 Uhr	Berlin	Hilfskoch	D	SG Berlin 19.8.1943: Mißhandlung mit Todesfolge
Klecan, Jaroslav	*1914*	*kein Hinrichtungsnachweis*[6]	*Prag*	*Landwirtschafts-adjunkt*	*T*	*VGH 25.8.1943: VzHv, Fbg (s. Fučik)*

6 Obwohl sich ein Beleg für Klecans Hinrichtung weder im Sterberegister noch im Mordregister finden ließ, ist es sicher, daß er mit Fučik erhängt wurde. Die Vollstreckung des Urteils war telephonisch angeordnet. In einer Liste des Generalstaatsanwalts über die vollzogenen Vollstreckungen ist Klecan aufgeführt. (Der Generalstaatsanwalt vom 17. September, s.o. Anmerkung 4).

Name	geb.	gest.	Wohnort	Beruf	Nat.	Urteil
Kamynin, Aleksi	1910	8.9.1943, 3.45 Uhr	zuletzt Berlin	Arbeiter/Bauer	Ukr.	SG Berlin 25.8.1943: Plünderung mit → Kalugin
Kalugin, Michael	1912	8.9.1943, 4.15 Uhr	zuletzt Berlin	Koch	Ukr.	SG Berlin 25.8.1943: Plünderung (s. Kamynin)
Kaluczny, Kasimir	1915	8.9.1943, 3.45 Uhr		Tischler	P	SG Berlin 1.9.1943: Diebstahl
Kominek, Jan	1910	8.9.1943, 2.10 Uhr	Brünn	Schneidergehilfe	T	VGH 3.9.1943: VzHv, Fbg (s. Dobřensky)
Livečka, Stanislav	1896	7.9.1943, 20.05 Uhr	Olmütz	Direktor	T	VGH 21.11.1942: VzHv, Fbg
Landstofl, Wenzel	*1903*	*T.U. in Z. umgewandelt*		*Schmied*	*T*	*VGH 15.12.1942: VzHv, Fbg mit → Sedo, → Skranka*
Leweck, Alfred		*kein Hinrichtungsnachweis*				
Lukeš, Ladislaus	1903	9.9.1943, 19.30 Uhr	Tschaslau	Postbeamter	T	VGH 28.5.1943: VzHv (s. Jetoničky)
Lauer, Alexander	1909	8.9.1943, 2.40 Uhr	Wanne-Eickel	Installateur	D	SG Berlin 2.6.1943: schwerer Diebstahl und Hehlerei
Lemme, Fritz[7]	1909	8.9.1943, 3.15 Uhr	Lobetal	Wächter	D	SG Berlin 13.7.1943: Sittlichkeitsdelikt (s. Festersen)
Loof, Eberhard	1923	8.9.1943, 2.10 Uhr	Tarnow	Landwirt	D	SG Berlin 14.7.1943: Gemeinschaftl. Mord mit → R. Neumann
Liedel, Walter	1891	8.9.1943, 3.15 Uhr	Potsdam	Journalist	D	SG Berlin 22.7.1943: Betrug
Ledoux, Jean	1915	8.9.1943, 4.15 Uhr	zuletzt Berlin	Arbeiter	F	SG Berlin 22.7.1943: Raubüberfall
Liebke, Paul	1903	8.9.1943, 3.15 Uhr	Breetz	Arbeiter	D	SG Berlin 2.8.1943: Einbrüche
Lamka, Vladimir	1905	8.9.1943, 1.05 Uhr	Laun	Rechtsanwalt	T	
Louda, Karl	1921	8.9.1943, 3.45 Uhr	zuletzt Berlin	Arbeiter	T	SG Berlin 4.8.1943: Einbrüche
Laurenz, Henri		8.9.1943, 19.00 Uhr	zuletzt Berlin		F	SG Berlin 10.8.1943: Raubüberfall
Lochner, Heinrich	1899	8.9.1943, 1.05 Uhr	Wien	Straßenbahnfahrer	Ö	VGH 25.8.1943: VzHv, Fbg (s. Blauensteiner)
Liska, Matthias	1889	8.9.1943, 1.05 Uhr	Wien	Eisenbahner	Ö	
Müller, Rudolf		*nicht hingerichtet*			*CH*	
Mastbooms, Jean	1908	7.9.1943, 21.15 Uhr	zul. Hannover	Hafenarbeiter	B	VGH 11.11.1942: Sprengstoffanschläge (s. Beguin)
Meeuwsen, Johannes	*1918*	*T.U. in Z. umgewandelt*			*NL*	*VGH 8.1.1943: Fbg (Weitergabe eines Flugblatts) mit → Rauch*
Mergl, Jaroslav		13.9.1943, 18.00 Uhr	zuletzt Lübeck	Arbeiter	T	VGH 24.2.1943: Lv (Fluchthilfe für Kriegsgef.)
Milostny, Karl, Dr.	1913	8.9.1943, 20.05 Uhr	Königgrätz	Arzt	T	VGH 7.5.1943: VzHv, Fbg (s. Bek)
Mach, Karl	1900	7.9.1943, 19.30 Uhr	Prag	Arbeiter	T	VGH 18.5.1943: VzHv, Fbg (s. Bursa)
Malina, Ferdinand	1896	9.9.1943, 20.00 Uhr	Mirowitz	Postrevident	T	VGH 28.5.1943: VzHv (s. Jetoničky)
Mašek, Adalbert	1887	8.9.1943, 0.30 Uhr	Prag	Straßenbahn-schaffner	T	VGH 3.6.1943: VzHv, Fbg (s. Jiskra)

7 siehe Anmerkung 3.

Name	geb.	gest.	Wohnort	Beruf	Nat.	Urteil
Matyas, Alois	1904	9.9.1943, 20.00 Uhr	Prag	Mechaniker	T	VGH 21.6.1943: VzHv
Misak, Josef	1889	8.9.1943, 5.25 Uhr	Olmütz	Polizeiinspektor	T	VGH 29.6.1943: VzHv, Fbg (s. Coufal)
Michalek, Johann	1911	9.9.1943, 20.30 Uhr	Wien	Arbeiter	Ö	VGH 10.7.1943: Lv (Fluchthilfe für Kriegsgefangene)
Matyas, Jaroslav	1914	7.9.1943, 21.15 Uhr	zuletzt Berlin	Zimmermaler	T	SG Berlin 21.7.1943: Kleintier-Diebstähle (s. Hajek)
May, Stefan	1899	8.9.1943, 19.30 Uhr	Grätz (Warthe)		P	VGH 3.8.1943: Lv
Modr, Karl	1901	8.9.1943, 2.10 Uhr	Pschoblik	Bankangestellter	T	
Mikosch, Wilhelm	1897	8.9.1943, 7.05 Uhr	Hindenburg	Bauarbeiter	D	VGH 14.8.1943: Lv (s. Konieczko)
Martina, Maurice		8.9.1943, 3.15 Uhr	zuletzt Berlin	Elektriker	F	
Maurer, Gustav	*1888*	*T.U. in Z. umgewandelt*	*Berlin*	*Installateur*	*D*	*SG Berlin 23.8.1943: Hehlerei (s. Hautenne)*
Menich, Anton	1908	8.9.1943, 6.00 Uhr	Wien	Schlosser/Dreher	Ö	VGH 25.8.1943: VzHv, Fbg (s. Blauensteiner)
Mifek, Josef	1911	8.9.1943, 2.10 Uhr	Brünn	Hilfsarbeiter	T	VGH 3.9.1943: VzHv, Fbg (s. Dobřensky)
Mikesch, Josef	1914	8.9.1943, 1.05 Uhr	Wien	Maschinist	T	VGH 2.9.143: VzHv mit → Terkola
Novy, Karl	1887	7.9.1943, 22.15 Uhr	Horowitz	Oberstleutnant a.D.	T	VGH 27.1.1943: VzHv, Fbg (s. Helwin)
Nossava, Alexander		*T.U. in Z. umgewandelt*			*B*	
Němeč, Alexej	1894	7.9.1943, 23.25 Uhr	Chrudim	Postrevident	T	VGH 7.6.1943: VzHv (s. Hudec)
Nesnidal, Karl	1913	7.9.1943, 23.25 Uhr	Königgrätz	Bankbeamter	T	VGH 8.7.1943: VzHv, Fbg (Sokol)
Noak, Alfred	1909	8.9.1943, 3.15 Uhr	Berlin	Schiffer	D	SG Berlin 9.7.1943: Kleinvieh-Diebstähle
Neumann, Robert	1912	8.9.1943, 2.10 Uhr	Fehrbellin	Landarbeiter	D	SG Berlin 14.7.1943: Gemeinschaftl. Mord (s. Loof)
Novotny, Vaclav	1886	8.9.1943, 2.40 Uhr	Kralup	Schuldirektor	T	
Neutert, Eugen	1905	9.9.1943, 20.00 Uhr	Berlin	Arbeiter	D	VGH 20./21.8.1943: VzHv (Rote Kapelle) mit → Schürmann, → Thiess
Otava, Jaroslav	1908	8.9.1943, 20.05 Uhr	Königgrätz	Postadjunkt	T	VGH 7.5.1943: VzHv, Fbg (s. Bek)
Ondraček, Jindrich	1906	8.9.1943, 20.05 Uhr	Königgrätz	Bankangestellter	T	VGH 7.5.1943: VzHv, Fbg (s. Bek)
Oliva, Josef	1898	9.9.1943, 20.30 Uhr	Prag	Oberpostsekretär	T	VGH 28.5.1943: VzHv (s. Jetoničky)
Opočensky, Stanislav	1906	7.9.1943, 23.25 Uhr		Oberpostsekretär	T	VGH 7.6.1943: VzHv (s. Hudec)
Oplt, Heinrich	1921	8.9.1943, 4.15 Uhr	zuletzt Berlin	Heizer	T	SG Berlin 14.7.1943: Plünderung
Peroutka, Stanislav	*1893*	*T.U. in Z. umgewandelt*		*Krankenkassenbeamter*	*T*	*VGH 29.3.1943: VzHv, Fbg (s. Hanus)*
Pražak, Josef	1895	7.9.1943, 20.05 Uhr	Horschitz	Briefträger	T	VGH 19.4.1943: VzHv, Fbg (s. Erban)
Picko, Josef	1900	7.9.1943, 21.15 Uhr	Wildenschwert	Arbeiter	T	VGH 26.11.1942: VzHv

Name	geb.	gest.	Wohnort	Beruf	Nat.	Urteil
Pospisil, Zdenek	1920	8.9.1943, 0.30 Uhr	Böhm.-Trübau	Eisenbahntelegraph.	T	
Pospisil, Jaroslav	1904	7.9.1943	Prag	Straßenbahnschaffner	T	VGH 3.6.1943: VzHv, Fbg (s. Jiskra)
Popelka, Karl	1907	8.9.1943, 0.30 Uhr	Totschna	Schmied	T	VGH 3.6.1943: VzHv, Fbg (s. Jiskra)
Plesinski, Johann	1892	7.9.1943, 19.30 Uhr	zul. Hamburg	Motorenwärter	P	VGH 11.6.1943: VzHv (Komm. Propaganda)
Podračky, Johann	1909	7.9.1943, 23.25 Uhr		Architekt	T	VGH 16.6.1943: Landesverräterische Fbg (Unterstützung Widerstand)
Prokop, Karl	1893	8.9.1943, 2.10 Uhr	Prag	Finanzbeamter	T	VGH 21.6.1943: VzHv
Person, Ludwig	1909	8.9.1943, 19.00 Uhr	zuletzt Berlin	Arbeiter	Slowake	SG Berlin 23.6.1943: Diebstahl (s. Kowal)
Priebe, Erich	*1906*	*19.11.1943 Brandenburg*	*Berlin*	*Kaufmann*	*D*	*SG Berlin 24.6.1943: Betrug*
Posiadly, Paul	1892	7.9.1943, 21.15 Uhr		Kaufmann	T	VGH 22.6. u. 6.7.1943: Lv
Parisot, Maurice	1921	8.9.1943, 4.15 Uhr	Berlin	Hausdiener	F	SG Berlin 13.7.1943: Kriegswirtschaftsverbrechen (s. Girelli)
Prczeczewski, Franz	1898	9.9.1943, 20.30 Uhr	Geßlershausen	Schlosser	P	VGH 21.7.1943: Lv
Polspoel, Maurice	1924	8.9.1943, 4.15 Uhr	zuletzt Berlin	Monteur	F	SG Berlin 9.8.1943: schwerer Raub mit → Ramousset
Pläger, Ernst	1910	8.9.1943, 3.15 Uhr	Berlin	Schuhmacher	D	SG Berlin 10.8.1943: Einbrüche
Prkno, Karl	1885	8.9.1943, 6.00 Uhr	Prag	Angestellter	T	
Paulnier, Herve	1919	8.9.1943, 2.10 Uhr	zuletzt Berlin	Student	F	
Pardonce, Georget	1923	8.9.1943, 4.15 Uhr	zuletzt Berlin	Bäcker	F	SG 23.8.1943: Einbrüche
Pardonce, Georges		8.9.1943, 7.37 Uhr	zuletzt Berlin	Bäcker	F	
Pusset, René	1919	8.9.1943, 3.45 Uhr	zuletzt Berlin	Schlosser	F	
Posadovski, Miroslav	1919	8.9.1943, 1.05 Uhr	Tabor	Sparkassenbeamter	T	VGH 27.8.1943, VzHv (s. Evald)
Prasse, Max	1916	10.9.1943, 18.25 Uhr	Warnsdorf	Kaufm. Angest.	D	SG Berlin 2.9.1943: Diebstahl/Betrug
Rodrigus, Gerardus	1898	7.9.1943, 21.45 Uhr	Antwerpen	Traktorenführer	B	VGH 11.11.1942: Sprengstoffanschläge (s. Beguin)
Rauch, Bernhard	*1911*	*T.U. in Z. umgewandelt*	*Bremen*		*D*	
Richey, Walter	*1899*	*11.10.1943 Plötzensee*		*Stukkateur*	*D*	*VGH 20.4.1943: VzHv*
Rohmer, Lucian	*1895*	*Hinrichtungstermin nicht nachweisbar*	*Mühlhausen (Elsaß)*	*Hotelbesitzer*	*F*	*VGH 18.5.1943: Fbg (Hilfe zur Flucht ins Ausland)*
Ravé, Stephan		8.9.1943, 19.00 Uhr	zuletzt Berlin	Bäcker	F	
Riemann, Friedrich[8]	1886	7.9.1943, 21.15 Uhr	Lobetal	Bürogehilfe	D	SG Berlin 13.7.1943: Sittlichkeitsdelikt (s. Festersen)

8 siehe Anmerkung 3.

Name	geb.	gest.	Wohnort	Beruf	Nat.	Urteil
Rožanek, František	1903	8.9.1943, 6.00 Uhr	Prag	Werkmeister	T	VGH 20.7.1943: VzHv (s. Broul)
Ramousset, Roger	1920	8.9.1943, 4.15 Uhr	zuletzt Berlin	Einrichter	F	SG Berlin 9.8.1943: schwerer Raub (s. Polspoel)
Ringler, Wilhelm[9]	*1904*	*13.9.1943 Brandenburg*	*Berlin*	*Polizeihauptwachtmeister*	*D*	*LG Berlin 10.8.1943: Fälschung, Bestechung (s. Fischer)*
Romann, Robert	1921	9.9.1943, 20.30 Uhr	Bollweiler (Elsaß)	Bergarbeiter	F (D. a.W.)	VGH 23.8.1943: Wehrdienstentziehung
Ruelle, Lucian[10]		*Hinrichtungstermin nicht bekannt*			*F*	
Seiffert, Paul		*Hinrichtungstermin nicht bekannt*			*D*	*VGH 31.8.1942: Lv*
Skranka, Wenzel	1900	7.9.1943, 22.15 Uhr		Straßenwärter	T	VGH 13.12.1942: Fbg, VzHv (s. Landstofl)
Sedo, František	1902	7.9.1943, 22.15 Uhr		Eisenbahn-Angest.	T	VGH 13.12.1942: VzHv, Fbg
Šulč, Josef	1895	8.9.1943, 4.55 Uhr	Rakonitz	Major a.D.	T	VGH 27.1.1943: VzHv, Fbg (s. Helwin)
Snep, Josef	1887	8.9.1943, 5.25 Uhr	Eindhoven	Tanzlehrer	NL	VGH 5.4.1943: Lv
Sara, Alexander	1916	8.9.1943, 6.35 Uhr	Prag	Konstruktionszeichner	T	VGH 29.4.1943: Lv, VzHv, Fbg (s. Balcar)
Spalek, Josef	1915	8.9.1943, 6.35 Uhr	Prag	Techn. Beamter	T	VGH 29.4.1943: Lv, VzHv, Fbg (s. Balcar)
Sykora, Jaroslav	*1898*	*22.1.1945 Brandenburg*	*Königgrätz*	*Oberleutnant der Polizei*	*T*	*VGH 7.5.1943: VzHv, Fbg (s. Bek)*
Szalanski, Jan	1904	7.9.1943, 21.45 Uhr	zul. Hamburg	Schlosser	P	VGH 11.6.1943: VzHv
Sorm, Jan	1900	8.9.1943, 5.25 Uhr	Olmütz	Polizei-Distriktsinspektor	T	VGH 29.6.1943: VzHv, Fbg (s. Coufal)
Savic, Radoslav	*1894*	*18.10.1943 Plötzensee*		*Schneider*	*Serbe*	*VGH 16.7.1943: Landesverräterische Fbg (s. Kostic)*
Samojlowicz, Sekular	*1915*	*18.10.1943 Plötzensee*		*Schneider*	*Serbe*	*VGH 16.7.1943: Landesverräterische Fbg (s. Kostic)*
Švarč, Johann	1894	7.9.1943, 21.15 Uhr	Prag	Gemeinde-Angest.	T	VGH 20.7.1943: VzHv, Fbg (s. Broul)
Simer, František, Dr.	1899	8.9.1943, 7.37 Uhr	Pilsen	Chefarzt	T	VGH (BS) 4.8.1943: Fbg (s. Dr. Hlinka)
Salan, André		8.9.1943, 8.05 Uhr	zuletzt Berlin	Bäcker	F	
Seidel, Julius	1896	9.9.1943, 19.30 Uhr		Arbeiter	D	SG Berlin 25.8.1943: Sittlichkeitsdelikt
Svura, Franz	1924	9.9.1943, 19.30 Uhr	zuletzt Berlin	Bäcker	T	SG Berlin 31.8.1943: Koffer-Diebstähle

9 siehe Anmerkung 4.

10 R. war geflohen und am 15. September noch nicht wieder gefaßt.

Name	geb.	gest.	Wohnort	Beruf	Nat.	Urteil
Skolar, Bohuslav	1921	9.9.1943, 19.30 Uhr	ohne festen Wohnsitz	Kutscher	T	SG Berlin 31.8.1943: Einbrüche
Svoboda, Miloslav	1914	8.9.1943, 6.00 Uhr	Brünn	Bahnarbeiter	T	VGH 3.9.1943: VzHv, Fbg (s. Dobřensky)
Schokkaert, Louis	1913	7.9.1943, 21.45 Uhr	Antwerpen	Hafenarbeiter	B	VGH 11.11.1942: Sprengstoffanschläge (s. Beguin)
van Schaik, Jan	1908	7.9.1943, 21.45 Uhr	Den Haag	Wurstmachergeh.	NL	VGH 17.11.1942: Sprengstoffanschläge (s. Beguin)
Scheidel Julius		*Hinrichtungstermin nicht bekannt*				
Schulzek, Bruno	1897	8.9.1943, 3.45 Uhr	Potsdam	Reichsbahngehilfe	D	SG Berlin 15.7.1943: Frachtgut-Diebstahl (s. Grothe)
Scheer, Richard	1878	8.9.1943, 6.35 Uhr	Berlin	Angestellter	D	VGH 26.7.1943: VzHv (Attentatsversuch)
Schopf, Walter	1922	9.9.1943, 20.30 Uhr	Wien	Handelsangest.	Ö	VGH 25.7.1943: Fbg, VzHv
Scheffel, Rudolf	1901	8.9.1943, 7.37 Uhr	Berlin	Bücherrevisor	D	VGH 17.8.1943: Fbg (s. Bietzke)
Schürmann(-Horster), Wilhelm	1900	9.9.1943, 20.00 Uhr	Konstanz	Spielleiter	D	VGH 20./21.8.1943: VzHv, landesverräterische Fbg (s. Neutert)
Schmutzer, Adolf	1905	8.9.1943, 6.00 Uhr	Wien	Ordinationsgehilfe	Ö	VGH 25.8.1943: VzHv, Fbg (s. Blauensteiner)
Stämpfli, Paul		*nicht hingerichtet*			*CH*	
Stoviček, Anton	1898	7.9.1943, 22.15 Uhr	Beraun	Gendarmerie-Leutnant a.D.	T	VGH 27.1.1943: VzHv, Fbg (s. Helwin)
Stanek, Josef	1897	7.9.1943, 22.15 Uhr	Raudnitz	Major a.D./ Landw.-Lehrer	T	VGH 27.1.1943: VzHv, Fbg (s. Helwin)
Starmann, Zdenek	1920	8.9.1943, 20.05 Uhr	Adamsthal bei Brünn	Schlosser	T	
Steiner, Engelbert	1904	8.9.1943, 5.25 Uhr	Übersee	Eisenbahner	D	VGH 20.7.1943: VzHv
Straka, Ondrej	1907	8.9.1943, 7.05 Uhr	Brünn	Kraftfahrer	Slowake	VGH 3.9.1943: VzHv, Fbg (s. Dobřensky)
Tanner, Karl		*nicht hingerichtet*			*CH*	
Thiele, Walter	1909	8.9.1943, 19.30 Uhr	Berlin	Kürschner	D	SG Berlin: Kriegswirtschaftsverbrechen
Teleki, George	*1923*	*18.10.1943 Plötzensee*		*Maler*	*Serbe*	*VGH 16.7.1943: Landesverräterische Fbg (s. Kostic)*
Till, Alois	1894	8.9.1943, 7.37 Uhr	Prag	Schuldiener	T	VGH 20.7.1943: VzHv (s. Broul)
Taibl, Vladimir	1899	8.9.1943, 6.00 Uhr	Klumtschau	Landwirt	T	
Trägler, Jaromir (Tregler)	1908	8.9.1943, 4.55 Uhr	Prag	Beamter	T	

Name	geb.	gest.	Wohnort	Beruf	Nat.	Urteil
Tucholla, Felix	1899	8.9.1943, 7.37 Uhr	Berlin	Schlosser	D	VGH 17.8.1943: Lv (s. Bietzke)
Thiess, Wolfgang	1911	8.9.1943, 20.00 Uhr	Berlin	Kaufm. Angest.	D	VGH 20./21.8.1943: VzHv, landesverräterische Fbg (s. Neutert)
Tessier, Maurice	1905	8.9.1943, 8.05 Uhr	zuletzt Berlin	Arbeiter	F	SG Berlin 23.8.1943: Einbruch
Terkola, Ernst	1909	8.9.1943, 7.05 Uhr	Wien	Angestellter	Ö	VGH 2.9.1943: VzHv (s. Mikesch)
Uhr (Ubr), Bohumil		*kein Vollstreckungsnachweis*			*T*	
Uher, Emil	1903	7.9.1943, 23.25 Uhr	Prag	Maschinist	T	VGH 3.6.1943: VzHv, Fbg
Uhlig, Robert	*1891*	*T.U. in Z. umgewandelt*		*Wächter*	*D*	*VGH 30.8.1943: Wehrkraftzersetzung*
Vercammen, Gummarus	1902	7.9.1943, 21.45 Uhr	Antwerpen	Hafenarbeiter	B	VGH 11.11.1942: Sprengstoffanschläge (s. Beguin)
van Vreeswijk, Willem	1906	7.9.1943, 22.50 Uhr	Rotterdam	Matrose	NL	VGH 17.11.1942: Sprengstoffanschläge (s. Beguin)
Vycpalek, Johann	1905	8.9.1943, 6.35 Uhr	Prag	Elektrotechniker	T	VGH 29.4.1943: Lv, Fbg, VzHv (s. Balcar)
Valesky, Ladislav (Voleski)	1921	8.9.1943, 20.05 Uhr		Maschinen-schlosser	T	
Vosejnek, Heinrich	1917	8.9.1943, 20.05 Uhr	Böhm.-Trübau		T	
Vanoua, Alexander (Vancus)	1917	8.9.1943		Kanzleibeamter	T	
Vollerthum, Fritz	*1901*	*11.10.1943 Plötzensee*	*Berlin*	*Schweißer*	*D*	*VGH 14.5.1943: VzHv (s. Klünsch)*
Vichorec, Franz	1904	7.9.1943, 22.50 Uhr	Prag	Maschinen-schlosser	T	VGH 18.5.1943: VzHv (s. Bursa)
Vrnata, Vojtěch	1898	8.9.1943, 5.25 Uhr	Prag	Spediteur	T	VGH 17.6.1943: VzHv, Lv, Fbg
Vogt, Hermann	1899	8.9.1943, 3.45 Uhr	Caputh bei Potsdam	Fleischermeister	D	SG Berlin 12.7.1943: Kriegswirtschaftsverbrechen (Schwarzschlachtungen)
Vermoere, Marcel		8.9.1943, 19.00 Uhr	zuletzt Berlin	Rohrleger	F	SG Berlin: Raubüberfall (s. Laurenz)
Wouters, René W.	1913	7.9.1943, 15.30 Uhr	zuletzt in Kriegsgefangenschaft	Korrektor	B	VGH 11.11.1942: Sprengstoffanschläge (s. Beguin)
Wolf, Gerhard		*kein Vollstreckungsnachweis*				
Wenzel, Paul	*1891*	*T.U. in Z. umgewandelt*	*Berlin*	*Arbeiter*	*D*	*SG Berlin 20.3.1943: Plünderung*
Weil, Johann	1899	9.9.1943, 20.30 Uhr		Postsekretär i.R.	T	VGH 28.5.1943: VzHv (s. Jetoničky)
Wickschrat, August	1901	7.9.1943, 19.30 Uhr	Krs. Schloßberg	Waldarbeiter	D	VGH 8.7.1943: Lv
Wickschrat, Fritz	1899	7.9.1943, 19.30 Uhr	Krs. Schloßberg	Facharbeiter	D	VGH 8.7.1943: Lv

Name	geb.	gest.	Wohnort	Beruf	Nat.	Urteil
Willeart, Petrus	1908	9.9.1943, 19.30 Uhr	Berlin (Postlager)	Arbeiter	B	SG Berlin 2.8.1943: Diebstahl von Postgut (s. Dieltjens, J.B.)
Walgrave, Louis	1909	9.9.1943, 19.30 Uhr	Berlin (Postlager)	Arbeiter	B	SG Berlin 2.8.1943: Diebstahl von Postgut (s. Dieltjens, J.B.)
Winkler, Richard	1884	8.9.1943, 4.15 Uhr	Hamburg	Uhrmacher/ Goldschmied	D	LG Berlin 30.7.1943: Unterschlagung (von Kunden-Uhren)
Wolff, Hermann	1895	8.9.1943, 6.35 Uhr	Paris	Nieter	D (staatenlos)	VGH 6.8.1943: Lv, VzHv (Fremdenlegion)
Wätzlich, Alwin	*1885*	*11.10.1943 Plötzensee*	*Uhyst*	*Hausschlächter*	*D*	*VGH 27.8.1943: Wehrkraftzersetzung*
Wiatrek, Heinrich		*Hinrichtungsdatum nicht bekannt*	*zuletzt Kopenhagen*	*Funktionär*	*D (staatenlos)*	
Zilina, Franz	1915	7.9.1943, 23.25 Uhr	Pilsen	Techn. Beamter	T	VGH 29.4.1943: Lv, Fbg, VzHv (s. Balcar)
Zeleny, Josef (Zelany)	1913	8.9.1943, 20.05 Uhr	Adamsthal bei Brünn	Maschinen-schlosser	T	
Žerovničky, Josef	1906	7.9.1943, 23.25 Uhr	Prag	Straßenbahn-schaffner	T	VGH 3.6.1943: VzHv (s. Jiskra)
Zabloudil, František	1896	8.9.1943, 2.40 Uhr		Landwirtschaftl. Arbeiter	T	VGH 29.6.1943: VzHv, Fbg (s. Hanak)
Zerbe, Arthur	1896	13.9.1943, 18.00 Uhr	Berlin	Schlosser/ Schweißer	D	VGH 5.7.1943: Lv (»Hat sich an wehrwichtiger Stelle hetzend und zersetzend betätigt.«)
Zicha, Josef	1892	8.9.1943, 7.05 Uhr	Raudnitz	Druckereibesitzer	T	
Zajnert, Edmund	1920	8.9.1943, 6.35 Uhr	Duisburg	Schlosser	D	VGH 6.8.1943: Lv
Zuchareba, Heinz	1922	9.9.1943, 20.00 Uhr	Berlin	Kraftfahrer	D	SG Berlin 28.8.1943: Diebstahl, Betrug, Hehlerei
Žižlavski, Franz	1911	7.9.1943, 22.50 Uhr	Brünn	Magazineur	T	VGH 3.9.1943: VzHv, Fbg (s. Dobřensky)

Die Hinrichtungslisten nach dem Bibliotheksbuch

Die Hinrichtungslisten im Bibliotheksbuch enthalten in der Regel Gefangenenbuch-Nummer, Name und Vorname.
Diese Angaben sind hier ergänzt durch das Geburtsjahr, den Wohnort, den Beruf, die Nationalität sowie durch das Datum der Gerichtsurteile und die »Straftat«. Letztere ergibt sich aus Gerichtsurteilen bzw. aus dem »Mordregister«. Dabei ist zu beachten, daß derselbe Tatbestand bisweilen unter verschiedenartigen »Delikten« rubriziert wird, beispielsweise der Fluchtversuch eines Polen aus dem deutschen Machtbereich unter »Landesverrat« oder auch »Hochverrat« – und nahezu immer gilt in solchen Fällen die Schädigung des Reichswohls nach der Polenstrafrechtsverordnung. Auch kommunistische Betätigung gilt einmal primär als Hoch-, ein andermal als Landesverrat.
Nicht aufgenommen in die Liste sind diejenigen, die von Sonder- bzw. Strafkammern der Landgerichte verurteilt wurden. Auch unter ihnen sind sicherlich »politische Täter« zu finden; doch läßt sich dies nicht zweifelsfrei von der Kriminalität trennen. Nahezu alle sind jedoch Opfer einer auf Disziplinierung bedachten brutalen Justiz.
Wo immer Hochverrat oder Feindbegünstigung zu Last gelegt wurden, kann geschlossen werden, daß der Verurteilte Widerstand geleistet hat. Das gilt auch für viele Fälle des Landesverrats. Die Urteile, die wegen Zersetzung der Wehrkraft gefällt wurden, sind in der Regel Mittel brutaler Disziplinierung.

Die Todesurteile wurden mit dem Fallbeil vollstreckt; in einigen Fällen auch mit dem Strang.

Die Namen der Hingerichteten sind nicht in der meist alphabetischen Reihenfolge angegeben, wie sie in den Listen des Bibliotheksbuches verzeichnet sind; vielmehr sind diejenigen, die zu einer Gruppe gehören, zusammen aufgeführt.

Name	geb.	Wohnort	Beruf	Nat.	Urteil
17. April 1942 (ab 6.00 Uhr)					
Dr. Mann, Felix	1905	Doubravice	Bibliothekar	T	VGH 7.11.1941: VzHv, Sprengstoffbeschaffung
Medal, Miroslav	1916	Prag	Leutnant a.D./Beamter	T	wie Mann
Zöldner, Emil	1904	Prag	Automechaniker	T	wie Mann
Kalisch, Max	1894	Groß-Strehlitz	Buchhalter	D	VGH 23.1.1942: Lv
Czechlowitz, Jan	1891	Alt-Gleiwitz	Grubensteiger	P	VGH : Landesverräterische Ausspähung
12. Mai 1942 (ab 5.00 Uhr)					
Gembarski, Miecyslaw	1896		Magazinverwalter	P	VGH 9.1.1942: Hv, Sprengstoffbeschaffung
Pala, Bronislaw	1895	Zawiercie	Bäcker	P	wie Gembarski
Pazur-Porayski, Kasimir	1912	Poremba	Dipl.-Ing.	P	wie Gembarski
Okrzanski, Leszek	1911	Poremba	Dipl.-Ing.	P	wie Gembarski
Poncilincz (?), Kasimir	1900	Warthenau	Beamter	P	wie Gembarski
Stosik, Theodor	1892	Warthenau	Stadtbauleiter	P	wie Gembarski
Peres, Walter	1902	Budapest	UP-Korrespondent	T	VGH 14.1.1942: Lv, landesverräterische Fbg, Hv
Dolezel, Ottokar	1911	Mährisch-Ostrau	Weingroßhändler	T	wie Peres
21. Mai 1942 (ab 5.00 Uhr)					
Steffelbauer, Kurt	1890	Berlin	Lehrer a.D.	D	VGH 10.1.1942: Lv u.a.
Emmerlich, Arthur	1907	Berlin	Metallarbeiter	D	wie Steffelbauer
Grünberg, Alfred	1901	Berlin	Maschinist	D	wie Steffelbauer
5. Juni 1942 (ab 5.00 Uhr)					
Stein, Karl	1902	Dresden	Technischer Angestellter	D	VGH 20.3.1942: Vz Hv
Schulte, Fritz	1903	Dresden	Kunstmaler	D	wie Stein
Hensel, Albert	1895	Dresden	Ziegelträger	D	wie Stein
Bochow, Herbert	1904	Dresden	Kaufm. Angestellter	D	wie Stein + »Rundfunkverbrechen«
Wrobel, Hermann	1922	Laurahütte	Arbeiter	P	VGH 4.3.1942: Landesverräterische Fbg, VzHv
Wolnik, Anton	1908	Abetzau	Arbeiter	P	VGH 3.3.1942: Lv
Przybilla, Josef	1896	Prökuls	Angestellter	D	VGH 10.2.1942: Lv

Name	geb.	Wohnort	Beruf	Nat.	Urteil
12. Juni 1942 (ab 5.00 Uhr)					
Kasel, Josef	1915	Dortmund	Bauzeichner	D	VGH 21.2.1942: Wehrkraftzersetzung in Verb. mit VzHv
Winzen, Paul	1911	Dortmund	Arbeiter	D	wie Kasel
Hoffmann, Fritz	1907	Dresden	Tischler	D	VGH 26.3.1942: VzHv, »Rundfunkverbrechen«
Schauß, Kilian	1909	Klagenfurt	Bäckereigehilfe	Ö	VGH 18.2.1942: VzHv, landesverräterische Fbg
Semglaty, Franz	1900	Groß-Strehlitz	Schriftleiter	D	VGH 21.1.1942: Lv
Partsch, Richard	1902	Sternberg	Vertreter	D (T)	VGH 3.3.1942: Lv
Walas, Johann	1910	Herzberg	Landarbeiter	D (?)	VGH 9.2.1942: Landesverräterische Ausspähung
20. Juni 1942 (ab 4.57 Uhr)					
Mindermann, Hans	1911	Hamburg	Schmied	D	VGH 24./25.2.1942: Lv, Fbg
Maike, Karl	1909	Stettin	Schlosser	D	wie Mindermann
Gojtka, Johann	1899	Kähme	Arbeiter	P	VGH 10.4.1942: Lv
Jendrczyk, Josef	1913	Beuthen	Arbeiter	P	VGH 12.3.1942: Lv
Wandzioch, Johann	1894	Laurahütte	Schlosser	P	VGH 3.2.1942: Lv
26. Juni 1942 (ab 21.00 Uhr)					
Brzeczinski, Janusch	1905	Lodz	Schlosser	P	VGH 6.5.1942: VzHv
Weißgerber, Konrad	1891	Lötzen	Registrator	D	VGH 19.2.1942: Lv
Wenschauer, Fritz	1904	Friedland	Bergmann	D	VGH 17.3.1942: Lv
8. Juli 1942 (ab 4.50 Uhr)					
Dr. Schneeberger, Emil	1900	Prag	Rechtsanwalt	T	VGH 13.2.1942: VzHv, Lv
Himmer, Wilhelm	1910	Dornbirn	Schlosser	Ö	VGH 20.3.1942: Lv in Verbindung mit VzHv
Schrader, Walter	1916	Ludwigshafen	Kfz-Führer	D	VGH 10.4.1942: Lv

Name	geb.	Wohnort	Beruf	Nat.	Urteil
17. Juli 1942 (ab 4.37 Uhr)					
Kornas, Karl	1913	Petrowitz	Lehrer a.D.	P	VGH 7.3.1942: VzHv, Lv, Fbg
Lazar, Xaver	1915	Königshütte	Buchhalter	P	wie Kornas
Schmechta, Paul	1900	Kattowitz	Baumeister a.D.	P	wie Kornas
Hupa, Johann	1892	Tarnowitz	Hauptmann a.D./ Zollbeamter a.D	P	wie Kornas
Rymer, Benedikt	1916	Pless	Chemiker	P	wie Kornas
Rymer, Michael	1919	Pless	Abiturient	P	wie Kornas
Wittmann, Josef	1899	Nördlingen	Maschinensetzer a.D.	D	VGH 24.4.1942: Landesverräterische Fbg in Verb. mit landesverräterischer Ausspähung und VzHv
Kubis, Konrad	1915	Reichtal	Schneider	D	VGH 27.3.1942: Lv
Seckl, Hans	1904	Neustadt/Waldnaab	Arbeiter	D	VGH 30.4.1942: Lv
24. Juli 1942 (ab 22.00 Uhr)					
Brisch, Anton	1896	Oppeln	Reichsbahngehilfe	D	VGH 13.4.1942: Lv
Mroncz, Johann	1882	Ruda	Invalide	P	VGH 16.4.1942: Lv
Drzymalla, Stanislaw	1889	Beuthen	Malermeister	P	wie Mroncz
Luczak, Todeus	1917	Lodz	Schlosser	P	VGH 8.5.1942: VzHv, unbefugter Waffenbesitz
Futter, Todeus	1910	Lodz	Schlosser	P	wie Luczak
Olejniczak, Todeus	1916	Lodz	Schlosser	P	wie Luczak
Stürzel, Georg	1913	Lodz	Wirtschaftsleiter	P	wie Luczak
Szymanski, Stanislaw	1898	Romany-Gurske	Tischler	P	VGH 18.5.1942: VzHv, landesverräterische Fbg, PStrVO
Slomkowski, Peter	1906	Praschnitz	Bienenzüchter	P	wie Szymanski
Dombrowski, Edmund	1900	Praschnitz	Müller	P	wie Szymanski
Nowicki, Zygmunt	1913	Warka	Arbeiter	P	wie Szymanski
30. Juli 1942 (ab 22.00 Uhr)					
Suva, Josef	1894	Pilsen	Eisendreher	T	VGH 14.5.1942: VzHv, unbefugter Waffenbesitz
Dr. Söldner, Erich	1905	Belgrad	Rechtsanwalt	T	VGH 18.3.1942: VzHv, Fbg
Gütter, Franz	1893	Heiligenkreuz	Arbeiter	D	VGH 16.3.1942: Lv

Name	geb.	Wohnort	Beruf	Nat.	Urteil
7. August 1942 (ab 4.33)					
Kamann, Peter	1895	Brünn	Major a.D./Postobersekretär	T	VGH 31.3.1942: VzHv, Fbg
Stolz, Karl	1916	Brünn	Leutnant a.D./Postbeamter	T	wie Kamann
Adler, Stefan	1896	Prag	Oberstleutnant a.D.	T	VGH 3.12.1941: VzHv
Kaderavek, Ladislav	1898	Prag	Major a.D.	T	wie Adler
Miklenda, Vladimir	1904	Prag	Beamter	T	wie Adler
Jansa, Karl	1893	Chrudim	Stabskapitän/Obersekretär	T	VGH 29.1.1942: VzHv, Fbg
Brazda, Ladislav	1901	Prag	Kaufmann	T	VGH 15.4.1942: VzHv, Fbg, unbefugter Waffenbesitz
Janik, Franz	1897	Prag	Buchbinder	T	wie Brazda
Adamczyk, Josef	1879	Ksawerow	Landwirt	P	VGH 26.5.1942: LandesverräterischeFbg, PStrVO (Fluchthilfe)
Golombiewski, Sophie	1907	Thorn	Stenotypistin	P	VGH 14.5.1942: Lv
15. August 1942 (ab 5.00 Uhr)					
Augustyniak, Veronika	1899	Borki	ohne Beruf (Ehefrau)	P	VGH 28.5.1942: Landesverräterische Fbg, PStrVO
Augustyniak, Josef	1895	Borki	Kleinlandwirt	P	wie Augustyniak, Veronika
Schejner, Marianne	1878	Sachsenbruch	ohne Beruf (Ehefrau)	P	VGH : Landesverräterische Fbg, PStrVO
Schejner, Bronislaw	1878	Sachsenbruch	Waldarbeiter	P	wie Schejner, Marianne
Machler, Kurt	1910	Berlin	Werkstattschreiber	D	VGH 12.5.1942: Hv, Wehrkraftzersetzung
Deibel, Erich	1907	Wetzlar	Optiker	D	VGH 6.6.1942: Fbg, VzHv, »Rundfunkverbrechen«
Schendziolorz, Karl	1893	Beuthen	Elektrotechniker	P	VGH 8.6.1942: Lv
Winkler, Martin	1909	Liebau	Weber	D	VGH 18.5.1942: Lv
Segers, Emil	1904	Brüssel	Kaufmann	B	VGH 15.5.1942: Lv

Name	geb.	Wohnort	Beruf	Nat.	Urteil
18. August 1942 (ab 4.57 Uhr)					
Baum, Therese M.	1912	Berlin	Lageristin	D	SG Berlin 16.7.1942: Gewaltverbrechen, Hv, Lv
Franke, Joachim	1905	Berlin	Labor-Ingenieur	D	wie Baum
Jadamowicz, Hildegard	1916	Berlin	Röntgen-Assistentin	D	wie Baum
Joachim, Heinz	1919	Berlin	Transportarbeiter	D	wie Baum
Kochmann, Sala	1912	Berlin	Kindergärtnerin	D	wie Baum
Mannaberg, Hans	1912	Berlin	Buchdrucker	D	wie Baum
Meyer, Gerhard	1919	Berlin	Werkzeugmacher	D	wie Baum
Steinbrink, Werner	1917	Berlin	Chemo-Techniker	D	wie Baum
Walter, Irene	1919	Berlin	Stenotypistin	D	wie Baum
Wesse, Suzanne	1914	Berlin	Übersetzerin	D(F)	wie Baum
19. August 1942					
Gardavsky, Jaroslav	1906	Brünn	Kapitän a.D.	T	VGH 27.11.1941: VzHv, Fbg
Jelinek, Cestmir	1902	Brünn	Stabskapitän a.D./Beamter	T	wie Gardavski
Kotik, Ladislaus	1896	Brünn	Oberst a.D.	T	wie Gardavski
Všetička, Bohuslav	1893	Brünn	General a.D./Oberrat	T	wie Gardavski
Kazda, Josef	1896	Prag	Oberstleutnant a.D.	T	VGH 20.11.1941: VzHv
Kohoutek, Josef	1896	Prag	Oberst a.D.	T	wie Kazda
Němeč, Hanek	1902	Prag	Major a.D.	T	wie Kazda
Reš, Johannes	1896	Prag	Oberstleutnant a.D.	T	wie Kazda
Talašek, Vladimir		Prag	Major a.D.	T	wie Kazda
Schmoranz, Zdenek	1896	Prag	Ministerialrat	T	VGH 12./13.11.1941: Landesverräterische Ausspähung, VzHv
Dr. Svoboda, Oswald	1904	Prag	Sektionsrat	T	wie Schmoranz
Vais, Josef	1897	Prag	Major a.D.	T	wie Schmoranz
22. August 1942 (ab 4.30 Uhr)					
Zarembowicz, Agnes	1895	Groß-Hag	Gutssekretärin	P	VGH 12.6.1942: Lv
Fitzek, Theodor	1898	Gleiwitz	Bergmann	D	VGH 1.6.1942: Lv
Bessmertny, Alexander	1888	Prag	Schriftsteller	T	VGH 23.3.1942: Landesverräterische Ausspähung
Ruzycki, Kasimir	1901	Pogorzalki	Arbeiter/Landwirt	P	VGH 27.5.1942: Landesverräterische Fbg, PStrVO

Name	geb.	Wohnort	Beruf	Nat.	Urteil
Kicinski, Piotr	1901	Pogorzalki	Arbeiter/Landwirt	P	VGH 26.5.1942: Landesverräterische Fbg, PStrVO
Kujawa, Dominik	1900	Bichowy	Fleischer/Kol.-warenhändler	P	VGH 28.5.1942: Landesverräterische Fbg, PStrVO
Stasiak, Waclaw	1887	Borki	Arbeiter/ehem. Bahnbeamter	P	VGH 27.5.1942: Landesverräterische Fbg, PStrVO
Zbierska, Leokardia	1917	Borki	ohne Beruf (Ehefrau)	P	wie Stasiak
26. August 1942 (ab 4.30 Uhr)					
Zawada, Bohuslav	1890	Königgrätz	Professor	T	VGH: VzHv
Kohout, Boleslav	1896	Hohenmauth	Major a.D.	T	wie Zawada
Janoušek, Johann	1897	Prag	Oberleutnant a.D/Beamter	T	VGH 18.3.1942: VzHv, Lv, landesverräterische Fbg
Filipec, Miroslav	1909	Prag	Oberleutnant a.D./Dipl.-Ing.	T	wie Janoušek
Svitak, Ottokar	1894	Prag	Oberst a.D.	T	wie Janoušek
Bouzek, Wenzel	1893	Pilsen	Oberstleutnant a.D./ Oberinspektor	T	VGH 5.6.1942: VzHv, Fbg
Mečir, Viteslav	1897	Brünn	Apotheker	T	VGH 18.11.1941: VzHv
Vignati, Josef	1899	Ungarisch-Hradisch	Arzt	T	wie Mecir
Podruh, Thomas	1896	Brünn	Oberstleutnant a.D./ Gewerbe-Lehrer	T	VGH 5.12.1941: VzHv, Fbg
Ripka, Paul	1898	Brünn	Stabskapitän a.D./Fabrikant	T	wie Podruh
Bernaseka, Irene	1904	Prag	ohne Beruf	T	VGH 5.3.1942: VzHv, landesverräterische Fbg
2. September 1942 (ab 4.36 Uhr)					
Blabolil, Franz	1904	Brünn	Stabskapitän a.D./Beamter	T	VGH: VzHv
Tačl, Josef	1892	Pardubitz	Oberst a.D.	T	VGH: VzHv
Tvrz, Zdenek	1902	Pardubitz	Stabskapitän a.D./ Oberkommissar	T	wie Tačl
Zdimal, Wenzel	1890	Olmütz	General a.D./Regierungs-Rat	T	VGH 13.4.1942: VzHv, Fbg
Kubin, Josef	1904	Prag	Lehrer	T	VGH 23./24.2.1942: Landesverräterische Ausspähung, Fbg, VzHv, Volksverrat
Vich, Wenzel	1885	Prag	Schriftleiter	T	wie Kubin
Vich, Josefa	1902	Prag	ohne Beruf (Ehefrau)	T	wie Kubin
Laskiewicz, Agneska	1894	Borki	Landwirtin	P	VGH 28.5.1942: Landesverräterische Fbg, PStrVO
Chory, Josef	1887	Janken	Rechtsberater	D	VGH 19.5.1942: Lv

Name	geb.	Wohnort	Beruf	Nat.	Urteil
4. September 1942 (ab 4.30 Uhr)					
Böhlke, Siegmund	1908	Lauterburg	Arbeiter	P(?)	VGH 18.6.1942: Lv
Knyra, Franz	1888	Königshütte	Installateur	P(?)	VGH 22.5.1942: Lv
Szelag, Stefan	1895	Posen	Lok-Führer	P	VGH 20.5.1942: Lv
Gottschalk, Julius	1919	St. Ludwig/Elsaß	Kunstgewerbeschüler	D	VGH 16.6.1942: Lv
Gschwind, Maleslawa	1904	Pilsen	ohne Beruf	T	VGH 3.6.1942: VzHv
Novotny, Heinrich	1901	Pilsen	Heizer	T	wie Gschwind
Prucha, Wenzel	1915	Pilsen	Lehrer	T	wie Gschwind
Tauschek, Julius	1897	Pilsen	Kanzleidiener	T	wie Gschwind
12. September 1942 (ab 4.15 Uhr)					
Binek, Vincenz	1899	Telnitz	Landwirt	T	VGH 17.3.1942: Fbg, VzHv
Camski, Karl	1900	Prag	Eisenbahnbeamter	T	wie Binek
Coufal, Gustav	1896	Chrudim	Apotheker	T	VGH 22.4.1942: VzHv, Fbg, Lv
Pulpan, Anton	1910	Pardubitz	Leutnant a.D./Angestellter	T	wie Coufal
Jirka, Josef	1896	Prag	Oberstleutnant a.D./Beamter	T	VGH 29.4.1942: Landesverräterische Fbg, VzHv
Jiřička, Johann	1903	Prag	Major a.D./Oberkommissar	T	wie Jirka
Schmidt, Vincenz	1898	Prag	Oberstleutnant a.D./ Verwaltungsdirektor	T	wie Jirka
Wessely, Eduard	1893	Dürenfellern	Eisenbahnbeamter	T	VGH 19.11.1941: Landesverräterische Ausspähung in Verb. mit VzHv
Wosichnoy, Anton	1888	Wien	Lok-Führer	Ö(T?)	wie Wessely
Walowski, Wladislaw	1880	Borki	Landwirt	P	VGH 26.5.1942: Landesverräterische Fbg, PStrVO
Weiß, Felix	1909	Posen	Arbeiter	P	
Engel, Dierzyslaw	1921	Posen	Schlosser	P	
Brczezinski, Marian	1912	Posen	Friseur	P	
Zietkowiak, Leo	1919	Posen	Schlosser	P	
Kwiotek, Malwia	1892	Posen	ohne Beruf	P	

Name	geb.	Wohnort	Beruf	Nat.	Urteil
18. September 1942 (ab 4.30 Uhr)					
Novotny, Johann	1899	Tabor	Stabskapitän a.D./ Obersekretär	T	VGH 5.6.1942: VzHv, landesverräterische Ausspähung
Szafran, Anton	1892	Tabor	Major a.D.	T	wie Novotny
Svak, Karl	1892	Brünn	Makler	T	VGH 27.3.1942: Landesverräterische Fbg in Verb. mit VzHv
Zyla, Wladislaw	1917	Warthenau	Kaufmann	P	VGH 29.6.1942: Hv
Ziemski, Siegmund	1915	Warthenau	Grubenaufseher	P	wie Zyla
Racaita, Gertrude	1921	Berlin	Studentin	Russin	VGH 2.6.1942: Lv, Fbg
Mohr, Johann	1908	Berlin	Lektor	D	wie Racaita
Heeb, Josef	1892	München	Angestellter	D	VGH 3.7.1942: Lv
Hirsch, Emil	1881	Delmenhorst	Reichsbahnzugführer	D	VGH 14.4.1942: Lv
Reuter, Kurt	1906	Prag	Kaufmann	D(?)	VGH 5.6.1942: Lv
Neuburger, Benno	1871	München	Kaufmann/Makler	D	VGH 20.7.1942: VzHv
Prange, Johann	1912	Bromberg	Arbciter	P	VGH 7.7.1942: Lv
22. September 1942 (ab 4.15 Uhr)					
Baak, Heinz	1922	Bielefeld	Laufjunge	D	VGH: 4.5.1942: Fbg, »Rundfunkverbrechen«
Leege, Werner	1913	Bielefeld	Schuhmacher	D	wie Baak
Schulz, Emil	1898	Brüssel	Kaufmann	D(staatenlos)	VGH 26.6.1942: VzHv, Volksverrat
Dr. Nebesky, Ladislav	1893	Starkenbach	Arzt	T	VGH 13.4.1942: Fbg, VzHv
Prus, Leo	1898	Posen	Kranführer	P	
Pietrzak, Marianne	1900	Höhenau	Landwirtin	P	VGH 28.5.1942: Landesverräterische Fbg, PStrVO
Schmidtkonz, Michael	1899	Weiden/Oberpfalz	Vorarbeiter	D	VGH 9.7.1942 Lv
Voelker, Heinrich	1895	Köln	Ingenieur/Chemiker	D	VGH 25.6.1942: Lv
Zymela, Johann	1901	Tarnowitz	Hilfsarbeiter	P	VGH 30.6.1942: Lv

Name	geb.	Wohnort	Beruf	Nat.	Urteil
24. September 1942 (ab 4.30 Uhr)					
Behretz, Max	1913	Eindhoven	Techniker	NL	VGH 9.7.1942: Hv, Lv
Hozmann, Josef	1905	Prag	Kapitän a.D.	T	VGH 22.6.1942: VzHv, landesverräterische Fbg
Souhrada, Ivo	1910	Prag	Ingenieur	T	wie Hozmann
Valasek, Wenzel	1905	Prag	Technischer Beamter	T	wie Hozmann
Koci, Rudolf	1901	Jungbunzlau	Hilfsarbeiter	T	VGH 1.6.1942: VzHv
Klimek, Edmund	1892	Mährisch-Ostrau	Oberstleutnant a.D.	T	VGH 26.6.1942: Hv, landesverräterische Fbg
Koutny, Franz	1899	Proskowitz	Bahn-Obersekretär	T	wie Klimek
Macha, Ladislav	1903	Neu-Biela	Stabskapitän a.D.	T	wie Klimek
Matej, Jaroslav	1902	Proskowitz	Fachlehrer	T	wie Klimek
Dr. Riha, Zdenek	1911	Mährisch-Ostrau	Direktionsassistent	T	wie Klimek
Rušek, Cestmir	1912	Mährisch-Ostrau	Leutnant a.D./Ingenieur	T	wie Klimek
Smetana, Ernst	1904	Mährisch-Ostrau	Bibliothekar	T	wie Klimek
Brandt, Paul	1900	Platow	Fischer	D	VGH 22.7.1942: Lv
Maintock, Erich	1909	Altweila	Bodenprüfer	D	VGH 9.6.1942: Lv
Schuch, Jacob	1913	Nierstein	Autoschlosser	D	VGH 24.7.1942: Lv
Schumacher, Fritz	1895	(Frankreich/Legion)	Arbeiter	D	VGH 24.7.1942: Lv
26. September 1942 (ab 4.36 Uhr)					
Bobawska, Irene	1920	Posen	ohne Beruf	P	
Bojarski, Julian	1921	Posen	Tapezierer	P	
Biskup, Wladislaw	1901	Warthestadt	Schlosser	P	
Dobrinski, Zenon	1921	Posen	Arbeiter	P	
Frankowski, Alfred	1916	Posen	Arbeiter	P	
Gorniak, Ludwig	1901	Posen	Schmied	P	
Michalski, Stanislaw	1918	Posen	Tischlergehilfe	P	
Nelka, Josef	1922	Posen	Schleifer	P	
Pomorski, Johann	1922	Posen	Eisendreher	P	
Stasinski, Alex	1900	Posen	Dreher	P	
Urbaniak, Marian	1923	Posen	Platzmeister	P	
Zakrzewski, Radzuno	1919	Posen	Kaufmann	P	

Name	geb.	Wohnort	Beruf	Nat.	Urteil
Hubaček, Johann	1891	Pisek	Oberst a.D.	T	VGH 24.6.1942: Fbg, VzHv, Lv
Dr. Kočmann, Josef	1891	Prag	Verwaltungsdirektor	T	VGH 1.7.1942: VzHv
2. Oktober 1942 (ab 19.51 Uhr)					
Kächele (Kächerli), Juliette	1920	Esslingen	Arbeiterin	D	VGH 13.8.1942: Lv
Michel, Josef	1894	Hanweiler	Maschinist	D	VGH 16.7.1942: Lv
Kirchhoff, Karl	1888	Frohnhoven (B)	Bauführer	D	VGH 17.7.1942: Lv
Drzewiecki, Michael	1907	Schwientock-Lowitz	Kaufmann	P	VGH 30.7.1942: Lv
Jošt, Josef	1895	Prag	Redakteur	T	VGH 23.-25.4.1942: Fbg, VzHv, Lv
Kraus, Karl	1911	Prag	Handlungsgehilfe	T	wie Jošt
Dr. Kollert, Anton	1907	Prag	Versicherungsmathematiker	T	wie Jošt
Truhlar, Emmanuel	1903	Prag	Krankenhauskontrolleur	T	wie Jošt
Myslinski-Ledwon, Kasimir	1919	Hettlingen	Eisengießer	P	VGH 10.8.1942: Hv (Flucht)
Nieter, Karl	1888	Hamburg/ Kopenhagen	Heizer	D (staatenlos)	VGH 18.8.1942: Hv
8. Oktober 1942 (ab 20.00 Uhr)					
Reiprich, Anton	1908	Reichenberg	Bäcker	T	VGH 4.8.1942: Lv
Glaubauf, Hans	1901	Paris	Schriftsteller	D (staatenlos)	VGH 17.8.1942: Lv
Goller, Erich	1899	St. Jaury (F)	Kranführer	D(F?)	VGH 21.7.1942: Hv (Fremdenlegion)
Kubisz, Mieczyslaw	1913	Kreuzberg	Schlosser	P	VGH 12.8.1942: Landesverräterische Fbg, PStrVO
Masur, Franz	1908	Kreuzberg	Grubenarbeiter	P	wie Kubisz
Nowakowski, Alois	1913	Kreuzberg	Schlosser	P	wie Kubisz

Name	geb.	Wohnort	Beruf	Nat.	Urteil
13. Oktober 1942 (ab 20.00 Uhr)					
Hojan, Heinrich	1901	Posen	Drogist	P	
Kurlandt, Witold	1905	Posen	Kaufmännischer Angestellter	P	
Komendzinski, Todeus	1921	Posen	Schneiderlehrling	P	
Lukowski, Czeslaw	1915	Posen	Student	P	
Mularczyk, Franz	1921	Posen	Schüler	P	
Malolepski, Siegesmund	1917	Posen	Buchhalter	P	
Mackowiak, Jan	1919	Posen	Schlosser	P	
Michalski, Stanislaw	1911	Posen	Chemie-Techniker	P	
Ostrowski, Karl	1902	Posen	Technischer Angestellter	P	
Pokrywka, Wenzel	1911	Posen	Bürogehilfe	P	
Sron, Todeus	1921	Posen	Bürogehilfe	P	
Szepzypkowski, Heinrich	1918	Posen	Maler	P	
Suchowiak, Johann	1922	Posen	Schüler	P	
Wawer, Edmund	1903	Posen	Postbeamter	P	
15. Oktober 1942 (ab 20.00 Uhr)					
Chudzinski, Stanislaus	1913	Posen	Zimmerer	P	
Czajka, Marian	1921	Posen	Dreher	P	
Klug, Marian	1919	Posen	Elektriker	P	
Marzurczak, Marian	1916	Posen	Eisendreher	P	
Nowack, Valentin	1911	Posen	Schlosser	P	
Parobkewicz, Czeslaus	1921	Posen	Eisendreher	P	
Panasewicz, Leon		Hamburg	Klempner	P	VGH 19.8.1942: Hv (Hetzreden)
Jereczek, Theodor	1912	Alteiselfink	Bäcker	P	VGH 10.8.1942: Landesverräterische Fbg, PStrVO (Fluchtversuch)
Kozeluha	1917	Brünn	Maschinen-Techniker	T	VGH 2.7.1942: VzHv, Lv
Sperl, Franz	1906	Prag	Klempner	T	VGH 30.7.1942: Hv, Fbg
Vejs, Franz	1905	Prag	Zimmermaler	T	wie Sperl
Stibr, Franz	1907	Kosorsch	Kupferschmied	T	VGH 4.8.1942: Hv, Fbg
Cammerer, Manfred	1909	Prag	Schriftsteller	D(?)	VGH 22./23.6.1942: Lv

Name	geb.	Wohnort	Beruf	Nat.	Urteil
Joksch, Rudolf	1895	Vaihingen	Bäcker	D	VGH 15.6.1942: Lv
Westenberger, Benno	1905	Tilsit	Arbeiter	B(?)	VGH 21.7.1942: Lv
20. Oktober 1942 (ab 20.00 Uhr)					
Barendrecht, Johann	1910	Sassenheim (NL)	Büroangestellter	NL	VGH: Lv, Fbg
Pondmann, Wilhelm	1897	Rotterdam	Vertreter	NL	VGH 3.3.1942: Landesverräterische Ausspähung
Bialy, Eduard	1919	Nosowka	Landarbeiter	P	VGH 13.8.1942: Landesverräterische Fbg, PStrVO (Fluchtversuch)
Halas, Julius	1904	Stinkenbrunn	Arbeiter	P	wie Bialy
Fluhr, Marzell	1914	Wolfring	Landarbeiter	P	VGH 13.8.1942: Landesverräterische Fbg, VzHv, PStrVO (Fluchtversuch)
Kavalec, Alfons	1898	Klobouk	Zollbeamter	T	VGH 6.7.1942: Landesverräterische Fbg (Fluchthilfe)
Novak, Georg	1922	Alt-Titschlin	Schlosser	T	VGH 20.7.1942: Hv, Landesverräterische Fbg, unbefugter Waffenbesitz, Sender
Schubert, Gottfried	1900	Nürnberg	Ingenieur	D	
Mackowiak, Zbigniew	1920	Posen	Arbeiter	P	
Sobkowiak, Henryk	1921	Posen	Schuhmacher	P	
27. Oktober 1942 (ab 20.00 Uhr)					
Hübener, Helmuth	1925	Hamburg	Verwaltungslehrling	D	VGH 11.8.1942: Hv, Fbg, »Rundfunkverbrechen«
Richter, Rudolf	1920	Leipzig	Schriftmaler	D	VGH 21.8.1942: Hv, Lv
Richter, Gustav	1890	Dresden	Arbeiter	D	wie Richter, Rudolf
Jaroš, Josef	1879	Brünn	Notar	T	VGH 9.6.1942: VzHv
Skryja, Jaroslav	1895	Brünn	Bürgerschullehrer	T	wie Jaroš
Slavik, Anton	1893	Brünn	Rundfunk-Direktor	T	wie Jaroš
Dr. Uher, Jan	1891	Brünn	Professor	T	wie Jaroš
Zbornik, Wenzel	1908	Meseritsch	Oberleutnant a.D./Beamter	T	VGH 5.7.1942: Hv, Lv
Dr. Leon, Charles	1906	Paris	Dolmetscher	Ö	VGH 30.5.1942: VzHv
Pawlinski, Josef	1911	Roschkau	Arbeiter	P	VGH 18.8.1942: Lv
Stötzle, Max	1911	Konstanz	Maler	CH	VGH 21.8.1942: Lv

Name	geb.	Wohnort	Beruf	Nat.	Urteil
3. November 1942 (ab 20.00 Uhr)					
Dlouhy, Josef	1892	Prag	Zugführer	T	VGH 16.6.1942: Hv, landesverräterische Ausspähung, landesverräterische Fbg
Dvořak, Anton	1907	Prag	Krankenhausangestellter	T	wie Dlouhy
Fort, Karl	1903	Pilsen	Eisenbahnangestellter	T	wie Dlouhy
Konop, Josef	1901	Rübstich	Eisenbahnbeamter	T	wie Dlouhy
Kožnar, Franz	1894	Prag	Werkmeister	T	wie Dlouhy
Meißner, Karl	1901	Prag	Eisenbahn-Ingenieur	T	wie Dlouhy
Nohavica, Josef	1886	Prag	Eisenbahn-Werkführer	T	wie Dlouhy
Richter, Karl	1895	Pilsen	Eisenbahnbeamter	T	wie Dlouhy
Rohaček, Vladimir	1910	Winor	Eisenbahnbeamter	T	wie Dlouhy
Rejholeč, Alois	1902		Werkmeister	T	wie Dlouhy
Träger, Cibor	1897	Prag	Eisenbahn-Inspektor	T	wie Dlouhy
Vancorova, Anna	1914	Prag	Hausgehilfin	T	wie Dlouhy
Jurke, Alfred	1899	Bochum	Bäcker	D	VGH 25.8.1942: Lv
Moor, Henryk	1909	Paris	Kaufmann	D (staatenlos?)	VGH 27.8.1942: Landesverräterische Ausspähung in Verb. mit landesverräterischer Fbg
Pliml, Franz	1890	Svitkau	Arbeiter	T	VGH 20.7.1942: Wehrmittelbeschädigung, Sabotage
5. November 1942 (ab 20.00 Uhr)					
Bohuslav, Josef	1898	Prag	Schneider	T	VGH 29./30.7.1942: Hv, landesverräterische Fbg
Brabec, Anton	1899	Prag	Maschinenschlosser	T	wie Bohuslav
Krejci, Ignaz	1892	Unter-Kertzsch	Tischler	T	wie Bohuslav
Kodydek, Franz	1906	Prag	Schlosser	T	wie Bohuslav
Matecha, Ladislav	1893	Prag	Tischler	T	wie Bohuslav
Pikrt, Wenzel	1900	Prag	Kraftwagenführer	T	wie Bohuslav
Pospisil, Adalbert	1900	Prag	Dreher	T	wie Bohuslav
Stetka, Anton	1904	Prag	Kraftwagenführer	T	wie Bohuslav
Vasicek, Franz	1909	Prag	Kaufmännischer Angestellter	T	wie Bohuslav
Vecera, Oldrich	1909	Ober-Reuth	Fleischer	T	wie Bohuslav
Hrachovec, Josef	1911	Prag	Gendarmerie-Wachtmeister	T	VGH 7.8.1942: VzHv, Fbg, Aufforderung z. Lv
Machek, Franz	1912	Prag	Kraftfahrer der Polizei	T	wie Hrachovec

Name	geb.	Wohnort	Beruf	Nat.	Urteil
Svačina, Emanuel	1900	Prag	Polizei-Stabswachtmeister	T	wie Hrachovec
Mraček, Wilhelm	1900	Prag	Eisenbahnangestellter	T	VGH 20.7.1942: VzHv, Lv
6. November 1942 (ab 20.00 Uhr)					
Jargon, Maximilian	1907	Podlesic	Heizer	P	VGH 16.9.1942: Hv, Fbg
Spernol, Franz	1908	Podlesic	Grubenarbeiter	P	wie Jargon
Curda, Jaroslav	1905	Nieder-Sittau	Oberlehrer	T	VGH 12.8.1942: Hv
Jary, Josef	1909	Lovkov-Semil	Bleichereimeister	T	wie Curda
Ciahotny, Johann	1897	Nieder-Zukau	Angestellter	T	VGH 8.7.1942: Lv, Fbg, VzHv
Ciahotny, Ludwig	1910	Nieder-Zukau	Jurist	T	wie Ciahotny, Johann
Pitha, Everist	1902	Friedeck	Parteisekretär	T	wie Ciahotny, Johann
Kral, Vaclav	1891	Prag	Oberstleutnant a.D.	T	VGH 3.8.1942: Hv, Fbg
Plch, Thomas	1890	Prag	Oberst a.D.	T	wie Kral
Rihak, Karl	1895	Prag	Stabskapitän a.D.	T	wie Kral
Smejkal, Franz	1890	Prag	Oberst a.D.	T	wie Kral
Placak, Johann	1900	Pilsen	Ingenieur	T	VGH 30.6.1942: Hv, unbefugter Waffenbesitz
Schöber, Johann	1902	Wien	Straßenbahner	Ö	VGH 7.9.1942: Hv
16. November 1942 (ab 20.00 Uhr)					
Beneš, Robert	1915	Zlin	Privatbeamter	T	VGH 21./22.5.1942: VzHv, Fbg, Lv
Böhm, Karl	1906	Mährisch-Ostrau	Kupferschmied	T	wie Beneš
Charvat, Milan	1916	Prag	Eisenbahnarbeiter	T	wie Beneš
Kupka, Karl	1910	Witkowitz	Kesselschmied	T	wie Beneš
Seidler, August	1910	Mährisch-Ostrau	Versicherungsangestellter	T	wie Beneš
Štěpnička, Miloslav	1910	Michalkowitz	Maschinenmeister	T	wie Beneš
Žak, Jaroslav	1920	Prag	Schüler	T	wie Beneš
Blazek, Ulrich	1903	Raitz	Lehrer	T	VGH 27.4.1942: VzHv
Dr. Hruby, Josef	1887	Brünn	Ingenieur/Beamter	T	wie Blazek
Ptasinski, Franz	1897	Brünn	Major a.D.	T	wie Blazek
Janoušek, Vladimir	1902	Prag	Eisenbahnstationsmanipulant	T	VGH 20.8.1942: VzHv, landesverräterische Fbg
Koči, Vladimir	1897	Prag	Verbandssekretär	T	wie Janoušek
Sykora, Johann	1876	Pilsen	Haupttrafikant/Kaufmann	T	wie Janoušek
Sedlak, Franz	1898	Prag	Eisenbahnschaffner	T	wie Janoušek

Name	geb.	Wohnort	Beruf	Nat.	Urteil
24. November 1942 (ab 20.00 Uhr)					
Volf, Vaclav	1893	Ober-Berskowitz	General a.D./Oberlandrat	T	VGH 26.6.1942: Hv
Pazdera, Cyril	1896	Tabor	Oberst a.D.	T	wie Volf
Maly, Agnes	1910	Smicitz	Arbeiterin	T	VGH 26.8.1942: Hv
Holz, Rudolf	1888	Saarbrücken	Ingenieur	D	VGH 14.9.1942: Lv
Hübner, Walter	1913	Reitzenhain	Ofensetzer	D	VGH 28.8.1942: Lv
Stammer, Erich	1891	Berlin	Zollassistent i.R./ Kaufm. Angestellter	D	VGH 1.9.1942: Lv
1. Dezember 1942 (ab 20.00 Uhr)					
Becker, Karl	1894	Paris	Schriftsetzer	D (staatenlos)	VGH 7.9.1942: Hv
John, Franz	1906	Passek	Webstuhlvorrichter	T	VGH 21.9.1942: Hv
Metelka, Paul	1901	Woleschnitz	Schmiedemeister	T	wie John
Ljubicic, Franjo	1908	Berlin	Schlachter	Kroate	VGH 10.7.1942: Hv
Schreiber, Rudolf	1886	Karlsbad	Kaufmännischer Angestellter	T	VGH 21.7.1942: Lv
3. Dezember 1942 (ab 20.00 Uhr)					
Günther, Hans-Joachim	1921	Berlin	Bäcker	D	VGH 9.10.1942: VzHv, landesverräterische Fbg
Pander, Wolfgang	1917	Berlin	Arbeiter	D	wie Günther
Sikorski, Bernhard	1921	Berlin	Dreher	D	wie Günther
Seebach, Hermann	1889	Lübeck	Maschinenschlosser	D	VGH 5.10.1942: Hv, Lv
Freyer, Hans	1912	Halle	Zimmermann	D	VGH 14.9.1942: Lv
Lischewski, Fritz	1908	Groß-Welzin	Arbeiter	D	VGH 8.9.1942: Lv
Niedrich, Fritz	1901	Ortelsburg	Arbeiter	D	VGH 24.9.1942: Lv
Kwiecinski, Czeslaus	1883	Bromberg	Fachlehrer	P	VGH 28.9.1942: Landesverräterische Ausspähung
9. Dezember 1942 (ab 20.00 Uhr)					
Niedzwicki, Wladislaw	1913	Jankeyten/K. Memel	Arbeiter	P	VGH 7.10.1942: Landesverräterische Fbg (Fluchthilfe)
Fischer, Erwin	1907	Stettin	Werftarbeiter	D	VGH 18.9.1942: Hv

Name	geb.	Wohnort	Beruf	Nat.	Urteil
14. Dezember 1942 (ab 20.00 Uhr)					
Blumberg, Alberto	1880	Brüssel	Kaufmann	It	VGH 15.9.1942: Lv
Dräger, Rudolf	1898	Schneidemühl	Kraftfahrer	D	VGH 19.10.1942: Lv
Fiala, Mikulas	1897	Neu-Schloß	Maurer	T	VGH 5.6.1942: VzHv, Fbg
Marek, Vojtech	1899	Brünn	Müller/Bäcker	T	wie Fiala
Marcinkowski, Stanislaw	1912	Heiderode	Landwirt	P	VGH 24.9.1942: Landesverräterische Fbg (Fluchthilfe)
Lambert, Elisabeth	1897	Saarbrücken	ohne Beruf	D	VGH 8.9.1942: Lv
18. Dezember 1942 (nicht im Bibliotheksbuch)					
Dr. Jaroš, Karl	1899		Polizeirat	T	VGH 11./12.6.1942: VzHv (Obrana Naroda)
Vavra, Hugo	1901		Schriftleiter	T	wie Jaroš
Haban, Karl	1895		Polizei-Obersekretär	T	wie Jaroš
Svabik, Franz	1903		Polizei-Inspektor	T	wie Jaroš (s. auch 22. Dezember 1942)
Krikava, Iwan	1903		Ober-Ministerialkommissar	T	wie Jaroš
Dr. Hlavac, Oldrich	1895		Zahnarzt	T	wie Jaroš
Sedmik, Georg	1893		Sektionsrat	T	wie Jaroš
Blazek, Josef	1908		Kanzleigehilfe	T	wie Jaroš
Reichmann, Luise	1904		Stenotypistin	T	wie Jaroš

Name	geb.	Wohnort	Beruf	Nat.	Urteil
22. Dezember 1942 (ab 19.00 Uhr durch Strang, ab 20.00 Uhr durch Fallbeil)*					
von Scheliha, Rudolf*	1897	Berlin	Legationsrat	D	RKG 14.12.1942: Lv
Schulze-Boysen, Harro*	1909	Berlin	Oberleutnant	D	RKG 15.-19.12.1942: VzHv, Kriegsverrat, Wehrkraftzersetzung, Lv (Spionage)
Dr. Harnack, Arvid*	1901	Berlin	Oberregierungsrat	D	RKG 15.-19.12.1942: VzHv, Fbg, Spionage
Schumacher, Kurt*	1915	Berlin	Bildhauer	D	RKG 15.-19.12.1942: VzHv, Kriegsverrat, Spionage Wehrkraftzersetzung
Graudenz, Johannes*	1884	Stahnsdorf	Handelsvertreter	D	RKG 15.-19.12.1942: VzHv, Fbg, Wehrkraftzersetzung, Spionage
Heilmann, Horst	1923	Berlin	Student (Soldat)	D	RKG 15.-19.12.1942: Kriegsverrat, Spionage
Coppi, Hans	1916	Berlin	Dreher	D	RKG 15.-19.12.1942: VzHv, Fbg, Spionage
Schulze, Kurt	1894	Berlin	Kraftwagenführer	D	wie Coppi
Schulze-Boysen, Libertas	1913	Berlin	Schriftstellerin	D	wie Coppi
Schumacher, Elisabeth	1904	Berlin	ohne Beruf (Ehefrau)	D	wie Coppi
Stöbe, Ilse	1911	Berlin	Schriftstellerin	D	RKG 14.12.1942: Lv
Gudat, Adolf	1896	Hilgenburg	Maurer/Zimmerer	D	VGH 2.10.1942: Lv
Krieg, Kurt	1893	Danzig-Oliva	Bautechniker	D	VGH 18.9.1942: Lv
Pešl, Anton	1891	Prag	Chefredakteur	T	VGH 4.9.1942: Hv, Lv
Svabik, Franz	1903	Prag	Polizeiinspektor	T	VGH 11./12.6.1942: VzHv
Reinhardt, Richard	1874	Cowiz (Anh.)	Bäcker	D	VGH 4.11.1942: Hv
Rietig, Walter	1906	Langen (Hessen)	Installateur	D	VGH 26.10.1942: Hv
5. Januar 1943 (ab 20.00 Uhr)					
Homola, Friedrich	1887	Prag	Generalleutnant a.D.	T	VGH 30.9.1942: Hv
Kovarik, Franz	1906	Wien	Arbeiter	Ö	
Marek, Augustin	1902	St. Pölten	Zugschaffner	Ö	VGH 2.9.1942: Hv, Lv
Winkler, Friedrich	1902	St. Pölten	Bahnarbeiter	Ö	wie Marek
Hennig, Heinz	1918	Memel	Arbeiter	D	VGH 27.10.1942: Lv
Joksute, Jadwiga	1912	Kowno	Angestellte	Litauerin	VGH 29.9.1942: Lv
Dr. Loewenstein, Luise	1895	Paris		D	VGH 16.10.1942: Lv

Name	geb.	Wohnort	Beruf	Nat.	Urteil
11. Januar 1943 (12.30 - 12.33 Uhr, ab 20.00 Uhr)					
Brozek, Ladislaus	1904	Prag	Geschäftsführer	T	VGH 29.9.1942: Hv
Kohn, Paul	1913	Prag	Kaufmännischer Angestellter	T	wie Brozek
Stiasny, Peter	1918	Prag	Mechaniker	T	wie Brozek
Weiner, Fritz Edgar	1907	Prag	Zahntechniker	T	wie Brozek
Wacherlohn, Emanuel	1896	Prag	Kaufmännischer Angestellter	T	wie Brozek
Pavelka, Franz	1920	(Brünn) England	Student	T	VGH 19.8.1942: Hv, Lv
Grad, Franz	1891	Koudelov	Kutscher/Arbeiter	T	wie Pavelka
Krejci, Anton	1906	Koudelov	Kutscher	T	wie Pavelka
Kalina, Franz	1896	Koudelov	Kutscher/Landarbeiter	T	wie Pavelka
Milota, Jaroslav	1894	Prag	Oberst a.D.	T	VGH 11.9.1942: Hv, Lv
Dr. Goldmann, Karl	1886	Brüssel	Statistiker	D(?)	VGH 5.12.1942: Lv
Kovander, Leopold	1903	Olmütz	Reisebüro-Beamter	T	VGH 5.10.1942: Lv
Krajewski, Leo	1913	Preußisch-Stargard	Handlungsgehilfe	D	VGH 27.10.1942: Lv
13. Januar 1943 (ab 20.00 Uhr)					
Ballik, Franz	1895	Prag	Faßbinder	T	VGH 23.9.1942: VzHv, Fbg
Borak, Josef	1905	Prag	Arbeiter	T	wie Ballik
Hlavka, Rudolf	1895	Prag	Arbeiter	T	wie Ballik
Hajek, Ladislav	1894	Prag	Arbeiter	T	wie Ballik
Hamp(e)l, Bohumil	1906	Prag	Arbeiter	T	wie Ballik
Machacek, Wenzel	1902	Prag	Heizer	T	wie Ballik
Maixner, Eduard	1909	Prag	Friseur	T	wie Ballik
Marsalek, Franz	1894	Prag	Dachdecker	T	wie Ballik
Panocha, Rudolf	1896	Prag	Schuh-Modelleur	T	wie Ballik
Strych, Wilhelm	1903	Prag	Faßbinder	T	wie Ballik
Vodicka, Josef	1897	Prag	Müller/Bäcker	T	wie Ballik
Gogol, Johann	1895	Schacher (Inn)	Landarbeiter	P	VGH 12.8.1942: Hv (Fluchtversuch)
Lipin, Josef	1923	Krzeslaw	Landarbeiter	P (Lette?)	wie Gogol

Name	geb.	Wohnort	Beruf	Nat.	Urteil
14. Januar 1943 (ab 20.00 Uhr)					
Amcha, Robert	1909	Prag	Oberleutnant a.D.	T	VGH 19.10.1942: Hv
Krasa, Karl	1902	Neu-Döblitz	Rechnungsbeamter	T	wie Amcha
Zakora, Karl	1893	Prag	Kanzleibeamter	T	wie Amcha
Spurny, Josef	1908	Prag	Oberleutnant/Sekretär	T	wie Amcha
Danda, Josef	1912	Prag	Baumeister	T	wie Amcha
Gerlich, Karl	1908	Prag	Maler	T	VGH 21.9.1942: VzHv
Schmidt, Ludwig	1913	Wien	Kaufmännischer Angestellter	Ö	VGH 4.11.1942: Hv
20. Januar 1943 (ab 20.00 Uhr)					
Blenkle, Konrad	1901	Kopenhagen	Bäcker	D (staatenlos)	VGH 25.11.1942: Hv
Gentz, Bruno	1902	Berlin	Bäcker	D	VGH 23.10.1942: Hv
Meister, Werner	1904	Berlin	Werkzeugmacher	D	VGH 14.10.1942: Hv
Konecny, Jaroslav	1891	Prag	Oberst a.D.	T	VGH 8.10.1942: Hv
Lisy, Jaroslav	1895	Prag	Oberst a.D./Kaufm. Angest.	T	wie Konecny
Marchandt, Josef	1892	Plechatel (F)	Bahnhofsvorsteher	F	
Reinhard, Albert	1891	Woitzdorf (Sudeten)	Arbeiter	D(?)	VGH 29.9.1942: Lv
27. Januar 1943 (ab 18.30 Uhr)					
Bryl, Josef	1891	Altstadt (Mähren)	Gend.-Stabswachtmeister i.R.	T	VGH 18.9.1942: Hv, Lv, Fbg
Dr. Hlobil, Josef	1899	Wessely	Arzt	T	wie Bryl
Dobesberger, Edmund	1907	Wien	Schriftsetzer	Ö	VGH 30.9.1942: Hv
Morawetz, Leopold	1914	Wien	Mechaniker	Ö	VGH 19.11.1942: Hv
Wallner, Johann	1897	Pinkafeld (Steiermark)	Tuchmacher	Ö	
1. Februar 1943 (ab 18.30 Uhr)					
Hruby, Josef	1896	Waltersdorf	Schneidermeister	T	VGH 14.10.1942: VzHv
Jandecka, Wenzel	1915	Niedergeorgenthal	Bergmann	T	wie Hruby
Kudrna, Rudolf	1902	Hostowitz	Bergmann	T	wie Hruby
Lammel, Erhard	1918	Prag	Schriftleiter	T	wie Hruby

Name	geb.	Wohnort	Beruf	Nat.	Urteil
Röhlich, Josef	1897	Sack	Schlosser	T	wie Hruby
Himmer, Michael	1888	Diedenhofen (F)	Schmied/Gastwirt	D(F?)	VGH 25.11.1942: Hv (Emigr.)
Breitkopf, Josef	1889	Königshütte	Wachmann	D	VGH 29.10.1942: Lv
Jakobs, Walter	1918	o. festen Wohnsitz	Arbeiter	D	VGH 27.10.1942: Lv
Wojtitzki, Anatol	1907	Neidenberg	Landarbeiter	D	VGH 30.10.1942: Lv
3. Februar 1943 (nicht im Bibliotheksbuch) (6.00 Uhr)					
Dr. Klotz, Helmut	1884	Suresnes (F)	Schriftsteller	D	VGH 27.11.1942: Hv, Lv
8. Februar 1943 (ab 18.30 Uhr)					
Hekr, Zdenek	1910	Prag	Holzschnitzer/Bildhauer	T	VGH 16.10.1942: VzHv, Fbg
Rapp, Adolf	1915	Prag	Steindrucker	T	wie Hekr
Schiedeck, Ottokar	1902	Prag	Apotheker	T	wie Hekr
Zika, Franz	1918	Butschowitz	Protektoratstruppe	T	wie Hekr
Sedlar, Thomas	1895	Kunovice	Postmeister	T	VGH 12.10.1942: Hv
Blanck, Werner	1907	Antwerpen	Korrespondent	D	VGH 1.12.1942: Hv
Thews, Wilhelm	1910	Miranda (Spanien)	Bauingenieur	D	VGH 2.11.1942: VzHv
Haimerl, Maximilian	1908	Regensburg	Kaufmann	D	VGH 19.10.1942: Hv
10. Februar 1943 (nicht im Bibliotheksbuch) (ab 18.00 Uhr)					
Gehrts, Erwin	1890	Berlin	Oberst (Luftwaffe)	D	RKG 10.1.1943: Wehrkraftzersetzung
Psikal			Oberleutnant	T	VGH 20.10.1942: Hv
Klobus			Leutnant	T	wie Psikal
Rozanek				T	VGH 21.10.1942: Hv
Benesch				T	wie Rozanek
Peterka				T	wie Rozanek

Name	geb.	Wohnort	Beruf	Nat.	Urteil
16. Februar 1943 (ab 18.00 Uhr)					
Semerad, Johann	1908	Prag	Plänemacher	T	VGH 7.10.1942: Hv
Sladecek, Jaroslav	1920	Prag	Kaufmännischer Angestellter	T	wie Semerad
Harnack, Mildred	1902	Berlin	Lektorin/Übersetzerin	D(US)	RKG 15.-19.12., RKG 13./16.1.1943: Beihilfe VzHv, Beihilfe Spionage
Rink, Marie	1901	Königshütte	Kindergärtnerin	P	VGH 17.10.1942: Lv
Koniczna, Halina	1921	Berlin	Buchhalterin	P	
Kocowa, Miloslawa	1908	Warschau	Bankbeamtin	P	
22. Februar 1943 (ab 18.30 Uhr)					
Alexander, Rudolf	1909	Korneuburg	Schlosser	Ö	VGH 24.11.1942: Hv
Gruber, Johann	1903	Korneuburg	Dreher	Ö	wie Alexander
Jordan, Anton	1908	Korneuburg	Maurer	Ö	wie Alexander
Mühl, Johann	1896	Korneuburg	Maurergehilfe	Ö	wie Alexander
Gregr, Vladimir	1902	Prag	Ingenieur/Architekt	T	VGH 9./10.9.1942: VzHv, Lv
Dr. Mejstrick, Zdenek	1900	Prag	Staatsanwalt	T	wie Gregr
Hofta, Ottokar	1901	Ritschau bei Prag	Versicherungsvertreter	T	VGH 28.10.1942: VzHv, Fbg
Strobl, Alois	1894	Schlau bei Prag	Oberstleutnant a.D.	T	wie Hofta
Vanek, Josef	1898	Semil	Geschäftsführer/ Fabrikbesitzer	T	wie Hofta
Krebs, Alfred	1903	Berlin	Maler	D	VGH 4.12.1942: VzHv
Legatzki, Paul	1893	Driesen (Neumark)	Zollinspektor	D	VGH: Lv
Landet (Londot), Johann	1874	Villebois-La-Valette	Möbelschreiner	F	VGH 17.12.1942: Lv
Pissula, Hermann	1908	Czernichowze	Landarbeiter	P	VGH 25.11.1942: Lv
2. März 1943 (ab 18.30 Uhr)					
Belohlavek, Heinrich	1889	Wien	Eisendreher	Ö	VGH 8.10.1942: Hv
Baldrmann, Josef	1903	Wien	Werkzeugfräser	Ö	wie Belohlavek
Graf, Josef	1882	Wien	Schnittmacher	Ö	wie Belohlavek
Jäger, Artur	1893	Wien	Automechaniker	Ö	wie Belohlavek
Leibetseder, Emil		Wien	Dreher	Ö	wie Belohlavek

Name	geb.	Wohnort	Beruf	Nat.	Urteil
Schöner, Johann	1898	Wien	Automateneinsteller	Ö	wie Belohlavek
Wyt, Karl	1905	Wien	Spitzendreher	Ö	wie Belohlavek
Breining, Wilhelm	1891	Lublin	Kaufmann	D(?)	VGH 10.12.1942: Lv
Stefan, Vincent	1904	Teichrode	Landwirt	P	VGH 18.11.1942: Lv
3. März 1943 (nicht im Bibliotheksbuch)					
Fronkiewicz				P	VGH 30.11.1942: Hv
Dehmel				P	wie Fronkiewicz
Dworaczek				P	wie Fronkiewicz
Slaby				P	wie Fronkiewicz
Ciechowski				P	wie Fronkiewicz
Gwozd (Surma)				P	wie Fronkiewicz
4. März 1943 (ab 18.30 Uhr)					
Joachim, Marianne	1921	Berlin	Kinderpflegerin	D	VGH 10.12.1942: Hv, Fbg
Loewy, Hildegard	1922	Berlin	Graphikerin	D	wie Joachim
Meyer, Hanni	1921	Berlin	Putzmacherin	D	wie Joachim
Hirsch, Hella	1921	Berlin	Arbeiterin	D	wie Joachim
Birnbaum, Heinz	1920	Berlin	Dreher	D	wie Joachim
Rotholz, Heinz	1921	Berlin	Hilfsmechaniker	D	wie Joachim
Rotholz, Siegbert	1919	Berlin	Kohlenarbeiter	D	wie Joachim
Salinger, Lothar	1919	Berlin	Arbeiter	D	wie Joachim
Neumann, Helmut	1921	Berlin	Damenschneider	D	wie Joachim
Pajonk, Anna	1900	Kattowitz	ohne Beruf (Ehefrau)	P	VGH 10.11.1942: Lv
Rychly, Franziska	1907	Klein-Posenbrück	Haustochter	P	VGH 16.11.1942: Lv
Lehm, Kurt	1909	Hamburg	Ziegeleiarbeiter	D	VGH 3.12.1942: Lv
Netuschel, Josef	1914	Stettin	Betriebsfachwerker	D	VGH 14.12.1942: Lv
Tippelt, Josef	1908	Hohenelbe	Lehrer a.D.	D	VGH 22.10.1942: Lv

Name	geb.	Wohnort	Beruf	Nat.	Urteil
9. März 1943 (ab 18.30 Uhr)					
Vorberg, Karl	1912	Haldensleben	Bauarbeiter	D	VGH 3.12.1942: VzHv
Plewa, Fritz	1906	Harburg	Klempner (Soldat)	D	VGH 6.1.1943: Hv
Bartoszkiewicz, Alexander	1897	Berlin	Arbeiter		VGH 3.12.1942: VzHv
Gajda, Leszek	1923	Königshütte	Zeichner	P (Volksdt.)	VGH 8.12.1942: Lv
Kwiatkowski, Stanislaus	1914	Heidendorf	Arbeiter	P	VGH 22.12.1942: Fbg, VzHv, PStrVO (deutschfeindl. Brief)
Hofmann, Rosa	1919	Salzburg	Näherin	Ö	VGH 15.12.1942: Wehrkraftzersetzung, landesverräterische Fbg, VzHv
16. März 1943 (ab 18.30 Uhr)					
Bilik, Franz	1891	Altbunzlau	Oberst a.D.	T	VGH 5.10.1942: Hv
Konopasek, Franz	1890	Prag	Oberst a.D.	T	wie Bilik
Korb, Georg	1910	Prag	Architekt	T	VGH 1.10.1942: VzHv
Sadilek, Jaroslav	1906	Prag	Schauspieler	T	wie Korb
Hula, Miloslav	1915	Mährisch-Ostrau	Bordfunker	T	VGH 21./22.5.1942: VzHv, Fbg, Lv
Hörbinger, Leopold	1911	Leobersdorf	Tapezierer	Ö	VGH 11.11.1942: VzHv
Blasiak, Eduard	1911	Hövelhof bei Paderborn	Bäcker	P	VGH 1.12.1942: Landesverräterische Fbg (Fluchthilfe)
Basinski, Johannes	1909	Teichrode	Arbeiter	P	VGH 19.11.1942: Lv
Barz, Reinhold	1885	Ortelsburg	Schneider/Wanderprediger	D	VGH 1.12.1942: Lv
19. März 1943 (ab 18.30 Uhr)					
Jachym, Josef	1898	Prag	Oberstleutnant a.D.	T	VGH 15.12.1942: Hv
Koncel, Karl	1914	Kolin	Leutnant a.D.	T	VGH 26.8.1942: Lv, Hv
Nachtmann, Vincenz	1914	Ladowitz	Buchhalter	T	VGH 23.10.1942: Hv
Reichert, Josef	1906	Liquitz	Bergmann	T	wie Nachtmann
Sobota, Wenzel	1894	Dux	Bergmann	T	wie Nachtmann
Titl, Franz	1894	Ladowitz	Bergmann	T	wie Nachtmann
Skotnica, Vladimir	1910	Mährisch-Ostrau	Privatbeamter	T	VGH 7.10.1942: Hv, Lv
Lönnecker, Wilhelm	1885	Langelsheim (Harz)	Zigarrenhändler	D	VGH 14.12.1942: »Rundfunkverbrechen«
Waschinski, Gustav	1894	Ortelsburg	Dachdeckergehilfe	D	VGH 5.1.1943: VzHv
Siwon, Robert	1887	Königshütte	Technischer Beamter	D(?)	VGH 3.11.1942: Lv

Name	geb.	Wohnort	Beruf	Nat.	Urteil
23. März 1943 (ab 18.30 Uhr)					
Dubovsky, Karl	1889	Rakonitz	Oberst a.D.	T	VGH 29.10.1942: Hv, landesverräterische Fbg, unbefugter Waffenbesitz
Faic, Franz	1905	Pilsen	Angestellter	T	wie Dubovsky
Krofta, Wenzel	1913	Pilsen	Schlosser	T	wie Dubovsky
Kolar, Jan	1898	Boschkau	Stabsfeldwebel a.D.	T	wie Dubovsky
Matejka, Josef	1894	Pilsen	Major a.D.	T	wie Dubovsky
Metličky, Jaroslav	1893	Pilsen	Major a.D.	T	wie Dubovsky
Parvonic, Robert	1914	Pilsen	Elektrotechniker	T	wie Dubovsky
Roubal, Karl	1912	Pilsen	Leutnant a.D./Kaufm. Angest.	T	wie Dubovsky
Sedlak, Josef	1898	Pilsen	Damenschneider	T	wie Dubovsky
Svoboda, Franz	1900	Pilsen	Autoschlosser	T	wie Dubovsky
Toman, Johann	1888	Doberschlich	Major a.D.	T	wie Dubovsky
Vlachy, Jan	1895	Prag	Oberst a.D.	T	wie Dubovsky
Dr. Vratil, Franz	1900	Pilsen	Arzt	T	wie Dubovsky
Fousek, Josef	1905	Prag	Lagerhalter	T	VGH 16.12.1942: Hv
Krcal, Jan Zdenek	1900	Prag	Forstbeamter	T	wie Fousek
Maly, Josef	1894	Prag	Eisendreher	T	wie Fousek
Gruber, August	1894	Salzburg		Ö	VGH 8.1.1943: VzHv (Revolutionäre Sozialisten Österreichs)
29. März 1943 (ab 19.30 Uhr)					
Lindner, Hertha	1920	Mariaschein	Verkäuferin	D	VGH 23.11.1942: Hv
Dvořak, Emilie	1919	Teplitz-Schönau	Näherin	D	wie Lindner
Dvořak, Adolf	1909	Seestadt-Komotau	Bergmann	D	wie Lindner
Holub, Bohumil	1885	Dux	Schneider	T	wie Lindner
Müller, Franz	1922	Schelenken	Strumpfwirker	D	wie Lindner
Patz, Ernst	1903	Prödlitz		D	wie Lindner
Safranek, Zdenek	1920	Teplitz-Schönau	Radio-Techniker	T	wie Lindner
Roubal, Wilhelmine	1901	Teplitz-Schönau	ohne Beruf (Ehefrau)	D	VGH: 24.11.1942: VzHv
Vodicka, Wenzel	1895	Schelenken	Invalide (Bergmann)	T	wie Roubal
Vrba, Josef	1898	Dux	Bergmann	T	wie Roubal
Wanka, Josef	1889	Hundorf	Bergmann	D	wie Roubal
Zenkr, Josef	1904	Schelenken	Maurer	D	wie Roubal
Porzal, Franz	1899	Dux	Bergmann	T	wie Roubal

Name	geb.	Wohnort	Beruf	Nat.	Urteil
1. April 1943 (ab 19.30 Uhr)					
Warszawski, Marie-Anna	1907	Krone	Landarbeiterin	P	VGH 4.1.1943: Landesverräterische Fbg (Fluchthilfe)
Warszawski, Josef	1910	Krone	Landwirt	P	wie Warszawski, Marie-Anna
Warszawski, Boleslaw	1911	Krone	Arbeiter	P	wie Warszawski, Marie-Anna
Blazek, Milos	1913	Prag	Unterleutnant a.D./ Bankangestellter	T	VGH 7.10.1942: VzHv
Chalupa, Iwan	1887	Prag	Oberst a.D.	T	wie Blazek
Krycnar, Miroslav	1897	Prag	Major a.D./Obersekretär	T	wie Blazek
Prochazka, Oleg				T	wie Blazek
Hroschek, Andreas	1889	Dux	Fliesenleger	T	VGH 12.12.1942: VzHv
Kubat, Franz	1888	Haan	Bergmann	T	wie Hroschek
Krteck, Wenzel	1898	Herlich	Bergmann	T	wie Hroschek
Syriste, Anton	1897	Hostowitz	Bergmann	T	wie Hroschek
Schröder, Anton	1885	Ulrichsdorf	Landwirt	D	VGH 2.12.1942: Lv
Vývodo, Bohumil	1881	Königssaal	Kapellmeister	T	VGH 14.12.1942: VzHv, Lv, unbefugter Waffenbesitz
5. April 1943 (ab 19.00 Uhr)					
Hrachovina, Anton	1902	Prerau	Verkäufer	T	VGH 12.12.1942: VzHv
Krasny, Jan	1889	Prerau	Maurer	T	wie Hrachovina
Minar(ova), Marie	1892	Prerau	Köchin	T	wie Hrachovina
Schmidt(-Sas), Alfred	1895	Berlin	Musikerzieher	D	VGH 9.10.1942: VzHv
Krulich, Josef	1901	Bobau	Arbeiter	T	VGH 3.11.1942: Lv
Blazejewski, Josef	1911	Krotoschin	Bergmann	P	VGH 22.12.1942: Lv
Hensen, Franz	1896	Waalnyk (NL)	Lederhändler	NL	VGH 25.11.1942: Lv
Martynowicz, Ewa	1893	Rittersberg	Landarbeiterin	P	VGH 15.2.1943: Landesverräterische Fbg (Fluchthilfe)
8. April 1943 (ab 19.00 Uhr)					
Hampel, Elise	1903	Berlin	Schneiderin	D	VGH 22.1.1943: Hv
Hampel, Otto	1897	Berlin	Einrichter	D	wie Hampel, Elise
Urich, Marie	1891	Wien	ohne Beruf (Ehefrau)	Ö	VGH 23.10.1942: Hv
Černy, Vladimir	1895	Prag	Versuchspilot	T	VGH 4./5.8.1942: Landesverräterische Fbg, VzHv

Name	geb.	Wohnort	Beruf	Nat.	Urteil
Feistmantl, Rudolf	1892	Prag	Oberstleutnant a.D./ Rat der Landesbehörde	T	wie Černy
Hamšik, Josef	1895	Prag	Oberstleutnant a.D.	T	wie Černy
Dr. Keßler, Johann	1892	Prag	Oberst d. San.-wesens a.D.	T	wie Černy
Nepily, Franz	1892	Prag	Fähnrich/Beamter	T	wie Černy
Pacold, Alois	1896	Prag	Kaufmann	T	wie Černy
Pajgr, Karl	1897	Prag	Kaufmann	T	wie Černy
Žampach, Josef	1913	Prag	Leutnant a.D./ Technischer Beamter	T	wie Černy
Tembergen, Dietrich	1887	Kamp-Lintfort	Bergmann	D	VGH 7.1.1943: Wehrkraftzersetzung, Fbg

9. April 1943 (ab 19.00 Uhr)

Name	geb.	Wohnort	Beruf	Nat.	Urteil
Blaška, Alois	1906	Wildenschwert	Weber	T	VGH 26.11.1942: VzHv
Kovař, Josef	1904	Wildenschwert	Arbeiter	T	wie Blaska
Lochmann, Ladislav	1898	Wildenschwert	Weber	T	wie Blaska
Sležak, Ladislav	1919	Langentriebe	Kaufmännischer Angestellter	T	wie Blaska
Baše, Josef	1897	Beraun	Oberstleutnant a.D.	T	VGH 20.1.1943: VzHv, Fbg, unbefugter Waffenbesitz
Maxa, Josef	1891	Beraun	Oberst a.D.	T	wie Baše
Fortelka, Jaroslav	1910	Bergesgrün	Schlosser	T	VGH 18.12.1942: Hv, Fbg
Ondraček, Anton	1906	Maltheuern	Bergmann	T	wie Fortelka
Peterka, Franz	1914	Nieder-Georgenthal	Bergmann	T	wie Fortelka
Šimek, Josef	1902	Seestadtl	Heizer	T	wie Fortelka
Gerbohay, Marcel	1917	Pacé (F)	Gärtner	F	VGH 11.1.1943: Anstiftung zum Attentat
Kurmis, Gustav	1908	Kowno	Buchdrucker	Litauer	VGH 12.2.1943: Lv
Zimmer, Karl	1885	Memel		D	VGH 14.1.1943: Lv

Name	geb.	Wohnort	Beruf	Nat.	Urteil
12. April 1943 (ab 19.00 Uhr)					
Slach, Eleonore	1919	Teplitz-Schönau	ohne Beruf (Witwe)	T	VGH 12.11.1942: VzHv u.a.
Krsnak, Maria	1911	Korbitz	ohne Beruf (Witwe)	T	wie Slach
Ficht, Otto Albert	1913	Teplitz-Schönau	Kaufmännischer Angestellter	T	wie Slach
Komann, Emil	1917	Dux	Photograph	T	wie Slach
Lindner, Heinz Josef	1897	Mariaschein	Chemie-Hilfswerker	D	wie Slach
Plsek, Franz	1902	Teplitz-Schönau	Arbeiter	T	wie Slach
Milota, Johann	1902	Prag	Oberrevident	T	VGH 5.12.1942: Lv
Jurgaitis, Bronislaw	1909	Tilsit	Bauingenieur	Russe	VGH 1.2.1943: Lv
Magner, Herbert	1905	Petrikau	Landwirt	P	VGH 25.1.1943: Lv
Porbadnik, Max	1893	Berlin	Büroangestellter	P(?)	VGH 19.2.1943: Lv
Znaniecki, Wladislaw	1898	Thorn	Büroangestellter	P	VGH 2.2.1943: Lv
Roubal, Stanislav	1902	Brünn	Klempner	T	VGH 22.12.1942: Hv
15. April 1943 (ab 19.00 Uhr)					
Baumgartner, Gertrud	1920	Karlsruhe	Photolaborantin	D	VGH 4.2.1943: Lv
von Gostomski, Peter	1905	Berlin	Landwirt	D	VGH 1.12.1942: Lv
Marstaller, Christian	1914	Mainz	Schneider	D	
Polzin, Eugen	1905	Berlin	Rechtsanwalt	D	LG Berlin: Wehrentziehung
Šafka, Jaroslav	1923	Chotzen	Gymnasiast	T	VGH 18.12.1942: VzHv, Fbg
Svoboda, Jiri	1923	Hohenmauth	Gymnasiast	T	wie Šafka
Svoboda, Miloslav	1923	Hohenmauth	Gymnasiast	T	wie Šafka
16. April 1943 (nicht im Bibliotheksbuch)					
Hope, Andreas		Lindaas (N) Bergen	Handelsreisender	Norweger	VGH 10.2.1943: Fbg
Mrocynski, Konstantin	1911	Groß-Dimau	Landarbeiter	P	VGH 12.2.1943: Landesverräterische Fbg (Fluchthilfe)
Kaminski, Konstantin	1906	Stogentschin	Landwirt	P	wie Mrocynski
Lewandowski, Waclaw	1906	Ossowka	Landwirt	P	wie Mrocynski
Kaminski, Josef	1906	Ossowka	Landarbeiter	P	wie Mrocynski
Wienczorkowski, Stanislaus	1913	Dziekowo	Schneider	P	wie Mrocynski
Heimdl, Michael	1912	Olmütz	Schmied	D	VGH 23.11.1942: Lv

Name	geb.	Wohnort	Beruf	Nat.	Urteil
Hampf, Blasius		Beuthen	Mechaniker	P(?)	VGH 15.1.1943: Lv (Spionage)
Mitrenga, Josef	1903	Radzionkau	Bürogehilfe		wie Hampf
Lipina, Josef	1910	Posen		P	VGH 18.1.1943: Lv (Spionage)
Schliwa, Paul	1905	Bismarckhütte	Arbeiter	P	VGH 28.1.1943: Lv (Spionage)
Nowak, Joachim	1904	Ratibor	Schuhmacher	P	VGH 22.2.1943: Lv (Spionage)
21. April 1943 (ab 19.00 Uhr)					
Bartošek, Otto	1908	Taus	Oberleutnant a.D.	T	VGH 5.11.1942: Hv, Lv
Pečanek, Miloslav	1909	Klattau	Leutnant a.D./Fahrlehrer	T	wie Bartošek
Dr. Zlabeck, Anton	1909	Taus	Finanzbeamter	T	wie Bartošek
Prohazka, Jan	1914	Taus	Schlosser	T	wie Bartošek
Geisen, Hermann	1899	Brüssel	Keramiker	D	VGH 2.2.1943: VzHv, landesverräterische Fbg
Garbarini, Kurt	1913	Willebraek (B)	Maschinenschlosser	D	wie Geisen
Neubeck, Herbert	1923	Brüssel	Apotheker-Lehrling	D	wie Geisen
Wagner, Edmund	1917	Wien	Elektromechaniker	Ö	VGH 4.11.1942: Hv
Dr. Bockenmüller, Julius	1895	Braunschweig	Arzt	D	VGH 19.1.1943: Lv
28. April 1943 (7.45 Uhr, ab 19.00 Uhr)					
Bica, Josef	1913	Chotzen	Flugzeugbaukontrolleur	T	VGH 7.12.1942: VzHv
Bouček, Josef	1912	Chotzen	Tischler	T	wie Bica
Mikulecky, Jaroslav	1907	Chotzen	Tischler	T	wie Bica
Pražak, Augustin	1905	Kosorchin	Tischler	T	wie Bica
Luka, August	1884	Wien	Schweißer	Ö	VGH 16.2.1943: VzHv
Segall, Leopold	1905	Wien	Eisenhändler	Ö	wie Luka
Drozdowski, Konstantin	1903	Thorn	Arbeiter	P	VGH 12.2.1943: landesverräterische Fbg (Fluchthilfe)
Weiss, Josef	1908	Prag	Mechaniker	D	VGH 14.12.1942: VzHv
Wrobinski, Josef	1891	Doberschütz	Schuhmacher	P	VGH 8.2.1943: Landesverräterische Fbg (Fluchthilfe)
Wrobinski, Maria	1894			P	wie Wrobinski, Josef
Stachely, Gerhard	1916	Rostock	Maschinenschlosser	T(?)	VGH 1.3.1943: Lv
Schiffmann, Celestin	1908	Niederzeutz	Installateur	D	VGH 8.3.1943: Lv
Domogalla, Karl	1899	Reischen	Arbeiter	D	VGH 25.2.1943: Lv

Name	geb.	Wohnort	Beruf	Nat.	Urteil
3. Mai 1943 (ab 19.00 Uhr)					
Schieffer, Stephanie	1897	Paris	Schneiderin	T(?)	VGH 3.3.1943: Lv
Dienstbier, Zbynek	1903	Zlin	Aktuar-Obersekretär	T	VGH 26./27.11.1942: VzHv, teilweise auch Lv
Haas, Karel	1913	Zlin	Aktuar-Adjunkt	T	wie Dienstbier
Dr. Mazal, Emil	1915	Batov	Chemiker	T	wie Dienstbier
Roček, Bohuslav	1918	Napajedl	Flugzeugmonteur	T	wie Dienstbier
Symerski, Jindrich	1905	Batov	Privat-Beamter	T	wie Dienstbier
Uředniček, Leopold	1907	Napajedl	Privat-Beamter	T	wie Dienstbier
Volejnik, Vladimir	1920	Zokolnitz	Maschinenschlosser	T	wie Dienstbier
Vaňa, František	1902	Holitz	Kanzleigehilfe	T	wie Dienstbier
Baca, Josef	1911	Brünn	Schriftsetzer	T	wie Dienstbier
4. Mai 1943 (ab 19.00 Uhr)					
Horak, Bretislav	1904	Pilsen	Stabskapitän a.D./Beamter	T	VGH 2.12.1942: VzHv, Fbg, landesverrätrische Ausspähung
Libanski, Jaromir	1895	Stresovice	Oberstleutnant a.D./ Aktuar-Direktor	T	wie Horak
Souček, Jaroslav	1892	Pilsen	Oberstleutnant a.D.	T	wie Horak
Šmid, Jaroslav	1913	Podebrad	Leutnant a.D./Beamter	T	wie Horak
Palacky, Josef	1913	Pilsen	Leutnant a.D./Beamter	T	wie Horak
Melichar, Cyril	1894	Prag	Oberstleutnant a.D.	T	VGH 7.12.1942: Hv
Macak, Stanislaus	1911	Prag	Steindrucker	T	VGH 9.12.1942: VzHv
Mačik, Jaroslav	1908	Prag	Schlachthofbeamter	T	wie Macak
Mastnik, Josef	1892	Prag	Polizeibeamter	T	wie Macak
Tomasko, Jan	1900	Prag	Arbeiter	T	VGH 12.12.1942: VzHv
10. Mai 1943 (ab 19.00 Uhr)					
Čestky, Ludwig	1887	Beneschau	Oberstleutnant a.D.	T	VGH 20.1.1943: VzHv
Hulka, Adolf	1891	Brünn (?)	Oberst a.D.	T	wie Cestky
Petrik, Josef	1891	Brünn	Oberst a.D.	T	wie Cestky
Prusa, Josef	1896	Beneschau	Major a.D./Beamter	T	wie Cestky
Kolodziejeski, Franz	1920	Tuchel	Landarbeiter	P	VGH 8.2.1943: Landesverräterische Fbg (Fluchtvers.), PStrVO
Lonski, Roman	1922	Groß-Birkwitz	Melker	P	wie Kolodziejeski

Name	geb.	Wohnort	Beruf	Nat.	Urteil
Osowicki, Julius	1919	Konitz	Techniker	P	wie Kolodziejeski
Lehmann, Wilhelm	1869	Berlin	Rentner	D	VGH 8.3.1943: VO zum Schutz von Volk + Staat, VzHv, landesverräterische Fbg
Rädel, Siegfried	1893	Pirna	Bautischler	D	VGH 25.2.1943: VzHv
11. Mai 1943 (ab 19.00 Uhr)					
Bobek, Anton	1900	Prag	Schaffner	T	VGH 4./5.12.1942: VzHv
Gibis, Anton	1902	Prag	Angestellter	T	wie Bobek
Suman, Wenzel	1894	Prag	Arbeiter	T	wie Bobek
Subrt, Josef	1907	Prag	Angestellter	T	wie Bobek
Dyrschka, Marian	1924	Rybnik	Arbeiter	P	VGH 5.1.1943: Hv (Fluchtversuch)
Illgen, Arthur	1905	Schulzendorf	Technischer Angestellter	D	VGH 5.2.1943: VzHv
Schaumann, Werner	1908	Berlin	Bauführer	D	wie Illgen
Vötter, Georg	1901	Berlin	Schriftsetzer	D	wie Illgen
Bittner, Adolf	1899	Berlin		D	wie Illgen
Heide, Rudolf	1907	Groß-Bocken	Arbeiter	D	VGH 2.3.1943: Lv
Rousek, Metodey	1919	Namiest	Arbeiter	T	VGH 20.2.1943: VzHv
13. Mai 1943 (ab 19.00 Uhr)					
von Brockdorff, Erika	1911	Berlin	ohne Beruf	D	RKG 13./16.1.1943: Beihilfe VzHv und Spionage
Behrens, Karl	1909	Berlin	Werkzeugkonstrukteur	D	RKG 19./20.1.1943: Spionage
Guddorf, Wilhelm	1902	Berlin	Redakteur/Buchhalter	D	RKG 1.-3.2.1943: VzHv, Fbg
Husemann, Walter	1909	Berlin	Redakteur/Werkzeugmacher	D	RKG 25./26.1.1943: VzHv, Beihilfe Spionage
Dr. Himpel, Helmut	1907	Berlin	Zahnarzt	D	RKG 25./26.1.1943: VzHv, Fbg
Küchenmeister, Walter	1897	Berlin	Schriftsteller	D	RKG 5./6.2.1943: VzHv
Dr. Rittmeister, John	1898	Berlin	Nervenarzt	D	RKG 11./12.2.1943: VzHv, Fbg
Rehmer, Friedrich	1921	Berlin	Justierer	D	RKG 19./20.1.1943: Spionage
Dr. Schaeffer, Philipp	1894	Berlin	Sinologe/Expedient	D	RKG 5./6.2.1943: VzHv, Fbg
Strelow, Heinz	1915	Berlin	zuletzt Unteroffizier	D	RKG 14./15./18.1.1943: VzHv, Kriegsverrat
Thiel, Fritz	1916	Berlin	Feinmechaniker/Justierer	D	RKG 14./15./18.1.1943: VzHv, Fbg
Dr. Tohmfor, Erhard*	1909	Berlin	Chemiker	D	RKG 27.1.1943: Beihilfe Spionage
Weissensteiner, Richard	1907	Berlin	Sekretär	D	RKG 28./30.1.1943: VzHv, Fbg

**Hinrichtung durch Strang*

Name	geb.	Wohnort	Beruf	Nat.	Urteil
20. Mai 1943 (ab 19.00 Uhr)					
Szukalska, Agnes	1891	Kuttno	ohne Beruf	P	VGH 19.2.1943: Lv
Böhm, Johann	1886	Schloppenhof bei Eger	Zimmermann	Volksdt.	VGH 19.3.1943: Lv
Kopecky, Antonin	1917	Pilsen	Handlungsgehilfe	T	VGH 10.12.1942: VzHv, Fbg, Lv
Krauz, Wenzel	1906	Pilsen	Angestellter	T	wie Kopecky
Pliška, Vladimir	1906	Prag	Leutnant a.D./Angestellter	T	wie Kopecky
Pytlik, Bohumil	1898	Pilsen	Stabskapitän a.D./Revident	T	wie Kopecky
Sieger, František	1915	Pilsen	Leutnant a.D./Angestellter	T	wie Kopecky
Kleandr, Josef	1905	Königgrätz	Techn. Eisenbahnbeamter	T	VGH 20.1.1943: VzHv
Marek, Florian	1895	Koxusice	Hufschmied	T	VGH 23.2.1943: VzHv
Matousek, Bohumil	1896	Jungbunzlau	Beamter	T	VGH 6.3.1943: VzHv, Fbg
Ullrich, Stanislav	1895	Milowitz	Stabskapitän a.D./Fachlehrer	T	wie Matousek
Vosatka, Anton	1891	Prag	Verwaltungsdirektor	T	
Šulč, Jaroslav	1903	Prag	Geologe	T	wie Vosatka
Stoye, Max	1913	o. festen Wohnsitz	Arbeiter	D	VGH 9.3.1943: VzHv
24. Mai 1943 (ab 19.00 Uhr)					
Kunzendorf, Eberhard	1874	Karlsbad	Journalist	D	VGH 26.3.1943: Lv
de Vent, Viktor	1911	Antwerpen		B	VGH 30.11.1942: Lv
Brzica, Karl	1920	Wien	Metalldreher	Ö	VGH 1.6.1943: VzHv, Sabotage
Havel, Zdenek	1901	Deutsch-Brod	Leitender Beamter	T	VGH 3.2.1943: VzHv, Fbg
Sachl, Miloslav	1912	Deutsch-Brod	Bankbeamter	T	wie Havel
Krahalec, Karl	1912	Chotzen	Buchhalter	T	VGH 13.12.1942: VzHv, Fbg
Nechville, Ladislav	1911	Chotzen	Eisenbahnangestellter	T	wie Krahalec
Rocen, Karl	1905	Chotzen	Gemeindeangestellter	T	wie Krahalec
Kravak, Franz	1889	Prag	Brigadegeneral a.D.	T	VGH 18.1.193: VzHv, Fbg, unbefugter Waffenbesitz
Kubik, Robert	1896	Prag	Stabskpt. a.D./Obersekretär	T	wie Kravak
Petraček, Karl	1893	Prag	Oberstleutnant a.D./ Verwaltungs-Direktor	T	wie Kravak
Smazal, Josef	1896	Prag	Stabskapitän a.D.	T	wie Kravak

Name	geb.	Wohnort	Beruf	Nat.	Urteil
25. Mai 1943 (ab 19.00 Uhr)					
Častek, Jaroslava	1908	Prag	Beamtin	T	VGH 9.12.1942: VzHv
Kladiva, Jaroslav	1902	Prag	Schriftleiter	T	wie Castek
Skrach, Vasil	1891	Prag	Bibliothekar	T	wie Castek
Jezek, Franz	1905	Prag	Werkmeister	T	VGH 21.9.1942: VzHv
Magrutsch, Engelbert	1905	Wien	Städtischer Angestellter	Ö	
Michel, Anton	1893	Schutzlar	Bergmann	T	VGH 18.2.1943: Lv
Spiewak, Johann	1903	Graudenz	Schuhmacher	P	VGH 9.3.1943: Lv
Wolf, Anton	1904(?)	Tyssa	Schneider	T	VGH 23.2.1943: Lv
28. Mai 1943 (ab 19.00 Uhr)					
Chromjak, Josef	1914	Prerau	Metalldreher	T	VGH 18.12.1942: VzHv
Krejci, Stefan	1914	Stephanau	Maschinenschlosser	T	wie Chromjak
Kubicek, Jindrich	1918	Dlulonowitz	Beamter	T	wie Chromjak
Mathar, Stephan	1898	Verviers (B)	Kaufmann/Chemiker	D(?)	VGH 18.2.1943: VzHv, Wehrkraftzersetzung, Fbg
Subrt, Alfons	1911	Hronow	Arbeiter	T	VGH 12.3.1943: Fbg, Wehrmittelbeschädigung
Wiesner, Jaroslav	1898	Choudim	Technischer Beamter	T	VGH 17.3.1943: VzHv, Lv
Lebek, Roman	1896	Gleiwitz	Reichsbahnbetriebsassistent	D	VGH 3.4.1943: Lv
1. Juni 1943 (ab 19.00 Uhr)					
Adam, Wenzel	1905	Prag	Kapitän a.D.	T	VGH 10.3.1943: VzHv, Lv
Machacik, Alois	1888	Saborsch	General a.D.	T	wie Adam
Šrstka, Josef	1895	Prag	Oberst a.D.	T	wie Adam
Svoboda, Gustav	1890	Prag	Bankdirektor	T	wie Adam
Deczy, Emil	1901	Prag	Postangestellter	T	VGH 3.2.1943: VzHv
Pletarek, Hynek	1901	Prag	Schlosser	T	wie Deczy
Zdarsky, Josef	1895	Prag	Schneider	T	wie Deczy
Maecker, Franz	1903	Neuruppin	Buchbinder	D	VGH 26.2.1943: VzHv
Pöttler, Johann	1910	Salzburg	Reichsbahnangestellter	Ö	VGH 15.12.1942: VzHv
Vit, Jan	1897	Jungbunzlau	Stabskapitän a.D.	T	VGH 5.3.1943: VzHv
Hertel, Theodor	1897	Königsberg	Kaufmann/Drogist	D	VGH 13.1.1943: Lv

Name	geb.	Wohnort	Beruf	Nat.	Urteil
7. Juni 1943 (ab 19.00 Uhr)					
Bohacek, Josef	1894	Novy Jachymov	Bergmann	T	VGH 25.1.1943: Hv
Hajek, Josef	1910	Hysko	Eisenbahner	T	wie Bohacek
Kodet, Vaclav	1895	Neu-Joachimstal	Bergmann	T	wie Bohacek
Malec, Karl	1900	Neuhütte	Maschinist	T	wie Bohacek
Patera, František	1907	Beraun	Maschinenschlosser	T	wie Bohacek
Sedlac, Adalbert	1895	Neuhütte	Maschinist	T	wie Bohacek
Smrkovsky, Vaclav	1897	Neuhütte	Gend.-Oberwachtmeister	T	wie Bohacek
Zalesky, Vaclav	1898	Neuhütte	Friseur	T	wie Bohacek
Zalesky, Jan	1901	Neuhütte	Lagerhalter	T	wie Bohacek
10. Juni 1943 (ab 19.00 Uhr)					
Golombeck, August	1892	Delitzsch	Oberpostsekretär a.D.	D	VGH 9.3.1943: Lv
Gerlich, Georg	1899	Jerxheim	Reichsbahnsekretär a.D.	D	wie Golombeck
Reinel, Hermann	1885	Schönberg	Privatförster	D	VGH 7.12.1942: Lv
Rundt, Arthur	1899	Thorn	Setzer	P	VGH 15.3.1943: Lv
Schlafke, Hermann	1902	Panewnik	ehem. Militär-Angestellter	P	VGH 9.4.1943: Lv
von Zittwitz, Barnim	1915	Brüssel	Buchhändlergehilfe	Ö	VGH 1.4.1943: Lv
Evald, Jaroslav	1894	Laun	Major a.D.	T	
Kryspin, Franz	1902	Prag	Obersekretär	T	VGH 11.1.1943: VzHv
Kreisky, Arthur	1912	Prag	Handelsvertreter	T	wie Kryspin
Pilny, Stanislav	1905	Prag	Professor	T	wie Kryspin
Vesely, Wilhelm	1913	Prag	Polizei-Wachmann	T	wie Kryspin
16. Juni 1943 (ab 19.00 Uhr)					
Bidlo, Josef	1890	Prag	Architekt	T	VGH 20./21.11.1942: VzHv, Fbg
Janecek, Franz	1896	Olmütz	Eisenbahn-Expedient	T	wie Bidlo
Kohout, Karl David	1895	Göding	Automonteur	T	wie Bidlo
Ridky, Josef	1893	Gitschin	Kontrolleur	T	wie Bidlo
Selepa, Franz	1883	Rohatetz	Lehrer a.D.	T	wie Bidlo
Smid, Adalbert	1896	Prag	Buchdrucker	T	wie Bidlo

Name	geb.	Wohnort	Beruf	Nat.	Urteil
Schwarz, Arthur	1896	Prag	Disponent	T	wie Bidlo
Urban, Anton	1888	Prag	Beamter	T	wie Bidlo
Ulrich, Josef	1896	Holitz	Lok-Führer	T	wie Bidlo
Helmich, Karl	1893	Prag	Bankdirektor	T	VGH 18.11.1942: VzHv
Kyser, Siegfried	1898	Prag	Pyrotechniker	T	wie Helmich
Raska, Franz	1890	Prag	Major a.D./Intendant	T	wie Helmich
Steffan, Richard	1900	Markt Türnau	Technischer Privatbeamter	T	VGH 6.3.1943: Lv
18. Juni 1943 (ab 19.00 Uhr)					
Cerny, Franz	1894	Rokitzau	Schlosser	T	VGH 19.2.1943: VzHv
Niedermaier, Josef	1906	Stupnov	Bergmann	T	wie Cerny
Tomasek, Josef	1885	Liblin	Gärtner	T	wie Cerny
Urban, Paul	1894	Kamemy (?)	Maschinenschlosser	T	wie Cerny
Kunger, Karl	1901	Berlin	Lagerarbeiter	D	VGH 19.3.1943: VzHv
25. Juni 1943 (ab 19.00 Uhr)					
Engler, Stefanie	1910	Wien	Arbeiterin	Ö	VGH 26.2.1943: VzHv
Österreich, Ruth	1894	Brüssel	Angestellte	D	VGH 18.2.1943: VzHv, Fbg, Wehrkraftzersetzung
Koukolik, Jaroslav	1916	Pilsen	Polizei-Beamter	T	VGH 12.3.1943: VzHv
Rojik, Adalbert	1891	Pilsen	Kanzlei-Angestellter	T	wie Koukolik
Ševčik, Josef	1912	Birkicht	Schneider	T	VGH 25. u. 29.3.1943: Fbg
Seidemann, Zygmund	1907	Warschau	Kaufmann	P	VGH 21.1.1943: Lv
Kusebauch, Anton	1899	Leitmeritz	Gärtner	D(T?)	VGH 5.4.1943: Lv
Dymski, Monika	1918	Thorn	Lehrerin	P	
Veith, Hendryka	1914	Warschau	Schauspielerin	P	
Wegierska, Wanda	1919	Wlochy b. Warschau	Angestellte	P	

Name	geb.	Wohnort	Beruf	Nat.	Urteil
1. Juli 1943 (ab 19.00 Uhr)					
Scheitza, Elisabeth	1902	Berlin	Sekretärin	D	VGH 27.2.1943: Lv (Spionage)
Walitza, Otto	1901	Mährisch-Ostrau	Friseur	T	wie Scheitza
Lederer, Vera	1912	Prag	Stenotypistin	T	VGH 3.3.193: Landesverräterische Ausspähung
Kwiecinski, Bruno	1874	Hannover	Wehrmacht-Angestellter	P	VGH 16.3.1943: Lv
Peters, Josef	1894	Malmedy	Katholischer Geistlicher	D a.W. (B)	VGH 1.7.1943: Landesverräterische Fbg
Dr. Tausik, Alfred	1899	Prag	Arzt	T	VGH 12.4.1943: Landesverräterische Fbg
Franěk, Jaroslav	1897	Negabudice	Gastwirt	T	VGH 16.12.1942: VzHv, unbefugter Waffenbesitz
Grabski, Eugen	1916	Baden (Waldshut)	Landarbeiter	P	VGH 28.4.1943: VzHv (Fluchtversuch)
Rachon, Alexander	1916		Landwirt	P	wie Grabski
Starzewski, Jan	1909	Untereggingen (Waldshut)	Schuhmacher	P	wie Grabski
Wilczek, Miercyslaus	1912	Untereggingen	Bergmann	P	wie Grabski
Wilender	1902	Berlin	Angestellter	D	VGH 10.3.1943: VzHv, Fbg
Kovar, Vojtech	1907	Böhm.-Meseritsch	Gastwirt/Tischler	T	VGH 27.3.1943: VzHv
9. Juli 1943 (ab 19.00 Uhr)					
Burgstaller, Michael	1900	Austetten (Donau)	Oberheizer	Ö	VGH 13.5.1943: VzHv
Dolejsi, Bohumir	1904	Klein-Kunzendorf	Bergmann	T	VGH 14.4.1943: VzHv
Kuchno, Ladislav	1901	Klein-Kunzendorf	Bergmann	T	wie Dolejsi
Dolas, Emil	1911	Michalkowitz	Bergmann	T	VGH 1.4.1943: VzHv
Jamroczy, Josef	1907	Michalkowitz	Bergmann	T	wie Dolas
Kafka, Josef	1895	Prag	Photograph	T	VGH 21.11.1942: VzHv, Fbg
Schreiber, Paul	1893	Berlin		D	VGH 21.5.1943: VzHv
12. Juli 1943 (ab 19.00 Uhr)					
Bobak, Ladislav	1912	Brünn	Kellner/Sportpilot	T	VGH 12.11.1942: VzHv, Lv, Fbg
Erben, Vlastimil	1909	Molnik	Gend.-Wachtmeister	T	wie Bobak
Havelka, Ladislav	1918	Brünn	Mechaniker	T	wie Bobak
Havelka, Franz	1916	Brünn	Eisendreher	T	wie Bobak
Kubista, Milan	1916	Pardubitz	Buchhalter	T	wie Bobak

Name	geb.	Wohnort	Beruf	Nat.	Urteil
Kubista, Antonin	1883	Prag	Schuldirektor a.D.	T	wie Bobak
Kosulič, Gustav	1911	Brünn	Postgehilfe	T	wie Bobak
Pintera, Jindrich	1915	Brünn	Kaufmann	T	wie Bobak
Volek, Jan	1894	Opatowitz	Landesbeh.-Sekretär a.D.	T	wie Bobak
Zak, Josef	1896	Opatowitz	Lagerhalter	T	wie Bobak
13. Juli 1943 (ab 19.00 Uhr)					
Pastejrik, Milos	1906	Steken	Fachlehrer	T	VGH 18.3.1943: VzHv, Spionage, Fbg
Prib, Johann	1914	Steken	Maschinenschlosser	T	wie Pastejrik
Panos, Stanislav	1902	Schepitz	Oberlehrer	T	wie Pastejrik
Votruba, Ottokar	1894	Steken	Fahrdienstleiter	T	wie Pastejrik
Siroky, Josef	1905	Groß-Meseritz	Automechaniker	T	VGH 23.3.1943: VzHv, unbefugter Waffenbesitz, »Rundfunkverbrechen«
Cielaszyk, Marian	1908	Warschau	Büroangestellter	P	VGH 19.3.1943: Lv
Hentschel, Bruno	1909	Batsche	Arbeiter	D	VGH 19.4.1943: Lv
22. Juli 1943 (ab 18.57 Uhr)					
Tomasch, Marie		Klagenfurt	Schneiderin	Ö	VGH 14.5.1943: Lv
Wedam, Emil	1892	Klagenfurt	Dolmetscher	Ö	wie Tomasch
Boas, Joël	1916	Amsterdam	Schuhmacher	NL	VGH 22.3.1943: Lv
Krzikawski, Walter	1913	Dittersbach	Elektriker	D	VGH 12.5.1943: Lv
Reichert, Anton	1887	Pilsen	Kaufm. Angestellter	T(?)	VGH 13.5.1943: Lv
Niziol, Antony	1913	Rendsburg	Zeichner	P	VGH 27.5.1943: Lv
Bombera, Alois	1919	Linz (Lager)	Maler	T	VGH 6.4.1943: VzHv, landesverräterische Fbg
Reichel, Heinrich	1901	Amsterdam	Tischler	D	VGH 30.4.1943: Hv
Zachert, Eduard	1881	Berlin	Vertreter/ehem. MdL	D	VGH 30.4.1943: Wehrkraftzersetzung
Jung, Walter	1911	Jena	Dipl.-Volkswirt	D	

Name	geb.	Wohnort	Beruf	Nat.	Urteil
28. Juli 1943 (nicht im Bibliotheksbuch) (ab 19.00 Uhr)					
Voelkner, Käthe	1906	Paris	Artistin/Stenotypistin	D	Kriegsgericht Luftgaukommando III
Podsialdo, Johann	1894	Paris	Artist	T	wie Voelkner
Breyer, Robert	1900	Paris	Zahnarzt	F	wie Voelkner
van der Zypen, Eduard	1907	Brüssel	Photograph	B	wie Voelkner
Beublet, Maurice	1904	Brüssel	Advokat	B	wie Voelkner
Drailly, Nazarin	1900	Brüssel	Geschäftsführer	B	wie Voelkner
Schreiber, Jesekiel	1899	Lyon	Kaufmann	F	wie Voelkner
Giraud, Robert (Pierre)	1906	Paris		F	wie Voelkner
Griotto, Medardo	1901	Paris		It	wie Voelkner
Peper, Maurice	1906	Antwerpen		NL	wie Voelkner
Sésée, Augustin	1903	Ostende	Radiotelegraphist	B	wie Voelkner
Vögler, Wilhelm	1908	Amsterdam		NL	wie Voelkner
Corbin, Alfred	1901	Paris		F	wie Voelkner
30. Juli 1943 (ab 19.00 Uhr)					
Machwirth, Johann	1890	Paris	Bauunternehmer	F	VGH 1.6.1943: VzHv (Emigrant)
Schaap, Josef	1899	Kopenhagen	Seemann	NL	VGH 2.4.1943: VzHv, Sprengstoffanschlag
Vyscocil, Karel	1889	Pilsen	Grundstücksvermittler	T	VGH 30.7.1943: VzHv
Salat, Bohumir	1920	Berlin	Maschinenschlosser	T	VGH 23.3.1943: Landesverräterische Fbg (Flucht)
Zacek, Martin	1898	Prag	Bäckermeister	T	VGH 4./5.12.1942: VzHv
Arndt, Paul	1896	Bobrek-Karf	Arbeiter		VGH 11.6.1943: Lv
Kokowski, Bronislaw	1916	Kalau	Landarbeiter	P	VGH 8.6.1943: Lv
5. August 1943 (ab 19.00 Uhr)					
Wesolek, Stanislaus	1878	Berlin	Möbeltischler	D	RKG 9./10.2.1943: Beihilfe VzHv und zur Spionage
Hübner, Emil	1862	Berlin	Rentner	D	wie Wesolek
Kuckhoff, Adam	1887	Berlin	Schriftsteller	D	RKG 1.-3.2.1943: VzHv, Fbg
Wesolek, Frida	1887	Berlin	ohne Beruf	D	RKG 9./10.2.1943: Beihilfe Hv und Spionage
Goetze, Ursula	1916	Berlin	Studentin	D	RKG 14./15./18.1.1943: VzHv, Fbg

Name	geb.	Wohnort	Beruf	Nat.	Urteil
Terwiel, Maria	1910	Berlin	Telephonistin	D	RKG 25./26.1.1943: VzHv, Fbg
Schottmüller, Oda	1905	Berlin	Tänzerin	D	wie Terwiel
Schlösinger, Rosa	1907	Berlin	Sekretärin	D	RKG 19./20.1.1943: Spionage
Coppi, Hilde	1909	Berlin	Angestellte	D	RKG 19./20.1.1943: VzHv, Fbg, Spionage, »Rundfunkverbrechen«
Schabbel, Klara	1894	Berlin	Stenotypistin	D	RKG 28./30.1.1943: Fbg
Imme, Else	1885	Berlin	Abteilungsleiterin	D	RKG 28. + 30.1.1943: Fbg
Buch, Eva-Maria	1921	Berlin	Buchhändlerin	D	RKG 1.-3.2.1943: VzHv, Fbg
Krauss, Annie	1884	Berlin	Geschäftsinhaberin	D	RKG 11./12.2.1943: Wehrkraftzersetzung
Kummerow, Ingeborg	1912	Berlin	ohne Beruf	D	RKG 27.1.1943: Beihilfe zur Spionage
Bontjes van Beek, Cato	1920	Berlin	Keramikerin	D	RKG 14./15. + 18.1.1943: Beihilfe VzHv + Fbg
Berkowitz, Liane	1923	Berlin	Schülerin	D	wie Bontjes van Beek

6. August 1943 (ab 19.00 Uhr)

Fils, Karl	1910	Friedrichshafen	Maler	NL	VGH 15.1.1943: Landesverräterische Fbg
Gogler, Johann	1921	Carlswalde (Lager)	Arbeiter	P	VGH 21.4.1943: Landesverräterische Fbg (Fluchthilfe)
Kotas, Karel	1898	Mährisch-Ostrau	Bergmann	T	VGH 16.4.1943: VzHv
Sudr, Josef	1915	Berlin	Klempner	T	wie Kotas
Zivny, Stanislav	1912	Brünn	Privatbeamter	T	VGH 24.5.1943: VzHv, Fbg, unbefugter Waffenbesitz

13. August 1943 (ab 19.00 Uhr)

Kendziora, Stanislaus	1919	Rogsen	Landarbeiter	D	VGH 18./19.6.1943: Lv
Kostyra, Theodor	1911	Pierzyn	Landarbeiter	P	wie Kendziora
Zembsch, Richard	1914	Magdeburg	Konditor	D	VGH 25.6.1943: Lv
Gapp, Jacob	1897	Valencia	Katholischer Geistlicher	Ö	VGH 2.7.1943: Fbg
Dziekanik, Johann	1919	Teschen	Arbeiter	T(?)	VGH 18.5.1943: Landesverräterische Fbg, Diebstahl (Fluchtversuch)
Schulz, Vladimir	1886	Prag	Rechtsanwalt	T	

Name	geb.	Wohnort	Beruf	Nat.	Urteil
16. August 1943 (ab 19.00 Uhr)					
Sprisl, Jaroslav	1912	Ungarisch-Brod	Eisendreher	T	VGH 17./18.3.1943: VzHv, Fbg
Jancar, Miloslav (Mikulas)	1913	Schumitz	Maurer	T	wie Sprisl
Hladis, Vojtech	1912	Ungarisch-Brod	Arbeiter	T	wie Sprisl
Berger, Walter	1923	Schumitz	Student	T	wie Sprisl
Habdra, Jan	1912	Prag	Postbeamter	T	VGH 11./12.11.1942: VzHv
20. August 1943 (ab Arnould nicht im Bibliotheksbuch) (ab 19.00 Uhr)					
Brzobohaty, Innozenz	1920	Pohrlitz	Elektrotechniker	T	VGH 17.6.1943: Fbg, Wehrentziehung, »Rundfunkverbrechen«
Jediczejkowski, Kasimir		Milau	Schneider	P	VGH 26.5.1943: VzHv
Kukulski, Boleslaw	1905	Mlawa	Eisenbahner	P	wie Jediczejkowski
Neumann, Gerhard	1895	Görlitz	Eisendreher	D (staatenlos)	
Vavrouch, Vojtech	1908	Tschaslau			
Arnould, Rita	1914	Brüssel	Sekretärin	B	Kriegsgericht Luftgaukommando III
Cointe, Suzanne	1905	Paris	Sekretärin	F	wie Arnould
Springer, Flora	1909	Lyon	Sekretärin	F	wie Arnould
Pheter, Simone	1917	Paris	Sekretärin	F	wie Arnould
Erlik, Georgette	1913	Paris	Sekretärin	F	wie Arnould
Maximowitsch, Anna	1901	Lugny	Ärztin	Russin	wie Arnould
Marivet, Marguerite	1909	Marseille	Sekretärin	F	wie Arnould
25. August 1943 (ab 19.00 Uhr)					
Woudstra, Jaring	1888	Rotterdam	Schiffer	NL	VGH 12.3.1943: VzHv, Lv, Fbg
Ševčik, Josef	1887	Prag	Eisendreher	T	VGH 26.5.1943: VzHv
Fiala, Zdenek	1917	Prag	Fleischer	T	wie Ševčik
Hejl, Stanislav	1923	Prag	Maschinenschlosser	T	wie Ševčik
Helch, Alexander	1921	Pag	Vertragsbeamter	T	wie Ševčik
Dr. Korselt, Theodor	1891	Rostock	Regierungs-Rat	D	VGH 23.8.1943: Wehrkraftzersetzung, Fbg

Name	geb.	Wohnort	Beruf	Nat.	Urteil
1. September 1943 (ab 18.00 Uhr)					
Amarant, Siegmund		Paris	Bankier	P(?)	VGH 5.1.1943: VzHv, Fbg
Kruml, Anton	1909	Prag	Straßenbahnschaffner	T	VGH 26.5.1943: VzHv, Fbg
Pelikan, Franz	1906	Prag	Autobusschaffner	T	wie Kruml
Riedel, Johannes	1895	Hamburg	Kaufmännischer Angestellter	D	VGH 17.6.1943: Wehrkraftzersetzung
Solč, Zdenek	1912	Prag	Buchhändler	T	VGH: VzHv
Wagner, Josef	1887	Aussen (Saar)	Bergmann	D (staatenlos)	VGH 21.4.1943: VzHv, Lv

Personenregister

(Nicht aufgenommen sind die Namen in den Hinrichtungslisten im Anhang)

Quellen und Literatur

Quellen und Literatur sind in den Anmerkungen nachgewiesen. Die ungedruckten Quellen finden sich in den Beständen folgender Archive:
Bischöfliches Zentralarchiv der Diözese Regensburg:
DA/NS (Bibliotheksbuch, Tschechenliste, September-Liste)
Bundesarchiv-Zwischenarchiv Dahlwitz-Hoppegarten (zitiert: BA-Hoppegarten):
Mordregister 1942 und 1943; RJM; Z/C; ZGH Gen.; Sterberegister Standesamt Plötzensee (Fotokopien aus dem Staatsarchiv Potsdam).
Bundesarchiv Koblenz (zitiert BA-Ko):
R 22 (Reichsjustizministerium); R 58 (Reichssicherheitshauptamt); R 60 (Volksgerichtshof und Oberreichsanwaltschaft beim Volksgerichtshof); Mordregister (Mikrofilm).

Hinweise auf weiterführende Literatur und ausführliche Literaturverzeichnisse finden sich in vielen der zitierten Darstellungen und Dokumentensammlungen. Ergänzend sei angemerkt, daß in dem im Auftrag der Historischen Kommission zu Berlin in Zusammenarbeit mit der Gedenkstätte Deutscher Widerstand von Jürgen Schmädecke und Peter Steinbach herausgegebenen Sammelband »Der Widerstand gegen den Nationalsozialismus. Die Deutsche Gesellschaft und der Widerstand gegen Hitler«, München-Zürich 1985, Gruppen und Probleme des deutschen Widerstandes ausführlich dargestellt werden. Für die Entwicklung im Protektorat ist außer den zitierten Arbeiten wichtig: Vojtech Mastny, The Czechs under Nazi Rule. The Failure of National Resistance, New York 1971. Auf einen für europäische Geschichtsschreibung wesentlichen Forschungsansatz, den Walter Lipgens mit seiner Arbeit »Europa-Föderationspläne der Widerstandsbewegungen 1940-1945«, München 1968, gewählt hatte, ist in der ersten Auflage in dem hier nicht wieder aufgenommenen Kapitel »Die Wende des Krieges« hingewiesen worden. Die Hinrichtungen in Berlin-Plötzensee legen eine europäische Darstellung des Widerstandes nahe. Die Vereinigung der Verfolgten des

Naziregimes (VVN) Westberlin hat 1974 ein »Ehrenbuch der Opfer von Berlin-Plötzensee« herausgegeben (Redaktion: Willi Perk und Willy Desch), in dem die Namen von 1571 Frauen und Männern aus 19 Nationen verzeichnet sind, die aus politischen oder weltanschaulichen Gründen von 1933 bis 1945 in Plötzensee starben. Dieses Namensverzeichnis konnte mit den hier im Anhang wiedergegebenen Listen (Die September-Liste. Die Hinrichtungslisten im Bibliotheksbuch) für die Zeit von April 1942 bis September 1943 ergänzt werden.

Bildnachweise

S. 19 Süddeutscher Verlag, München
S. 22 Rudi Bonkoss, Weiden/Opf.
S. 29 Bundesarchiv Koblenz
S. 79 Rudi Bonkoss, Weiden/Opf.
S. 84 Bischöfliches Zentralarchiv, Regensburg
S. 129 Bundesarchiv Koblenz
S. 142 Bischöfliches Zentralarchiv, Regensburg
S. 173 Bundesarchiv Koblenz
S. 181 Bundesarchiv Koblenz
S. 197 Bundesarchiv Koblenz
S. 215 Bundesarchiv Dahlwitz-Hoppegarten
S. 232 Bundesarchiv Koblenz
S. 235 Bundesarchiv Koblenz
S. 270 Ullstein Bilderdienst, Berlin

Die Autoren

Victor von Gostomski,
* 1908, † 1992, war zuletzt Verleger des »Neuen Tag« in Weiden/Oberpfalz. Er wurde – nachdem er bereits 1934 zum erstenmal verhaftet worden war – 1940 zu acht Jahren Zuchthaus verurteilt, weil er trotz Schreibverbots bis 1939 unter Pseudonym für ausländische Zeitungen geschrieben hatte. Seine Haft verbüßte er in Plötzensee. 1942 wurde er »Bibliothekar«, 1943 »Kirchenkalfaktor« bei Gefängnisseelsorger Buchholz. Dadurch wurde es ihm möglich, das Bibliotheksbuch mit den Hinrichtungslisten heimlich zu entwenden und sicherzustellen.

Dr. Walter Loch,
* 1923, ein Vetter von Gostomskis, war von 1959 bis 1987 Redakteur im Bundesministerium für Verteidigung, zuletzt zuständig für politische Bildung, Truppeninformation und Militärgeschichte.
Bisherige Veröffentlichungen: Aufsätze in Zeitungen und Zeitschriften zur politischen Bildung, Zeitgeschichte und Militärgeschichte;
Wenn Soldaten Frieden sagen. Aus der Arbeit der Gemeinschaft katholischer Soldaten, 3. Auflage 1988;
Gedanken zum Frieden (mit Karl Bauer), Frankfurt/Main 1984.